Schöppe-Fredenburg · Schwolow

Formularsammlung
Familienrecht

Schöppe-Fredenburg · Schwolow

Formularsammlung Familienrecht

Pedro Schöppe-Fredenburg
Rechtsanwalt, Fachanwalt für Familienrecht, Regensburg

Peter Schwolow
Rechtsanwalt, Fachanwalt für Familienrecht, Regensburg

2. Auflage

Luchterhand 2007

Bibliografische Information der Deutschen Bibliothek

Die Deutsche Bibliothek verzeichnet diese Publikation in der Deutschen Nationalbibliografie; detaillierte bibliografische Daten sind im Internet über http://dnb.ddb.de abrufbar.

ISBN (13-stellig) 978-3-472-06014-7
ISBN (10-stellig) 3-472-06014-X

www.wolterskluwer.de
www.luchterhand-fachverlag.de

Alle Rechte vorbehalten.
Luchterhand – eine Marke von Wolters Kluwer Deutschland GmbH.
© 2007 by Wolters Kluwer Deutschland GmbH, Heddesdorfer Straße 31, 56564 Neuwied.

Das Werk einschließlich aller seiner Teile ist urheberrechtlich geschützt. Jede Verwertung außerhalb der engen Grenzen des Urheberrechtsgesetzes ist ohne Zustimmung des Verlages unzulässig und strafbar. Das gilt insbesondere für Vervielfältigungen, Übersetzungen, Mikroverfilmungen und die Einspeicherung und Verarbeitung in elektronischen Systemen.

Umschlagkonzeption: Martina Busch, Fürstenfeldbruck
Satz: Stahringer Satz GmbH, Grünberg
Druck: Drukkerij Wilco, NL-Amersfoort

∞ Gedruckt auf säurefreiem, alterungsbeständigem und chlorfreiem Papier

Einleitung zur zweiten Auflage

Struktur und Systematik der Formularsammlung wurden gegenüber der ersten Auflage beibehalten. Hinzu kam das Kapitel »D« **Vertragsbausteine**. Das Kapitel **Abschluss des Mandats** schließt sich aus logischen Gründen nun unter »E« an. Der **Tabellenteil** steht nun unter »F«. Völlig neu ist Kapitel »G« **Berechnungsbeispiele**.

Anwendungsbereich

Die Autoren versuchen sich trotz Steigerung des Umfangs in Übersichtlichkeit durch Konzentration auf die in der Praxis häufig benötigten Texte. Gleichwohl wurden für komplexere Gestaltungen auch seltenere Texte aufgenommen, die der Anwender individuell nur zeitraubend und nach Lektüre von Gesetz und Handbüchern erstellen würde. Ziel ist ja, dass das Suchen eines passenden oder anpassbaren Textes weit weniger Zeit beanspruchen soll, als das individuelle Diktat.

- Die **Printform** ist immer noch aktuell und übersichtlicher als der Bildschirm.
- Sämtliche Texte einschließlich der Tabellen und Berechnungsbeispiele befinden sich im MS-Wordformat[1] auf der **CD**. Sie können auf den Rechner kopiert und dort beliebig verwaltet[2] und geändert werden. Auf der CD sind sie entsprechend der Kapiteleinteilung in den Ordnern »A« bis »G« abgelegt und tragen als erstes den Buchstaben des Kapitels, danach die Randnummer und letztlich eine prägnante Kurzbezeichnung[3], zB »*C_181_GÜ Ausgleichsklage*«.
Auch das Inhaltsverzeichnis ist als Textdatei auf der CD. Die Datei kann geöffnet und auch mit der Funktion »*suchen*« ausgewertet werden.

Anwender

Auch diese zweite Auflage vernachlässigt den Einzelanwalt, weil sonst alle Texte unübersichtlich doppelt aufgenommen werden müssten. Der »Einzelkämpfer« wird gebeten, bei Bedarf die Texte anzupassen, was ja nach und nach im Zuge der Benutzung geschehen kann.

Bezeichnung der Beteiligten

Die Autoren richten sich hierbei mehr nach Erfahrungswerten als nach strengen Regeln. Eine Klage auf Ehegattenunterhalt wird zB überwiegend von Frauen erhoben. Teilweise wurden neutrale Bezeichnungen gewählt, wie »Klagepartei«. Der Benutzer kann das allgemein für seine Textbibliothek oder beim Diktat bzw der sonstigen Bearbeitung im Einzelfall anpassen.

---

1 Mit dem Format kann auch WordPerfect von Corel in der aktuellen Version X3 sehr einfach arbeiten
2 Durch Ablage in beliebigen Ordnerstrukturen. Von dort können die Texte zB mit MS-Word geöffnet und in andere Textdateien kopiert werden, wahlweise durch Markieren und Kopieren in die Zwischenablage oder über das Menü »Einfügen« mit der Funktion »Datei«. Fortgeschrittene können mit der Autotextfunktion auch häufig benötigte Bausteine und Tabellen im Speicher bereit halten und sekundenschnell in gerade bearbeiteten Text einfügen, zB unter »dt05« die dazu passende aktuelle Düsseldorfer Tabelle
3 Wer nicht im Inhaltsverzeichnis oder im Textteil suchen möchte, braucht nur am Bildschirm den betroffenen Ordner öffnen, die Dateiliste mit »Ansicht/Details« sortieren und auf den gewünschten Text doppelklicken, womit zugleich Word aktiviert wird

Alternativen / Varianten / Zahlen / Fußnoten

Hinweise an den Anwender sind überwiegend grau markiert und gehören vor der Verwendung des Schriftstücks gelöscht.

Wo Alternativen gekennzeichnet sind, muss der Anwender natürlich nicht benötigte Textteile entfernen. Teils wird eine Auswahl von Einzeltexten geboten. Die nicht einschlägigen Teile gehören ebenfalls gelöscht.

Einzelne Texte sind zur Veranschaulichung komplexerer Berechnungen mit Zahlen ausgefüllt, die ersetzt bzw gelöscht gehören.

All diese Arbeiten sind weitgehend delegierbar. Der PC ist nicht immer die erste Wahl. Nicht die schlechteste Methode ist es zB, sich einen vorgegebenen Text auszudrucken und dann manuell ggf farbige Streichungen und Einfügungen zu machen. Diese Arbeitsmethode erduldet auch am ehesten Unterbrechungen durch Telefon, Anfragen von Mitarbeitern etc.

Die Fußnoten sind teils nur als Hinweis für den Bearbeiter gedacht und gehören vor Versand des Schriftstücks gelöscht.[4]

---

[4] Das geschieht am einfachsten, indem im Text (nicht in der Fußnote) die hochgestellte kleine Nummer der Fußnote markiert und zB mit »*Del*« gelöscht wird

Inhaltsverzeichnis

- A. **Mandatsbeginn** ... 3
  - I. **Checklisten** ... 3
    1. Checkliste und Schnellübersicht für den Rechtsanwalt ... 3
    2. »Sicherheitsliste« für den Rechtsanwalt ... 4
  - II. **Hinweise an Mandant (Merkblätter)** ... 5
    1. Begriff des »Getrenntlebens« ... 5
    2. Für und Wider Scheidung ... 6
    3. Allgemeine Unterhaltshinweise ... 11
    4. Unterhaltsreform 2007 ... 13
    5. Hinweise Ehegattenunterhalt ... 14
    6. Risikohinweise zum Ehegattenunterhalt ... 16
    7. Nachehelicher Unterhalt – Neuere BGH-Rechtsprechung ... 17
    8. Unterhalt minderjähriger Kinder ... 18
    9. Hinweise zur Kindergeldverrechnung vom 1.1.2001 bis 31.3.2007 ... 20
    10. Hinweise Änderung Unterhaltstitel ... 21
    11. Unterhalt minderjähriger Auszubildender ... 21
    12. Unterhalt volljähriger Kinder ... 22
    13. Krankenversicherungsschutz nach Scheidung ... 24
    14. Begriff Versorgungsausgleich ... 24
    15. Rentner-/Pensionistenprivileg ... 25
    16. Merkblatt Zugewinnausgleich ... 26
    17. Taktische Hinweise zum Zugewinnausgleich ... 30
    18. Hinweise zur Teilungsversteigerung ... 31
    19. Hinweise zu den Steuerklassen ... 32
    20. Begrenztes Realsplitting (steuerlicher Sonderausgabenabzug des Ehegattenunterhalts) ... 33
    21. Hinweise zu Eheverträgen ... 35
    22. Der »gemeinsame« Anwalt ... 38
    23. Spielregeln der Justiz ... 39
    24. Das Gerichtsverfahren in Familiensachen ... 41
    25. Gerichtstermine ... 43
    26. Hinweise Auslandsberührung (IPR) ... 44
  - III. **Kosten – Hinweise und Vergütungsvereinbarungen** ... 46
    1. Kosten in Familiensachen ... 46
    2. Beratungshilfe ... 48
    3. Prozesskostenhilfe ... 49
    4. Prozesskostenvorschuss ... 52
    5. Begleitschreiben Vergütungsvereinbarung ... 52
    6. Vergütungsvereinbarung Beratung ... 54
    7. Vergütungsvereinbarung außergerichtlich ... 55
    8. Vergütungsvereinbarung gerichtlich ... 57
- B. **Außergerichtliches Mandat** ... 63
  - I. **Formalien** ... 63
    1. Vollmachtsformular ... 63
    2. Bankvollmacht außergerichtlich ... 64

3. Trennungsnachricht an Gegner (Hiobsbotschaft softline) 64
　　　4. Trennungsnachricht an Gegner (Hiobsbotschaft hardline) 64
　　　5. Anrufverbot mit Klageandrohung 65
II. Sorgerecht/Umgangsrecht 66
　　　1. An Mandant – Hinweise elterliche Sorge 66
　　　2. An Gegner – Vorschlag gemeinsame elterliche Sorge 68
　　　3. An Gegner – Mandantin will Aufenthaltsbestimmungsrecht bei gemeinsamer SO 68
　　　4. An Gegner – Mandantin will alleinige SO 68
　　　5. An Mutter – Mandant will UG 69
III. Ehewohnung/Hausrat/Familienheim 69
　　　1. An Mandant – Rechtslage Mietverhältnis 69
　　　2. Hinweise Bruchteilsgemeinschaft 70
　　　3. An Gegner – Nutzungsentschädigung 72
　　　4. Verwaltung Mietobjekt 72
　　　5. Ermahnung Hausrat 73
IV. Unterhalt 73
　　　1. Allgemeines (Auskunft/Abänderung) 73
　　　　　a) An Gegner – umfassendes Auskunftsverlangen universell ... 73
　　　　　b) An Gegner – Auskunftsverlangen kurz 77
　　　　　c) Keine Auskunft wegen Höchstunterhalt (UK) 79
　　　　　d) Tabellarisches Verzeichnis für die Auskunftserteilung (Arbeitnehmer/Beamte) 79
　　　　　e) An Gegner – Teilablehnung Unterhalt + Anerkenntnis PV .. 80
　　　2. Kindesunterhalt 80
　　　　　a) An Gegner – Forderung UK 80
　　　　　b) An Gegner – er soll Titel errichten 81
　　　　　c) An Mandant – er soll Titel errichten 82
　　　　　d) An Mandant = Vater – er soll der Mutter das Kindergeld lassen 83
　　　　　e) An Mandantin = betreuende Mutter – sie soll Kindergeld richtig organisieren. 83
　　　　　f) An Mandant – wann für ein Kind höherer Unterhalt gefordert werden kann 84
　　　　　g) An Mandant – über die Änderung der Regelbeträge 85
　　　　　h) An Gegner – Anpassungsverlangen zu § 1612 b V BGB 85
　　　　　i) An Gegner – Gegen schematische Anpassung (neuer Mangelfall) 86
　　　3. Ehegattenunterhalt 86
　　　　　a) An Mandant – Erläuterung Trennungsunterhalt 86
　　　　　b) An Mandant – Erwerbsverpflichtung/Kinderbetreuung 87
　　　　　c) An Mandantin – Belehrung harte Erwerbsobliegenheit 88
　　　　　d) An Gegner – Forderung Trennungsunterhalt wenn kein Kindesunterhalt 90
　　　4. Ehegatten- und Kindesunterhalt (1 Kind) nebeneinander 90
　　　　　a) An Gegner – Forderung Trennungs- und Kindesunterhalt (ein Kind) 90
　　　　　b) An Gegner – Forderung von Trennungs- und Kindesunterhalt (zwei Kinder) 92

5. Ansprüche der »nichtehelichen Mutter«; gemäß § 1615 l I u. II BGB 93
   a) Schreiben an Gegner – Unterhalt Mutter 93
   b) An Gegner – Unterhalt Mutter und Kind mit Auskunft 95
6. Sozialleistungen und Unterhalt 98
   a) An Mandant – Forderungsübergang 98
   b) An Sozialträger – Einwand gegen die Abzweigung 99

V. **Steuer** 100
   1. An Mandantin – Belehrung über Zustimmungspflicht zum begrenzten Realsplitting 100
   2. An Gegnerin – Aufforderung zur Zustimmungserklärung begrenztes Realsplitting 101
   3. An Gegner – Risikohinweise zum Realsplitting 101
   4. An Gegner – Zustimmungsverlangen Zusammenveranlagung ... 102
   5. An Gegner – Verweigerung der Zusammenveranlagung 103

VI. **Sozialleistungen** 103
   1. An Mandant – Beantragung und Organisation von Sozialleistungen 103
   2. An Mandant – Sozialrisiken 104

VII. **Bankverhältnisse** 106
   1. Anfrage Bankverhältnisse (Konten und Haftung) 106
   2. Banksperre 106
   3. Banksperre Gütergemeinschaft 107

VIII. **Güterrecht** 107
   1. Schreiben an Gegner – Auskunftsverlangen Endvermögen 107
   2. Schreiben an Mandant – Hinweise Auskunftspflicht Endvermögen 108
   3. An Mandant – Hinweise zum Anfangsvermögen 110
   4. An Mandant – Erfassungsbogen/Vermögensübersicht 111
   5. An Mandant (auskunftsverpflichtet) – Formular/Endvermögen .. 112
   6. An Mandant (auskunftsberechtigt) – Formular/Endvermögen ... 113
   7. An Gegner (auskunftsberechtigt) – Infoliste zur Auskunftspflicht zum EV des Mandanten 114
   8. An Gegner (auskunftsverpflichtet) – Infoliste 114
   9. An Gegner – Verlangen Eidesstattliche Versicherung 115
   10. An Bank – Saldenanfrage 115
   11. An LV – Wertanfrage Kapitallebensversicherung 116
   12. An Gegner – Bezifferung Ausgleichsforderung 117
   13. An Gegner – Zurückweisung Ausgleichsforderung 118
   14. An Mandant – Verbund oder nicht? 118
   15. An Gegner – Aufforderung zur Rechnungslegung bei Gütergemeinschaft 119
   16. An Gegner – Verfügungsverbot § 1365 120
   17. Intervention beim Käufer §§ 1365 ff 121

IX. **Notariat/Vertragslösungen** 121
   1. An Notar – Auftragsschreiben 121

	X.	Versorgungsausgleich	125
		1. An Mandant – Möglichkeiten, die Durchführung des VA auszuschließen	125
	XI.	Kosten und PKH	126
		1. An Mandant – Erläuterung Kosten	126
		2. An Mandant – Belehrung PKH	128
		3. An RA – Verlangen Prozesskostenvorschuss	129
C.	Mandat für gerichtliche Tätigkeit		135
	I.	Ehescheidung	135
		1. Formalien gerichtliche Verfahren	135
		a) Schreiben an Mandant – Haupttermin im Scheidungsverfahren	135
		b) An Mandant – Was ist ein Entscheidungsverkündungstermin	135
		2. Ehescheidungsantrag	136
		a) Scheidungsantrag – einjähriges Getrenntleben – einverständliche Scheidung – kein Kind	136
		b) Scheidungsantrag – streitige Scheidung – kein Kind	137
		c) Scheidungsantrag – dreijähriges Getrenntleben – kein Kind	139
		d) Scheidungsantrag – einverständliche Scheidung – ein Kind, kein Sorgerechtsantrag	140
		e) Scheidungsantrag – einverständliche Scheidung – ein Kind, Sorgerechtsantrag.	141
		f) Scheidungsantrag – Härtefall	143
		g) Erwiderung auf Scheidungsantrag/Widerantrag	145
	II.	Sorgerecht/Umgangsrecht/Vaterschaft	145
		1. Antrag auf Alleinsorge, hilfsweise Aufenthaltsbestimmung	145
		2. Abweisungsantrag, da gemeinsame elterliche Sorge gewünscht	146
		3. Abweisungsantrag mit eigenem Sorgerechtsantrag, auch EA	147
		4. Antrag des Vaters auf Regelung seines Umgangs	148
		5. Antrag der Mutter auf Regelung des väterlichen Umgangs	149
		6. Antrag auf gerichtliche Vermittlung zum Umgangsrecht	150
		7. EA – Umgangsrecht Verbund	151
		8. Vaterschaftsanfechtung	152
		9. Antrag auf Pflegerbestellung für die Vaterschaftsanfechtung	153
		10. Erzeugeranfechtungsklage	154
	III.	Ehewohnung/Gemeinschaftsimmobilie/Gewaltschutz/Hausrat	155
		1. Ehewohnung	155
		a) Vorläufige Mitbenutzung der Ehewohnung (§ 1361 b I 1 BGB) vor/nach Trennung	155
		b) Isolierter Antrag auf Zuweisung der Ehewohnung zur Vermeidung einer unbilligen Härte (§ 1361 b I 1 BGB)	156
		c) Endgültige Wohnungszuweisung §§ 1, 3ff HausrVO	157
		2. Gemeinschaftsimmobilie	158
		a) Klage – Nutzungsentschädigung Ehewohnung	158
		b) Teilungsversteigerungsantrag	160
		c) Freigabeklage Versteigerungserlös gemäß § 894 I ZPO	162
		d) Klageerwiderung zur Freigabeklage zum Versteigerungserlös	163

3. Gewaltschutz ... 164
  a) Gewaltschutzanträge ... 164
  b) Erwiderung auf Gewaltschutzanträge ... 166
  c) Unterlassungsklage Anrufe ... 167
4. Hausrat während Getrenntlebens (§§ 1361 a BGB, 18 a, 11 ff HausrVO) ... 169
  a) Herausgabe § 1361 a I 1 BGB Alleineigentum Antragstellerin – mit EA ... 169
  b) Herausgabe weggeschaffter Gegenstände Alleineigentum Antragstellerin – mit EA ... 170
  c) Gebrauchsüberlassung Eigentum Antragsgegner, § 1361 a I 2 BGB – mit EA ... 171
  d) Herausgabe weggeschaffter Gegenstände Alleineigentum Antragsgegner – mit EA ... 172
  e) Vorläufige Verteilung gemeinsamen Hausrats bei Getrenntleben § 1361 II BGB – mit EA ... 173
5. Hausrat nachehelich (§§ 1 ff, 8 HausrVO) ... 174
  a) Endgültige Hausratsteilung ... 174
  b) Hausratsliste ... 176

IV. **Unterhalt** ... 177
1. Auskunft/Stufenklage isoliert ... 177
  a) Auskunftsklage umfassend isoliert ... 177
  b) Auskunftsklage kurz gegen ArbN isoliert ... 179
  c) Stufenklage Trennungsunterhalt gegen ArbN isoliert ... 181
  d) Stufenklage Kindesunterhalt gegen ArbN isoliert ... 182
2. Kindesunterhalt ... 183
  a) Trennungsphase – ein mdj Kind ... 183
  b) Trennungsphase – zwei mdj Kinder ... 185
  c) Verbundklage – ein mdj Kind ... 187
  d) Verbundklage – zwei mdj Kinder ... 188
  e) Nacheheliche Klage – ein mdj Kind ... 189
  f) Abänderungsantrag § 1612 b V BGB im vereinfachten Verfahren ... 190
  g) Mdj Azubi – isoliert/Verbund ... 191
  h) Privilegierter Schüler – Quotenhaftung isoliert ... 192
  i) Privilegierter Schüler – Alleinhaftung isoliert ... 194
  j) Volljähriges Kind – Quotenhaftung ... 195
  k) Volljähriges Kind – Alleinhaftung isoliert ... 196
  l) Stiefvaterklage ... 197
3. Ehegattenunterhalt ... 198
  a) Getrenntlebensunterhalt isoliert ... 198
  b) Folgesachenantrag mit Vorsorgeunterhalt §§ 1570 + 1573 BGB ... 201
  c) UE – Abweisungsantrag ... 202
4. Kindes- und Ehegattenunterhalt ... 203
  a) Antrag EA-UK-UE § 620 ZPO – im Verbund ... 203
  b) Klage UK + UE Trennungsphase ... 204
5. Ansprüche der »nichtehelichen« Mutter gemäß § 1615 l I u. II BGB ... 209
  a) Unterhaltsklage der Mutter ... 209

    b) Einstweilige Verfügung gemäß § 1615 o II BGB vor der Geburt des Kindes 212
    c) Einstweilige Verfügung gemäß § 1615 o II BGB nach der Geburt des Kindes 214
    d) Einstweilige Anordnung gemäß § 641 d ZPO 216
    e) Einstweilige Anordnung gemäß § 644 ZPO 218
  6. Besondere Klagen 220
    a) Abänderungsklage UE 220
    b) Abänderungsklage Erhöhung UK 221
    c) Vollstreckungsgegenklage (Nichtidentität Trennungsunterhalt / nachehelicher Unterhalt) 222
    d) Negative Feststellungsklage gegen fortwirkende EA – UE . . . 223

V. **Steuer** 224
  1. Klage auf Nachteilsausgleich beim begrenzten Realsplitting 224
  2. Klage auf Zustimmung zum begrenzten Realsplitting 225
  3. Klage auf Zustimmung zur Zusammenveranlagung 226

VI. **Güterrecht** 227
  1. Stufenklage Verbund 227
  2. Auskunftsklage nach Scheidung 228
  3. Klage Eidesstattliche Versicherung 229
  4. Klage – Zugewinnausgleich 230
  5. Klageerwiderung Zugewinnausgleich 237
  6. Stufenklage – vorzeitiger Zugewinnausgleich 238
  7. Dinglicher Arrest – Sicherung des Anspruchs gemäß § 1389 BGB . . 239
  8. Stundungsantrag 240
  9. Auseinandersetzungsklage Gütergemeinschaft 241

VII. **Bank** 245
  1. Freigabeklage gemeinsames Bankguthaben 245
  2. Klage Entlassung aus Gesamtschuldnerhaftung 246
  3. Klage Entlassung aus Bürgschaft 247
  4. Klage Freistellung von Mithaftung 249

VIII. **Versorgungsausgleich** 250
  1. An Mandant – Fragebögen zum VA 250
  2. An Mandant – Anforderung Rentenformulare 251
  3. Für RA – Kontrollblatt/VA 252
  4. Antrag familiengerichtliche Genehmigung/VA-Verzicht 252
  5. Antrag VA wegen grober Unbilligkeit auszuschließen 253

IX. **Kosten** 254
  1. Antrag EA – Prozesskostenvorschuss gemäß § 127 a ZPO im isolierten Hauptsacheverfahren und vorsorglicher Antrag auf Bewilligung von Prozesskostenhilfe 254
  2. Negative Feststellungsklage EA-Prozesskostenvorschuss 255

D. **Vertragsbausteine** 259
  1. Vertragsbausteine – Vertretung Kind 259
  2. Vertragsbausteine – Umgangsrecht 259
  3. Vertragsbausteine – Kindesunterhalt 260
  4. Vertragsbausteine – Hausrat 261

- 5. Vertragsbausteine – PKW 262
- 6. Vertragsbausteine – Ehemietwohnung 262
- 7. Vertragsbausteine – Ehewohnung Eigentum 263
- 8. Vertragsbausteine – Ehegattenunterhalt 264
- 9. Vertragsbausteine – Bankkonten 265
- 10. Vertragsbausteine – Güterrecht und Vermögen 266
- 11. Vertragsbausteine Grundstücksübertragung zu gerichtlichem Protokoll 267

E. Abschluss des Mandats 273

- 1. An Mandant – Abschlusshinweise VA 273
- 2. An Mandant – Gesetzeswortlaut § 10a VAHRG 274
- 3. Merkblatt für Mandanten zum Abschluss des Scheidungsverfahrens 276

F. Tabellen 281

- 1. Düsseldorfer Tabelle 1.7.2005 281
- 2. Tabelle zur Kindergeldverrechnung ab 1.7.2005 – West – in Euro 281
- 3. Tabelle zur Kindergeldverrechnung ab 1.7.2005 – Beitrittsgebiet – in Euro 282
- 4. Düsseldorfer Tabelle ab 1.7.2003 283
- 5. Kindergeld 284
- 6. Monatliche Bezugsgröße nach § 18 SGB IV 284
- 7. Beitragsbemessungsgrenzen und Pflichtgrenzen in der Sozialversicherung ab 1997 286
- 8. Verbraucherpreisindex 2000 = 100 287

G. Berechnungsbeispiel 291

- 1. Minderjähriges Kind 291
- 2. Minderjähriger Auszubildender 292
- 3. Privilegierter Schüler von 18 bis 20 292
- 4. Volljähriges Kind ohne Einkommen 293
- 5. Volljähriges Kind mit Ausbildungseinkommen 294
- 6. Ehegattenunterhalt einfach 295
- 7. Ehegattenunterhalt bei gemischtem Einkommen 295
- 8. Ehegattenunterhalt mit Altersvorsorgeunterhalt (AVU) 296
- 9. Kapitalabfindung Ehegattenunterhalt 297
- 10. Mangelfallberechnung 299
- 11. Einkommensberechnung Arbeitnehmer 300
- 12. Einkommensberechnung Beamter 301
- 13. Einkommen Selbständiger 302
- 14. Nachteilsausgleich beim Realsplitting (§ 10 I Nr 1 EStG) 303

Stichwortverzeichnis 305

Inhalt

Rn.

A. Mandatsbeginn

I. Checklisten
1. Checkliste und Schnellübersicht für den Rechtsanwalt 1
2. »Sicherheitsliste« für den Rechtsanwalt 2

II. Hinweise an Mandant (Merkblätter)
1. Begriff des »Getrenntlebens« 3
2. »Für und Wider« Ehescheidung 4
3. Allgemeine Unterhaltshinweise 5
4. Unterhaltsänderungsgesetz ab 1.4.2007 6
5. Ehegattenunterhalt 7
6. Risikohinweise zum Ehegattenunterhalt 8
7. Nachehelicher Unterhalt neuere BGH-Rspr 9
8. Unterhalt minderjähriger Kinder 10
9. Kindergeldverrechnung 11
10. Abänderung – Hinweise Unterhaltstitel 12
11. Unterhalt minderjähriger Auszubildender 13
12. Unterhalt volljähriger Kinder 14
13. Krankenversicherungsschutz nach Scheidung 15
14. Versorgungsausgleich 16
15. Rentner- Pensionistenprivileg 17
16. Zugewinnausgleich 18
17. Taktische Hinweise zum Zugewinnausgleich 19
18. Hinweise zur Teilungsversteigerung nach dem ZVG 20
19. Steuerklassen 21
20. Begrenztes Realsplitting 22
21. Eheverträge – auch Risikohinweise 23
22. Der »gemeinsame« Anwalt 24
23. Spielregeln der Justiz 25
24. Gerichtsverfahren in Familiensachen 26
25. Gerichtstermine 27
26. Auslandsberührung (IPR) 28

III. Kosten – Hinweise und Vergütungsvereinbarungen
1. Hinweis Kosten in Familiensachen 29
2. Beratungshilfe 30
3. Prozesskostenhilfe 31
4. Einstweilige Anordnungen PKV 32
5. Vergütungsvereinbarung Begleitschreiben 33
6. Vergütungsvereinbarung Beratung 34
7. Vergütungsvereinbarung außergerichtlich 35
8. Vergütungsvereinbarung gerichtlich 36

A. Mandatsbeginn

I. Checklisten

1. Checkliste und Schnellübersicht für den Rechtsanwalt

Mandant	
Name	
Geburtsname	
Vorname	
Adresse	
Tel./Fax/mail	
Geburtsdatum	
Geburtsort	
Staatsangehörigkeit	
Erste oder wievielte Ehe	
Beruf	
Einkommen	
Vermögen	
Bankverbindung	
Schulden	
Ehegatte	
Name	
Geburtsname	
Vorname	
Adresse	
Geburtsdatum	
Geburtsort	
Staatsangehörigkeit	
Erste oder wievielte Ehe	
Beruf	
Einkommen	
Vermögen	
Schulden	
Kinder	
Name	
Vorname	
Geburtsdatum	
Staatsangehörigkeit	
Eigenes Einkommen	

Eigenes Vermögen	
Kindergeldbezug	
Tag der Eheschließung	
Güterstand/Ehevertrag	
IPR	

2. »Sicherheitsliste« für den Rechtsanwalt

Trennung und Folgen
Begriff des Getrenntlebens
Liegt Trennung bereits vor; falls ja, seit wann
Ist bisheriges Getrenntleben unstreitig
Kann es andernfalls bewiesen werden
Elterliche Sorge/Aufenthaltsbestimmung
Umgangsrecht
Kindesunterhalt mit Hinweis auf Dynamisierungsregeln; UÄndG ab 1.4.2007
Trennungsunterhalt Ehegatte
Verzugsnotwendigkeit und -eintritt bezüglich Trennungsunterhalt/Kindesunterhalt
Bevorstehendes Ende der Ehegattenveranlagung (Steuerklassenänderung, begrenztes Realsplitting)
Finanzamt neue Adresse mitteilen? Gemeinsamen Steuerberater informieren/sensibilisieren?
Besoldung – Veränderungen durch Wegzug Stiefkind
Aufnahme einer Erwerbstätigkeit schon notwendig/empfehlenswert oder nicht
Entstehen einer Erwerbsobliegenheit – Risiken durch anstehende Änderungen des Unterhaltsrechts
Begrenzung/Ende des Trennungsunterhalts
Auswirkungen aus allgemeinen Verträgen mit dem Ehegatten oder Dritten
Hausrat und Ehewohnung – keine Änderung am Status auch gegenüber Dritten
Mögliche Veränderungen bei der Wohnraumförderung (Eigenheimzulage nach dem EigZulG[1])
Schicksal der Bankkonten – Widerruf der Vollmacht, gemeinsame Konten, Mithaftung, Bürgschaft
Revalutierungsrisiko bei Grundpfandrechten am eigenen oder gemeinsamen Immobilieneigentum
Widerruf von Begünstigungen bei Lebensversicherungen?
Warnung § 1378 BGB – Notarieller Formzwang für güterrechtliche Verträge
Sicherungsmechanismen bezüglich GÜ (Belege zum RA, Zeugen zu Anfangs- und Endvermögen)
Problem der Vermögensverfügung im Ganzen, § 1365 BGB
§ 1375 II BGB – eventueller vorzeitiger Zugewinnausgleich, auch nach 3-jähriger Trennung
»Gemeinsamer Anwalt« nicht möglich

---

[1] Nach aktueller Rechtslage nur für Immobilien, die bis 31.12.2005 Förderungsfähigkeit erlangen. Für noch geförderte Altfälle kann Handlungsbedarf bis zum Ende des Kalenderjahres bestehen, in dem das dauernde Getrenntleben beginnt (Objektverbrauch)

Scheidung und Folgen
Unterscheidung zwischen Trennungsunterhalt und nachehelichem Unterhalt
Prägung entscheidend für nachehelichen Unterhalt; relativiert durch die Rspr des BGH
Verzugsproblematik nachehelicher Unterhalt; Geltendmachung nach Rechtskraft, Jahresfrist
Mögliche Änderungen bei der Stufe des Familienzuschlags, teils abhängig von der Belastung mit Ehegattenunterhalt (zB §§ 39,40 BBesG; § 50 BeamtVG, siehe auch BAT)
Mögliche Änderungen im Ortszuschlag, wenn beide Ehegatten im öffentlichen Dienst
Rentner- und Pensionistenprivileg mit Sonderfragen in Unterhaltsfällen
Keine Geschiedenenwitwenrente bei gesetzlicher Rentenversicherung (Ausnahme GesUnfV)
Mögliche Verschlechterung auch in »Beamtenfällen«
Wegfall der Familienversicherung bei gesetzlicher Krankenversicherung
Wegfall der Beihilfeberechtigung und freien Heilbehandlung bei Beamtenversorgung/Soldaten
Bewertungsstichtag für das Endvermögen (Zustellung Scheidungsantrag)
Behandlung verschwendeten oder in Benachteiligungsabsicht weggeschafften Vermögens
Möglichkeit der Stundung des Ausgleichsanspruchs
Möglichkeit der Ratenzahlung der Ausgleichsforderung
Auseinandersetzung des gemeinsamen Eigenheims, Risiko der Teilungsversteigerung
Verlust des gesetzlichen Erb- und Pflichtteilsrechts
Unterscheidung Hausrat/Vermögen
Hausratsteilung; Hohe Anforderungen »Zimmer um Zimmer, Tasse um Tasse«
Zuweisung der Ehewohnung und Dritte als Verfahrensbeteiligte
Kosten
Möglichkeit Prozesskostenvorschuss
Möglichkeit Prozesskostenhilfe – bewahrt nicht immer vor einer Nachzahlungspflicht oder Raten
Ermittlung des Streitwerts und Gebührenmechanismen

II. Hinweise an Mandant (Merkblätter)

1. Begriff des »Getrenntlebens«

Wenn Sie nicht geltend machen (und beweisen) können, dass wegen des Verhaltens Ihres Ehegatten eine Fortsetzung der Ehe auf dem Papier für Sie absolut[2] unzumutbar ist, müssen Sie zunächst ein Jahr von Ihrem Ehegatten getrennt gelebt haben, um überhaupt erfolgreich und ohne erhöhtes Kostenrisiko Scheidung Ihrer Ehe beantragen zu können.

Getrennt leben Ehegatten dann, wenn zwischen ihnen keine häusliche Gemeinschaft mehr besteht. Das ist der Fall, wenn die Eheleute getrennte Haushalte führen, dh jeder Ehegatte sich selbst versorgt, die Mahlzeiten getrennt eingenommen werden und die Eheleute getrennt von einander schlafen. Es darf keinerlei Gemeinsamkeiten in

---

2 So genannte Härtefallscheidungen sind in der Praxis selten und noch seltener erfolgreich

der Lebensführung mehr geben. Gleichzeitig muss aber zumindest einer der beiden Ehegatten die Fortsetzung der ehelichen Gemeinschaft ablehnen.

War einer der Ehegatten beispielsweise berufsbedingt länger im Ausland, hat sich dort, ohne das dem anderen Ehegatten mitzuteilen, entschlossen, die Ehe nicht mehr fortzusetzen, und lebt er dann auch tatsächlich nach seiner Rückkehr von seinem Ehegatten getrennt, beginnt die Trennung nicht etwa zu dem Zeitpunkt, als der *innere* Entschluss, sich zu trennen, gefasst wurde. Vielmehr muss der auf Ablehnung der Ehe gerichtete Wille eindeutig nach außen erkennbar sein, zB durch Mitteilung der Trennungs- oder Scheidungsabsicht gegenüber dem anderen Ehegatten. Ähnliches gilt, wenn ein Ehegatte Heil- oder Sicherungsmaßnahmen absolviert, zB stationär in einer psychiatrischen Klinik oder im Gefängnis. Das ist kein Indiz für Getrenntleben, selbst wenn dem Aufenthalt massive familiäre Vorfälle zugrunde liegen. Will der andere Ehegatte hierauf die Trennung vollziehen, muss er schriftlich und nachweisbar mitteilen, dass er ab sofort auf Dauer getrennt lebt. Das ist am besten durch Anwaltsschreiben nachzuweisen.

Eine Trennung ist dann relativ leicht zu vollziehen, wenn beide Ehegatten die Ehe für gescheitert halten und geschieden werden wollen. In einem solchen Fall werden beide Ehegatten darauf bedacht sein, durch Aufgabe der häuslichen Gemeinschaft die Scheidungsvoraussetzungen zu schaffen. Problematisch wird die Trennung aber, wenn nur ein Ehegatte nicht mehr an der Ehe festhalten will, der andere aber weder eine Trennung akzeptiert noch geschieden werden will.

Grundsätzlich kann man auch innerhalb der ehelichen Wohnung getrennt leben, aber dies ist möglicherweise dann nicht zu beweisen, wenn der andere Ehegatte das Getrenntleben bestreitet.

Das Gesetz erfordert den Nachweis, dass die Wohnung eindeutig räumlich aufgeteilt war, dass also zwei Haushalts- und Wirtschaftsbereiche geschaffen waren und dass, soweit Räume wie Küche und Bad gemeinsam benutzt wurden, festgelegt war, wann der eine und wann der andere Ehegatte diese Räume benutzen durfte. In solchen Fällen ist es deswegen ratsam, eine Trennung in verschiedenen Wohnungen herbeizuführen, auch wenn damit der einseitig scheidungswillige Ehegatte gezwungen ist, aus der ehelichen Wohnung auszuziehen. In der Praxis ist es nämlich bis auf klar beweisbare Gewaltfälle schwierig und langwierig, den anderen Ehegatten aus der Ehewohnung heraus zu prozessieren. Auf die Zusage des anderen Ehegatten, einer Scheidung zuzustimmen, kann man sich nicht verlassen. Diese Zusage ist meist nicht beweisbar und auch rechtlich nicht bindend. Hier helfen klare schriftliche Verträge, zB zur Wohnungsnutzung oder zum Auszug, die jederzeit möglich sind, aber vom Fachmann konzipiert werden sollten.

2. Für und Wider Scheidung

4 *An den Familienrechtler werden oft spontane Scheidungswünsche herangetragen, deren Dringlichkeit von einem Laien kaum systematisch durchdacht werden kann. Es besteht also stets Beratungsbedarf. Das Schreiben ist neutral oder universell konzipiert.*

Wir kommen auf unser Vorgespräch zurück. Es ist notwendig, schon früh Vor- und Nachteile einer möglichen Ehescheidung herauszuarbeiten und zu bewerten. Das ist für jedes familienrechtliche Teilgebiet, also für jede Scheidungsfolgesache, zunächst gesondert zu tun um dann die Ergebnisse zusammenzufassen und gegeneinander abzuwägen.

Sozialrechtliche Beratung

Eine Ehescheidung kann erhebliche sozialrechtliche Konsequenzen haben, die eine Spezialität mit ständigen Gesetzesänderungen sind, zu der wir nicht beraten. Nach dem Sozialgesetzbuch I (SGB I) sind sozialrechtliche Leistungsträger, ihre Verbände und die sonstigen im SGB genannten öffentlich-rechtlichen Vereinigungen verpflichtet, im Rahmen ihrer Zuständigkeit jedermann über gesetzliche Rechte und Pflichten **aufzuklären**. Darüber hinaus besteht sogar eine darüber hinaus gehende **Beratungspflicht** der fachlich betroffenen Leistungsträger. Noch weitergehender regelt das Gesetz **Auskunfts**pflichten landesrechtlich bestimmter Stellen und der Träger der gesetzlichen Krankenversicherung (GKV) und der sozialen Pflegeversicherung. All diese Pflichten sind gebührenfrei zu erfüllen und können bei Falschberatung zu einer beachtlichen Haftung der Beratungsstelle oder zu einem so genannten sozialrechtlichen Wiederherstellungsanspruch führen. Dabei ist es aber wichtig, Zeitpunkt, Inhalt und Ergebnis der Auskunft oder Beratung nach gerichtlichen Maßstäben **beweisen** zu können. Wegen der Komplexität der Materie scheuen sich Beratungsstellen und Leistungsträger oft, die Beratung und deren Ergebnis schriftlich festzuhalten. Kompetente Zeugen für die Gespräche können dann der Absicherung dienen.

Krankenversicherung

Bei Bedarf Das ist ein gefährliches Thema, das genaue und aktuelle sozialrechtliche Beratung erfordert. Diese können wir nicht übernehmen. Auf diesem Rechtsgebiet gibt es häufige und schwer überschaubare Änderungen des Gesetzes und der Rechtsprechung. Allgemein kann die Ehescheidung zum Verlust des Krankenversicherungsschutzes führen.

»Beamtenfälle«

Die Exgattin eines Beamten[3] verliert mit Rechtskraft des Scheidungsausspruchs automatisch ihre Beihilfeberechtigung, die dann von elementarer Bedeutung ist, wenn sie keine eigene Vollversicherung hat, zB wegen Berufslosigkeit. Besteht eigener voller Versicherungsschutz, sei es über eine Privatversicherung, über die GKV oder über ein eigenes Beamtenverhältnis, entstehen Probleme meist nicht, es empfiehlt sich aber, das durch Beratung beim Leistungsträger abzusichern. Der Verlust tritt nicht schon mit Trennung oder Beginn des familiengerichtlichen Scheidungsverfahrens ein. Er entsteht jedoch irreparabel mit der Rechtskraft des Scheidungsausspruchs. Es hängt von den Umständen ab, ob und inwieweit nach Rechtskraft der Ehescheidung das Krankheitsrisiko in der GKV abgesichert werden kann. Es gibt dafür eine gefährliche allgemeine Altersgrenze ab Vollendung des 55. Lebensjahres. Danach ist eine legale Mitgliedschaft in der GKV meist selbst dann nicht mehr begründbar, wenn ein versicherungspflichtiges Arbeitsverhältnis aufgenommen wird. Das gilt auch dann, wenn das sozialversicherungspflichtige Arbeitsentgelt unter der Pflichtversicherungsgrenze liegt. Hier können also enorme Risiken bestehen, da insbesondere bei Vorerkrankungen eine private Krankenversicherung außerordentlich teuer werden kann; die Versicherungsprämien richten sich darüber hinaus nach dem Eintrittsalter. Zwar ist es so, dass aus unterhaltsrechtlicher Sicht auch hohe notwendige nacheheliche Krankenversicherungsbeiträge (natürlich immer zuzüglich Pflegeversicherungsbeitrag) zu berücksichtigen sind. Entweder sie kürzen das eigene in die Unterhaltsberechnung einzustellende Nettoeinkommen oder der andere Ehegatte muss kraft Unterhaltspflicht diesen Aufwand als so genannten Krankenvorsorgeunterhalt zusätzlich bezahlen. Das

---

3 Genauso ist es bei Richtern; vergleichbar bei Soldaten

aber mindert dann sein eigenes verfügbares Nettoeinkommen mit der Konsequenz, dass die Mittel, die zur Halbteilung für den Lebensbedarf der Ehegatten zur Verfügung stehen, sinken.

Familienversicherung in der GKV
Beim familienversicherten[4] Gatten entfällt die beitragsfreie Familienversicherung nach dem Sozialrecht automatisch und ohne Vorwarnung ebenfalls mit Rechtskraft der Ehescheidung. In der Regel besteht innerhalb von drei Monaten nach Rechtskraft der Scheidung (Achtung, nicht ab deren Kenntnis, die verspätet eintreten kann) ein Beitrittsrecht zu einer gesetzlichen Krankenkasse[5]. Ist dieser Beitritt möglich, ist viel gewonnen, er löst allerdings Beitragspflichten aus. Diese können unterhaltsrechtliche Auswirkungen haben. Jedenfalls die gemeinsamen Mittel der Eheleute, die für die persönliche Lebensführung zur Verfügung stehen, werden dann gemindert. Hier ist rechtzeitige und schriftlich dokumentierte Beratung durch einen Sozialträger der GKV zu empfehlen. Die Familienversicherung in der GKV entfällt auch, sobald eigenes Einkommen erzielt wird, das 1/7 der monatlichen Bezugsgröße nach dem SGB IV überschreitet. **Warnung:** Einkommen ist insoweit auch der Ehegattenunterhalt, der dem steuerlichen Sonderausgabenabzug (so genanntes begrenztes Realsplitting) unterworfen wird.

Witwenversorgung
Der in noch rechtlich bestehender Ehe überlebende Ehegatte kann unter bestimmten Voraussetzungen Ansprüche auf Witwenrente bzw Witwenversorgung aus den Pensionsansprüchen des verbeamteten verstorbenen Ehegatten (ähnlich bei Richtern und Soldaten) haben. Ist die Ehe erst einmal rechtskräftig geschieden, gibt es jedenfalls in der gesetzlichen Rentenversicherung seit 1. 7. 1977 keine Geschiedenenwitwenrente mehr. Hierdurch können erhebliche Versorgungslücken entstehen. Theoretisch kommen Unterhaltsansprüche gegen den Nachlass in Frage, diese können in der Praxis aber oft nicht realisiert werden, zumal sie gesetzlich limitiert sind und von der Höhe des Nachlasses abhängen. Die Ehescheidung bedeutet also für den sozial schwächeren Ehegatten insoweit ein erhebliches Risiko. Besser abgesichert ist die geschiedene Witwe eines Beamten. Hier kann der Unterhaltsausfall nach dem Beamtenrecht gegen den Dienstherrn geltend gemacht werden, der Anspruch kann aber geringer sein als die Witwenversorgung.

Versorgungsausgleich
Hierunter versteht das Gesetz den Ausgleich der in der Ehezeit erworbenen beiderseitigen Anwartschaften auf gesetzliche Rente, Pension, Betriebsrente ua. Der »sozial stärkere« Ehegatte erwirbt laufend die höheren Anrechte. Für ihn ist eine Verlängerung der Ehezeit im Sinne des Versorgungsausgleichs (Ehezeit vom Monatsersten vor standesamtlicher Eheschließung bis zum Monatsletzten vor Zustellung des Scheidungsantrages) schädlich. Im Gegenzug muss allerdings gesehen werden, dass uU im Scheidungsfall eine erhöhte Unterhaltspflicht für zusätzlichen so genannten Altersvorsorgeunterhalt in Betracht kommt. Dieser mindert, wenn er zugesprochen wird, das verfügbare Nettoeinkommen des Unterhaltspflichtigen und reduziert damit das gemeinsame Resteinkommen für die elementare Lebensführung. Aus Sicht des sozial schwächeren Ehegatten ist eine frühzeitige Scheidung unter diesem Aspekt nachteilig,

---

4 Der also selbst nicht aus eigenem Stammrecht in der GKV versichert ist
5 ZB AOK, Ersatzkasse oder Betriebskrankenkasse

weil ohne Scheidung ja Monat für Monat noch ausgleichspflichtige Anwartschaften entstehen.

Kinder

Für deren Unterhalt macht es in der Regel keinen Unterschied, ob die Ehe der Eltern geschieden ist oder nicht. Die Ehescheidung beeinflusst die verwandtschaftlichen Beziehungen zwischen Eltern und Kindern grundsätzlich nicht. Die Waisenrente von Kindern entfällt nicht durch Ehescheidung. Auch Beihilfeberechtigung oder Familienversicherung werden in der Regel nicht beseitigt, es kann aber sein, dass ein bei der Mutter lebendes Kind nach Scheidung nicht mehr mit dem höher verdienenden Vater sondern mit der selbst in der GKV versicherten Mutter familienversichert ist. Öffentlichrechtliche Beratung vor dem Scheidungsurteil ist immer zu empfehlen.

Ehegattenunterhalt

Der sozial schwächere Ehegatte ist während rechtlich noch bestehender Ehe auch von der Unterhaltslage her mitunter besser abgesichert. Eine Arbeitspflicht (Erwerbsobliegenheit) kommt uU nur in abgemilderter Form oder später zum Tragen. Auf Getrenntlebendunterhalt kann wirksam nicht verzichtet werden, dieser kann vom Familiengericht zwar in der Höhe beeinflusst aber nicht zeitlich beschränkt werden. Anders ist es beim nachehelichen Ehegattenunterhalt, bei dem nach dem vorliegenden Entwurf des Unterhaltsänderungsgesetzes sogar die Kombination einer Begrenzung der Höhe nach mit einer Begrenzung der Laufzeit nach möglich ist. Unter diesem Aspekt bestehen für den wirtschaftlich stärkeren Ehegatten eher Anreize, die Ehescheidung sobald wie möglich, also in der Regel nach einjähriger Trennung einzuleiten, womöglich aber nicht vor der Gesetzesänderung zum 1.4.2007.

Einkommensteuer

Dieser Aspekt hat in der Regel wenig Einfluss auf die Frage, ob man sich zu einem Scheidungsantrag entschließt. Bereits ab dem 1. Januar nach Beginn eines dauernden Getrenntlebens im Sinne des § 26 I EStG ist eine Ehegattenveranlagung (speziell eine Zusammenveranlagung der Eheleute, die nur eine der gesetzlichen Wahlmöglichkeiten ist) nicht mehr zulässig. Bei Arbeitnehmern ändern sich die Steuerklassen dem entsprechend. Dieses Ergebnis tritt selbst dann ein, wenn die Ehe noch lange nicht geschieden wird.

Vermögensfragen

Im gesetzlichen Güterstand der Zugewinngemeinschaft ist der Stichtag für die Bewertung des Endvermögens ganz förmlich der Tag der Zustellung des Scheidungsantrages durch das Familiengericht. Fälligkeit einer güterrechtlichen Ausgleichsforderung tritt aber erst mit Rechtskraft des Scheidungsausspruchs ein. Hierzu müssen differenzierte Überlegungen angestellt werden, die Risiken und Chancen von Vermögensmehrungen und Vermögensminderungen (auch durch Bewertungsfragen und Marktfragen) berücksichtigen.

Gemeinsame Immobilie

Eheleute, die eine Immobilie in Bruchteilsgemeinschaft[6] besitzen, können die Miteigentümergemeinschaft (die generell rechtlich nichts mit der Ehe zu tun hat) in

---

6 Maßgeblich für das Eigentum ist der Eintrag im Grundbuch bei dem für das Grundstück örtlich zuständigen Amtsgericht

einem förmlichen gerichtlichen Verfahren auf Zwangsversteigerung[7] nach den Vorschriften des Zwangsversteigerungsgesetzes auflösen. Das Verfahren ist längerwierig und risikobehaftet[8]. Es kann in vielen Fällen blockiert werden, solange die Ehe nicht geschieden ist, speziell, wenn gemeinsame Kinder in der Immobilie leben oder die Versteigerungsmaßnahme des insoweit aktiven Ehegatten eine Verfügung über sein gesamtes Vermögen (§ 1365 BGB) darstellt, die nur mit Zustimmung des anderen Ehegatten wirksam möglich ist.

Ehemietwohnung

Im Zuge der Ehescheidung kann das Familiengericht auf Antrag unter Anhörung des Vermieters die Rechtsverhältnisse an einer gemieteten Ehewohnung völlig neu regeln. Nachehelich wird eine gemeinsame (wenn auch in getrennter Lebensführung) Benutzung einer Wohnung selten in Frage kommen. Hier kann ein Scheidungsantrag also Vorteile oder Nachteile haben.

Ehelicher Hausrat

Im Zuge der Ehescheidung kann jeder Ehegatte endgültige Aufteilung des Hausrates verlangen, durch Folgesachenantrag im Scheidungsverfahren, das dadurch meist verzögert wird. Zum Hausrat gehört meist jedes Inventar der Ehewohnung (Möbel, Gardinen, Beleuchtung usw, soweit nicht Bausubstanz). Zum Hausrat kann auch einmal ein Familienfahrzeug gehören, nicht aber persönliches Eigentum wie Kleidung, Schmuck, Uhren, berufliche Ausstattung und persönliche Urkunden. Was mit dem Hausrat aufgeteilt wird, fällt nicht in den Zugewinnausgleich und umgekehrt.

Erbrechtliche Fragen

Vorab: Das Ehescheidungsverfahren, spätestens aber die Rechtskraft des Scheidungsausspruchs ändert die erbrechtlichen Beziehungen der Ehegatten untereinander. Im Eltern-Kindverhältnis ändert sich allenfalls zugunsten der Kinder die Erb- und Pflichtteilsquote. Kinder erwerben aus der Scheidung selbst, solange die Eltern leben, keine Erb- oder Vermögensansprüche, außer letztere würden sich aus Verträgen ergeben.

Gibt es keinen bindenden notariellen Ehevertrag und kein bindendes gemeinschaftliches Ehegattentestament, sind Eheleute grundsätzlich frei, den anderen Ehegatten zu enterben. Das geht immer. Der enterbte Ehegatte hat dann, solange die Ehe noch besteht und nicht ein gesetzlicher Ausschlussgrund besteht, allerdings einen gesetzlichen Pflichtteilsanspruch, der sich auf die Hälfte des fiktiven gesetzlichen Erbrechts erstreckt. Hier kann also bereits die Einleitung eines Ehescheidungsverfahrens schädlich oder nützlich sein, je nachdem auf welcher Seite der Vermögensbilanz und der Interessenlage man steht.

Das Gesetz schließt das gesetzliche Erbrecht des überlebenden Ehegatten im Wesentlichen dann aus, wenn zur Zeit des Todes des Erblassers die Voraussetzungen[9] für die Scheidung der Ehe gegeben waren und der Erblasser die Scheidung beantragt oder

---

[7] So genannte Teilungsversteigerung

[8] Zuständig ist nicht das Familiengericht, sondern das Vollstreckungsgericht für den Bezirk der Immobilie. Jeder kann mitsteigern, auch die Miteigentümer

[9] In der Regel gehört dazu mindestens einjähriges Getrenntleben. Nun werden Scheidungsanträge nach regional abweichender meist großzügiger Übung oft schon vor Ablauf des Trennungsjahres eingereicht, das genügt für den erbrechtlichen Effekt aber (noch) nicht, wird aber durch Zeitablauf geheilt

ihr zugestimmt hatte[10]. Das Gleiche gilt, wenn eine letztwillige Verfügung vorhanden ist[11] oder ein notarieller Erbvertrag[12] geschlossen worden ist.

Vertragliche Vermögensfolgen

Es gibt vertragliche Gestaltungen, die weit reichende Vermögensfolgen an einen Scheidungsantrag oder die rechtskräftige Ehescheidung knüpfen. Beispiel 1: Die Eltern haben der Tochter in vorweggenommener Erbfolge das Elternhaus übereignet, sich aber die Rücknahme für den Fall des Vorversterbens oder der Ehescheidung der Tochter vertraglich gesichert. Beispiel 2: Ein Ehegatte hat dem anderen Ehegatten einen hälftigen Miteigentumsanteil an der Ehewohnung (bzw Haus) übereignet und sich ebenso die Rückübertragung für den Scheidungsfall vorbehalten. Der Rechtsanwalt ist Organ der Rechtspflege und kein Hellseher. Anhaltspunkte für solche vertraglichen Regelungen sind uns nicht bekannt gegeben worden.

Gegebenenfalls sollten Sie nachforschen und uns informieren. Übrigens: Jede notarielle Urkunde, an der Sie als Vertragspartei mitgewirkt haben, erhalten Sie gegen geringe Gebühr in Abschrift beim beurkundenden Notar oder seinem Nachfolger im Notariat.

3. Allgemeine Unterhaltshinweise

Zum Unterhaltsrecht geben wir zu Ihrer Orientierung vorab folgende allgemeinen Hinweise:

5

a) Unterhaltsberechtigt ist nur, wer seinen **Lebensbedarf** nicht aus eigenem greifbarem Einkommen und in seltenen Sonderfällen aus der Verwertung von eigenem verwertbarem Vermögen decken kann.

b) Unterhalt ist damit die **Ausnahme** und nicht die Regel, was oft laienhaft übersehen wird. Die Unterhaltslast greift schließlich in die verfügbaren Mittel des Unterhaltspflichtigen ein.

c) Gesetzliche Verwandtenunterhaltspflichten bestehen beidseitig zwischen **Kindern und Eltern** oder Adoptiveltern, aber auch Großeltern, Urgroßeltern usw.

d) Das **nicht aus einer Ehe** stammende Kind wird seit 1. 7. 1998 nicht mehr anders behandelt.

e) Häufige Unterhaltspflichten bestehen zwischen getrennt lebenden oder geschiedenen **Eheleuten**.

f) Auch der betreuende Elternteil eines **nicht aus einer Ehe** stammenden Kindes kann unterhaltsberechtigt sein, ganz überwiegend ist das die Mutter. Dieser Anspruch ist derzeit noch nachrangig und in der Regel auf derzeit höchstens drei Jahre beschränkt; Ausnahmen sind nach geltendem Recht möglich. Auch Partner einer registrierten gleichgeschlechtlichen Partnerschaft können Unterhaltsansprüche haben. Gesetzesänderungen stehen an.

g) **Verwandtenunterhalt** kann auch zugunsten der älteren Generation greifen, zB bei Eltern.

---

10 § 1933 Satz 1 BGB
11 § 2077 I Satz 1 BGB
12 §§ 2279, 2077 I Satz 1 BGB

h) Je nach dem rechtlichen oder verwandtschaftlichen Verhältnis zwischen dem Berechtigten und dem Verpflichteten folgt das Unterhaltsrecht sehr unterschiedlichen Regeln.

i) Jede Unterhaltslage löst zunächst umfangreiche gegenseitige **Auskunftspflichten** bzw Darlegungspflichten[13] über das eigene Einkommen und Vermögen aus. Da der Auskunftsanspruch der Unterhaltsprüfung vorausgeht, kann er nur dann global abgewehrt werden, wenn völlig eindeutig und unabhängig von Einkommen und Vermögen eine Unterhaltspflicht ausgeschlossen werden kann. Das ist selten der Fall. Der Auskunftsanspruch ist vorweg gerichtlich durchsetzbar, aber auch in Form einer so genannten Stufenklage, in der erst nach Erfüllung der Auskunftspflicht der Unterhalt beziffert wird.

j) Unterhaltsrechtlich kann es auf jede Einkommensquelle ankommen, auch auf Mieten, Zinsen, Renten, Teile von Spesen, den geldwerten Vorteil privater Dienstwagennutzung usw.

k) Im Unterhaltsrecht ist immer nur das verfügbare durchschnittliche Nettoeinkommen maßgeblich. Normalerweise wird mit dem Jahresdurchschnitt gerechnet. Maßgeblich ist aber das aktualisierte Einkommen, zB bei Änderung der Steuerklasse oder Wechsel des Arbeitsplatzes.

l) Unterhalt gibt es deshalb nur zwölf Mal im Jahr, grundsätzlich in gleicher Höhe, wenn sich an den Grundlagen nichts ändert.

m) Vor der Bestimmung des Nettoeinkommens sind Steuern aus dem Einkommen in jeweiliger Höhe ebenso abzuziehen wie Pflichtbeiträge zur Sozialversicherung (Arbeitnehmeranteile) und angemessene bzw notwendige freiwillige Sozialbeiträge, zB beim Selbständigen.

n) Stets ist **mehrstufig** zu unterscheiden:

Zunächst nach dem **Bedarf** des Unterhaltsberechtigten. Bei Ehegatten (auch geschiedenen) richtet er sich nach den ehelichen Lebensverhältnissen, die schwer zu bestimmen sein können. Insoweit ist oft von den prägenden Verhältnissen die Rede. Kinder aber nehmen aufgrund ihrer unselbständigen Lebensstellung stets am aktuellen Einkommen des (oder der) Unterhaltspflichtigen teil. Unterschiedliche Ansätze gibt es insoweit bei den verschiedenen Gruppen unterhaltsberechtigter Kinder (Minderjährige, minderjährige Auszubildende, privilegierte unverheiratete Schüler in allgemeiner Schulausbildung von 18 bis 20, die noch im Haushalt eines Elternteils leben, Volljährige in Ausbildung, Volljährige in besonderen Lagen, zB Behinderte).

In nächster und zweiter Stufe ist stets die **Bedürftigkeit** des Unterhaltsberechtigten zu prüfen. Sie entfällt, soweit die Lebenshaltungskosten aus eigenem Einkommen aller Art (Erwerbstätigkeit, Kapitalertrag, Vermietungseinkünfte usw.) oder aus zumutbarer Vermögenszerschlagung gedeckt werden können und müssen. Einkommen aus einer nicht zumutbaren Tätigkeit kann nur beschränkt anrechenbar sein, insbesondere im Ehegattenunterhaltsrecht. Es gibt Geldzuflüsse, die kein unterhaltsrechtliches Einkommen darstellen (zB bestimmte freiwillige Zuwendungen Dritter) oder nach dem Gesetz im Regelfall nicht anrechenbar sind, zB das Erziehungsgeld oder bestimmte andere Sozialleistungen wegen eines Gesundheitsschadens. Bei Verletzung eigener Einnahmequellen (speziell aus Arbeitspflicht,

---

13 Vor allem beim Berechtigten, der Bedarf und Bedürftigkeit darlegen und beweisen muss

juristisch genannt Erwerbsobliegenheit) kann das Familiengericht ein so genanntes fiktives Einkommen ermitteln – oft durch einfache Schätzung – und zugrunde legen.

In dritter Stufe ist stets die **Leistungsfähigkeit** des Pflichtigen für den nach den ersten zwei Stufen verbleibenden ungedeckten Unterhalt zu prüfen. Hier gelten gegenüber Kindern und Ehegatten oft unterschiedliche Selbstbehaltsätze. Unterster Selbstbehalt ist das Existenzminimum, auch als Notbedarf bezeichnet, aktuell (West) 770/890 €, je nachdem ob der Pflichtige erwerbstätig ist. Bei umfangreicheren Unterhaltspflichten kann ein Mangelfall vorliegen, in dem Rangverhältnisse der Unterhaltsberechtigten zu berücksichtigen sind. Bei ausgeprägtem Mangel ist auch der Unterhalt der erstrangig Unterhaltsberechtigten gleichmäßig (allerdings nach schwierigen und keinesfalls einheitlichen Berechnungsregeln) zu kürzen. Die nachrangigen Berechtigten fallen dann aus.

Letztlich kann eine Begrenzung von Unterhaltsansprüchen in Frage kommen. Das Gesetz lässt insbesondere beim Ehegattenunterhalt Beschränkungen wegen Unbilligkeit oder kurzer Ehe zu, auch in der Laufzeit. Diese Korrekturmöglichkeiten sind allerdings sehr viel enger als punktuelle Hinweise in der Tagespresse das vermuten lassen.

Überhaupt gehört das Unterhaltsrecht zu den schwierigen Rechtsgebieten. Jeder Einzelfall ist anhand seiner tatsächlichen Grundlagen anders zu beurteilen, so dass es keine sinnvollen Patentrezepte gibt und Sie Erkenntnisse aus Unterhaltsfällen in Ihrem Umfeld nur sehr vorsichtig auf den eigenen Fall übertragen sollten.

Eine wesentliche gesetzliche Reform des Unterhaltsrechts ist für 2007 zu erwarten, aus heutiger Sicht zum 1.4.2007.

> Die Bearbeitung von Unterhaltsfällen ist auch für den Juristen zeitaufwendig, so dass es darauf ankommt, dass benötigte Daten und Belege vollständig, rechtzeitig, lesbar, kopierfähig und möglichst zeitlich und systematisch geordnet laufend zur Verfügung gestellt werden.

4. Unterhaltsreform 2007

Das Unterhaltsänderungsgesetz soll zum 1.4.2007 in Kraft treten. Es sieht für die in der Praxis häufigsten[14] Fälle teils gravierenden Änderungen vor, die hier nur punktuell dargestellt werden:

I. Kindesunterhalt

1) Minderjährige Kinder und gleichgestellte privilegierte Schüler[15] erhalten im Mangelfall Vorrang vor Ehegatten und geschiedenen Ehegatten. Bisher bestand Gleichrang.

2) Andere volljährige Kinder erhalten die vierte Rangstelle nach Ehegatten und anderen Elternteilen.

---

14 Wir klammern in diesen Hinweisen der Übersicht halber Unterhalt nicht verheirateter Elternteile und Unterhalt in gleichgeschlechtlichen registrierten Partnerschaften aus

15 Alter 18–20, unverheiratet, Besuch allgemein bildender Schule und mindestens bei einem Elternteil lebend

3) Die zum 1.7.1998 eingeführten Regelbeträge entfallen[16]. Es wird ein für Ost und West einheitlicher Mindestunterhalt in Höhe des doppelten sächlichen Existenzminimums aus dem Einkommensteuerrecht (§ 32 VI Satz 1 EStG; Jahreswert derzeit € 1.824 × 2 = 3.648) eingeführt.

4) Es bleibt bei den bisherigen Altersstufen (0–5, 6–11 und 12–17). Der neu eingeführte Mindestunterhalt beträgt: Stufe 1 = 87 %; Stufe 2 = 100 % und Stufe 3 = 117 % des verdoppelten Jahreswerts gemäß Ziffer 3.

II. **Ehegattenunterhalt** (nachehelich, während Getrenntlebens oder als Familienunterhalt)

1) Betreuende Ehegatten oder solche mit langer Ehedauer erhalten neben anderen betreuenden Elternteilen Rang 2. Andere Ehegatten kommen nachrangig in Rang 3.

2) Der grundsätzliche Vorrang der ersten Ehefrau vor der zweiten entfällt mit dieser neuen Systematik.

3) Der neue Vorrang der Kinder gemäß I.1. wird Mangelfallberechnungen vereinfachen aber häufiger als bisher zu Einschränkungen oder Ausfall des Ehegattenunterhalts führen.

4) Die Eigenverantwortlichkeit (Erwerbsobliegenheit) wird vom Gesetzgeber bewusst verstärkt.

5) Das Gesetz regelt weiterhin keine festen Altersgrenzen der Kinder für die Erwerbsobliegenheit, mit einer deutlichen Verschärfung ist aber zu rechnen. Das Gericht hat im Einzelfall abzuwägen und zu entscheiden. Mit einer einheitlichen Linie ist kaum zu rechnen, regionale Rechtsprechungsunterschiede wird es weiter geben.

6) Das Gesetz vereinfacht und erweitert die Möglichkeit, Unterhalt zu begrenzen oder/und zeitlich zu beschränken.

7) Das gilt auch in Unbilligkeitsfällen, nun ausdrücklich auch bei verfestigter Lebensgemeinschaft des Unterhaltsberechtigten.

III. **Altfälle/Übergangsvorschriften**

In bereits nach altem Recht geregelten[17] Unterhaltsfällen sind Umstände, die vor Inkrafttreten des Gesetzes entstanden sind, nur dann zu berücksichtigen, wenn sie zu einer wesentlichen Änderung führen und dem anderen Teil die Abänderung unter Berücksichtigung seines Vertrauens zuzumuten ist.

5. Hinweise Ehegattenunterhalt

Zum rechtlich und persönlich schwierigen Unterhaltsrecht des Ehegatten bzw Exgatten geben wir vorab folgende allgemeine Hinweise. Diese erfolgen zunächst nur schlagwortartig zur Einführung in die Materie. Die Einzelheiten jedes Unterhaltsfalles gehören genau geklärt und erörtert.

(a) Dort wo er benötigt wird, fällt der Ehegattenunterhalt in die »heißen Kapitel« des Familienrechts.

---

16 Regelbetrag-Verordnung und Kindesunterhaltsgesetz (KindUG) vom 6.4.1998 (BGBl. I S. 666) werden aufgehoben

17 Durch rechtskräftiges Urteil, vollstreckbaren Titel oder Unterhaltsvereinbarung

(b) Ehegattenunterhalt dient nur der Bedarfsdeckung.

(c) Er hat nach dem Gesetz keine Straf- oder Rachefunktion.

(d) Es müssen daher bestimmte Tatbestände erfüllt sein, zB Kinderbetreuung, unterschiedliche Einkommensverhältnisse, Alter, Krankheit ua.

(e) Der Ehegattenunterhalt in der Trennungsphase ist rechtlich anders strukturiert als der nacheheliche Unterhalt. Ein vertraglicher Verzicht auf den Trennungsunterhalt ist weder vor noch in der Ehe wirksam möglich. Ausgenommen davon sind Unterhaltsrückstände, soweit sie nicht auf öffentliche Leistungsträger übergegangen sind.

(f) Die Bedarfsbestimmung richtet sich nach den ehelichen Verhältnissen. Diese werden normalerweise nicht von trennungsbedingten oder scheidungsbedingten Ereignissen geprägt.

(g) Trennungsbedingte Änderungen des Einkommens zB durch Änderung der Steuerklassen sind nach Rechtsprechung des Bundesgerichtshofes allerdings eheprägend und damit schon bei der Bedarfsbestimmung zu berücksichtigen.

(h) Das gesamte Einkommensgefüge, das ja den Unterhalt bestimmt, kann sich dadurch wesentlich und nachhaltig ändern.

(i) Der Ehegattenunterhalt wird trotz Gleichranges (Gesetzesänderung ab 1. 4. 2007 geplant) des getrennt lebenden oder geschiedenen Ehegatten mit minderjährigen oder ihnen im Rang gleichgestellten Kindern in der Praxis so berechnet, dass der Tabellenbedarf der Kinder vorweg vom bereinigten Elterneinkommen abgezogen wird.

(j) Erst danach wird eine regional unterschiedliche Quote (Weitgehend 1/7; Süddeutschland aber 1/10) als Erwerbsanreiz vom Resteinkommen abgezogen, bevor aus den eheprägenden Einkommensteilen im Rahmen einer Halbteilung möglicher Ehegattenunterhalt bestimmt wird. *Bei Bedarf* Ein Berechnungsbeispiel fügen wir bei.

(k) Ungedeckter Bedarf ist nur dort durch Unterhalt aufzufüllen, wo er zumutbarerweise nicht durch erzielbares eigenes Einkommen oder tragbare Vermögenszerschlagung gedeckt werden kann. Die Vermögensverwertung ist die Ausnahme, besonders in der Trennungszeit.

(l) Soweit es dabei um Arbeitseinkommen geht, sind die Familiengerichte streng. Juristisch nennt man das »Erwerbsobliegenheit«. Sie soll durch Gesetzesänderung verstärkt werden.

(m) Unterhaltsrechtlich kann es auf jede Einkommensquelle ankommen, auch auf Mieten, Zinsen, Renten, Teile von Spesen, mietfreies Wohnen usw.

(n) Die Frage der Arbeitsfähigkeit wird vom gerichtlich beauftragten medizinischen Sachverständigen, der über besondere arbeitsmedizinische Kenntnisse und Erfahrungen verfügen muss, oft sehr viel strenger beurteilt als vom behandelnden Arzt. Insoweit sollte man sich durch rechtzeitige Objektivierung vor bösen Überraschungen schützen.

(o) Eine Begrenzung des Unterhaltes wegen grober Unbilligkeit ist möglich. Die Gerichte gehen damit aber sparsam um. Auch hierzu steht eine gesetzliche Änderung bevor, die die Unterhaltsbegrenzung ausweitet.

(p) Alle Ärgernisse einer scheiternden Ehe begründen aus der Sicht des Juristen noch keine grobe Unbilligkeit.

(q) Verträge sollte man aktuell wegen der zum 1.4.2007 anstehenden Gesetzesänderung sehr genau durchdenken.

6. Risikohinweise zum Ehegattenunterhalt

8 Die nachstehenden Risikohinweise betreffen ausschließlich Lebensumstände des unterhaltsberechtigten Ehegatten, der nach Trennung oder Ehescheidung Unterhalt benötigt und verlangt. Die Kenntnis der Risikofaktoren ist für den Unterhaltsberechtigten (meist die Ehefrau) unentbehrlich, für den Unterhaltspflichtigen (meist der Ehemann) kann sie nützlich sein.

Das Familiengericht kann bei bestimmten Lebensumständen Ehegattenunterhalt ganz versagen oder ihn zeitlich oder der Höhe nach begrenzen, zB in den folgenden Fällen:

1. Bei kurzer kinderloser Ehe. Die Zeitgrenzen sind fließend. Eine zweijährige Ehe ist jedenfalls kurz, eine fünfzehnjährige ist lang. Die Zeit der Betreuung gemeinsamer Kinder steht der Ehezeit gleich.

2. Bei Verletzung der zumutbaren Pflicht, eigenes Einkommen zu erzielen, speziell aus Arbeit. Im Unterhaltsrecht gilt weitgehend unbekannt der Grundsatz, dass sich jeder selbst unterhalten, also alle rechtmäßigen verfügbaren Einkommensquellen sinnvoll nutzen muss. Natürlich nur soweit zumutbar und möglich. Das beinhaltet auch die Pflicht, Vermögen nicht zu verschleudern. Diesbezügliche Pflichten werden juristisch genauer als »Obliegenheiten« bezeichnet. Ihre Verletzung führt dazu, dass das Gericht das erzielbare fiktive Einkommen regelmäßig schätzt und der Unterhaltsbetrachtung wie echtes Einkommen zugrunde legt.

3. Die Bemessung des Ehegattenunterhalts erfolgt nach den ehelichen Verhältnissen. Ein nachehelicher unerwarteter Karrieresprung (auch des Unterhaltsberechtigten) wirkt sich auf die Unterhaltsbemessung nicht mehr aus. Die berufliche Planung sollte also in der jeweiligen Richtung mit dem Verlauf und Bestand der Ehe abgestimmt werden.

4. Das Verhalten des Unerhaltsberechtigten kann zu grober Unbilligkeit des Unterhalts führen, zB
   a. Bei strafbaren Handlungen gegenüber dem Unterhaltspflichtigen oder einem seiner nahen Angehörigen.
   b. Bei mutwilliger Herbeiführung der Unterhaltsbedürftigkeit.
   c. Bei mutwilligem Verstoß gegen schwerwiegende Vermögensinteressen des anderen Gatten.
   d. Bei gröblicher und andauernder Verletzung der Pflicht, vor der Trennung zum Familienunterhalt beizutragen.
   e. Offensichtliches und schwerwiegendes anderes Fehlverhalten, das einseitig sein muss.
   f. Andere gleich schwerwiegende Gründe.

Auch bei eskalierendem Ehekrieg ist also sehr genau abzuwägen, ob »unfreundliche Akte« nicht besser unterlassen werden. Dazu gehören neben der Aufnahme eines ehewidrigen Verhältnisses (ganz besonders vor Trennung) zB die Plünderung von Guthaben und Konten, Strafanzeigen, Hinweise an die Steuerfahndung, Anrufe beim Arbeitgeber und andere störende oder schädliche Maßnahmen. Sie alle können den Unterhalt kosten.

Die zum 1.4.2007 anstehende Unterhaltsreform wird hier womöglich zu noch strengeren Maßstäben führen. Insbesondere wird eine verfestigte nichteheliche Lebensgemeinschaft des unterhaltsberechtigten Gatten oder Exgatten je nach Entwicklung der Rechtsprechung zu häufigerer Versagung oder Kürzung von Unterhalt führen.

7. Nachehelicher Unterhalt – Neuere BGH-Rechtsprechung

Nach früherer Rechtsprechung galt für den Ehegatten (meist die Ehefrau), der während der Ehe den Haushalt versorgte und die gemeinsamen minderjährigen Kinder betreute, also oft kein Erwerbseinkommen erzielte, bezüglich des nachehelichen Unterhalts Folgendes:

Die ehelichen Lebensverhältnisse wurden durch die bis zur Scheidung nachhaltig erzielten tatsächlichen Einkünfte des erwerbstätigen Ehegatten bestimmt, soweit sie dazu vorgesehen waren, den laufenden Lebensunterhalt zu decken. Zwar wurde die Haushaltsführung eines nicht erwerbstätigen Ehegatten einschließlich der Kinderbetreuung wirtschaftlich betrachtet der Erwerbstätigkeit des anderen Ehegatten und der durch diese ermöglichten Geldunterhaltsleistung grundsätzlich gleichwertig gegenübergestellt. Entscheidend war aber, dass an Barmitteln, die zum Lebensunterhalt zur Verfügung standen, nur die des erwerbstätigen Ehegatten existierten und daher für die Unterhaltsbemessung des haushaltsführenden und die Kinder betreuenden Ehegatten nur die Einkünfte des erwerbstätigen Ehegatten herangezogen wurden, somit nur diese als prägend angesehen wurden. Hatte also der Ehegatte, der den Haushalt führte und die Kinder betreute, – vereinfacht ausgedrückt – zum Zeitpunkt der Scheidung Anspruch auf nachehelichen Unterhalt von beispielsweise 1.000 €, wurde auf diesen Unterhaltsanspruch das spätere Erwerbseinkommen dieses Ehegatten angerechnet, der Unterhaltsanspruch reduzierte sich entsprechend (eigenes späteres Einkommen 1.000 € = kein Unterhaltsanspruch mehr). Man nannte das »Anrechnungsmethode«.

Der Bundesgerichtshof hat diese Rechtsprechung mit Urteil vom 13. Juni 2001 aufgegeben und sinngemäß wie folgt entschieden:

Die Anrechnungsmethode wird dem Verständnis von der Gleichwertigkeit von Kindesbetreuung und/oder Haushaltsführung nicht gerecht und sie trägt auch dem gewandelten Ehebild in der Mehrzahl der Fälle nicht mehr angemessen Rechnung.

Die ehelichen Lebensverhältnisse werden nicht nur durch die Bareinkünfte des erwerbstätigen Ehegatten, sondern auch durch die Leistungen des anderen Ehegatten im Haushalt mitbestimmt. Dessen Tätigkeit ersetzt Dienst- und Fürsorgeleistungen und Besorgungen, die andernfalls durch teure Fremdleistungen erkauft werden müssten und den finanziellen Status – auch einer Doppelverdienerehe – verschlechtern würden. Darüber enthält sie eine Vielzahl von anderen, nicht in Geld messbaren Hilfeleistungen, die den allgemeinen Lebenszuschnitt der Familie in vielfältiger Weise verbessern. An dem in dieser Weise verbesserten Lebensstandard soll der haushaltsführende Ehegatte auch nach der Scheidung teilhaben. Die Haushaltsführung und/oder Kindesbetreuung wird damit dem Erwerbseinkommen des anderen Ehegatten als gleichwertig gegenübergestellt.

Im Ergebnis hat diese Entscheidung des BGH zur Folge, dass das vom haushaltsführenden bzw kinderbetreuenden Ehegatten nach der Scheidung erzielte Einkommen für die Unterhaltsberechnung zum (eheprägenden) Einkommen des anderen Ehegatten addiert wird und jeder der beiden Ehegatten Anspruch auf die Hälfte hiervon hat. (Eine Ausnahme hiervon kommt lediglich dann in Frage, soweit das Einkommen des Ehegatten, der bisher den Haushalt geführt und/oder die Kinder betreut hat, vom Normalverlauf völlig abweicht). Vom Hälftebetrag wird dann das eigene Einkommen des unterhaltsberechtigten Ehegatten abgezogen, der Restbetrag ist sein Unterhaltsanspruch. Man kann diese Halbteilung mit gleichem Ergebnis nach der »Additionsmethode« oder der »Differenzmethode« berechnen.

Beispiel nach der Differenzmethode[18]:

Eheprägendes um Erwerbsaufwand und Erwerbsanreiz bereinigtes Einkommen des geschiedenen Ehemannes	2.400 €
– Nacheheliches gleichartiges Einkommen der geschiedenen Ehefrau	– 1.000 €
Differenzeinkommen	1.400 €
Anspruch der geschiedenen Ehefrau 50 % der bereinigten Differenz	700 €

8. Unterhalt minderjähriger Kinder

10 Zum Unterhalt minderjähriger Kinder können wir vorab folgende allgemeine Hinweise geben:

Barunterhalt: Den Lebensbedarf des minderjährigen[19] Kindes muss im Normalfall alleine der Elternteil durch Geldzahlung decken, bei dem das Kind nicht lebt. Man redet insoweit vom Barunterhalt, der monatlich im Voraus fällig ist. Er wird zwölf Mal im Jahr bezahlt und während der Ausübung des Umgangsrechts (auch in den Ferien) nicht gekürzt. Der allein betreuende Elternteil erfüllt seine Pflicht, zum Kindesunterhalt beizutragen, durch Erziehung und Betreuung des Kindes (Betreuungsunterhalt). Nur in Sonderfällen kann der Unterhalt anders aufgeteilt werden, etwa wenn das Kind im Heim oder Internat oder abwechselnd je bei einem Elternteil oder mehreren Personen lebt.

Unterhaltsbemessung: Der Unterhaltsbedarf wird nach dem je aktuell verfügbaren durchschnittlichen Nettoeinkommen des barunterhaltspflichtigen Elternteils bestimmt. Durch Gesetzesänderung zum 1. 7. 1998 ist der Unterhalt aller minderjährigen Kinder, gleich ob ehelich oder nicht, auf der Basis der gesetzlichen Regelbeträge[20] zu bestimmen. Er kann seitdem dynamisch in Prozent des Regelbetrages verlangt und festgesetzt werden, gestaffelt nach den herkömmlichen Altersgruppen.

---

18 Ein anderes Beispiel nach der übersichtlicheren Additionsmethode findet sich in Abschnitt G
19 Ganz andere Regeln gelten für das volljährige unterhaltsbedürftige Kind
20 Nach der Regelbetrag-Verordnung. Noch gelten für alte und neue Bundesländer unterschiedliche Regelbeträge. Diese werden alle 2 Jahre angepasst, zum 1. 7. 1999, 1. 7. 2001, 1. 7. 2003 usw

Altersstufe	Alter	Regelbetrag (West) 01.07.2005–30.06.2007[21]
1	Bis zur Vollendung des 6. Lebensjahres	€ 204
2	Vom 7. bis zur Vollendung des 12. Lebensjahres	€ 247
3	Vom 13. bis zur Vollendung des 18. Lebensjahres	€ 291

Seit 1.7.1998 erfolgt der Alterssprung zugunsten des Kindes immer rückwirkend für den vollen Monat.

Der festzusetzende Prozentsatz des Regelbetrages ist im Gesetz nicht geregelt. Dazu bedient sich die Praxis (West) allgemein der von der Rechtsprechung entwickelten **Düsseldorfer Tabelle**, die den Zuschlag zum Regelbetrag nach Einkommensgruppen regelt. Die Tabelle ist für die Unterhaltspflicht gegenüber zwei Kindern und einem Ehegatten konzipiert. Bei größerer oder kleinerer Zahl von Unterhaltsberechtigten erfolgt eine Umgruppierung, die nicht unbedingt in allen Gerichtsbezirken und von allen Familienrichtern gleich gehandhabt wird. Die Praxis orientiert sich stark an den veröffentlichten Unterhaltsleitlinien der Oberlandesgerichte.

Das **Kindergeld** steht immer nur einem Berechtigten zu, im Regelfall vorrangig dem betreuenden Elternteil. Es ist als Leistung des Staates zur Entlastung beider Elternteile gedacht. Deswegen wird im Normalfall nach dem Gesetz (§ 1612 b BGB) das halbe Kindergeld dem barunterhaltspflichtigen Elternteil am Ende der Unterhaltsbestimmung gutgeschrieben. Maßgeblich ist je das konkrete Kindergeld für das betroffene Kind. Seit 1.7.1998 wird entgegen früherer Praxis wegen der klaren gesetzlichen Neuregelung nicht mehr auf den Durchschnitt des Kindergeldes für mehrere gemeinsame Kinder abgestellt. Die Erhöhung des Kindergeldes durch Zählkinder wird nicht berücksichtigt.

Ab 1.1.2001 hat der Gesetzgeber die Anrechnung des halben Kindergeldes beschränkt, **soweit** der Bedarf des Kindes (meist ein Tabellenwert) 135 % des Regelbetrages unterschreitet. Diese Gesetzesänderung wirft in Einzelfällen schwierige Fragen auf, vor allem wenn die Leistungsfähigkeit des barunterhaltspflichtigen Elternteiles beschränkt ist weil beispielsweise Unterhalt für eine Mehrzahl von Berechtigten anfällt. Man redet dann von einem Mangelfall.

Beispiel: (Kein Mangelfall; durchschnittliches bereinigtes Nettoeinkommen des barunterhaltspflichtigen Elternteils € 2.620[22] monatlich; keine Umgruppierung) – Düsseldorfer Tabelle 1.7.2005

Kindesunterhalt für	Geburtsdatum	Gruppe	Regelbetrag	% Regelbetrag	Altersstufe	Tabellenwert
Markus	15.10.1991	8	291	150	3	437
– Anrechnung anteiliges Kindergeld, § 1612 b BGB, erstes Kind						– 77
= Unterhaltsanspruch						360

---

21 Die anstehende Unterhaltsreform schafft die Regelbeträge wieder ab und ersetzt sie durch einen gesetzlichen Mindestunterhalt, der dem Einkommensteuergesetz entnommen wird und am Existenzminimum orientiert ist

22 Die Tabellenwerte dienen dem besseren Verständnis und können vom Bearbeiter beliebig ersetzt werden

Bei Veränderung der Altersstufe, des Regelbetrages oder des konkret auf das Kind entfallenden Kindergeldes kann nach diesem Schema der neue maßgebliche Unterhaltsanspruch berechnet werden.

> Schwierige Übergangsfragen können sich mit Inkrafttreten des Unterhaltsänderungsgesetzes ab 1. 4. 2007 ergeben.

9. Hinweise zur Kindergeldverrechnung vom 1. 1. 2001 bis 31. 3. 2007

11 Bis 31. 12. 2000 wurde das für ein Kind bezogene Kindergeld gemäß § 1612 b BGB ganz überwiegend zur Hälfte dem nicht betreuenden Elternteil durch Verrechnung mit dem Tabellenbedarf des Kindes gutgeschrieben. Diese Anrechnung unterblieb nach Absatz 5 der Vorschrift nur in ausgeprägten Mangelfällen, in denen weniger als 100 % des Regelbetrages bezahlt werden konnten. Diese Anrechnungsvorschrift hat der Gesetzgeber zum 1. 1. 2001 drastisch geändert. Die Anrechnung des halben Kindergeldes unterbleibt seitdem, soweit der Unterhalt 135 % des jeweiligen Regelbetrages unterschreitet. Dadurch kann es einerseits zu wesentlichen Erhöhungen des Kindesunterhaltes kommen. Andererseits kann dadurch die Leistungsfähigkeit des Pflichtigen so eingeschränkt sein, dass eine völlig neue Berechnung oder Mangelfallberechnung des Unterhalts erforderlich wird, insbesondere wenn neben dem Kindesunterhalt auch Ehegattenunterhalt geschuldet wird. Wichtig: Die Änderung erhöht nicht die Bemessung des Kinderunterhaltes, sondern vermindert bis zu einer Bemessung mit 135 % des Regelbetrages nur die Anrechnung des halben Kindergeldes.

Diese Beschränkung der Kindergeldanrechnung lässt sich am besten an einem

Beispiel – nach dem Stand im zweiten Halbjahr 2005 – erläutern (Beträge in €):

Der barunterhaltspflichtige Vater muss für ein neunjähriges erstes Kind (Altersstufe 2) 114 % des jeweiligen Regelbetrages bezahlen. Die Mutter vereinnahmt das Kindergeld in Höhe von € 154.

1. Regelbetrag Altersstufe 2 (6–11 Jahre)		247
2. Maßstab sind 135 % des Regelbetrages		334
3. Konkret zu leisten sind 114 % des Regelbetrages		282
4. Dieser Betrag bleibt hinter 135 % zurück mit		52
5. Das halbe Kindergeld beträgt	77	
6. Davon nicht anrechenbar (Betrag Zeile 4)	– 52	
7. Anrechenbarer Rest der Kindergeldhälfte	25	
Unterhaltsanspruch vorbehaltlich Leistungsfähigkeit:		
8. Konkreter Tabellenunterhalt (Zeile 3)		282
9. Anrechenbares Kindergeld (Zeile 7)		– 25
10. Zahlbetrag Kindesunterhalt		257

Zur Gesetzesänderung ab 1. 4. 2007 sollten die Hinweise in der einschlägigen Literatur verfolgt werden.

10. Hinweise Änderung Unterhaltstitel

Unterhaltstitel (Urteile, gerichtliche Vergleiche und vollstreckbare Urkunden) können generell abgeändert werden, wenn sich die tatsächlichen Verhältnisse, auf denen der Titel beruht, wesentlich geändert haben. Dies ist beim Ehegattenunterhalt insbesondere der Fall bei Erhöhung oder Reduzierung des Einkommens auf Ihrer Seite oder der Ihres Ehegatten. In der Praxis wird eine Änderung der Unterhaltshöhe von ca. 10 % als wesentlich angesehen. Im Falle sehr beengter wirtschaftlicher Verhältnisse kann der Prozentsatz auch darunter liegen. 12

Wenn der Unterhaltsanspruch auf Betreuungsbedürftigkeit der gemeinsamen Kinder, auf Krankheit, auf Erwerbslosigkeit, auf Ausbildung oder Billigkeit beruht, kann eine wesentliche Änderung auch im Wegfall dieser Umstände bestehen.

Tritt eine solche Änderung ein, besteht aber noch keine Berechtigung, den Unterhalt einfach zu reduzieren oder die Zahlungen einzustellen. Vielmehr muss dem unterhaltsberechtigten Ehegatten die Möglichkeit gegeben werden, auf seine Rechte aus dem Unterhaltstitel ganz oder teilweise zu verzichten. Dabei sind die veränderten Umstände darzulegen. Reagiert der andere Ehegatte hierauf nicht, muss Unterhaltsabänderungsklage erhoben werden. Das ist im Falle von Unterhaltsvergleichen rückwirkend ab dem Zeitpunkt möglich, zu dem die wesentliche Änderung eingetreten ist. Bei all dem ist Eile geboten weil die Zwangsvollstreckung aus dem Unterhaltstitel drohen kann.

Bezüglich der Abänderung von Unterhaltsurteilen ist zu unterscheiden:

- Wird Herabsetzung des Unterhalts beantragt, ist die Abänderung in allen Fällen erst für die Zeit ab Klageerhebung (genauer Klagezustellung) möglich.
- Wird Unterhaltserhöhung beantragt, so ist dies für Trennungsunterhalt (der mit Rechtskraft der Scheidung endet) rückwirkend ab dem Zeitpunkt möglich, zu dem der Unterhaltspflichtige hinsichtlich der Zahlung höheren Unterhalts wirksam in Verzug gesetzt wurde.

Bei Unterhaltsvergleichen und vollstreckbaren Urkunden kommt eine rückwirkende Abänderung in Betracht.

11. Unterhalt minderjähriger Auszubildender

Zum Unterhalt minderjähriger Auszubildender können wir vorab folgende allgemeine Hinweise geben: 13

Barunterhalt: Auch beim minderjährigen Auszubildenden ist für den Barunterhalt alleine der nicht betreuende Elternteil verantwortlich, wenn keine Ausnahmesituation besteht (zum Beispiel: Das Kind lebt ständig im Lehrlingsheim). Der betreuende Elternteil erfüllt nach den Vorgaben des Gesetzes bis zur Vollendung des 18. Lebensjahres des Kindes seine Pflicht durch Erziehung und Betreuung, auch wenn das im praktischen Leben schwer verständlich ist weil der Auszubildende ja schon ein beachtliches Maß an Selbständigkeit erlangt haben kann.

Bemessung: Der Unterhaltsbedarf wird auch beim minderjährigen Auszubildenden alleine nach dem aktuell verfügbaren durchschnittlichen bereinigten Nettoeinkommen des barunterhaltspflichtigen Elternteiles bestimmt. Auch insoweit gilt der gesetzliche Regelbetrag nach der Regelbetrag-Verordnung. Der Unterhalt kann ebenfalls dynamisch in Prozent des Regelbetrages festgesetzt werden. Maßgeblich ist die Altersstufe 3 (12 bis 17 Jahre). Darin beträgt beispielsweise der Regelbetrag West vom 1.7.2005 bis zum 30.6.2007[23] 291 €, der Regelbetrag im Beitrittsgebiet hingegen 269 €.

Auch hier ist im Regelfall die Düsseldorfer Tabelle mit den von der Rechtsprechung entwickelten Kriterien für die Eingruppierung und eventuell Umgruppierung heranzuziehen.

Das **Kindergeld** gehört nicht zum Einkommen und ist auch beim minderjährigen Auszubildenden nach allgemeinen Regeln ganz am Ende der Berechnung zu verrechnen, soweit eine Anrechnung ab 1.1.2001 nicht unterbleibt weil der Tabellenunterhalt 135 % des Regelbetrages unterschreitet.

Anrechnung des Ausbildungseinkommens auf den Barunterhaltsanspruch erfolgt beim Minderjährigen nach Rechtsprechung des BGH nur zur Hälfte weil die sachlich ganz unterschiedlichen Unterhaltsbeiträge (Betreuung/Zahlung) beider Elternteile als gleichwertig anzusehen sind. Das Ausbildungseinkommen wird nach allgemeinen steuerlichen und sozialrechtlichen Regeln bestimmt und um Werbungskostenpauschalen gekürzt, soweit nicht konkrete höhere Werbungskosten belegt werden.

Beispiel: Bereinigtes Bemessungseinkommen des Vaters 3.100 € (Gruppe 9 Düsseldorfer Tabelle Stand 1.7.2005), Umgruppierung durch Erhöhung um eine Gruppe[24], da insgesamt nur zwei Kinder (und keine Ehefrau) zu unterhalten sind.

Zeile	Betreff	€	€
1.	Tabellenbedarf Gruppe 10 DT Stand 1.7.2005		466
2.	Eigenes Ausbildungseinkommen	420	
3.	– Freibetrag oder ausbildungsbedingte Kosten	– 90	
4.	Resteinkommen/Anrechnung zu ein Halb	330	– 165
5.	– Anrechnung Kindergeld, § 1612 b I BGB		– 77
6.	Ergibt Unterhaltsanspruch 466–165–77 =		224

12. Unterhalt volljähriger Kinder

14 Zum Unterhalt volljähriger Kinder können wir vorab folgende allgemeine Hinweise geben:

Barunterhalt: Bei allen volljährigen Kindern wird Unterhalt in aller Regel durch monatlich vorauszahlbare Barleistungen erbracht. Die Betreuung spielt keine Rolle mehr. Die Eltern haften für den Unterhalt anteilig nach ihren Einkommens- und Vermögensverhältnissen.

Das privilegierte volljährige Kind: Seit 1.7.1998 ist die Gruppe der unverheirateten volljährigen Kinder, die noch nicht 21 Jahre alt sind, eine allgemeinbildende Schule besuchen (zum Beispiel Gymnasium) und bei einem Elternteil leben, privilegiert. Die

---

23 Achtung, zum 1.4.2007 steht aber eine Gesetzesänderung an!
24 Die Höhergruppierung wird unterschiedlich gehandhabt; vertretbar hier auch Höhergruppierung um zwei Einkommensgruppen; ein Teil der Praxis berechnet das Konkret anhand der Bedarfskontrollbeträge in der Düsseldorfer Tabelle (DT)

Privilegierung hat nur in zwei allerdings wichtigen Punkten Auswirkungen zugunsten des Kindes:

1. Es greift eine verschärfte Unterhaltshaftung der Eltern wie gegenüber einem minderjährigen Kind. Es müssen alle zumutbaren Mittel eingesetzt werden.
2. Im Mangelfall ist das Kind gleichrangig mit unterhaltsberechtigten minderjährigen Kindern.

Die Privilegierung ändert nichts an der grundsätzlichen Quotenhaftung beider Elternteile. Der Bedarf des Kindes wird auch genauso bemessen, wie bei den anderen volljährigen Kindern, die im Haushalt der Eltern oder eines Elternteiles leben.

Bedarfsbemessung:

(a) Der Unterhaltsbedarf wird bei Kindern, die im Haushalt eines Elternteiles leben, nach dem zusammengerechneten bereinigten Einkommen beider Eltern bemessen. Das geschieht normalerweise nach den örtlich maßgeblichen Unterhaltstabellen, überwiegend nach der Düsseldorfer Tabelle. Basis der Tabellen sind die gesetzlichen Regelbeträge, die unmittelbar allerdings nur für minderjährige Kinder gelten. Die Düsseldorfer Tabelle kennt eine Altersgruppe 4 für volljährige Kinder. Umgruppierungen wegen einer Mehrzahl oder Minderzahl an Unterhaltsberechtigten erfolgen hier regelmäßig nicht.

(b) Für volljährige Kinder, die nicht im Haushalt eines Elternteiles oder der Eltern leben,[25] geht die Rechtsprechung weitgehend von einem Pauschalbedarf aus, der aktuell in den alten Bundesländern bei 640 € und im Beitrittsgebiet je nach Gerichtsbezirk auch darunter liegt.

(c) Der Haftungsanteil (Quotenbetrag) eines Elternteils ist ggf. auf den Tabellenbetrag herabzusetzen, der sich bei alleiniger Haftung des Elternteiles aus dessen Einkommen alleine nach der maßgeblichen Unterhaltstabelle ergeben würde.

Eigenes Einkommen des Kindes ist jedenfalls dann anzurechnen, wenn es regelmäßig und zumutbar ist. Im Gegensatz zum minderjährigen Kind ist es voll anzurechnen, zuvor ist es allerdings um ausbildungsbedingte Kosten zu vermindern. Hierzu lässt die Rechtsprechung teilweise Pauschalierungen zu, zB in Süddeutschland in der Regel 90 €/Monat. Höherer konkreter Aufwand ist stets von Bedeutung.

Quotenbestimmung: Die Bestimmung der Haftungsquoten der Eltern am ungedeckten Bedarf des volljährigen Kindes ist komplex. Es wird nicht linear nach dem Verhältnis der bereinigten Nettoeinkommen gerechnet, vielmehr wird die jeweilige Haftungsquote nach dem Einkommensbetrag bestimmt, der einen Sockelwert überschreitet. Der Sockelbetrag entspricht dem Selbstbehalt des Elternteiles und kann je nach Rechtsprechung davon abhängig sein, ob Erwerbseinkommen erzielt wird oder nicht. Im Regelfall kann sich der berufstätige Elternteil (Stand West ab 1.7.2005) auf einen angemessenen Sockel von 1.100 € berufen. Hierzu bestehen aber regionale Unterschiede. Beim privilegierten volljährigen Schülerkind (verschärfte Haftung!) kann ein niedrigerer Sockel von derzeit 890/770 € anzuwenden sein. Jedenfalls dann, wenn das volljährige Kind nicht privilegiert ist, wird vor der Sockelberechnung oft auch der Bedarf der vorrangigen (minderjährigen oder privilegierten volljährigen) Kinder abgezogen. Die Rechtsprechung zu der gesamten Thematik ist noch nicht einheitlich.

---

25 Zum Beispiel Studierender mit eigener Wohnung

Die Kindergeldverrechnung ist beim Volljährigen lange umstritten gewesen, hierzu hat die Entscheidung des Bundesgerichtshofs vom 26.10.2005 Klarheit dahingehend erbracht, dass das Kindergeld im Verhältnis der Bedarfsanteile der Eltern abzuziehen ist, was einem vollen Abzug vom gesamten Bedarf des Kindes gleichkommt; siehe hierzu das **Beispiel im Anhang**.

13. Krankenversicherungsschutz nach Scheidung

15 Mit Rechtskraft der Scheidung entfällt für den geschiedenen Ehegatten eines **Beamten, Richters oder Soldaten** die Beihilfeberechtigung bzw freie Heilfürsorge ersatzlos. In solchen Fällen hilft nur die rechtzeitige Beschaffung eigenen Versicherungsschutzes, die schwierig sein kann, wenn es an ausreichenden Vorversicherungszeiten in der gesetzlichen Krankenversicherung oder einem aktuellen eigenen krankenversicherungspflichtigen Arbeitsverhältnis (Altersgrenze 55) fehlt.

Geschiedene Ehegatten eines nur über die Familienversicherung **gesetzlich Krankenversicherten** scheiden mit Rechtskraft der Scheidung aus dem Versicherungsschutz automatisch aus. Sie können aber innerhalb einer Frist von drei Monaten ab Eintritt[26] der Rechtskraft des Scheidungsausspruchs bei der bisherigen gesetzlichen Krankenversicherung des anderen Ehegatten oder einer anderen gesetzlichen Krankenversicherung beantragen bzw erklären, dort freiwillig beitragspflichtig versichert zu werden. Nach Fristablauf sind die gesetzlichen Krankenversicherer nicht mehr verpflichtet und nach dem Gesetz auch gar nicht mehr berechtigt, den Antragsteller als Mitglied in die gesetzliche Krankenkasse aufzunehmen! Es wird deshalb dringend empfohlen, gegebenenfalls so früh wie möglich einen entsprechenden schriftlichen Aufnahmeantrag bei einer gesetzlichen Krankenkasse zu stellen und sich den Eingang dieses Antrags schriftlich bestätigen zu lassen, zB auf einer Kopie.

Überhaupt empfehlen wir, zu den Krankenversicherungsfragen sehr rechtzeitig die schriftliche Beratung einer Krankenkasse oder eines anderen Sozialträgers zu erholen um das Risiko einzudämmen. **Wir überwachen diese Fragen und dazugehörige Fristen im Zusammenhang mit dem familienrechtlichen Mandat nicht.**

14. Begriff Versorgungsausgleich

16 Mit der Einführung des Versorgungsausgleichs zum 1.7.1977 ist die Geschiedenenwitwenrente in der gesetzlichen Rentenversicherung weggefallen. Zuvor teilten sich die geschiedene Frau und die Witwe die Rente des Verstorbenen nach dem Verhältnis der jeweils mit ihm zurückgelegten Ehezeit. Mit dem Versorgungsausgleich soll nun derjenige Ehegatte, der in der Ehe höhere Anrechte auf Rente, Pension etc erworben hat, dem anderen soviel übertragen müssen, dass beide Ehegatten – immer nur bezogen auf die Ehezeit – mit der Scheidung der Ehe gleich hohe Anrechte auf Altersversorgung haben.

Auszugleichen sind im Rahmen des Versorgungsausgleichs Anrechte oder Anwartschaften auf

---

26 Vorsicht! Gerichtliche Nachricht über den Zeitpunkt der Rechtskraft bekommt man oft erst längere Zeit nach Verkündung und Zustellung des Urteils. Maßgeblich ist aber der Zeitpunkt der Rechtskraft, nicht der ihrer Bekanntgabe

- Pensionen von Beamten, Richtern auf Lebenszeit, Berufs- und Zeitsoldaten
- Renten aus der gesetzlichen Rentenversicherung, also Berufs- und Erwerbsunfähigkeitsrente und auch Altersruhegeld nach der Rentenversicherung
- betriebliche Altersversorgungen
- Zusatzversorgungen des öffentlichen Dienstes
- Renten aus berufsständischen Versorgungseinrichtungen der Ärzte, Rechtsanwälte, Architekten und Altershilfen für Land- und Forstwirte
- Renten aus privaten Versicherungsverträgen, soweit sie ausschließlich auf Rentenbasis abgeschlossen sind, also kein Wahlrecht zwischen Kapital und Rente beinhalten oder das Rentenwahlrecht bereits ausgeübt ist.

Der Ausgleich findet immer statt, sowohl bei bereits laufendem Rentenbezug, als auch dann, wenn noch keine Rente bezogen wird (in diesem Falle spricht man von Rentenanwartschaften).

In aller Regel wird der Versorgungsausgleich in der Weise durchgeführt, dass das Familiengericht im Scheidungsurteil eine Übertragung des sich ergebenden Monatsbetrags von dem Altersversorgungskonto des Ehegatten mit der höheren Altersversorgung auf das Altersversorgungskonto des anderen Ehegatten anordnet. Die Übertragung ist nur auf ein gesetzliches Rentenkonto möglich, auch bei Beamten. Nur in Ausnahmefällen muss der Ausgleichsverpflichtete Geld aufwenden, um für den anderen Ehegatten Versorgungsanrechte zu begründen.

Der Begriff »Ehezeit« im Sinne des Versorgungsausgleichs ist im Gesetz wie folgt festgelegt:

Der *Beginn der Ehezeit* ist auf den Ersten des Monats, in dem die standesamtliche Heirat stattgefunden hat, zurückdatiert, dh zB standesamtliche Eheschließung am 10. Februar, Beginn der Ehezeit im Sinne des Versorgungsausgleichs 1. Februar.

Das *Ende der Ehezeit* ist das Ende des Monats, der vor dem Monat liegt, in dem der Scheidungsantrag des einen Ehegatten dem anderen Ehegatten vom Gericht förmlich (»Blauer Brief«) zugestellt wurde, dh Zustellung des Scheidungsantrags am 15. Juli, Ende der Ehezeit 30. Juni.

15. Rentner-/Pensionistenprivileg[27]

Sie werden in absehbarer Zeit in Ruhestand gehen und Altersversorgung beziehen.

Wenn Sie die höheren Renten-/Pensionsanwartschaften erworben haben, also der ausgleichspflichtige Ehegatte sind, dann sollten Sie mit der Einreichung des Scheidungsantrags unbedingt zuwarten, bis Sie Pension/Rente beziehen; denn nur wenn Ihnen vor Eintritt der Rechtskraft des Scheidungsurteils Pension/Rente bereits bewilligt ist, greift das sogenannte Pensionisten-/Rentnerprivileg, dh Ihre Pension/Rente wird gemäß § 57 I BeamtVG bzw § 101 III SGB VI erst dann gekürzt, wenn Ihr geschiedener Ehegatte unter Einbeziehung des Versorgungsausgleichs Rente erhält. Das ist erst dann der Fall, wenn Ihr Ehegatte selbst die Rentenvoraussetzungen erfüllt.

Wird Ihnen erst nach Eintritt der Rechtskraft des Scheidungsurteils Pension/Rente bewilligt, erhalten Sie nur die *um den Versorgungsausgleich gekürzte* Pension/Rente, ohne dass Ihr geschiedener Ehegatte aus dem Versorgungsausgleich einen finanziellen Vorteil hat, bevor er nicht selbst berechtigt ist, die gesetzliche Altersversorgung in Anspruch zu nehmen.

---

27 S. hierzu Schöppe-Fredenburg/Schwolow FuR 1997, 67

Eine Ausnahme besteht nur wenn und solange Ihr geschiedener Ehegatte einen gesetzlichen[28] Unterhaltsanspruch gegen Sie hat. In diesem Fall wird Ihre Pension/Rente gemäß § 5 VAHRG nicht gekürzt. Sie können aber mit Ihrem geschiedenen Ehegatten eine Unterhaltszahlung nicht beliebig vereinbaren, um eine Kürzung der Pension/Rente zu verhindern. § 5 VAHRG kommt nur dann zur Anwendung, wenn ein gesetzlicher Unterhaltsanspruch der §§ 1570ff BGB besteht. Nachehelicher Unterhalt kann zB auch durch Wiederheirat des geschiedenen Ehegatten wegfallen.

Reicht Ihr Ehegatte Scheidungsantrag ein, muss aus den eben genannten Gründen gegebenenfalls mit allen legalen Mitteln versucht werden, das Scheidungsverfahren zu verzögern, so dass die Bewilligung Ihrer Pension/Rente noch vor Eintritt der Rechtskraft des Scheidungsurteils erfolgt.

Erforderlichenfalls muss sogar ein Rechtsmittel gegen das Scheidungsurteil eingelegt werden. Die mit dem Rechtsmittel verbundenen Kosten sollten gegebenenfalls in Kauf genommen werden, da sie bei längerer Ehe nicht im Entferntesten den Betrag erreichen werden, den Sie sich auf diesem Wege einsparen, die Details hängen allerdings von der Altersstruktur und dem beiderseitigen Rentenbeginn oder Pensionsbeginn ab.

16. Merkblatt Zugewinnausgleich

18 **MERKBLATT ZUGEWINNAUSGLEICH**

(Voraussetzung: Anwendbarkeit Deutschen Güterrechts)

Allgemeines

Dieses Merkblatt liefert allgemeine Hinweise zum gesetzlichen Güterstand der Zugewinngemeinschaft und ersetzt keinesfalls die individuelle Rechtsberatung.

Eheleute leben dann im gesetzlichen Güterstand, wenn Sie nicht durch Ehevertrag einen anderen vertraglichen Güterstand (Gütertrennung oder Gütergemeinschaft) vereinbart haben. Ein Ehevertrag kann wirksam nur bei einem Notar beurkundet werden, alles andere ist jedenfalls als Ehevertrag unwirksam. Eheverträge können jederzeit, also schon vor der Ehe, während der Ehe, während Getrenntlebens oder im Zusammenhang mit der Scheidung geschlossen, geändert oder aufgehoben werden. Insoweit besteht fast völlige Vertragsfreiheit, bei der kein Familiengericht mitzureden hat, mit Ausnahme sittenwidriger Gestaltungen, die durch die neuere Rechtsprechung des Bundesgerichtshofs zunehmend ins Rampenlicht geraten sind, am wenigsten allerdings im Vermögensbereich, der nicht zu dem so genannten meist schutzwürdigen Kernbereich des Familienrechts gehört.

Entgegen weit verbreiteter aber falscher Meinung ist das Vermögen der Eheleute im gesetzlichen Güterstand **nicht gemeinsames Vermögen**. Jeder Ehegatte ist und bleibt auch nach Scheidung Inhaber **seines** Vermögens. Die Zugewinngemeinschaft ist entgegen ihrem Namen **keine »Gemeinschaft«**. Bei Beendigung des Güterstandes durch Tod oder Scheidung kann lediglich ein Geldanspruch zum Ausgleich unterschiedlich hohen ehelichen Zugewinns zum Tragen kommen. Nur in seltenen Ausnahmefällen kann das Gericht bei Scheidung gemäß § 1383 BGB zur Vermeidung grober Unbilligkeit auf Antrag des ausgleichsberechtigten Ehegatten Vermögenswerte auf diesen un-

---

[28] Dieser kann durchaus auch in einer Vereinbarung geregelt sein

ter Anrechnung auf die Ausgleichsforderung übertragen. Das kommt in der Praxis fast nie vor.

Zuordnung

Als Vorstufe zur Prüfung güterrechtlicher Ausgleichsansprüche muss zunächst einmal jeder einzelne Vermögenswert dem Vermögen des jeweiligen Ehegatten zugeordnet werden (**wem gehört was?**). Das kann im Einzelfall erhebliche Abgrenzungsprobleme machen, insbesondere bei Gegenständen, die während der Ehe angeschafft wurden.

Unproblematisch sind:
- Grundstücke im Rechtssinne, also Häuser, Eigentumswohnungen, unbebaute Grundstücke usw. Insoweit richtet sich das Eigentum alleine nach dem Eintrag im **Grundbuch.** Allerdings können vertragliche Rückübereignungsansprüche und dergleichen zu berücksichtigen sein.
- Bankkonten, bei denen nur ein Ehegatte Inhaber ist (Achtung: Nur eine Bankvollmacht ändert an der Inhaberschaft des Kontos nichts). Anhaltspunkte liefern die Kontoauszüge, Genaueres ergeben die Kontoeröffnungsunterlagen und evtl. Schriftwechsel mit der Bank.
- Vermögenswerte, die einem Ehegatten schon vor der Ehe eindeutig gehörten. Die Eheschließung ändert im gesetzlichen Güterstand nichts an den Eigentumsverhältnissen.
- Lebensversicherungen. Sie gehören im Normalfall dem Versicherungsnehmer. Eine Begünstigung für den Todesfall ändert darin nichts, außer es bestehen abweichende eindeutige Verträge oder Abtretungen nicht nur zu Sicherungszwecken[29].
- Wertpapierdepots, Aktiendepots usw, die auf nur einen Ehegatten geschrieben sind.
- Gewerbebetriebe/Praxen/Beteiligungen, deren Inhaber eindeutig ein Ehegatte ist.
- Nur die Mitarbeit in Betrieb/Praxis begründet keine Mitinhaberschaft oder so genannte Ehegatteninnengesellschaft. Das gilt erst recht, wenn ein formelles Ehegattenarbeitsverhältnis besteht, das steuer- und sozialrechtlich zutreffend abgewickelt wird.

Probleme bereiten oft:
- Kraftfahrzeuge. Bezahlung und Zulassung lassen oft keinen zwingenden Schluss auf Eigentum oder Miteigentum zu. Hier ist auch oft streitig, ob Zuordnung zum Hausrat zu erfolgen hat. Hausratsteilung und Zugewinnausgleich lassen sich aber im Streitfall nicht vermengen oder kompensieren. Durch Vereinbarung ist demgegenüber sehr viel frei gestaltbar.
- Gemeinsame Bankkonten, insbesondere wenn sie nur von einem Ehegatten gespeist oder benutzt werden.
- Private Darlehensforderungen.
- Bargeld, Gold, Sammlungen, Auslandsguthaben usw.

Gemeinschaftliches Eigentum ist, bezogen auf einzelne Gegenstände auch im gesetzlichen Güterstand möglich. Klassisches Beispiel ist das private Wohnhaus, das den Ehegatten laut Grundbucheintrag mit einer Quote von je 1/2 gehört. In diesem Fall ist der halbe Wert (vermindert um die halben dazugehörigen Schulden) dem Vermögen jedes Ehegatten zuzurechnen. Genauso verhält es sich mit Bankguthaben, die auf

---
29 Diese können im Einzelfall trotzdem Zuordnungsprobleme machen; beispielsweise wenn der Ehemann (wie so oft) Versicherungsnehmer einer Kapitallebensversicherung ist, die in die Finanzierung des gemeinsamen Wohnhauses vertraglich mit Abtretung und Tilgungsfunktion eingebunden ist

beide Eheleute gemeinsam lauten, wenn nicht einzelvertraglich etwas anderes vereinbart ist.

Zugewinnausgleichsforderung

Sie wird erst mit Rechtskraft des Scheidungsausspruches **fällig**. Vor diesem Zeitpunkt kann über sie nur mit **notarieller** oder gerichtlicher Urkunde[30] eine wirksame Regelung getroffen werden (§ 1378 II BGB). Sie **verjährt** im Scheidungsfall idR **drei Jahre** nach Kenntnis der Beendigung des Güterstandes durch rechtskräftigen Scheidungsausspruch. Die Verjährung wird durch Verhandlungen, schriftliche Geltendmachung, Mahnungen und dergleichen alleine **nicht** unterbrochen. Sichere Unterbrechung ist im Wesentlichen nur durch Klage zum Familiengericht (Vorsicht: Es besteht wertunabhängig stets Anwaltszwang) durch Mahnbescheid oder durch Anrufung einer öffentlichen Gütestelle im Sinne des § 204 I Nr 4 BGB möglich. Klage ist nach Wahl des Ausgleichsberechtigten entweder im Scheidungsverfahren (sog. Verbundverfahren) oder nach Ehescheidung in einem gesonderten Prozess möglich; letzteres bringt normalerweise das höhere Kostenrisiko bzw höheren Kostenaufwand, dennoch gibt es Konstellationen, in denen dieses Verfahren vorzuziehen ist, beispielsweise um durch schnellere Scheidung Fälligkeit des Ausgleichsanspruchs herbeizuführen.

Die Zugewinnausgleichsforderung kann im Einzelfall in mehreren Dimensionen problematisch sein. Zunächst muss **Zuordnung** der einzelnen Vermögenswerte (oder Anteile daran) auf den jeweiligen Ehegatten erfolgen, alsdann sind die Gegenstände zu **bewerten**, erforderlichenfalls durch Bewertungsgutachten. Schließlich kommt die Anrechnung von so genannten Vorausempfängen in Frage; § 1380 BGB. Schließlich kann das Endvermögen eines Ehegatten korrekturbedürftig sein, nämlich bei so genannten unredlichen Verfügungen im Sinne des § 1375 II BGB (zB bei Verschleuderung, Verschiebung, Verstecken von Vermögenswerten usw.). Letztendlich wird die Ausgleichsforderung der Höhe nach gemäß § 1378 II BGB auf den Wert des Vermögens begrenzt, der bei Beendigung des Güterstandes (insoweit maßgeblich ist die Rechtskraft des Scheidungsausspruchs) nach Abzug der Verbindlichkeiten noch vorhanden ist. Auch gibt es **seltene** Fälle der groben Unbilligkeit gemäß § 1381 BGB, zB bei nachhaltiger schuldhafter Verletzung der Unterhaltspflicht. Auch kommen bezüglich der Ausgleichsforderung in Betracht:

- Anspruch auf **Sicherheitsleistung**, § 1389 BGB
- Anspruch auf verzinsliche **Stundung**, ggf. mit Sicherheitsleistung, § 1382 BGB
- Die Ausgleichsforderung selbst definiert das Gesetz in § 1378 BGB wie folgt:

»Übersteigt der Zugewinn eines Ehegatten den Zugewinn des anderen, so steht die Hälfte des Überschusses dem anderen Ehegatten als Ausgleichsforderung zu.«

Zur Feststellung muss also zunächst nach richtiger Zuordnung und Bewertung der Vermögenswerte getrennt geprüft werden, wie hoch der etwaige Zugewinn jedes der beiden Ehegatten ist. Das Schema ergibt sich aus einem einfachen Beispiel:

Was	Stichtag	Ehemann	Ehefrau
Endvermögen	Zustellung Scheidungsantrag	800.000	360.000
– Anfangsvermögen	Eheschließung (Standesamt)	– 374.000	– 60.000
= Zugewinn		426.000	300.000

---

30 Diese Form der Beurkundung bei Gericht führt im Güterrecht nach verbreiteter Ansicht nur dann zu einer formwirksamen Regelung, wenn sie im Scheidungsverbundverfahren erfolgt

Keine der vier Eckdaten, die je aus einem Saldo aus aktiven und passiven (Schulden) Vermögensposten bestehen können, nämlich

- Anfangsvermögen Ehefrau
- Endvermögen Ehefrau
- Anfangsvermögen Ehemann
- Endvermögen Ehemann

darf mit einem Minuswert in die güterrechtliche Ausgleichsbilanz eingestellt werden. Es gibt also kein Anfangvermögen kleiner als null und kein Endvermögen kleiner als null. Der Zugewinn eines Ehegatten kann dennoch negativ ausfallen, nämlich dann, wenn das Anfangsvermögen höher ist als das Endvermögen. Aus dem Gesetz ergibt sich aber, dass ein Zugewinn, der kleiner als null ist, nicht ausgeglichen wird. Der Zugewinn des betroffenen Ehegatten wird insoweit mit null angesetzt.

In vorstehendem Zahlenbeispiel hat der Ehemann mit 426.000 € um 126.000 € mehr Zugewinn erzielt als die Ehefrau mit 300.000 €. Ein Ausgleichsanspruch steht bei diesem Beispiel der Ehefrau zu, mit 1/2 aus 126.000 € = 63.000 €.

Wie die Übersicht zeigt, kommt dem Anfangsvermögen der Ehegatten wesentliche Bedeutung zu. **Anfangsvermögen** ist nach dem Gesetz:

- schon vom klaren Wortlaut her Vermögen, das ein Ehegatte **bei Eheschließung** besaß, was er sofern bestritten darlegen und beweisen muss,
- aber auch Vermögen, das ein Ehegatte gemäß § 1374 II BGB durch **Schenkung, Erbschaft,** Ausstattung ua **während der Ehe zugewandt** bekommt. Klassisches Beispiel: Geld- oder Grundstückszuwendungen von Eltern. Es muss sich um Vermögenszuwendungen handeln, die Erbringung unentgeltlicher Arbeitsleistungen an einem Haus zählt bis auf Ausnahmefälle im beruflichen Bereich nicht.

Jeder Ehegatte muss sein Anfangsvermögen beweisen, was oft schwer ist.

Schließlich wird das jeweilige Anfangsvermögen mit seinem saldierten Wert zur Zeit der Eheschließung bzw der Zuwendung während der Ehezeit an die Änderung der Kaufkraft (Inflation) angepasst, also indexbereinigt. In der Regel geschieht das mit dem vom Statistischen Bundesamt laufend ermittelten Index[31] der Verbraucherpreise. Dadurch soll eine nur nominale aber nicht wirkliche Wertsteigerung ausgegrenzt werden. Schwierig zu beurteilen aber recht häufig sind schließlich die Nießbrauchsfälle und vergleichbare Gestaltungen, bei denen ein Teil der Wertsteigerung nicht ehebedingt, sondern durch Alterung, Zeitgrenze oder Tod des/der Berechtigten eintritt. In solchen Fällen bedarf es besonders genauer Prüfung und Diskussion. Überhaupt erfordert der güterrechtliche Ausgleich genaue Feststellung, Erfassung und Bewertung der gesamten Daten und Tatsachen, soweit es nicht zu einer (empfehlenswerten) Einigung über die einzelnen Positionen und ihres Wertes kommt. Erst daran kann sich eine richtige Berechnung der möglichen Ausgleichsforderung in die eine oder andere Richtung anschließen.

---

31 Aktuell auf der Basis 2000 = 100

17. Taktische Hinweise zum Zugewinnausgleich

19 Der Zeitpunkt von Trennung und Scheidung kann Auswirkungen zum güterrechtlichen Ausgleich haben, zu denen wir vorweg und zur Gedächtnisstütze einige Hinweise festhalten:

1. Wenn nicht ausnahmsweise die Voraussetzungen für eine Härtefallscheidung vorliegen, setzt die Trennung vom Ehepartner die bei den meisten Familiengerichten maßgebliche einjährige Trennungsfrist in Lauf. Diese ist Ehescheidungsvoraussetzung.

2. Nach Ablauf der Trennungsfrist oder je nach Praxis des Richters einige Zeit davor, ist also einerseits ein eigener Ehescheidungsantrag Erfolg versprechend möglich. Mit dessen Zustellung ist der Stichtag für die Bewertung des beiderseitigen Endvermögens endgültig festgelegt, sofern der Ehescheidungsantrag nicht zurückgenommen oder abgewiesen wird.

3. Nach Ablauf der Frist muss andererseits mit einem Ehescheidungsantrag der Gegenseite gerechnet werden, der die gleichen Rechtswirkungen hat. Sind beim Ehepartner Werterhöhungen des Endvermögens zu erwarten, wird dieser an einem frühzeitigen Ehescheidungsantrag interessiert sein.

4. Durch frühere oder spätere Einreichung eines Ehescheidungsantrages beim Familiengericht können sich Veränderungen des beiderseitigen Endvermögens ergeben. Beispielsweise können sich kurzfristig Kurswerte von Aktien oder längerfristig Werte von Immobilien und Unternehmen ändern. Das kann je nach Wertentwicklung vorteilhaft oder nachteilig sein. Je nach Prognose ist möglicherweise an einen frühen eigenen Scheidungsantrag zu denken.

5. Das gilt verstärkt, wenn damit zu rechnen ist, dass der Ehepartner Vermögenswerte zerstört, umschichtet, aus der Hand gibt, verschleudert oder versteckt.

6. Auch unter dem Gesichtspunkt, dass grundsätzlich die Zugewinnausgleichsforderung auf das Vermögen beschränkt ist, das der ausgleichspflichtige Ehegatte bei Beendigung des Güterstandes besitzt, ist eine Beschleunigung und Straffung der Auseinandersetzung sinnvoll. Insoweit ist übrigens nicht der Bewertungsstichtag (Zustellung des Scheidungsantrages) maßgeblich, sondern erst die spätere Rechtskraft des Scheidungsausspruchs. Bei streitigem Verfahren können Jahre dazwischen liegen.

7. Unter diesem Gesichtspunkt muss auch überlegt werden, ob mögliche Zugewinnausgleichsansprüche in den Ehescheidungsverbund einbezogen werden oder nicht. Das Familiengericht entscheidet im Ehescheidungsverfahren nur auf Antrag einer Partei mit über den Zugewinnausgleich. Die Einbeziehung verkleinert Kosten und Kostenrisiko, verschiebt aber auch die Fälligkeit der Ausgleichsforderung, die erst mit Rechtskraft des Scheidungsausspruchs eintritt. Dabei ist auch an das Verarmungsrisiko des anderen Ehegatten zu denken. Der richtige Verfahrensweg kann nur ganz individuell unter Abwägung von Risiken und Chancen bestimmt werden.

8. Am günstigsten sind möglichst frühe vertragliche Regelungen. Auch wenn hierbei großzügige Bewertungsmaßstäbe angelegt werden und pauschaliert wird, kann das Ergebnis wegen der aufgezeigten Zusammenhänge und Risiken besser sein als das langwieriger juristischer Diskussion oder Auseinandersetzung. Verträge zum Zugewinnausgleich können vor Rechtskraft der Scheidung wirksam nur in einer notariellen Urkunde oder in einem gerichtlichen Vergleich im Ehescheidungsverbund

geschlossen werden. In diesem Fall muss auf beiden Seiten ein Rechtsanwalt eingeschaltet sein. Die Ausgleichsforderung verjährt übrigens drei Jahre nach Kenntnis der Ehescheidung.

9. Zusammenhänge und Wechselwirkungen mit anderen Rechtsfragen (zum Beispiel Unterhalt, Versorgungsausgleich, Steuern oder Miteigentümergemeinschaft) sollten früh bedacht und in die Entscheidungen einbezogen werden.

18. Hinweise zur Teilungsversteigerung

Wenn keine anderen bindenden vertraglichen Regelungen bestehen und im Grundbuch kein Ausschluss der Teilungsversteigerung eingetragen ist, kann jeder Miteigentümer einer Bruchteilsgemeinschaft eine Gemeinschaftsimmobilie durch Zwangsversteigerungsantrag auseinander setzen. Versteigert wird dann durch das für die Immobilie örtlich zuständige Vollstreckungsgericht (Abteilung des Amtsgerichts) die Immobilie als Ganzes. Es wird also nicht nur der Anteil eines Miteigentümers versteigert. Diese Regelung gilt auch für nicht auseinander gesetzte Erbengemeinschaften.

Es kommen drei gesetzliche Gründe für eine Blockade der Teilungsversteigerung in Frage:

1) Wenn der im gesetzlichen Güterstand lebende Antragsteller mit dem Versteigerungsantrag gemäß § 1365 BGB ohne Zustimmung des anderen Gatten unzulässig über sein Vermögen als Ganzes verfügt.

2) Wenn der Gatte oder Exgatte Miteigentümer ist und die Immobilie mit einem gemeinschaftlichen Kind[32] bewohnt; § 180 III ZVG[33]. Voraussetzung ist die ernsthafte Gefährdung des Wohls des Kindes. Die Einstellung des Verfahrens kann auf bis zu 6 Monate ausgesprochen werden und mehrmals wiederholt werden. Die vorläufige Verfahrenseinstellung darf aber nie mehr als 5 Jahre betragen.

3) Allgemein ist auf Antrag eines Miteigentümers eine einstweilige Verfahrenseinstellung bis zu 6 Monaten gemäß § 10 II ZVG möglich, wenn dies bei Abwägung der widerstreitenden Interessen angemessen erscheint. In diesem Fall ist nur eine einmalige Wiederholung der Einstellung zulässig.

Die Versteigerung bietet insgesamt ein hohes wirtschaftliches Risiko. Die Miteigentümer können ebenso mitsteigern wie jeder Dritte. Die Verfahrensdauer ist erheblich, Größenordnung oft ein Jahr oder mehr. Dritte bieten oft nicht mehr als einen Teil des wirklichen Wertes. Es kann schon mal passieren, dass keine 50% vom Verkehrswert erreicht werden, es kann aber auch sein, dass ein Liebhaber kommt und viel bietet, dann ist das Objekt weg, Sie bekommen dann aber immerhin Ihr Geld.

Beide Miteigentümer können mitbieten. Es kann aber im Extremfall passieren, dass Sie den Preis des Zuschlags (Meistbargebot), so er zu Ihren Gunsten erfolgt, zu 100% (und nicht nur zur Quote des Miteigentumsanteils Ihres Gatten, hier *1%) voll vorfinanzieren und dann um die Verteilung des Erlöses langwierig prozessieren müssen. Das Vollstreckungsgericht entscheidet nicht über die Erlösverteilung, wenn die streitig ist, wie so oft in Ehesachen. Es hinterlegt, soweit im Verteilungstermin keine Einigung erfolgt, die nach Bezahlung der Verfahrenskosten frei werdenden Mittel bei der

---
32 Es muss nicht minderjährig sein, das Alter kann aber Bedeutung haben
33 Zwangsversteigerungsgesetz

Hinterlegungsstelle des Amtsgerichts. Die Freigabe muss dann durch Klage zum Zivilgericht erstritten werden, was Jahre dauern kann, der Erlös ist solange blockiert. Die Finanzierungslasten können erdrückend sein, immer vorausgesetzt, eine 100%-Finanzierung gelingt überhaupt.

Bei Bedarf Insoweit ist der wirtschaftlich schwächere Ehegatte meist in der risikoreicheren Position.

19. Hinweise zu den Steuerklassen

21 Die nachstehenden Hinweise zu Steuerklassen im Ehekonflikt gelten nur, wenn beide Ehegatten steuerlich Inländer sind.

A. Im Jahr des endgültigen Trennungsbeginns

1. Es bleiben die für Arbeitnehmerehegatten möglichen Steuerklassenkombinationen IV/IV oder III/V bis zum Jahresende zulässig, sie müssen nicht geändert werden.
2. Möglich ist aber ein ganz normaler Wechsel, zB von Kombination III/V zur Kombination IV/IV. Dieser ist häufiger zu empfehlen weil er die internen Abrechnungsprobleme verringert und die Unterhaltsfragen entzerrt.
3. Für beide Ehegatten ist die Steuerklasse II für den Rest des Jahres unzulässig.
4. Will ein Ehegatte im Folgejahr die Steuerklasse II, muss das dazu berechtigende Kind ebenso wie er mit Hauptwohnsitz in einer gemeinsamen Wohnung gemeldet sein. Er muss allein stehend sein, daran fehlt es bei einer Haushaltsgemeinschaft mit beliebigen Dritten, für die er weder einen Kinderfreibetrag noch Kindergeld erhält[34].
5. Bei mindestens zwei berechtigenden Kindern können beide Elternteile in den Genuss der Steuerklasse II kommen, auch hier kommt es je auf die Voraussetzungen zu 4. an.
6. Sonderausgabenabzug des Ehegattenunterhaltes (begrenztes Realsplitting) ist in diesem Jahr ggf möglich, idR aber nicht sinnvoll.
7. Die Ehegatten dürfen aber aus steuerrechtlicher Sicht noch zusammen zur Einkommensteuer veranlagen. Sie haben hierzu ein steuerliches Wahlrecht und sollten sich im Innenverhältnis rechtzeitig verständigen, spätestens im Zusammenhang mit der Festlegung des laufenden Unterhaltes. Schriftliche Regelungen, die fachkundig abgefasst sind, sind empfehlenswert.
8. Die Trennung kann Nachteile bei der Wohnraumförderung, zB nach dem Eigenheimzulagegesetz einläuten, es sollte frühzeitig sachkundiger Rat erholt werden.

B. Ab dem Folgejahr nach Eintritt des dauernden Getrenntlebens

1. Die Steuerklassenkombinationen zu A. 1. sind in keinem Fall mehr zulässig, auch wenn die Ehe noch besteht.
2. Es sind nur die Steuerklassen I oder II oder für weitere Beschäftigungen VI möglich (Ausnahme für den Ehegatten, der wieder heiratet). Zur Steuerklasse II s.o. A. 4 und 5.

---

34 Die Neuregelung dazu findet sich in § 24 b EStG, die ab 2004 gilt

3. Ehegattenunterhalt (nur dieser) bis zu jährlich 13.805 €[35] kann als Sonderausgabe abgezogen werden, nur auf Antrag und mit Zustimmung des Unterhaltsempfängers. Die Zustimmung muss gegen Zusage des vollen finanziellen Nachteilsausgleiches erteilt werden, sie ist beim Familiengericht einklagbar.

4. Beim unterhaltsberechtigten Gatten werden aus dem Unterhalt steuerliche Einkünfte, die zu einer Steuerbelastung oder Mehrbelastung führen können. Diese muss der Unterhaltspflichtige stets ersetzen, was aber sein laufendes unterhaltsrechtliches Einkommen mindert.

5. Nachteile aus dem begrenzten Realsplitting können auch im Sozialbereich eintreten, durch Verlust der Familienversicherung, Kürzung oder Wegfall von Erziehungsgeld, negative Auswirkungen auf die Sparförderung. Das muss der Unterhaltspflichtige nicht immer ersetzen, er muss uU vorgewarnt werden um disponieren und von der steuerlichen Gestaltung Abstand nehmen zu können. Es ist also sorgfältige Planung und Abstimmung nötig, zumal der Nachteilsausgleich wiederum das unterhaltsrechtliche Einkommen des Pflichtigen vermindert.

6. Soweit vom begrenzten Realsplitting Gebrauch gemacht wird, kann vom Finanzamt auf Antrag sofort ein Freibetrag in die Lohnsteuerkarte eingetragen werden. Wird der Antrag versäumt, entsteht letztlich kein relevanter Schaden weil die Gestaltungen bei der Veranlagung zur Einkommensteuer noch getroffen werden können.

C. Stets gilt für ein zweites und weiteres Arbeitsverhältnis die Steuerklasse VI.

20. Begrenztes Realsplitting (steuerlicher Sonderausgabenabzug des Ehegattenunterhalts)

Wir informieren Sie hier über die schwierigen Zusammenhänge zwischen Unterhalt und Einkommensteuer/Solidaritätszuschlag/Kirchensteuer.

Grundsatz: Unterhalt führt nicht zu steuerlichen Einkünften. Für Kindesunterhalt und anderen Verwandtenunterhalt gilt das immer.

Ausnahme: Ehegattenunterhalt für den getrennt lebenden oder geschiedenen Ehegatten kann in Inlandsfällen zu Einkünften führen wenn und soweit der Sonderausgabenabzug des Ehegattenunterhalts gewählt wird. Diese Wahl ist Jahr für Jahr neu möglich. Zur Veranschaulichung beziehen wir uns auf die Fachpublikation in Familie und Recht 2004, 24.

Erläuterungen zum Realsplitting[36]

– Diese Hinweise gelten nur für Fälle in denen beide Ehegatten oder Exgatten Steuerinländer[37] sind –

Unterhalt, den man an den getrennt lebenden oder geschiedenen **Ehegatten**[38] tatsächlich leistet, darf man einkommensteuerrechtlich unter bestimmten Umständen als Son-

---

[35] Vor 2002 27.000 DM
[36] Dieser Begriff hat sich eingebürgert, genauer muss man von »begrenztem Realsplitting« oder nach der Formulierung des Gesetzes in § 10 I Nr 1 EStG vom »Sonderausgabenabzug des Ehegattenunterhaltes« reden
[37] Es muss beiderseits unbeschränkte Einkommensteuerpflicht bestehen
[38] Das gilt nicht für Kindesunterhalt, der steuerlich nach ganz anderen Regeln läuft und über das Kindergeld bzw steuerliche Freibeträge entlastet wird

derausgabe[39] beschränkt bis zu jährlich 13.805 € »von der Steuer absetzen«[40]. Das kann vorab schon durch einen Freibetrag in der Lohnsteuerkarte geschehen, aber auch erst später oder spät bei der Veranlagung zur Einkommenstreuer. Steuerrechtlich kann die Gestaltung Jahr für Jahr gewählt werden oder nicht. Es ist zulässig, nur einen Teilbetrag des tatsächlich geleisteten Unterhaltes dem Realsplitting zu unterwerfen um das steuerliche Ergebnis zu optimieren.

Rechtsebenen

Es müssen zwei völlig wesensverschiedene Rechtsebenen unterschieden werden. Einmal die **steuerrechtliche** zwischen dem Staat (Finanzamt) und den Ehegatten. Sie verlangt zwingend, dass der Unterhaltpflichtige das Realsplitting je beantragt und der Unterhaltsberechtigte zustimmt. Antrag und Zustimmung sind jedenfalls für begonnene oder abgeschlossene Jahre unwiderruflich. Das Finanzamt hat Mitwirkungs- und Freistellungspflichten im Innenverhältnis der Gatten nicht zu beachten. Zum anderen gibt es die **familienrechtliche** Ebene, also das Innenverhältnis, das auf dem Unterhaltsrecht beruht. Vorweg: Es darf familienrechtlich aber nichts verlangt werden, was steuerlich unzulässig ist.

Was ist Unterhalt?

Mehr als Geldzahlungen. Auch die Übernahme von Kredit- oder Leasingraten, von Wohnungsnebenkosten oder gar die Überlassung von Wohnraum[41] kann steuerlich gesehen Unterhalt darstellen. Steuerlich maßgeblich ist das Jahr, **in** dem je geleistet wird, nicht das Jahr für das die Leistung erfolgt. Als Unterhalt zählen auch Leistungen im Rahmen des unten behandelten Nachteilsausgleiches.

Zeitliche Schranken

Im Kalenderjahr, in dem die endgültige Trennung der Ehegatten im steuerlichen Sinne eintritt, ist letztmals eine so genannte Ehegattenveranlagung[42] zur Einkommensteuer zulässig. Dazu genügt eine Haushaltsgemeinschaft für nur kurze Zeit am Jahresanfang oder ein echter Versöhnungsversuch. Bestehende Steuerklassen dürfen[43] bis zum Jahresende beibehalten werden. In diesem Jahr wird, obwohl zulässig, das Realsplitting regelmäßig keinen Sinn machen. Es gibt aber Ausnahmefälle.

Die Zustimmungspflicht

Der Unterhaltsberechtigte muss dem Realsplitting auf Verlangen zustimmen, wenn sich der Gatte/Exgatte bindend verpflichtet, ihn von dadurch entstehenden finanziellen[44] Nachteilen freizustellen. Die Zustimmung ist gegenüber dem Finanzamt zu erklären und nicht formgebunden, in der Praxis wird aber meist das Formular »Anlage U« verwandt. Es kann sinnvoll sein, die Zustimmung je auf ein Jahr zu beschränken, denn eine unbeschränkte Zustimmung kann nur für noch nicht begonnene Kalender-

---

39 Es gibt für wirtschaftlich sehr beengte Verhältnisse beim Unterhaltsberechtigten noch einen zweiten Weg steuerlicher Entlastung durch Ehegattenunterhalt, nämlich den der »außergewöhnlichen Belastung«
40 Richtiger: Der Abzugsbetrag mindert das zu versteuernde Einkommen, aus dem die tarifliche Steuer bestimmt wird
41 Maßgeblich ist dann der wahre wirtschaftliche Wert der Leistung
42 Steuerlich beinhaltet sie gemäß § 26 I EStG in der Regel ein Wahlrecht zwischen getrennter Veranlagung und Zusammenveranlagung
43 Eine ganz andere Frage ist, ob das steuerlich zweckmäßig und im Einklang mit dem familienrechtlichen Innenverhältnis ist; das lässt sich nur im Einzelfall konkret klären
44 Nicht nur von steuerlichen Nachteilen

jahre widerrufen werden. Sie kann familiengerichtlich erzwungen und durch Urteil ersetzt werden. Sie darf nicht davon abhängig gemacht werden, dass erwartete Steuererstattungen geteilt werden. Pflichtwidriges Versagen der Zustimmung kann Schadensersatzansprüche auslösen, oder den Unterhaltsanspruch mindern.

Die Obliegenheit des Unterhaltspflichtigen zum Gebrauch des Realsplitting

Unterhaltsrechtlich muss der Unterhaltspflichtige zulässige steuerliche Gestaltungsmöglichkeiten nutzen um ein möglichst hohes Nettoeinkommen zu erzielen. Die Gestaltung ist gegenüber dem Unterhaltspflichtigen nicht gerichtlich erzwingbar, verletzt er aber seine Obliegenheit, kann das Gericht das mit Realsplitting erzielbare höhere Nettoeinkommen zugrunde legen.

Nachteilsausgleich

Beim Unterhaltsempfänger entstehen durch das Realsplitting steuerliche Einkünfte.[45] Diese können zu einer Steuerbelastung oder Steuermehrbelastung und zu komplexen sozialrechtlichen Nachteilen führen. Während des Getrenntlebens droht speziell der unbemerkte Verlust der Familienversicherung.[46] Es können auch vierteljährliche Steuervorauszahlungen anfallen Von diesen Nachteilen muss der Unterhaltspflichtige gegen Nachweis auf Verlangen Freistellen. Dieser so genannte Nachteilsausgleich mindert sein Einkommen wiederum. Durch das Realsplitting ausgelöste Steuerberatungskosten des Unterhaltsberechtigten werden von der Rechtsprechung nur sehr zögernd und nur soweit absolut unvermeidbar in den Nachteilsausgleich einbezogen.

Beratungsbedarf

In vielen Fällen ergibt erst die Kombination qualifizierter familienrechtlicher und steuerlicher Beratung, ob und in welcher Höhe das begrenzte Realsplitting je sinnvoll und unter Berücksichtigung des internen Nachteilsausgleichs sinnvoll und unschädlich ist. In Grenzfällen können die entstehenden Nachteile auch einmal höher als der Nutzen sein, vor allem auch im sozialrechtlichen Bereich, zB bei der Familienversicherung, beim Erziehungsgeld, das auch einkünfteabhängig ist oder bei der Sparförderung.

21. Hinweise zu Eheverträgen

Diese Hinweise berücksichtigen ausschließlich das Recht der BRD.

23

Sowohl vorehelich, als auch während intakter Ehe und erst recht beim Scheitern der Ehe oder im Zusammenhang mit der Ehescheidung konnten bisher dem allgegenwärtigen Grundsatz der Vertragsfreiheit folgend sehr weitgehend ehevertragliche Regelungen zum Güterstand, zu anderen Vermögensfragen, zum Unterhalt, zum Versorgungsausgleich ua getroffen werden, die oft jahrelangen Streit ersparen. Die jüngere Rechtsprechung des Bundesgerichtshofs hat das eingeschränkt. Eheverträge (inwieweit diese Grundsätze für Trennungs- und Scheidungsvereinbarungen gelten, ist ungeklärt) unterliegen gerichtlicher Kontrolle. In erster Stufe ist zu prüfen, ob die Vertragsgestaltung sittenwidrig ist, zB weil sie überraschend oder aus einer ungleichen Verhandlungsposition heraus entstand. Hierfür sind auch Leistungen und Gegenleis-

---

45 In der Einkunftsart »Sonstige Einkünfte«; der Unterhaltsberechtigte muss je eine Einkommensteuererklärung abgeben. Bei den Steuererklärungen des Berechtigten dürfen die Werbungskosten (zB Kosten für den Unterhaltsprozess) nicht vergessen werden
46 In der gesetzlichen Krankenversicherung

tungen im Vertrag maßgeblich. Geschützt ist der Kernbereich des Familienrechts, der in der Praxis vor allem den Betreuungsunterhalt des geschiedenen Ehegatten und den Versorgungsausgleich betrifft. Fragen des Vermögens und des Güterrechts gehören nicht zu diesem Kernbereich und sind weitgehenden Regelungen nach wie vor zugänglich. Ist der Ehevertrag nach Ansicht des Gerichts ganz oder zum Teil sittenwidrig, haben die davon betroffenen Teile keine Geltung und können auch nicht repariert werden. Ist der Vertrag wirksam, unterliegt er trotzdem einer Ausübungskontrolle, die die tatsächliche Entwicklung der Verhältnisse in der Ehe berücksichtigt. Hier kann die Berufung auf einzelne Regelungen unzulässig oder eine Anpassung des Vertrages nötig sein. Es gibt also nur noch eine traurige wirkliche Sicherheit, die nicht zu heiraten und keine Kinder zu bekommen.

Ein Ehevertrag ist nur wirksam, wenn er bei einem Notar beurkundet ist. Eheverträge können formell schon vor der Ehe oder während bestehender Ehe jederzeit geschlossen werden. Sie bedürfen sehr genauer Vorüberlegung und sorgfältiger Gestaltung, die zu den individuellen Verhältnissen passt. Mit einem Ehevertrag können erbrechtliche Regelungen verbunden werden, man redet dann von einem Ehe- und Erbvertrag.

Der **gesetzlicher Güterstand der Zugewinngemeinschaft**[47] gilt für Eheleute, die nicht notariell etwas anderes vereinbart haben. In diesem Güterstand wird das Vermögen der Ehegatten nicht gemeinsames Vermögen. Endet die Ehe durch Ehescheidung, kann es in einer Richtung zu einem Zugewinnausgleichsanspruch zulasten des Ehegatten kommen, der höheren oder überhaupt Zugewinn erzielt hat. Dieser wird schematisch nach den an den maßgeblichen Stichtagen[48] objektiv vorhandenen aktiven und passiven Vermögenswerten ermittelt. Das Gesetz führt zu starken Pauschalierungen, die wirtschaftlich unpassende Ergebnisse bringen können. Oft bestehen gravierende Bewertungsprobleme und daraus folgende Risiken und Prozesse. Im gesetzlichen Güterstand darf ein Ehegatte nach § 1365 BGB nur mit Zustimmung des anderen über sein ganzes oder annähernd ganzes Vermögen verfügen. Auch im Todesfall kann es zu einem Zugewinnausgleichsanspruch zugunsten des überlebenden Ehegatten kommen, wenn dieser nicht Erbe wird und kein Vermächtnis erhält. Ansonsten erhöht sich der gesetzliche Erbteil des überlebenden Ehegatten gemäß § 1371 I BGB im gesetzlichen Güterstand pauschal um 1/4, was erwünscht sein kann um die Pflichtteilsquote pflichtteilsberechtigter Dritter zu senken. Diese Dinge gehören im Ernstfall fachkundig geprüft, zumal der Geldspruch auf Zugewinnausgleich nicht mit Erbschaftsteuer oder sonstigen Steuern belastet ist; es handelt sich letztlich um die steuerfreie Realisierung eigenen Vermögens.

Der gesetzliche Güterstand kann ehevertraglich **modifiziert** werden. Häufig ist eine Gestaltung, nach der im Scheidungsfall[49] beiderseits ein Ausgleich eines möglichen Zugewinns ausgeschlossen wird. Ein güterrechtlicher Ausgleich kommt dann nur bei Beendigung der Ehe durch Tod in Betracht. Es sind aber auch individuelle Abreden zur Bewertung von Vermögensgegenständen und zur sachlichen Begrenzung einzube-

---

47 Dieser gesetzliche Name ist irreführend, da das Vermögen der Eheleute grundsätzlich nicht gemeinschaftliches Vermögen wird. Der Güterstand läuft auf eine Gütertrennung mit besonderem Ausgleich bei Beendigung der Ehe hinaus
48 Stichtag für das Anfangsvermögen ist der Tag der Eheschließung beim Standesamt. Für das Endvermögen maßgeblich ist im Scheidungsfall der Tag der förmlichen Zustellung des Ehescheidungsantrages durch das Familiengericht
49 Die Bedeutung des gesetzlichen Güterstandes beschränkt sich dann auf erbrechtliche »Lösungen«

ziehender Vermögenswerte möglich, zB die Ausklammerung eines Betriebes oder einer bestimmten Immobilie jeweils im Anfangs- oder/und Endvermögen. Solche Regelungen sollten genau durchdacht sein.

Demgegenüber entfallen beim **vertraglichen** Güterstand der **Gütertrennung** im Falle des Todes oder der Ehescheidung jegliche gegenseitige güterrechtliche Ausgleichsansprüche von Haus aus. Für den überlebenden Ehegatten können sich nachteilige erbrechtliche Folgen ergeben weil sich sein gesetzlicher Erbteil nicht pauschal um 1/4 erhöht, wodurch auch Pflichtteilslasten für den erbenden Ehegatten höher ausfallen können. Erbt er nicht, fällt hingegen sein eigenes Pflichtteilsrecht quotenmäßig niedriger aus.

Der zweite vertragliche Güterstand der **Gütergemeinschaft** wird hier nur der Vollständigkeit halber erwähnt. Er führt zu gesellschaftsähnlichem Gesamthandsvermögen der Ehegatten, haftungsrechtlichen Problemen und großen Auseinandersetzungsschwierigkeiten und Risiken im Scheidungsfall. Er kann regelmäßig nicht empfohlen werden.

Von güterrechtlichen Fragen unberührt sind übrigens in der Regel die möglichen individuellen Vertragsbeziehungen zwischen den Ehegatten, zB aus Arbeitsverhältnis, Miete, Gesellschaft, Miteigentümergemeinschaft usw. Fragen des ehelichen Güterrechts haben auch keine unmittelbare Auswirkung auf das Unterhaltsrecht und den Versorgungsausgleich. Mittelbar können sich aber Auswirkungen ergeben.

Der Vollständigkeit halber: In einem Ehevertrag kann die so genannte »Schlüsselgewalt« des § 1357 BGB ausgeschlossen werden. Dies ist die Befugnis, mit Wirkung zulasten auch des anderen Ehegatten Geschäfte des täglichen Lebens zu schließen, speziell solche, die die Haushaltsführung betreffen.

Dieser Ausschluss und andere güterrechtliche Regelungen – speziell die Gütertrennung – können in ein gerichtliches Register eingetragen werden, womit ihnen Publizität verschafft wird. Daran ist in Insolvenzfällen zu denken. Oft wird die Eintragung im notariellen Vertrag bewilligt, der Vollzug aber aufgeschoben, indem gleichzeitig wechselseitige Vollmacht erteilt wird, die Eintragung jederzeit nachträglich herbeizuführen.

In einem Ehevertrag können auch Fragen des **Ehegattenunterhalts** bis hin zu einem umfassenden Verzicht auf nachehelichen Unterhalt vereinbart werden. Auch eine zeitliche Begrenzung oder »Deckelung« ist grundsätzlich möglich und wirksam. In Grenzfällen wirkt sich die Begrenzung nicht zulasten des Trägers der Sozialhilfe aus, auch gibt es Fälle, in denen die Berufung auf den Verzicht zumindest für eine Übergangszeit eingeschränkt werden kann, speziell bei der Betreuung kleinerer gemeinsamer Kinder; weitere Einschränkungen ergeben sich auch durch die oben erwähnte neuere Rechtsprechung des BGH. Durch Ehevertrag lassen sich also nicht alle Risiken des Ehegattenunterhaltes beseitigen. Ein Verzicht auf den Ehegattenunterhalt für die Zeit des Getrenntlebens[50] ist nach dem Gesetz nicht möglich. Insoweit kommt in bestimmten Grenzen nur eine vertragliche Festlegung der Höhe des Unterhalts in Frage. Hierzu sind die Risiken auch deutlich.

Ein Verzicht auf **Kindesunterhalt** ist unzulässig. Rechtlich gestaltbar sind lediglich Freistellungspflichten im Innenverhältnis zwischen den Ehegatten, die aber keine di-

---

50 Sie kann wegen des vordem Scheidungsantrag notwendigen Trennungsjahr und der unter Umständen mehrjährigen Dauer eines streitigen Ehescheidungsverfahrens im Ernstfall etliche Jahre dauern

rekte Auswirkung zulasten des Kindes haben und wegen ihrer Zukunftswirkung sehr genau überlegt und formuliert gehören.

Auch Fragen des **ehelichen Hausrats**[51] einschließlich der Eigentumsverhältnisse und der Auseinandersetzung im Falle der Scheidung oder des Todes können in einem Ehevertrag geregelt werden. Hierzu getroffene Regelungen sind oder werden durch Zeitablauf und Austausch von Inventar in der Praxis oft zu unbestimmt oder zu ungenau und bereiten deshalb Probleme.

Schließlich können durch Ehevertrag Regelungen zum **Versorgungsausgleich**[52] (VA) getroffen werden, bis hin zu einem völligen Ausschluss, durch den übrigens automatisch Gütertrennung eintritt, wenn diese Folge nicht ausdrücklich ausgeschlossen wird. Der VA liegt allerdings im geschützten Kernbereich der BGH-Rechtsprechung und ist deshalb sehr sensibel. Die Materie ist in vielen Fällen schwierig zu beurteilen. Der Ausschluss des VA ist nur mit familiengerichtlicher Genehmigung wirksam, wenn zwischen der Beurkundung und der Zustellung des Ehescheidungsantrages weniger als ein Jahr liegt. Die Genehmigung ist oft schwer, umständlich oder gar nicht zu bekommen.

Schwieriger individueller Beratungsbedarf kann sich ergeben, wenn **erbrechtliche Regelungen** getroffen werden sollen. Im Extremfall ist zB ein völliger Erb- und Pflichtteilsverzicht gestaltbar.

Zu all diesen Rechtsgegenständen bedarf es im Einzelfall genauer Überlegung und Beratung einschließlich der steuerrechtlichen Fragen und Risiken.

22. Der »gemeinsame« Anwalt

24 Durch Tagespresse und Schilderungen von Scheidungsabsolventen geistert immer wieder der Hinweis auf die Kostenersparnis durch den »gemeinsamen Scheidungsanwalt«.

Die gewünschte Kostenersparnis ist erreichbar, den gemeinsamen Anwalt allerdings gibt es nicht. Im Ehescheidungsmandat wie auch sonst darf der Rechtsanwalt keine widerstreitenden Interessen vertreten und auch nicht den Anschein erwecken, dass er das tut. Das anwaltliche Berufsrecht ist insoweit richtigerweise streng.

Eheleute im Scheidungsverfahren haben stets widersprüchliche Interessen, auch wenn sie äußerlich in vielen oder allen Punkten einig sind.

Der Rechtsanwalt darf nur einen der beiden Eheleute beraten und vertreten. Das gilt auch für das Ehescheidungsverfahren, in dem der antragstellende Ehegatte zwingend durch einen Rechtsanwalt vertreten sein muss.

In dieser Mindestbesetzung kann ein Ehescheidungsverfahren durchgeführt werden, wenn der Antragsgegnerehegatte keine eigenen prozessualen Anträge stellt (dafür müsste er einen eigenen Rechtsanwalt als Prozessbevollmächtigten einschalten) und dem Ehescheidungsantrag womöglich zustimmt. Diese Zustimmung kann er selbst

---

51 Dazu gehören insbesondere Möbel, Leuchten, Gardinen, Geräte, Werkzeuge, Inventar, uU familiär genutzte Fahrzeuge
52 Es geht dabei um den Ausgleich der in der Ehezeit entstehenden Renten- oder Versorgungsanwartschaften, zB gesetzliche Rente, Pension, andere Rentenansprüche wie betriebliche Versorgungen oder Zusatzversorgungen

ohne Anwalt wirksam erklären, sie ist formfrei. Das Scheidungsverfahren kann solchermaßen also durchgeführt werden, ohne dass der Antragsgegnerehegatte einen Rechtsanwalt beauftragt.

Oft verständigen sich Ehegatten, die einig sind, die Ehescheidung dergestalt durchzuführen, dass nur der Antragsteller anwaltlich vertreten ist. Das ist möglich.

In vielen Fällen werden über die Kosten des Scheidungsverfahrens interne Vereinbarungen der Eheleute getroffen, etwa mit dem Inhalt, dass jeder Ehegatte die Hälfte der Gerichtskosten (das ist sowieso die gesetzliche Regel) und die Hälfte der Anwaltskosten des Antragstellerehegatten im Innenverhältnis bezahlt. Solche Vereinbarungen sind zulässig, sollten aber aus Nachweisgründen schriftlich geschlossen werden.

23. Spielregeln der Justiz

Wer von einer Familiensache betroffen ist, hat oft zum ersten Mal mit der Justiz zu tun und läuft deswegen Gefahr, seine Position durch den Tritt in »juristische Fettnäpfchen« in Wahrheit zu verschlechtern. Nicht koordinierte Aktivität bzw Aktivität am falschen Ort und zur falschen Zeit kann schädlich sein. Wir geben Ihnen hier in Kurzform eine punktuelle Übersicht über Spielregeln und Gepflogenheiten, die wir im Einzelfall auf Anfrage gerne erläutern:

- Wer einen Anwalt mit seiner außergerichtlichen oder gerichtlichen Vertretung betraut hat, sollte selbst an Gericht, Gegenanwalt und Gegenpartei nur Briefe schreiben, die mit dem eigenen Anwalt abgestimmt sind.
- Der Richter ist zu strikter Neutralität verpflichtet. Er darf die Sach- und Rechtslage nicht einseitig mit einer Prozesspartei erörtern. Das gilt für Telefongespräche ebenso wie für persönliche Zusammentreffen. Die Gegenpartei kann solche Kontakte als einseitigen Beeinflussungsversuch anprangern und den Richter womöglich wegen des Verdachts der Befangenheit ablehnen. Kann der Richter einem Gespräch nicht ausweichen, wird er bei richtiger Handhabung einen Aktenvermerk oder Hinweis schreiben und an beide Parteien (über ihre Prozessbevollmächtigten, soweit eingeschaltet) versenden. Einseitige Überzeugungsarbeit einer Partei beim Richter fruchtet selten und lähmt das Verfahren eher.
- Leichter ist die Koordination zwischen dem Richter und den Prozessanwälten, auch hier wird ein besonnener Richter aber Neutralität wahren und zu wichtigen Fragen auch den Gegenanwalt kontaktieren.
- Es ist absolut kontraproduktiv, den Richter oder den Anwalt der Gegenseite persönlich oder sonst mit unsachlichen »Seitenhieben« anzugreifen. So etwas führt zu einer Verhärtung, aus der die Juristen stets als Sieger hervorgehen.
- Ähnliches gilt im Verhältnis zur Gegenpartei in direkten Briefen oder bei Zusammentreffen, zB bei Gericht. Bedenken Sie, dass jedes Ihrer Schreiben von der Gegenseite beim Gericht vorgelegt werden kann und darf.
- Die bessere Ausgangsposition hat letztlich stets der, der völlig sachlich bleibt.
- Soweit Angriffe gegen die Gegenpartei berechtigt und sinnvoll sind, ist das Aufgabe des eigenen Anwalts. Was der schreibt, fällt kaum negativ auf seinen Mandanten zurück.
- Es wird oft übersehen, dass die kontrahierenden Rechtsanwälte auch Wissenschaftler sind und nach sinnvollen Sachlösungen suchen. Sie haben in der Regel zu den übrigen beteiligten Juristen ein kollegiales und korrektes Verhältnis, das der Sache durchaus dient.

- Es ist dem Anwalt in aller Regel berufsrechtlich verwehrt, direkt an die Gegenpartei heranzutreten, wenn sie selbst anwaltlich vertreten ist. Das wird von seriösen Anwälten eisern eingehalten.
- Prozessuale Tricks bringen allenfalls kurzfristigen Erfolg, auf Dauer aber nur Nachteile. Sie sollten sich nicht an Fernsehsendungen (vor allem aus dem Ausland oder aus dem Strafrecht) orientieren, die Wirklichkeit bei der deutschen Ziviljustiz ist völlig anders, speziell im Familienrecht.
- Zivilprozesse werden überwiegend schriftlich geführt. Eine sorgfältige schriftliche Vorbereitung ist wichtiger als große Reden im Gerichtstermin. Es ist oft für sie schädlich, wenn eine Partei im Termin zu viel redet oder gar laut wird.
- Es macht sich nicht gut, wenn man dem Gericht zu erkennen gibt, dass man zu keinerlei Einigung bereit ist und alles ausstreiten will.
- Gerichtliche Fristen sollten eingehalten werden. Bitte bedenken Sie, dass der Anwalt nach Eingang Ihrer Information oder Belege Bearbeitungszeit benötigt.
- Ordnet das Gericht Ihr persönliches Erscheinen zu einem Gerichtstermin an, sieht der Richter Gründe dafür. Schließlich muss er den Parteien auch umfassendes rechtliches Gehör gewähren, wozu auch die Erörterung manchmal detaillierter Tatsachen gehört. Sie stoßen den Richter vor den Kopf, wenn Sie einfach wegbleiben. Das gehört rechtzeitig mit dem eigenen Anwalt abgestimmt, aus wichtigem Grunde ist es durchaus möglich, die Anordnung des persönlichen Erscheinens gerichtlich aufheben oder den Gerichtstermin verlegen zu lassen. Grundsätzlich gilt: Wer nichts zu verbergen hat, kann auch zum Gerichtstermin kommen.
- Betroffenen Laien bereitet die Vorlage von Belegen und Nachweisen oft Probleme. Die Justiz will grundsätzlich möglichst alles in Papierform dokumentiert und nachgewiesen haben. Das liegt nicht primär an einem Misstrauen am Wahrheitsgehalt des Sachvortrags der Beteiligten. Es liegt auch daran, dass ein normal denkender Mensch aufgrund der Komplexität unserer ständig geänderten Gesetze nicht mehr in der Lage ist, Tatsachen rechtserheblich zu erfassen, einzuordnen und weiter zu geben.
- Es gehört hierauf auch zu den Sorgfaltspflichten der Anwälte, zu verarbeiten, was möglichst anhand von Belegen klar nachvollziehbar ist. Die Beteiligten sehen das oft als penibel an. Die Anwälte freuen sich über diese Genauigkeit der Justiz auch nicht weil es mehr Arbeit macht, das ist aber unvermeidbar.
- Soweit Belege vorzulegen sind, sollten sie vollständig, also lückenlos und geordnet sein und kopierfähig.
- Es empfiehlt sich, zB bei Einkommensbelegen, diese nach Jahrgängen getrennt gesondert abzuheften.
- Werden Verträge und Schriftwechsel benötigt, muss alles vollständig vorgelegt werden. Das gilt auch für Änderungsverträge, Kündigungen usw.
- Heftklammern stören generell, sie müssen mühselig in Handarbeit entfernt werden, bevor Belege kopiert werden können. Büroklammern oben links sind besser.
- Die Fertigung der nötigen Kopien beim Anwalt kostet Geld, das ist schließlich auch personalintensiv. Die Vorlage dreifacher Belegsätze (in gleicher Reihenfolge geordnet) spart hier Geld.
- Bedenken Sie bitte: Im Prozess benötigen drei Beteiligte je einen gleichen ggf gleich nummerierten Belegsatz: a) der eigene Anwalt, b) das Gericht und c) die Gegenseite. Das Verfahren läuft nicht ordnungsgemäß, wenn nicht alle Beteiligten gleich informiert sind. Belegsammlungen, die mehr als ein paar Blätter umfassen, werden im heutigen Gerichtsalltag bei ordentlicher Arbeit übrigens systematisch, gleich lautend und fortlaufend nummeriert, zB mit Angaben wie »Anlage K1«; »Anlage K 999«, usw.

- Wenn Sie Schriftwechsel übermitteln, sollte das zur Straffung zeitlich geordnet geschehen. Rechtsanwälte heften in der Regel von unten nach oben, das jüngste Schreiben ist also zu oberst in dem Hefter. Familiensachen können einen Umfang annehmen, der eine klare Gliederung der Akte erfordert. Scheuen Sie sich nicht, das mit uns abzustimmen. Je schneller Ihre Informationen und Belege zugeordnet werden können, umso schneller geht die Bearbeitung.
- Es kann notwendig werden, dass Sie schriftliche Informationen nach den einzelnen Teilgebieten des Familienrechts auf getrennten Blättern erteilen (je mit Name und Datum) und auch Belege entsprechend gliedern. Beispiel: Sie übermitteln kommentarlos die Kopie eines Kontoauszuges. Der sieht der bearbeitende Rechtsanwalt nicht sofort an, ob sie zur Bearbeitung des Unterhalts oder der Vermögensauseinandersetzung oder anderer Fragen benötigt wird, denn er bekommt täglich eine Papierflut.
- In Originalpapiere sollten Sie nichts hineinschreiben, erkennbare Kommentierungen auf einer zusätzlichen Kopie können hingegen nützlich sein.

24. Das Gerichtsverfahren in Familiensachen

Wir geben Ihnen hierzu einige Hinweise, da das diesbezügliche Verfahrensrecht sehr komplex und nicht allgemein bekannt ist. Zu einem familiengerichtlichen Verfahren kommt es im Allgemeinen nur auf Antrag (Klageschrift oder Antragsschrift) eines Beteiligten. In der Regel ist das einer der beiden Ehegatten oder Exgatten, wenn die Ehe bereits geschieden ist, oder ein Kind.

26

Grob ist zunächst zwischen dem Ehescheidungsverfahren (einem so genannten Verbundverfahren) und isolierten Verfahren zu unterscheiden. Die Verfahren bzw Teilverfahren richten sich nach heutigem Recht je nach Materie nach verschiedenen Prozessordnungen, insoweit steht aber eine Gesetzesreform an, so dass wir das hier nicht vertiefen.

1. Familiensachen

Das Familiengericht als Abteilung des Amtsgerichts muss und darf nur in so genannten Familiensachen entscheiden. Für andere Verfahren ist es unzuständig. Familiensachen sind die Materien Ehesache (Ehescheidung/Eheaufhebung), Versorgungsausgleich, Ehegattenunterhalt, Verwandtenunterhalt (Kindesunterhalt/Elternunterhalt usw.), Ehewohnung, Hausrat, güterrechtlicher Ausgleich, Sorgerecht, Umgangsrecht, Ehewohnung und Hausrat.

Keine Familiensachen sind: Allgemeine Geldansprüche der Eheleute untereinander, zB aus der Auflösung gemeinsamer Konten oder aus der Abrechnung gemeinsamer steuerlicher Veranlagung. Auch über das Eigentum am Familienheim, das beiden Eheleuten gehört, darf das Familiengericht nicht entscheiden, seltene Ausnahmen aus dem Güterrecht heraus ausgenommen, auch sind Benutzungsregelungen durch das Familiengericht möglich.

Alsdann gibt es Grenzmaterien, für die sowohl das Familiengericht als auch das Zivilgericht zuständig sein können, zB Anträge nach dem Gewaltschutzgesetz, Unterlassungsansprüche, Ansprüche gegen Ehestörer (zB Betretungsverbot für die Ehewohnung) und anderes.

2. Das Ehescheidungsverbundverfahren

Es ist anhängig, sobald ein Scheidungsantrag, der von einem Rechtsanwalt verfasst sein muss, bei Gericht eingeht. Ab Anhängigkeit kann das Gericht auf Antrag bereits vorläufige Regelungen treffen, im Wege der so genannten einstweiligen Anordnung. Sobald der Ehescheidungsantrag förmlich zugestellt ist, ist er rechtshängig. Diese Zustellung kann wesentlich später als die Anhängigkeit erfolgen, zB wenn die erforderlichen Gerichtskosten noch nicht einbezahlt sind oder das Gericht über einen Antrag auf Prozesskostenhilfe noch nicht entschieden hat.

Der Tag der formellen Zustellung des Scheidungsantrages ist ein wichtiger Stichtag:

a) Genau an diesem Tag ist der Bewertungsstichtag für die Bewertung des Endvermögens der Ehegatten im gesetzlichen Güterstand der Zugewinngemeinschaft.
b) Der Monatsletzte davor ist das so genannte Ende der Ehezeit im Sinne des Versorgungsausgleichs. Das hat der Gesetzgeber so pauschaliert, weil sich Renten- und Pensionsanrechte schwer nach Monatsbruchteilen errechnen lassen.
c) Die Rechtshängigkeit kann Bedeutung für Erb- und Pflichtteilsansprüche haben.
d) Sie kann auch vertragliche Konsequenzen auslösen, zB Rückübertragungspflichten für Immobilien aus einem notariellen Übergabevertrag und dergleichen.

Zum Ehescheidungsverbund gehört zwangsläufig immer die Ehesache selbst, die in der familienrechtlichen Praxis die geringeren Probleme bereitet. Ferner gehört der so genannte Versorgungsausgleich dazu, wovon es seltene Ausnahmen[53] gibt. Über alle Scheidungsfolgen, die nach dem Gesetz in den Scheidungsverbund einbezogen werden dürfen, kann bis zum Schluss der letzten mündlichen Verhandlung jederzeit noch ein Antrag gestellt oder erweitert werden, auch zu Protokoll des Gerichts. Das kann auch stufenweise geschehen. All diese Anträge können nur wirksam von einem Rechtsanwalt gestellt werden.

Die Erweiterung des Verfahrens kann zu erheblichen Verzögerungen führen, speziell, wenn es um Unterhalt und güterrechtlichen Ausgleich geht. Hier kann das Gericht oft nicht ohne die Erholung zeitraubender Sachverständigengutachten entscheiden. Das richtige Vorgehen gehört im Einzelfall individuell abgestimmt.

In den Ehescheidungsverbund dürfen zB nicht einbezogen werden:

a) Hauptsacheverfahren wegen des laufenden Kindes- oder Ehegattenunterhalts in der Trennungszeit. Es handelt sich hierbei allerdings um Familiensachen, die in einem isolierten Prozess geltend gemacht werden müssen. Ausnahme: Im Wege des vorläufigen Rechtsschutzes kann im Scheidungsverbund eine einstweilige Anordnung zu Fragen des Unterhalts beantragt werden, allerdings nicht für Unterhaltsrückstände.
b) Alle Verfahren, die keine Familiensache sind. Eine gerichtlich beurkundete Vereinbarung dazu ist aber möglich.

3. Kinder

Seit der Rechtsänderung zum 1.7.1998 muss das Familiengericht im Grundsatz nicht mehr über Sorgerecht/Aufenthaltsbestimmungsrecht/Umgangsrecht entscheiden, wenn das kein Beteiligter beantragt. Diese Gesetzesänderung hat sich bewährt, in vielen Fällen sind die Eltern in der Lage, die Elternebene von der Eheebene zu unterscheiden und wenigstens die Kinder aus einem Streit heraus zu halten.

---

[53] Wenn der Versorgungsausgleich länger als ein Jahr zurückliegend notariell wirksam ausgeschlossen ist oder beide Eheleute Ausländer sind und keiner die Durchführung des Versorgungsausgleichs beantragt

4. Isolierte Verfahren

Hierzu gehören zB Prozesse wegen des laufenden Ehegatten- oder Kindesunterhalts, wegen der Zuweisung der Ehewohnung, Verfahren nach dem Gewaltschutzgesetz, Verfahren wegen des Sorgerechts, Aufenthaltsbestimmungsrechts oder Umgangsrechts in der Trennungszeit, Verfahren auf vorzeitigen Zugewinnausgleich und anderes.

5. Kosten und Risiko

Bitte beachten Sie, dass jedes gerichtliche Verfahren und jede Instanz gesonderte Kosten auslöst. In Fällen, in denen Prozesskostenhilfe benötigt wird, ist diese für jedes Verfahren gesondert zu beantragen. Jedes Verfahren bringt ein gesondertes Kostenrisiko mit sich. Die Bewilligung der Prozesskostenhilfe muss nicht endgültig sein und entbindet nicht von außergerichtlichen Kosten (zB Anwaltskosten), die man dem Prozessgegner etwa abhängig vom Prozessausgang erstatten muss.

25. Gerichtstermine

Terminsbestimmung 27

Das Deutsche Zivilprozessrecht ist davon gekennzeichnet, dass grundsätzlich mündliche Verhandlungen durchzuführen sind. Das dient der Anhörung der Prozessparteien. Es darf aber nicht darüber hinweg täuschen, dass der Zivilprozess im Wesentlichen schriftlich geführt wird.

Grundsätzlich hat das Gericht zum passenden Zeitpunkt Termin zur mündlichen Verhandlung zu bestimmen. Das gilt für die zivilrechtlichen Materien (Unterhalt) allgemein. Mit Zustimmung beider Parteien kann das Gericht auch im schriftlichen Verfahren entscheiden, was eher die Ausnahme ist.

Beispiel: Die Klägerin wohnt in Indien, der Beklagte in den USA, trotzdem ist ein deutsches Gericht zuständig.

Alsdann gibt es Rechtsmaterien, in denen eine mündliche Verhandlung nach dem Prozessrecht nicht zwingend vorgeschrieben ist, zB bei Verfahren im bisherigen Bereich der freiwilligen Gerichtsbarkeit. Darunter fallen Verfahren wegen Sorgerecht, Aufenthaltsbestimmungsrecht, Umgangsrecht, Versorgungsausgleich, Ehewohnung und Hausrat. Auch hier wird der Richter in der Regel auf Antrag nicht ohne mündliche Verhandlung entscheiden, was für die Beschwerdeinstanz beim Oberlandesgericht nicht uneingeschränkt gilt.

In der mündlichen Verhandlung sollte man alle maßgeblichen Daten, Informationen und Belege dabei haben. Das genügt für eine ordnungsgemäße Prozessführung aber nicht unbedingt. Überraschend vorgelegte Unterlagen oder Belege stoßen bei Gericht und bei der Gegenseite auf Unmut. Entscheidungserhebliches Material muss möglichst rechtzeitig vor dem Termin jedem Prozessbeteiligten, auch dem Gericht, in Kopie vorliegen.

Durchführung der mündlichen Verhandlung

Eine korrekte Anrede für den Richter ist »Herr Richter« oder »Herr Vorsitzender«, letzteres ist beim Oberlandesgericht gegenüber dem senatsvorsitzenden Richter unverzichtbar.

Mündliche Verhandlungen überfordern den Privatmann meistens, er bekommt nicht alles mit. Die gerichtlichen Rituale laufen oft schnell ab. Es ist Aufgabe der prozessbevollmächtigten Rechtsanwälte, das zu überwachen, zu übersetzen und erforderlichenfalls die Sitzung unterbrechen zu lassen, um sich mit dem Mandanten abstimmen zu können.

Termin zur Verkündung einer Entscheidung

Es ist eine Formalie des Prozessrechts, dass eine gerichtliche Entscheidung in einem öffentlichen Termin verkündet wird. Die wenigsten Entscheidungen ergehen spontan in der mündlichen Verhandlung. Dann ist ein späterer Verkündungstermin nötig, der stets öffentlich ist. Zu diesem Termin geht aber in der Regel niemand hin, zumal der Richter die Parteien dann gar nicht mehr anhören darf. Die Entscheidung kommt schriftlich, je nach Gericht mit mehr oder weniger Verzögerung.

Rechtsmittel

Viele gerichtliche Entscheidungen, aber nicht alle, sind anfechtbar. Weitgehend unterliegt das dem Anwaltszwang[54]. Die Anfechtung ist fristgebunden, zB beträgt die längste Anfechtungsfrist für die Berufung gegen ein Unterhaltsurteil einen Monat ab Zustellung des Urteils. Die Formalien sind Sache des Anwalts, eine exakte Darstellung würde den Rahmen dieser Hinweise sprengen. Sollte Ihnen das Gericht direkt irgendeine Entscheidung zustellen, könnte der Zustellungsweg auch fehlerhaft sein, es ist deswegen sinnvoll, dass Sie jede direkte Zustellung an Sie mit uns abstimmen. Das kann sogar für Terminsladungen interessant sein, mitunter lädt das Gericht die Prozessparteien, vergisst aber, einen oder beide Prozessbevollmächtigten zum Termin zu laden.

Bedenken Sie bitte, dass die Zustellung an Rechtsanwälte weitgehend über deren Gerichtsfächer erfolgt. Die Verteilung der Gerichtspost verläuft dabei oft über gerichtsinterne Postwege, so dass es sein kann, dass der Rechtsanwalt Nachrichten später erhält als seine Partei.

26. Hinweise Auslandsberührung (IPR)

28 Familien- und erbrechtliche Fragestellungen haben mitunter Auslandsberührung. Diese kann sich beispielsweise ergeben durch:

- Den Ort der ausländischen Eheschließung.
- Die ausländische Staatsangehörigkeit eines oder mehrerer Beteiligter.
- Den Wohnsitz oder Aufenthalt eines oder mehrerer Beteiligter.
- Den Ort von Vermögensgegenständen, zB ein Auslandsgrundstück.
- Den ausländischen Ort von Rechtsgeschäften.

Der Auslandsbezug kann einmal die Frage aufwerfen, welches nationale Recht für eine bestimmte Frage oder einen bestimmten Rechtsbereich anzuwenden ist und welches Gericht international zuständig ist. Besondere Probleme können sich durch mehrfache Staatsangehörigkeit eines oder beider Beteiligten und Änderungen der Staatsangehörigkeit ergeben. Es ist möglich, dass das Deutsche Kollisionsrecht in eine ausländische Rechtsordnung verweist, deren Kollisionsrecht die Verweisung aber teilweise oder ganz nicht annimmt und hierauf zurück- oder weiter verweist.

---

54 So zu sämtlichen Folgesachen im Ehescheidungsverbund. Gleiches gilt für Berufungen gegen Unterhaltsurteile ua

Wir können an diese Stelle nur wenige Hinweise für häufige Problemstellungen geben. Die formelle und sachliche Anwendung ausländischen Rechts, soweit dieses maßgeblich ist, bearbeiten wir grundsätzlich nicht. Insoweit müssen Sie gegebenenfalls noch Juristen hinzuziehen, die das jeweilige Auslandsrecht beurteilen. In manchen Fällen werden auch Rechtsgutachten von einschlägigen Instituten benötigt, auch um die Vorfrage zu klären, welche Rechtsordnung auf eine Fragestellung letztlich anwendbar ist. Hierbei können sich für verschiedene familienrechtliche Teilbereiche (zB Ehescheidung, Güterrecht, Unterhaltsrecht, Erbrecht) ganz unterschiedliche Konsequenzen ergeben.

Zu den allgemeinen **Ehewirkungen und der Ehescheidung** ist zu sagen:

- Für die allgemeinen Ehewirkungen stellt das deutsche Gesetz zunächst auf das Recht des Staates ab, dem beide Ehegatten angehören oder zuletzt angehörten, wenn einer von ihnen dem Staat noch angehört. Fehlt es hieran, wird auf den gewöhnlichen Aufenthalt abgestellt, hilfsweise wiederum auf das Recht des Staates, mit dem die Ehegatten auf andere Weise am engsten verbunden sind. Besonders diese Feststellung kann große Probleme bereiten.
- In bestimmten Fällen kann durch (im Inland immer notariellen) Vertrag eine Rechtswahl getroffen werden, die aber durch Erlangung gemeinsamer Staatsangehörigkeit enden kann.
- Für die Ehescheidung kommt es darauf an, welchem Recht die allgemeinen Wirkungen der Ehe zum Zeitpunkt der Zustellung des Scheidungsantrages unterliegen. Hierzu sind während der Ehe Veränderungen möglich, sogar während des Laufes des Scheidungsverfahrens, speziell wenn sich die Zustellung eines Scheidungsantrages im Ausland über Monate oder noch länger hinzieht.
- Kann die Ehe nach dem maßgeblichen Recht in Deutschland nicht geschieden werden, ist deutsches Recht anzuwenden wenn der Antragsteller zum maßgeblichen Zeitpunkt oder bei Eheschließung Deutscher war.
- **Wir prüfen nicht**, ob und unter welchen Voraussetzungen eine etwa in Deutschland durchzuführende Ehescheidung nach deutschem oder ausländischem Recht im ausländischen Heimatstaat nach dessen Recht anerkannt wird.

Der in ausländischen Rechtsordnungen weitgehend unbekannte **Versorgungsausgleich** des deutschen Rechts unterliegt dem gleichen Recht wie die Ehescheidung zur Zeit der Zustellung des Scheidungsantrages. Voraussetzung ist aber, das ihn das Recht wenigstens eines der Staaten kennt, denen ein Ehegatte angehört. Kann der Versorgungsausgleich demnach nicht stattfinden, ist er trotzdem auf Antrag eines Ehegatten nach deutschem Recht durchzuführen, wenn der andere Ehegatte in der Ehezeit deutsche Versorgungsanwartschaften erlangt hat oder die allgemeinem Ehewirkungen während eines Teils der Ehezeit einem Recht unterliegen, das den Versorgungsausgleich kennt.

Für **Unterhaltspflichten** verweist das deutsche Kollisionsrecht auf die Sachvorschriften für den jeweiligen gewöhnlichen Aufenthalt des Unterhaltsberechtigten. Hilfsweise kann deutsches Recht zum Zuge kommen um Unterhalt zu ermöglichen. Kehrt beispielsweise die indische Ehefrau eines Deutschen in der Trennungszeit nach Indien zurück, verweist das deutsche Recht zunächst in das indische Recht. Nimmt dessen Kollisionsrecht die Verweisung an, muss das deutsche Gericht zunächst den Unterhalt nach indischem Recht prüfen.

Nach einer in Deutschaland erfolgten oder anerkannten **Ehescheidung** verweist das deutsche Recht dann allerdings für den Unterhalt des geschiedenen Ehegatten auf das für die Ehescheidung angewandte Recht. Das ist im vorgenannten Fall dann deutsches Recht wenn die Eheleute ihren gemeinsamen Aufenthalt in Deutschland hatten und ein Ehegatte ihn bei Zustellung des Scheidungsantrages noch besaß.

Völlig anders können Fragen des **Güterstandes** zu beurteilen sein. Insoweit verweist das deutsche Recht ebenfalls auf das Recht für die allgemeinen Ehewirkungen. Es gilt aber ein anderer Zeitpunkt als bei der Frage des Rechts für die Ehescheidung. Güterrechtlich kommt es auf den Zeitpunkt der Eheschließung an. Nach Eheschließung kann sich das Recht der Eheleute für die allgemeinen Ehewirkungen wandeln. Durch notariellen Vertrag kann zum Güterrecht eine Rechtswahl getroffen werden. Möglich ist insoweit nach deutschem Recht die Wahl zugunsten

- des Rechts des Staates, dem ein Ehegatte angehört, oder
- des Rechts des Staates, in dem (mindestens) ein Ehegatte seinen gewöhnlichen Aufenthalt hat, oder
- des Rechts des Staates, in dem unbewegliches Vermögen (Grundstücke, Häuser usw) belegen ist bezogen auf diesen Vermögenswert.

Erbrechtlich knüpft das deutsche Recht demgegenüber auf die Staatsangehörigkeit im Todeszeitpunkt an. Für unbewegliches Inlandsvermögen kann der Erblasser aber durch Verfügung von Todes wegen (zB Testament) deutsches Recht wählen. Für erbrechtliche Gestaltungen können sich insgesamt schwierige Fragen auftun, die auch zu der Überlegung zwingen, bestimmte Bereiche womöglich durch Rechtsgeschäft unter Lebenden zu gestalten.

Vorstehende Hinweise sind nicht erschöpfend, sie machen die genaue und individuelle Prüfung im Einzelfall keinesfalls entbehrlich.

III. Kosten – Hinweise und Vergütungsvereinbarungen

1. Kosten in Familiensachen

29 **1) Allgemeines**

Familiensachen können diverse Kosten auslösen, bereits im Beratungsstadium. Es können vorgerichtlich allgemein anfallen:

- Rechtsanwaltsgebühren, geregelt im RVG[55]
- Notargebühren nach der Kostenordnung
- Steuerberatergebühren nach der StBGebVO, zB für eine Zwischenbilanz
- Sachverständigengebühren, zB für eine Hausbewertung
- Bankgebühren
- Detektivkosten

Auf all diese Gebühren mit Ausnahme der Bankgebühren fällt in aller Regel Umsatzsteuer zusätzlich an.

2) Gerichtliche Verfahren

verursachen stets Gerichtskosten nach dem Gerichtskostengesetz (umsatzsteuerfrei) und uU Auslagen, zB für Zeugen und Sachverständige. Jede Gerichtsinstanz löst neue

---

[55] Rechtsanwaltsvergütungsgesetz; es gilt seit 1. 7. 2004 und hat die frühere Bundesrechtsanwaltsgebührenordnung abgelöst

Kosten aus; die höhere Instanz ist in der Regel teurer, auch bei den Anwaltsgebühren. Es unterliegt gerichtlicher Kostenentscheidung am Ende der Instanz, welcher Beteiligte welche Kosten trägt. Das richtet sich zB in Unterhaltssachen nach dem Prozesserfolg. Beispiel: Die Klägerin erhebt Klage über 8.000 € Unterhaltsrückstände, das Gericht spricht ihr aber nur 2.000 € zu. Die Klägerin unterliegt mit 3/4, muss also 3/4 der Gesamtkosten des Verfahrens zahlen. Bei einzelnen[56] Verfahrensarten werden aber die Kosten grundsätzlich gegeneinander aufgehoben. Das bedeutet, dass bei zwei Prozessparteien jede die Hälfte der Gerichtskosten und die eigenen außergerichtlichen Kosten trägt. Dies sind die Anwaltskosten, Reisekosten und ähnliches.

3) Rechtsanwaltsgebühren

fallen nach dem RVG an; ganz unterschiedlich je nach Tätigkeitsbereich.

a) Die Gebühren für die anwaltliche Beratung, Begutachtung und Mediation sind ab 1.7.2006 nicht mehr der Höhe nach im Gesetz geregelt, mit Ausnahme von zwei Begrenzungsvorschriften:
   aa) Die Erstberatung darf nicht mehr kosten als 190 € + Nebenkosten + USt.
   bb) Existiert keine Vergütungsvereinbarung, dürfen nicht mehr als 250 € + der Nebenansprüche abgerechnet werden. In dem Bereich sind also schriftliche Vergütungsvereinbarungen nötig, die häufig am Zeitaufwand orientiert werden. Wird nichts vereinbart, gilt die ortsübliche Vergütung nach dem BGB, die aber schwer bestimmbar ist.

b) Die Gebühren für die außergerichtliche oder gerichtliche Vertretung.

> **Hierzu ein notwendiger Hinweis gemäß § 49 b VI 6 BRAO:**[57] In Familiensachen sind diese **Rechtsanwaltsgebühren von Gegenstandswerten (Streitwerten) abhängig**. Das gilt für die außergerichtliche und gerichtliche Vertretung, aber nicht mehr für die Beratung, außer das wird schriftlich vereinbart.

Wird in diesem Bereich nichts abweichend schriftlich vereinbart, gelten die streitwertabhängigen gesetzlichen Gebühren. Sie dürfen in gerichtlichen Verfahren durch Vergütungsvereinbarung sogar deutlich überschritten, aber nicht unterschritten werden. Bei der außergerichtlichen Vertretung gibt es diese Einschränkung seit 1.7.2006 nicht mehr.

4) Gegenstandswerte

Sie sind in verschiedenen Gesetzen geregelt. Der Wert eines Ehescheidungsverfahrens errechnet sich zB aus dem Nettoeinkommen beider Ehegatten in einem Vierteljahr; Freibeträge für Kinder sind abziehbar; Zuschläge idR mit 5% aus dem Gesamtvermögen (minus Freibeträge) können hinzukommen. Zusätzlich sind alle Folgesachen zu bewerten, zB der Versorgungsausgleich mit € 1.000 bis € 2.000. Beim Unterhalt bestimmt sich der Wert nach dem Jahresunterhalt (ggf plus Rückstände); bei Vermögensfragen nach dem verfolgten Geldanspruch oder anderen Rechten, die zu bewerten sind. Je nach Verfahrensverlauf kann der Wert für die Einzelgebühren schwanken, zB durch Teilrücknahme der Klage oder Einbeziehung nicht rechtshängiger Gegenstände in die gerichtliche Einigung, die die notarielle Beurkundung ersetzen kann.

---

56 ZB der Ehescheidungsverbund (Ehesache und Folgesachen), Verfahren über Kinder, Ehewohnung oder Hausrat
57 Bundesrechtsanwaltsordnung

5) Auszug aus der Gebührentabelle zum RVG (Satz je 1,0)

Wert	Gebühr	Wert	Gebühr	Wert	Gebühr	Wert	Gebühr	Wert	Gebühr	Wert	Gebühr
Bis 300	25	1.200	85	3.000	189	5.000	301	10.000	486	25.000	686
50.000	1.046	110.000	1.354	260.000	2.052	500.000	2.996	1 Mio	4.496	2 Mio	7.496

Für die Prozessführung fällt in erster Instanz idR eine Gebühr mit einem Satz von 1,3 an. Hinzu kommt eine Gebühr für die Terminswahrnehmung (gleich wie viele Termine) mit 1,2 und im Einigungsfall über die streitbefangenen Ansprüche eine Einigungsgebühr von 1,0. Im Gegenzug werden die Gerichtsgebühren im Einigungsfall deutlich geringer.

2. Beratungshilfe

30   Einem bedürftigen Rechtssuchenden kann für die außergerichtliche Rechtswahrnehmung[58] auf Antrag[59] Beratungshilfe nach dem Beratungshilfegesetz gewährt werden. Bedürftigkeit liegt vor, wenn nach den gesetzlichen Vorschriften zur Prozesskostenhilfe diese im Prozessfall ohne eigenen Kostenbeitrag des Rechtssuchenden zu bewilligen wäre.

Die Beratungshilfe wird überwiegend[60] durch Rechtsanwälte erbracht, die dafür aus der Staatskasse eine meist völlig unzureichende pauschale Vergütung erhalten.

Über den Antrag entscheidet das Wohnsitzgericht des Rechtssuchenden. Beim Antrag müssen die persönlichen und wirtschaftlichen Verhältnisse glaubhaft gemacht werden. Ist der Antrag erfolgreich, wird ein Berechtigungsschein erstellt, der dem Rechtsanwalt auszuhändigen ist. Der Antrag kann zwar auch nachträglich von einem Rechtsanwalt gestellt werden, der aber dann die ganzen Nachweise liefern muss ohne dafür gesondert vergütet zu werden. Dazu ist der Rechtsanwalt nicht verpflichtet, so dass in der Praxis Leistungen erst nach Vorlage des Beratungshilfescheins erwartet werden können. Mitunter wimmeln die Gerichte die Antragsteller zur Arbeitsersparnis mit dem Hinweis ab, der Rechtsanwalt solle den Antrag stellen. Diese Praxis ist rechtswidrig.

Der Rechtsanwalt darf für den Gegenstand des Berechtigungsscheins vom Mandanten keine Vergütung verlangen, außer einer Zuzahlung von 10 €. Bei außergerichtlicher Vertretung schließt das aber nicht aus, dass der Rechtssuchende zB aufgrund Verzuges oder aus dem Unterhaltsrecht heraus gegen Dritte einen Anspruch auf Erstattung der eigenen Anwaltskosten hat. Werden diese realisiert, muss das in der Abrechnung mit der Staatskasse angegeben bzw es müssen vereinnahmte Leistungen der Beratungshilfe erstattet werden.

---

58 Sie darf nicht mutwillig sein. Das Gesetz betrifft nur die außergerichtliche Beratung und/oder die außergerichtliche Vertretung, nicht aber die Vertretung in Gerichtsverfahren, für die die Prozesskostenhilfe maßgeblich ist
59 Er kann schriftlich oder bei Vorsprache bei der Rechtsantragsstelle des Gerichts gestellt werden
60 Das ist nicht bundeseinheitlich geregelt. Teils gibt es den Vorrang öffentlicher Beratungsstellen oder ein Wahlrecht

3. Prozesskostenhilfe

Wir informieren Sie über die Struktur der Prozessfinanzierung durch Prozesskostenhilfe (PKH) in Zivilsachen/Familiensachen.

1) Was deckt die PKH ab?

Einem Prozessbeteiligten, der die Prozesskosten nicht oder nicht ganz aus eigenem Einkommen oder Vermögen[61] decken kann, kann das Gericht auf Antrag (idR nach Anhörung des Gegners) PKH bewilligen wenn die Rechtsverfolgung oder Rechtsverteidigung hinreichend aussichtsreich und nicht mutwillig erscheint. Damit verbunden ist in der Regel die Beiordnung eines Rechtsanwalts eigener Wahl. Die Beiordnung ist zumindest dann zwingend, wenn für den Prozess Anwaltszwang besteht. Das ist zB für das gesamte Ehescheidungsverfahren mit allen Folgesachen der Fall. Auch sonst wird aber im Familienrecht wegen des hohen Schwierigkeitsgrades in der Regel ein Rechtsanwalt beigeordnet.

Die PKH befreit von eigenen gesetzlichen Anwaltskosten nach dem RVG,[62] von Gerichtskosten sowie von Auslagen des Gerichts, zB für Sachverständige und Zeugen. Je nach den wirtschaftlichen Verhältnissen kann das Gericht auch monatliche Ratenzahlungen (bis zu höchstens 48) und Beiträge aus dem Vermögen als eigenen Kostenbeitrag auferlegen.

2) Was deckt die PKH nicht ab?

Sie beseitigt nicht das Risiko, die Anwaltskosten und Parteiauslagen des Gegners tragen zu müssen, soweit der Prozess verloren geht. Es ist also auch in PKH-Fällen sehr genau zu überlegen, ob eine gerichtliche Maßnahme aktiv ergriffen werden soll oder ob man sich verklagen lässt. Ein Risiko, speziell für Kosten, besteht meistens.

Die Reisekosten eines beigeordneten Anwalts, der seine Kanzlei nicht am Gerichtssitz hat, werden von der PKH oft nicht umfasst und müssen selbst bezahlt werden.

Die PKH-Bewilligung bringt uU nur eine vorübergehende Kostenbefreiung. Bei einer Besserung der wirtschaftlichen Verhältnisse oder falschen Grundlagen kann das Gericht die Nachzahlung der Kosten anordnen.

3) Wer finanziert das?

Die PKH-Bewilligung belastet

- Die Staatskasse, die auf Gerichtskosten verzichtet, die gesetzliche Vergütung des beigeordneten Rechtsanwalts bezahlt und gerichtliche Auslagen trägt.
- Bei Gegenstandswerten über € 3.000 finanziert das teils auch der beigeordnete Rechtsanwalt. Im Verhältnis zur gesetzlichen Regelvergütung erhält er nur einen stark herabgesetzten Kostenbeitrag aus der Staatskasse. Diese Vergütung ist oft völlig unzureichend und nicht kostendeckend. Das kann abgemildert sein, soweit der Prozessgegner am Ende Kosten erstatten muss und auch kann.

4) Wer entscheidet über das PKH-Gesuch?

Der Richter durch Beschluss, über den in der Regel nicht mündlich verhandelt wird. Das Gericht kann aber dazu mündliche Verhandlung anordnen. Für jede Instanz

---

61 Und auch nicht aus einem diesbezüglichen gesonderten Unterhaltsanspruch
62 Rechtsanwaltsvergütungsgesetz v. 5.5.04 BGBl. I S. 718, bis auf Übergangsfälle gültig ab 1.7.04

muss neu entschieden werden. Mit dem PKH-Gesuch muss zwingend ein sorgfältig ausgefülltes Formblatt (ZP1) über die persönlichen und wirtschaftlichen Verhältnisse eingereicht werden. Dazu benötigt das Gericht umfassende entsprechend den Angaben im Formblatt nummerierte Belegkopien, die Einkommen und Vermögen umfassend dokumentieren. PKH muss gleich am Anfang des Rechtsstreits beantragt werden, sonst entstehen Nachteile. Wenn das Gericht über einen rechtzeitigen Antrag erst später entscheidet, ist das unschädlich. Nähere Hinweise über die mit dem PKH-Antrag vorzulegenden Daten und Belege geben wir weiter unten unter Ziffer 7.).

5) Einsatz von Einkommen und Vermögen

Das einzusetzende **Einkommen** wird gemäß § 115 I ZPO aus allen Einkünften in Geld oder mit Geldwert bestimmt. Nicht zum Einkommen gehören bestimmte Sozialleistungen, wie Erziehungsgeld und Pflegegeld. Vom Einkommen sind abzusetzen:

- Die Beträge gemäß § 82 II SGB XII (früher BSHG), also speziell Steuern, notwendige Werbungskosten und Sozialversicherungsbeiträge und andere gesetzlich vorgeschriebene oder angemessene (auch private) Versicherungsbeiträge, zB für Lebens- Unfall- und Krankenzusatzversicherung, Altersvorsorge, uU auch für ein Kraftfahrzeug.
- Pauschalsätze für den Antragsteller selbst, den Ehegatten und gesetzlich Unterhaltsberechtigte. Diese Sätze ergeben sich aus dem Sozialrecht und werden jährlich zum 1. Juli festgesetzt.
- Kosten der Unterkunft und Heizung, also auch Miete, soweit kein auffälliges Missverhältnis besteht.
- Weitere angemessene Beträge wegen besonderer Belastungen; siehe auch § 1610 a BGB.

Vermögen ist einzusetzen, soweit zumutbar, siehe § 90 SGB XII. Hierzu gehört auch ein Anspruch auf Bezahlung eines Prozesskostenvorschusses gegen einen Unterhaltspflichtigen.[63]

6) Anordnung von Ratenzahlungen aus dem einzusetzenden Einkommen

Einzusetzendes Einkommen bis EUR	Monatsrate in EUR	Einzusetzendes Einkommen bis EUR	Monatsrate in EUR
15	0	400	135
50	15	450	155
100	30	500	175
150	45	550	200
200	60	600	225
250	75	650	250
300	95	700	275
350	115	750	300
Über 750 EUR 300 EUR zuzüglich des 750 übersteigenden Teils des einzusetzenden Einkommens.			

---

[63] Ein solcher Anspruch kann speziell dem minderjährigem Kind gegen einen Elternteil oder beide Elternteile oder dem getrennt lebenden Ehegatten gemäß § 1360 a BGB gegen den anderen Ehegatten zustehen

PKH ist nicht zu bewilligen, wenn die von ihr gedeckten Gesamtkosten voraussichtlich vier Monatsraten und aus dem Vermögen aufzubringende Teilbeträge nicht übersteigen. Aufzubringen sind in einem Rechtsstreit für alle Instanzen zusammen höchstens 48 Monatsraten.

Eine Verbesserung der wirtschaftlichen Verhältnisse während des Rechtsstreits muss dem Gericht unaufgefordert mitgeteilt werden.

Bei einer Verschlechterung kann auch während der Ratenlaufzeit Herabsetzung oder Aufhebung der Raten beantragt werden.

7) Notwendige Angaben und Belege zu Einkommen und Vermögen

Einkommen aus nichtselbständiger Tätigkeit: Die letzten drei Verdienstnachweise.

Werbungskosten: Grund sowie Beleg über monatlichen Aufwand, bei den Fahrtkosten genaue Streckenangabe mit Kilometerzahl.

Selbständige Tätigkeit: Die letzte Steuererklärung und den letzten Steuerbescheid.

Einkommen aus Vermietung und Verpachtung: Die Miet- oder Pachtverträge und aktuelle Kontoauszüge zum Nachweise der insoweit eingehenden Zahlungen sowie der Belastungen.

Einkünfte aus Kapital: Kontoauszüge oder Bankbestätigung über den zuletzt erzielten Jahreszins.

Wohngeldbezug: Den aktuellen Wohngeldbescheid.

Kindes- und/oder Ehegattenunterhalt: Aktuelle Kontoauszüge, die diese Zahlungen belegen.

Grundvermögen: Angaben dazu, ob es sich um ein unbebautes oder bebautes Grundstück, Familienheim, Wohnungseigentum oder Erbbaurecht handelt. Ferner Angaben zur Nutzungsart, Lage und Größe, zum Jahr der Bezugsfertigkeit, zum Einheits- und Brandversicherungswert.

Falls Sie ein in Ihrem Eigentum oder Miteigentum stehendes Haus oder eine Eigentumswohnung bewohnen:

Größe des Wohnraums in Quadratmetern. Art der Heizung. Gegebenenfalls genaue Angaben zur Höhe des Kredits, Kreditvertrag und aktuellen Kontoauszug über Ihre monatliche Belastung sowie letzte Jahresabrechnung des Kredits.

Bausparkonten: Die Bausparverträge mit Angabe des jeweiligen Verwendungszwecks, Nachweise der Kontostände und laufende Einzahlungen.

Bank-, Giro-, Sparkonten und dergleichen: aktuelle Kontoauszüge.

Kraftfahrzeuge: Fahrzeugart, Marke, Typ, Bau- und Anschaffungsjahr. Kfz-Schein. Belege und Zahlungsnachweise für Kfz-Versicherung und Kfz-Steuer.

Lebensversicherungen: Nachweis der monatlichen Beiträge und Angaben zum derzeitigen Wert der Versicherungen.

Sonstige Versicherungen: Versicherungspolicen und aktuelle Belege über Beitragszahlungen.

Wertpapiere, Bargeld, Wertgegenstände, Forderungen und Außenstände. Aktuelle Nachweise über die jeweilige Höhe bzw Angaben zum Wert.

Falls Sie zur Miete wohnen:

Miete ohne Nebenkosten, aktueller Kontoauszug über Mietzahlung. Heizungskosten monatlich, aktueller Kontoauszug über Zahlung. Übrige Nebenkosten monatlich, aktueller Auszug über Zahlung.

Sonstige Zahlungsverpflichtungen: Kreditverträge, Privatverträge, Schuldtitel etc und aktuelle Nachweise über Ihre monatlichen Zahlungen.

Besondere Belastungen: Begründung und Beleg über die monatliche Belastung.

Sämtliche Daten und Belege müssen bei Einreichung des PKH-Antrages mit vorgelegt werden.

4. Prozesskostenvorschuss

32 In familienrechtlichen Prozessen fallen stets Gerichts- und Anwaltskosten an, die streitwertabhängig bemessen werden. Beide müssen bevorschusst werden. Das Gericht stellt im Zivilprozess die Klage erst zu, wenn der nötige Gerichtskostenvorschuss einbezahlt ist. Ist eine Prozesspartei finanziell nicht in der Lage, die Prozesskosten zu bestreiten, gibt es zwei Wege der Prozessfinanzierung:

(1) Beantragung der Prozesskostenhilfe. Wird diese gewährt, trägt die Staatskasse vorläufig oder endgültig die Gerichtskosten, gerichtliche Auslagen und die Anwaltskosten der bedürftigen Partei.
(2) Durchsetzung eines im Unterhaltsrecht begründeten Anspruchs auf Prozesskostenvorschuss (PKV) gegen die andere unterhaltspflichtige Prozesspartei.

Eine Pflicht zur Leistung eines PKV besteht in der Praxis vor allem zwischen getrennt lebenden Eheleuten und im Verhältnis unterhaltsberechtigter – vor allem minderjähriger Kinder, auch gleich gestellter Schüler bis zur Vollendung des 21. Lebensjahres – zu Elternteilen. Im zweiten Fall kann die Vorschusspflicht beide Elternteile anteilig treffen.

Vorschusspflichtig ist natürlich nur, wer über ausreichendes Einkommen oder/und Vermögen verfügt um die eigenen Prozesskosten und den Vorschuss zu bezahlen. Hier hat das Gericht weitgehendes Ermessen. Die Rechtsprechung dazu ist nicht einheitlich. Mitunter gewähren die Gerichte zur Straffung lieber großzügig Prozesskostenhilfe.

Der PKV muss natürlich zuerst außergerichtlich beziffert und verlangt werden. Wird er nicht geleistet, kann im Scheidungsverbundverfahren und im isolierten Unterhaltsprozess Antrag auf gerichtliche Entscheidung in Form einer einstweiligen Anordnung gestellt werden. Dieser Antrag erhöht natürlich die Kosten und das Risiko.

Es empfiehlt sich oft, parallel zu diesem Antrag vorsorglich Prozesskostenhilfe zu beantragen um nichts zu versäumen. Diese Maßnahme löst nämlich keine gesonderten Kosten aus.

5. Begleitschreiben Vergütungsvereinbarung

33 *Beratungsfälle*

Die Vergütung der Rechtsanwälte für Beratungsleistungen im Familienrecht war bis zum 30.06.2006 mit wertabhängigen Rahmengebühren bundesgesetzlich geregelt, zuletzt durch das seit 1.7.2004 geltende Rechtsanwaltsvergütungsgesetz (RVG). Diese gesetzliche Regelung wurde ab 1.7.2006 dereguliert[64]. Der Gesetzgeber wollte die Rechtsberatungskosten und auch die Kosten für Gutachten und Mediation dem freien Markt und individuellen Vergütungsvereinbarungen vorbehalten. Die Höhe der Beratungshonorare ist also nicht mehr gesetzlich geregelt, mit zwei Ausnahmen:

(1) Die Erstberatung darf nicht mehr als 190 € kosten.
(2) Wird keine schriftliche Vergütungsvereinbarung geschlossen, gilt überdies ein Höchstbetrag von 250 €, gleich wie umfangreich die Anwaltstätigkeit ist. Geschuldet ist bis zu dieser Grenze die ortsübliche Vergütung nach dem BGB.

Zu diesen Beträgen kommen Auslagen und Umsatzsteuer hinzu.

Ein Kostenangebot für ein betragsmäßig festes Beratungshonorar können wir in vernünftiger Höhe nicht unterbreiten weil der sachliche und zeitliche Umfang der Tätigkeit schwer vorhersehbar ist. Es gibt Rechtsberatungen in Ehesachen, die Dutzende von Anwaltsstunden verschlingen. Es gibt aber auch Beratungsbedarf, der sich in einer Stunde klären lässt, dann wäre ein zu hohes Festhonorar ungerecht.

Wir haben uns deshalb entschlossen, unsere Beratungsleistungen nur noch nach schriftlich zu vereinbarenden Zeitgebühren anzubieten und übergeben hierzu zwei unterzeichnete Exemplare einer Vergütungsvereinbarung. Wir benötigen ein gegengezeichnetes Exemplar auf dem Postwege oder mittels persönlicher Übergabe.

Wenn gewünscht Wir werden Zeitlisten führen, von denen Sie Kopien anfordern können.

Vertretungsfälle

Für unsere anstehende Tätigkeit im Rahmen der außergerichtlichen oder/und gerichtlichen Vertretung sind die Anwaltsgebühren zwar noch im RVG betragsmäßig geregelt, und zwar **wertabhängig**, worauf wir pflichtgemäß hinweisen. Es gilt also das Gesetz wenn keine schriftliche Vergütungsvereinbarung geschlossen wird. Mit einer solchen Vereinbarung dürfen höhere als die gesetzlichen Gebühren vereinbart werden. Im gerichtlichen Verfahren darf dadurch aber die gesetzliche Gebühr unverändert nicht unterschritten werden.

Wir haben das kalkuliert und stellen fest, dass sich Ihre Sache zu den gesetzlichen Gebühren nicht kostendeckend mit dem nötigen Aufwand bearbeiten lässt. Wir schlagen Ihnen deswegen eine Vergütungsvereinbarung laut Anlage vor und übergeben hierzu zwei unterzeichnete Exemplare. Wir benötigen ein gegengezeichnetes Exemplar auf dem Postwege oder mittels persönlicher Übergabe.

Wenn gewünscht Wir werden Zeitlisten führen, von denen Sie Kopien anfordern können.

Bei Bedarf Die Kalkulation der veranschlagten gesetzlichen Vergütung mit einem vorläufig geschätzten Streitwert fügen wir zu Ihrer Information bei.

Argumentationshilfen die nach Wunsch verwandt werden können

- Wir lehnen uns an die Struktur der gesetzlichen Regelung der Steuerberatergebührenverordnung[65] an, die wir im Zeittakt passend zu Ihren Gunsten modifizieren weil

---

[64] Das gilt nicht für die außergerichtliche oder gerichtliche Vertretung durch den Anwalt, die immer noch auch der Höhe nach gesetzlich geregelt ist
[65] Gebührenverordnung für Steuerberater, Steuerbevollmächtigte und StBGesellschaften vom 17.12.1981 BGBl. I S. 1442 und 27.4.2001 BGBl. I S. 751

dort jede auch nur geringfügig angefangene halbe Stunde (Höchstsatz dafür derzeit 46 €) für die Abrechnung voll zählt, was wir als nicht passend erachten.

- Der Rechtsanwalt muss aber ein erstes und ein zweites juristisches Staatsexamen ablegen, und überschreitet zB den zeitlichen Ausbildungsaufwand der Steuerberater und vergleichbarer Berufsträger oft um Jahre, erst recht wenn er Fachanwalt ist.

- Wir orientieren wir uns auch an den üblichen Vergütungen für Sachverständige, die immer schon überwiegend nach Zeit abrechnen und an den einschlägigen Studien zB des Deutschen Anwaltsvereins.

- Seit 01.07.2004 gibt es auch endlich eine detailliertere gesetzliche Regelung für die Bezahlung gerichtlicher Sachverständiger. Sie steht im neuen JVEG[66] und regelt für die nichtmedizinischen und nichtpsychologischen Gutachten Stundenvergütungen in 10 Honorargruppen 1 (Stundensatz 50 €) bis 10 (Stundensatz 95 €) je plus Nebenkosten, Schreibgebühren und Umsatzsteuer. Die Anlage 1 zu § 9 des Gesetzes ordnet hier zB die Unternehmensbewertung der höchsten Gruppe 10 zu, die Datenverarbeitung der Gruppe 8 (85 €) und die Immobilienbewertung der Gruppe 6 (75 €). Dabei ist aber allenfalls die Unternehmensbewertung mit dem Schwierigkeitsgrad der Anwaltstätigkeit im Familienrecht vergleichbar.

6. Vergütungsvereinbarung Beratung

34

Vergütungsvereinbarung

gemäß § 4 Rechtsanwaltsvergütungsgesetz (RVG)

I. Allgemeine Vertragsdaten

Mandant (Auftraggeber)	
Adresse	
Vertragschließender RA	
Anwaltliche Tätigkeit	Beratung Ehesache (Trennungs- und Scheidungsfolgen)

II. Vergütung

1. Für die anwaltliche **Beratungstätigkeit** wird eine **vertragliche Vergütung** wie folgt vereinbart:

a) Gebühr
Die Gebühr für die anwaltliche Tätigkeit wird als **Zeitgebühr** in Höhe von € *1 für je angefangene 6 Minuten vereinbart. Die Tätigkeit wissenschaftlicher Mitarbeiter oder Vertreter einschließlich etwa eingesetzter Steuerberater ist ebenso abzurechnen. Die Gebühr gilt üblichen Schreibaufwand im Sekretariat mit ab. Warte- und Fahrzeiten sind mit zu vergüten.

b1) Auslagen (zB für Porto, Telekommunikation, Ablichtungen, Lichtbilder, Fahrt- und Reisekosten) im Sinne von Teil 7 der Anlage I (Vergütungsverzeichnis) zum RVG sind nach der jeweiligen dortigen Regelung gesondert zu bezahlen.

---

[66] Justizvergütungs- und -entschädigungsgesetz = Gesetz über die Vergütung von Sachverständigen, Dolmetschern und Übersetzern ... vom 05.05.2004 BGBl. I S. 718

b 2) Andere Auslagen (Fremdgeld; zB für Gerichts- oder/und Sachverständigenkosten ua) sind in der vereinbarten Vergütung nicht enthalten und gesondert zu bezahlen.

c) Umsatzsteuer
Zur Vergütung gemäß **a)** und **b1)** kommt die Umsatzsteuer in jeweiliger gesetzlicher Höhe hinzu.

d) Fälligkeit und Abrechnung
Der Rechtsanwalt darf jederzeit angemessene Vorschüsse verlangen. Ansonsten sollen je nach ende eines Kalendermonats Kalendervierteljahres Rechnungen erteilt werden, die sogleich fällig sind.

2. Anrechnung
Auf die Gebühren für etwa sich anschließende außergerichtliche oder/und gerichtliche Vertretung durch den Rechtsanwalt wird die Gebühr zu oben **1. a)** *Passendes wählen* zu 1/2 nicht voll angerechnet, soweit sich die Gegenstände decken. Auslagen zu **1. b1)** werden hingegen nicht angerechnet.

Beide Parteien erhielten eine beiderseits unterzeichnete Ausfertigung dieser Vergütungsvereinbarung

Datum *2   Datum *3
Mandant (Auftraggeber)   Rechtsanwalt

7. Vergütungsvereinbarung außergerichtlich

Vergütungsvereinbarung   35

gemäß § 4 Rechtsanwaltsvergütungsgesetz (RVG)

I. Allgemeine Vertragsdaten

Mandant (Auftraggeber)
Adresse
Vertragschließender RA
Anwaltliche Tätigkeit

II. Vergütung

1. Für die **außergerichtliche** anwaltliche **Vertretungstätigkeit** wird eine **vertragliche Vergütung** wie folgt vom Gesetz abweichend vereinbart:

a) Gebühr
Die Gebühr für die anwaltliche Tätigkeit wird *wahlweise*

- als **Zeitgebühr** in Höhe von € *1 für je angefangene 6 Minuten vereinbart. Die Tätigkeit wissenschaftlicher Mitarbeiter oder Vertreter einschließlich etwa eingesetzter Steuerberater ist ebenso abzurechnen. Die Gebühr gilt üblichen Schreibaufwand im Sekretariat mit ab. Fahr- und Wartezeiten sind zu vergüten.
- **Gesetzlich** bemessen, es gilt jedoch ein vereinbarter **Gegenstandswert** von mindestens € *2.

- **Gesetzlich nach dem RVG**[67] bemessen, für die Geschäftsgebühr wird aber ein Gebührensatz von *3 vereinbart.
- Für die **außergerichtliche Besprechung** (auch fernmündlich) mit dem Gegner, seinem Vertreter, Zeugen oder Drittbeteiligten, wird eine zusätzliche Gebühr mit einem Gebührensatz von 1,0 nach dem RVG aus dem maßgeblichen Gegenstandswert vereinbart. Das gilt unabhängig davon, ob es zu einer Einigung kommt.
- **Gesetzlich** bemessen, für den besonderen Einarbeitungsaufwand wird aber eine **Zusatzvergütung** in Höhe von € *4 fest vereinbart.
- **Gesetzlich** bemessen, es gilt aber eine Mindestgebühr in Höhe von € *5.
- **Wie vorstehend vereinbart**, es gilt aber als Untergrenze mindestens die gesetzliche Gebühr.

b1) Auslagen (zB für Porto, Telekommunikation, Ablichtungen, Lichtbilder, Fahrt- und Reisekosten) im Sinne von Teil 7 der Anlage I (Vergütungsverzeichnis) zum RVG sind nach der jeweiligen dortigen Regelung gesondert zu bezahlen.

b2) Andere Auslagen (Fremdgeld; zB für Akteneinsicht, Gerichtskosten, Sachverständigenkosten ua) sind nicht enthalten und gesondert zu bezahlen.

c) Umsatzsteuer
Zur Vergütung gemäß **a)** und **b1)** kommt die Umsatzsteuer in jeweiliger gesetzlicher Höhe hinzu.

d) Fälligkeit und Abrechnung
Der Rechtsanwalt darf jederzeit angemessene Vorschüsse verlangen.

Für Zeitgebühr Ansonsten sollen je nach Ende eines Kalendermonats Kalendervierteljahres Rechnungen erteilt werden, die sogleich fällig sind.

2. Anrechnung
Auf die Gebühren für etwa sich anschließende gerichtliche Vertretung durch den Rechtsanwalt werden die Gebühren zu oben **1.a)**

Passendes wählen zu 1/3 zu 1/2 zu 2/3 nicht voll angerechnet. Auslagen zu **1.b1)** werden in keinem Fall angerechnet.

3. Hinweise und weitere Vereinbarung

a) Die oben vereinbarte Vergütung für die außergerichtliche Tätigkeit darf die gesetzliche Vergütung nach dem RVG unterschreiten, soweit nichts anderes vereinbart ist, kann sie aber auch überschreiten.

b) Eine mögliche Kostenerstattungspflicht Dritter[68] erstreckt sich nur auf die gesetzliche Vergütung und nicht auf eine darüber hinausgehende vertragliche Vergütung.

c) Für alle weiteren Fragen gilt das Gesetz, insbesondere das RVG.

d) Über die Vergütung eines sich etwa anschließenden gerichtlichen Verfahrens ist damit noch nichts vereinbart, soweit nicht oben eine Anrechnungsregelung getroffen ist.

Beide Parteien erhielten eine beiderseits unterzeichnete Ausfertigung dieser Vergütungsvereinbarung

Datum *6   Datum *7

Mandant (Auftraggeber)   Rechtsanwalt

---

67 Rechtsanwaltsvergütungsgesetz
68 ZB Versicherer, unterliegender Prozessgegner oder erstattungspflichtiger Dritter

8. Vergütungsvereinbarung gerichtlich

Vergütungsvereinbarung   36

gemäß § 4 Rechtsanwaltsvergütungsgesetz (RVG)

I. Allgemeine Vertragsdaten

Mandant (Auftraggeber)
Adresse
Vertragschließender RA
Prozessgegenstand

II. Vergütung

1. Für die **gerichtliche** anwaltliche **Vertretungstätigkeit** wird eine **vertragliche Vergütung** wie folgt vom Gesetz abweichend vereinbart, geschuldet ist gesetzlich zwingend aber immer **mindestens die gesetzliche Gebühr nach dem RVG**:

a) Gebühr
Die Gebühr für die anwaltliche Tätigkeit wird *wahlweise*

- als **Zeitgebühr** in Höhe von € *1 für je angefangene 6 Minuten vereinbart. Die Tätigkeit wissenschaftlicher Mitarbeiter oder Vertreter einschließlich etwa eingesetzter Steuerberater ist ebenso abzurechnen. Die Gebühr gilt üblichen Schreibaufwand im Sekretariat mit ab. Fahr- und Wartezeiten sind zu vergüten.

- **Gesetzlich** bemessen, es gilt jedoch in allen Instanzen ein **Gegenstandswert** von mindestens je € *2; in Rechtsmittelinstanzen auch dann, wenn nur eine Teilanfechtung erfolgt.

- **Gesetzlich** bemessen, für die Verfahrensgebühr wird aber in erster Instanz ein erhöhter Gebührensatz von *3 nach dem RVG vereinbart.

- Für die **außergerichtliche Besprechung** (auch fernmündlich) mit dem Gegner, seinem Vertreter, Zeugen oder Drittbeteiligten, wird eine zusätzliche Gebühr mit einem Gebührensatz von 1,2 aus dem maßgeblichen Gegenstandswert vereinbart. Das gilt unabhängig davon, ob es zu einer Einigung kommt. Diese Gebühr ist auf die Terminsgebühr im Gerichtsverfahren anrechenbar, kommt aber bei vorzeitiger Erledigung nicht in Wegfall.

- **Gesetzlich** bemessen, für den besonderen Einarbeitungsaufwand wird aber eine **Zusatzvergütung** in Höhe von € *4 fest vereinbart.

- **Gesetzlich** bemessen, es gilt aber eine Mindestgebühr in Höhe von € *5.

b1) Auslagen (zB für Porto, Telekommunikation, Ablichtungen, Lichtbilder, Fahrt- und Reisekosten) im Sinne von Teil 7 der Anlage I (Vergütungsverzeichnis) zum RVG sind nach der jeweiligen dortigen Regelung gesondert zu bezahlen.

b2) Andere Auslagen (Fremdgeld; zB für Gerichtskosten, Akteneinsicht, Grundbuchauszüge, Sachverständigenkosten ua) sind nicht enthalten und gesondert zu bezahlen.

c) Umsatzsteuer
Zur Vergütung gemäß **a)** und **b1)** kommt die Umsatzsteuer in jeweiliger gesetzlicher Höhe hinzu.

d) Fälligkeit und Abrechnung
Der Rechtsanwalt darf jederzeit angemessene Vorschüsse verlangen.

Für Zeitgebühr Ansonsten sollen je nach Ende eines Kalendermonats Kalendervierteljahres Rechnungen erteilt werden, die sogleich fällig sind.

2. Hinweise und weitere Vereinbarung

a) Die oben vereinbarte Vergütung für die gerichtliche Tätigkeit darf die gesetzliche Vergütung nach dem RVG nicht unterschreiten, kann sie aber überschreiten.

b) Eine mögliche Kostenerstattungspflicht Dritter[69] erstreckt sich nur auf die gesetzliche und nicht auf eine darüber hinausgehende vertragliche Vergütung.

Beide Parteien erhielten eine beiderseits unterzeichnete Ausfertigung dieser Vergütungsvereinbarung

Datum *6   Datum *7
Mandant (Auftraggeber)   Rechtsanwalt

---

[69] ZB Versicherer, unterliegender Prozessgegner oder erstattungspflichtiger Dritter

Inhalt

Rn.

B. Außergerichtliches Mandat
- **I. Formalien**
    1. Vollmachtsformular 37
    2. Bankvollmacht außergerichtlich 38
    3. Trennungsnachricht an Gegner – softline 39
    4. Trennungsnachricht an Gegner – hardline 40
    5. Anrufverbot mit Klageandrohung 41
- **II. Sorgerecht/Umgangsrecht**
    1. An Mandant – Hinweis elterliche Sorge 42
    2. An Gegner – Vorschlag gemeinsames Sorgerecht .. 43
    3. An Gegner – Wunsch nach Aufenthaltsbestimmung . 44
    4. An Gegner – Mandantin will alleinige SO 45
    5. An Mutter – Mandant will UG 46
- **III. Ehewohnung/Hausrat/Familienheim**
    1. An Mandant – Rechtslage Mietverhältnis 47
    2. Hinweise Bruchteilsgemeinschaft 48
    3. An Gegner – Nutzungsentschädigung 49
    4. Verwaltung Mietobjekt 50
    5. An Gegner – Ermahnung Hausrat 51
- **IV. Unterhalt**
    1. Allgemeines (Auskunft/Abänderung)
        a) An Gegner – Auskunftsverlangen umfassend .. 52
        b) An Gegner – Auskunftsverlangen kurz 53
        c) Keine Auskunft wegen Höchstunterhalt (UK) . 54
        d) Tabellarisches Verzeichnis für ArbN/Beamte . 55
        e) An Gegner – Teilablehnung Unterhalt + Anerkenntnis PKV .. 56
    2. Kindesunterhalt
        a) An Gegner – Forderung UK 57
        b) An Gegner – er soll Titel errichten 58
        c) An Mandant – soll Titel errichten 59
        d) An Mandant – soll Mutter Kindergeld lassen . 60
        e) An Mandantin – Kindergeld organisieren ... 61
        f) An Mandanten – wann für ein Kind höherer Unterhalt verlangt werden kann 62
        g) An Mandant – über die Änderung der Regelbeträge 63
        h) An Gegner – Anpassungsverlangen § 1612b .. 64
        i) An Gegner – gegen schematische Anpassung (neuer Mangelfall) 65
    3. Ehegattenunterhalt
        a) An Mandant – Erläuterung Trennungsunterhalt 66
        b) An Mandant – Erwerbsverpflichtung/Kinderbetreuung ... 67
        c) An Mandantin – Belehrung harte Erwerbsobliegenheit 68
        d) An Gegner – Forderung Trennungsunterhalt 69
    4. Ehegatten- und Kindesunterhalt nebeneinander
        a) An Gegner – Unterhaltsforderung mit 1 Kind 70
        b) An Gegner – Unterhaltsforderung mit 2 Kindern 71

    5. Ansprüche der »nichtehelichen Mutter«
       a) An Gegner – Unterhalt Mutter 72
       b) An Gegner – Unterhalt Mutter + Kind mit Auskunft 73
    6. Sozialleistungen und Unterhalt
       a) An Mandant – Forderungsübergang 74
       b) An Sozialträger – Einwand gegen die Abzweigung 75

V. Steuer
    1. An Mandantin – Belehrung über Zustimmungspflicht zum
       begr. Realsplitting 76
    2. An Gegnerin – Aufforderung zur Zustimmung zum
       begr. Realsplitting 77
    3. An Gegner – Risikohinweise zum Realsplitting 78
    4. An Gegner – Zustimmungsverlangen Zusammenveranlagung ... 79
    5. An Gegner – Verweigerung der Zusammenveranlagung 80

VI. Sozialleistungen
    1. An Mandant – Beantragung und Organisation von
       Sozialleistungen 81
    2. An Mandant – Sozialrisiken 82

VII. Bankverhältnisse
    1. Anfrage Bankverhältnisse 83
    2. Banksperre 84
    3. Banksperre Gütergemeinschaft 85

VIII. Güterrecht
    1. An Gegner – Auskunftsverlangen Endvermögen 86
    2. An Mandant – Hinweise Auskunftspflicht Endvermögen 87
    3. An Mandant – Hinweise zum Anfangsvermögen 88
    4. Erfassungsbögen aktiv/passiv 89
    5. An Mandant – Mängelliste zum eigenen EV zum Ankreuzen .. 90
    6. An Mandant – Infoliste zum gegnerischen EV zum
       Ankreuzen 91
    7. An Gegner – Infoliste zur Auskunftspflicht des Mandanten zum
       Ankreuzen 92
    8. An Gegner – Infoliste zur Auskunftspflicht des Gegners zum
       Ankreuzen 93
    9. An Gegner – Verlangen eidesstattliche Versicherung 94
   10. An Bank – Saldenanfrage 95
   11. An LV – Wertanfrage Kapitallebensversicherung 96
   12. An Gegner – Bezifferung Ausgleichsforderung mit Bilanz ... 97
   13. An Gegner – Zurückweisung Forderung 98
   14. An Mandant – Verbund oder nicht? 99
   15. An Gegner – Rechnungslegung Gütergemeinschaft 100
   16. An Gegner – Verfügungsverbot § 1365 BGB 101
   17. An Käufer – Intervention nach §§ 1365 ff BGB 102

IX. Notariat/Vertragslösungen
    1. An Notar – Auftragsschreiben 103

X. Versorgungsausgleich
    1. An Mandant – Gestaltungsmöglichkeiten und Formalien beim
       Versorgungsausgleich 104

XI. Kosten und PKH
1. An Mandant – Erläuterung Kosten 105
2. An Mandant – Belehrung PKH 106
3. AN RA – Verlangen Prozesskostenvorschuss 107

B. Außergerichtliches Mandat

I. Formalien

1. Vollmachtsformular

Vollmacht und Prozessvollmacht

Ich erteile hiermit den Rechtsanwälten *1

Vollmacht zur außergerichtlichen Vertretung und Prozessvollmacht gemäß §§ 78 und 81 ff ZPO und §§ 302, 374 StPO in Sachen *2

wegen *3

Diese Vollmacht erstreckt sich insbesondere auf folgende Befugnisse:

1. Abgabe und Annahme von Willenserklärungen (zB Kündigungen), Vertretung gegenüber betroffenen Ämtern und Behörden, auch in Kindergeldsachen.
2. Beendigung des Rechtsstreits durch Vergleich, Anerkenntnis oder Verzicht.
3. Empfangnahme von Geld, Wertsachen, Urkunden und Sicherheiten, insbesondere des Streitgegenstandes, von Kautionen, Entschädigungen und vom Gegner, der Justizkasse oder von anderen Stellen zu erstattenden Kosten oder Auslagen.
4. Entgegennahme von Zustellungen und sonstigen Mitteilungen, Einlegung und Rücknahme von Rechtsmitteln sowie Verzicht auf solche Erhebung und Rücknahme von Widerklagen.
5. Vertretung in Familiensachen gemäß § 78 ZPO vor den Familiengerichten sowie Abschluss von Vereinbarungen über Scheidungsfolgen und Stellung von Anträgen und Erteilung sowie Erholung von Renten- und sonstigen Versorgungsauskünften.
6. Vertretung in Insolvenz- oder Vergleichsverfahren über das Vermögen des Gegners und in Freigabeprozessen sowie als Nebenintervenient oder Streitverkünder.
7. Vertretung in allen Neben- und vorläufigen Verfahren wie zB einstweilige Verfügung, Kostenfestsetzung, Zwangsvollstreckung, Zwangsversteigerung, Zwangsverwaltung und Hinterlegung.
8. Verteidigung in Bußgeld- und Strafsachen in allen Instanzen, auch für den Fall der Abwesenheit sowie auch als Nebenkläger, Vertretung gemäß § 411 StPO mit ausdrücklicher Ermächtigung gemäß § 233 StPO, Vertretung in sämtlichen Strafvollzugsangelegenheiten.
9. Strafanträge zu stellen und zurückzunehmen sowie die Zustimmung gemäß §§ 153 und 153 a StPO zu erteilen.
10. Entschädigungsanträge nach dem StrEG zu stellen.

(Ort), den (Datum)   (Unterschrift)

2. Bankvollmacht außergerichtlich

38 **Vollmacht**

Ich erteile hiermit den Rechtsanwälten *1

Vollmacht zur außergerichtlichen Vertretung in der folgenden Bankangelegenheit:

Kreditinstitut *2

(wegen *3)

Diese Vollmacht erstreckt sich insbesondere auf folgende Befugnisse:

1. Erholung von Auskünften, Abrechnungen und Schriftstücken. **Das Kreditinstitut wird in vollem Umfang vom Bankgeheimnis entbunden.**
2. Grundbucheinsicht und Erholung von Grundbuchauszügen, Lageplänen und sonstigen Finanzierungsunterlagen.
3. Abgabe und Annahme von Willenserklärungen aller Art, zB Kündigungen, Kontensperrungen, Vollmachtswiderruf, Vertragsänderungen, Vertragsverlängerungen und Neufinanzierung.
4. Entgegennahme von Sicherheiten und Finanzierungsunterlagen, zB Grundschuldbriefe und Wertpapiere

(Ort), den (Datum)   (Unterschrift)?

3. Trennungsnachricht an Gegner (Hiobsbotschaft softline)

39 Ihre Ehefrau hat uns beauftragt, die anstehenden familiären Probleme zu bearbeiten. Unserer Mandantin liegt an einer vernünftigen und sachlichen Diskussion. Führen Sie bitte Schriftwechsel und Verhandlungen direkt und ausschließlich mit uns.

Die Ehe ist aus Sicht unserer Mandantin gescheitert. Sie hat deshalb die Trennung herbeigeführt, die wohl als endgültig anzusehen ist.

Die Folgen der Trennung und einer möglichen späteren Scheidung sollen möglichst außergerichtlich besprochen und geregelt werden. Teilen Sie bitte mit, ob Sie verhandlungsbereit sind. Dabei legen wir Ihnen nahe, zur Führung einer sachlichen und emotionslosen Diskussion, die sich an der Sach- und Rechtslage orientiert, eine Rechtsanwältin oder einen Rechtsanwalt mit der Wahrnehmung Ihrer Interessen zu beauftragen.

Bei Bedarf Eine auf uns lautende Originalvollmacht der Mandantin fügen wir bei.

4. Trennungsnachricht an Gegner (Hiobsbotschaft hardline)

40 Ihre Ehefrau hat uns mit der anwaltlichen Vertretung in der Ehesache beauftragt. Führen Sie Verhandlungen und Schriftwechsel bitte ausschließlich mit uns. Außergerichtliche und gerichtliche Zustellungen aller Art können und sollen wirksam an uns gerichtet werden.

Unsere Mandantin wird sich über die Rechtsfolgen des Scheiterns der Ehe richtigerweise auf keine direkten Gespräche mit Ihnen einlassen. Das bedeutet nicht, dass über die Folgen des Scheiterns der Ehe und einer denkbaren Ehescheidung nicht sinnvoll verhandelt werden kann. Wir bieten Ihnen solche Verhandlungen ausdrücklich an, legen Ihnen aber nahe, dazu im Interesse der Objektivierung und der Waffengleichheit einen Rechtsanwalt zu beauftragen.

Die Ehe ist gescheitert. Unsere Mandantin hat eine endgültige Trennung herbeigeführt. Das müssen Sie nach dem Gesetz respektieren. Insoweit hat die persönliche Freiheit unserer Mandantin völlig unabhängig vom Bestand der Ehe nach dem Gesetz absoluten Vorrang, der gerichtlich durchsetzbar ist.

Unsere Mandantin wünscht aus gutem Grunde, von Ihnen persönlich völlig in Ruhe gelassen zu werden. Das bedeutet, dass Sie unsere Mandantin weder anrufen, noch am jeweiligen Aufenthaltsort aufsuchen, noch in sonstiger Weise kontaktieren dürfen. Verstöße gegen diese Aufforderung müssten wir sofort und ohne Vorankündigung zum Gegenstand gerichtlicher Maßnahmen machen, die mit etwas Disziplin wirklich vermeidbar sind.

5. Anrufverbot mit Klageandrohung

Hinweis: Es kann auch ein Verbot ausgesprochen werden, E-Mails oder SMS zu versenden, das ist aber in der Praxis meist unklug weil auf dem Wege »Beweismittel« und Erkenntnisse gewonnen werden können.

Unsere Mandantin berichtet, dass sie trotz entgegenstehender Aufforderung laufend Anrufe von Ihnen erhält, in denen Sie bedrängt wird.

Wie mitgeteilt, hat sich unsere Mandantin entschlossen, auf Dauer von Ihnen getrennt zu leben weil sie die Ehe als gescheitert ansieht. Sämtliche Trennungs- und Scheidungsfolgen sind alleine mit uns zu diskutieren. Unsere Mandantin will damit nicht direkt konfrontiert werden, was auch logisch ist, da sie nicht rechtskundig ist.

Wir müssen Sie hierauf förmlich und unter Klageandrohung auffordern, ab sofort jegliche Telefonanrufe bei unserer Mandantin zu unterlassen.

Das gilt

- Für private Telefonanschlüsse

Bei Bedarf

- Für Telefonanschlüsse an der Arbeitsstelle, wo Sie weder mit unserer Mandantin, noch mit dem Arbeitgeber oder Arbeitskollegen Kontakt aufnehmen dürfen.

Dieses Verbot dient dem berechtigten Schutz der Privatsphäre unserer Mandantin.

Bei Bedarf Letztlich ist auch der Arbeitsplatz gefährdet.

Zuwiderhandlungen verletzen das allgemeine Persönlichkeitsrecht und würden uns veranlassen, sofort gerichtliche Maßnahmen gegen Sie einzuleiten.

Bei Bedarf Sie dürfen sicher gehen, dass unsere Mandantin Vorkehrungen trifft, die sie in die Lage versetzen, Ihre Telefonanrufe exakt zu beweisen.

II. Sorgerecht/Umgangsrecht

1. An Mandant – Hinweise elterliche Sorge

42 Nach früherem Recht musste im Scheidungsverfahren durch das Familiengericht eine Entscheidung über die elterliche Sorge nach Scheidung getroffen werden. Entweder waren sich die Eltern darüber einig, dass sie die elterliche Sorge weiterhin gemeinsam ausüben wollten, oder sie waren sich darüber einig, dass ein Elternteil künftig die elterliche Sorge allein ausüben sollte, oder jeder Elternteil beanspruchte das Recht der elterlichen Sorge für sich alleine. In allen drei Fällen musste das Familiengericht eine Entscheidung treffen.

Nach dem Kindschaftsrechtsreformgesetz zum 1.7.1998 ergeben sich folgende Neuerungen:

- Beide Elternteile behalten auch nach der Scheidung ihrer Ehe die gemeinsame elterliche Sorge, wenn sie keinen anders lautenden Sorgerechtsantrag stellen.
- Wird kein solcher Antrag gestellt, gibt es zwar die bisher zwingend vorgeschriebene Folgesache der elterlichen Sorge nicht mehr, das Gericht muss jedoch beide Ehegatten zur elterlichen Sorge anhören und auch darauf hinweisen, welche Beratungsmöglichkeiten es für die Eltern gibt.
- Wird übereinstimmend von beiden Elternteilen der Antrag gestellt, dass einem von beiden die alleinige elterliche Sorge übertragen werden soll, so muss nach dem Reformgesetz das Familiengericht ohne weitere Prüfung diesem Antrag stattgeben. Eine Ausnahme hiervon ist dann zu machen, wenn das Kind bereits 14 Jahre alt ist und der von den Eltern vorgeschlagenen Regelung widerspricht.
- Selbstverständlich steht aber immer das Kindeswohl im Vordergrund, so dass das Familiengericht die beantragte Regelung auch dann nicht treffen darf, wenn dadurch das Kindeswohl gefährdet wäre.
- Stellt ein Ehegatte den Antrag, ihm die elterliche Sorge zu übertragen und widerspricht der andere Ehegatte diesem Antrag, hat das Familiengericht zu prüfen, ob es für das Kind die günstigste Lösung ist, sowohl die gemeinsame elterliche Sorge aufzuheben als auch die alleinige elterliche Sorge auf den antragstellenden Elternteil zu übertragen. Das Familiengericht kann also nach geltendem Recht die gemeinsame elterliche Sorge bestehen lassen, wenn der antragstellende Ehegatte nicht geeignet erscheint, die elterliche Sorge alleine auszuüben und der andere Ehegatte darauf besteht, dass die gemeinsame elterliche Sorge beibehalten wird.
- Beantragt dagegen der andere Ehegatte auch einseitig, ihm die alleinige elterliche Sorge zu übertragen, dann kann nunmehr das Familiengericht beide Anträge zurückweisen, wenn es zu der Überzeugung gelangt, die gemeinsame elterliche Sorge sei die dem Wohle des Kindes besser entsprechende Lösung. Die gemeinsame elterliche Sorge kann also jetzt gegen den Wunsch beider Eltern aufrecht erhalten werden, wohingegen nach früher geltendem Recht die gemeinsame elterliche Sorge nach Scheidung überhaupt nur in Frage kam, wenn beide Ehegatten übereinstimmend beantragt hatten, ihnen diese zu belassen.
- Ebenso kann es nach neuem Recht Fälle geben, in denen das Familiengericht nach zunächst erfolgter Übertragung der alleinigen elterlichen Sorge auf einen Eltern-

teil zu einem späteren Zeitpunkt wieder die gemeinsame elterliche Sorge anordnet, wenn dazu Veranlassung besteht.
- Hinzuweisen ist an dieser Stelle aber auf eine Entscheidung des BGH vom September 1999. Der BGH stellt in dieser Entscheidung klar, dass der gemeinsamen elterlichen Sorge *nicht* der Vorzug vor der alleinigen elterlichen Sorge zu geben ist und dass die gemeinsame elterliche Sorge *nicht* zum gesetzlichen Leitbild erhoben wurde, dass also *die gemeinsame elterliche Sorge nicht die Regel* und *die alleinige elterliche Sorge nicht die Ausnahme* sein soll. Vielmehr ist nach dieser Entscheidung der alleinigen elterlichen Sorge dann der Vorzug zu geben, wenn die gemeinsame elterliche Sorge »praktisch nicht funktioniert« und es den Eltern nicht gelingt, zu gemeinsamen Entscheidungen im Interesse des Kindes zu gelangen.

Nach der gesetzlichen Neuregelung, die am 1. Juli 1998 in Kraft getreten ist, gilt ansonsten Folgendes:

- Leben die Eltern getrennt und üben sie die elterliche Sorge gemeinsam aus, müssen Entscheidungen, die für das Kind von *grundsätzlicher Bedeutung* sind (zB welche Schulausbildung gewählt werden soll, welche religiöse Erziehung das Kind erhalten soll, welche berufliche Ausbildung das Kind erfahren soll), im gegenseitigen Einvernehmen der Eltern getroffen werden. Die Eltern müssen sich also einigen. Können sie sich nicht einigen, muss Antrag beim Familiengericht gestellt werden, die Entscheidungsbefugnis einem Elternteil zu übertragen. Solche Entscheidungen des Familiengerichts können mit Beschränkungen, zB zeitlicher Begrenzung der Entscheidungsbefugnis oder mit Auflagen verbunden sein wie zB dem Gericht innerhalb einer von ihm bestimmten Frist die Einleitung bestimmter Maßnahmen nachzuweisen.
- Sind Entscheidungen über *Angelegenheiten des täglichen Lebens* zu treffen, dann trifft sie der Elternteil, bei dem sich das Kind gewöhnlich aufhält. Dieser gewöhnliche Aufenthalt bei einem Elternteil kann daraus resultieren, dass sich die Eltern entweder darauf verständigt haben oder dass der Aufenthalt des Kindes bei dem betreffenden Elternteil vom Gericht festgelegt wurde, weil sich die Eltern insoweit nicht einigen konnten. »Angelegenheiten des täglichen Lebens« beschreibt das Gesetz mit » in der Regel häufig vorkommenden Angelegenheiten, die keine schwer abzuändernden Auswirkungen auf die Entwicklung des Kindes haben«. Gemeint sind damit im schulischen Leben eines Kindes zu treffende Entscheidungen (zB Klassenfahrt, Einwendungen gegen Benotung einer Klassenarbeit) oder in der Berufsausbildung eines Kindes zu treffende Entscheidungen sowie auch Entscheidungen, die im Rahmen der gewöhnlichen medizinischen Versorgung eines Kindes zu treffen sind (zB Grippe-Impfung, Routine-Untersuchung, Arztbesuch bei gewöhnlicher Erkrankung).
- Übt der Elternteil, bei dem das Kind gewöhnlich nicht lebt, sein Umgangsrecht aus und hält sich das Kind deswegen dort auf, trifft dieser Elternteil eigenverantwortlich Entscheidungen in Angelegenheiten der *täglichen Betreuung*. Hierzu gehören Entscheidungen darüber, zB wann das Kind ins Bett gehen muss, was es zu Essen bekommt, wie lange das Kind fernsehen und welche Sendungen es ansehen darf.
- In *Notfällen*, in denen im Interesse des Kindes Entscheidungen sofort getroffen werden müssen (zB das Kind hat sich schwer verletzt und muss sofort operiert werden), hat jeder Elternteil, bei dem sich das Kind gerade aufhält, egal ob nur besuchsweise oder weil es dort seinen gewöhnlichen Aufenthalt hat, ein Notvertretungsrecht.

2. An Gegner – Vorschlag gemeinsame elterliche Sorge

43 Unsere Mandantschaft lebt von Ihnen getrennt. Die Trennung ist endgültig. Das Kind *1 befindet (Alternativ: die Kinder ... befinden) sich in der Obhut unserer Mandantschaft. Ihr Umgang mit dem Kind ist angemessen geregelt oder wird ohne Probleme gewährt.

Unsere Mandantschaft hält es für machbar, dass die elterliche Sorge auch künftig gemeinsam entsprechend den §§ 1626 I, 1627 BGB ausgeübt wird.

Das bedeutet, dass die elterliche Sorge grundsätzlich von beiden Elternteilen zusammen in gemeinsamer Verantwortung und im gegenseitigen Einvernehmen ausgeübt wird. Kommt es zu Meinungsverschiedenheiten, müssen die Eltern versuchen, sich zu einigen. Gelingt ihnen das in Angelegenheiten von erheblicher Bedeutung nicht, kann das Familiengericht auf Antrag eines Elternteils gemäß § 1628 S. 1 BGB die Entscheidungsbefugnis einem Elternteil allein übertragen.

Wir ersuchen um Mitteilung binnen 10 Tagen, gerechnet ab Briefdatum, ob hiermit Einverständnis besteht. Gegebenenfalls würde eine dementsprechende Erklärung bei nächster Gelegenheit gerichtlich protokolliert werden können. Andernfalls würde unsere Mandantschaft die alleinige elterliche Sorge beanspruchen.

3. An Gegner – Mandantin will Aufenthaltsbestimmungsrecht bei gemeinsamer SO

44 Unsere Mandantin lebt von Ihnen getrennt. Die Trennung ist endgültig. Das Kind *1 befindet sich in der Obhut unserer Mandantin. Ihr Umgang ist angemessen geregelt oder gehandhabt.

Sie möchten, dass die elterliche Sorge auch künftig gemeinsam ausgeübt wird. Damit ist unsere Mandantschaft unter der Voraussetzung einverstanden, dass ihr das Aufenthaltsbestimmungsrecht übertragen wird. Grund hierfür ist, dass *2.

Wir erwarten Mitteilung binnen 10 Tagen, gerechnet ab Briefdatum, ob hiermit Einverständnis besteht. Gegebenenfalls würde eine dementsprechende Erklärung bei nächster Gelegenheit gerichtlich protokolliert werden können. Andernfalls würde unsere Mandantschaft die alleinige elterliche Sorge beanspruchen.

4. An Gegner – Mandantin will alleinige SO

45 Unsere Mandantin lebt von Ihnen getrennt. Die Trennung ist endgültig. Das Kind *1 (Alternativ: die Kinder befinden ...) befindet sich in der Obhut unserer Mandantschaft. Ihr Umgang ist angemessen geregelt oder gehandhabt.

Unsere Mandantin beansprucht im Kindesinteresse richtigerweise die alleinige elterliche Sorge *2.

Wir werden demnächst beim zuständigen Familiengericht Antrag gem § 1671 I BGB stellen, die alleinige elterliche Sorge auf unsere Mandantin zu übertragen.

Wir fordern Sie auf, innerhalb einer Frist von 10 Tagen, gerechnet ab Briefdatum, mitzuteilen, ob sie der Übertragung der alleinigen elterlichen Sorge auf unsere Mandantin zustimmen. Gegebenenfalls teilen wir das dem Familiengericht mit und es würden sich Ausführungen darüber erübrigen, warum die Übertragung der alleinigen elterlichen Sorge auf unsere Mandantin erforderlich ist und dem Kindeswohl am besten entspricht.

5. An Mutter – Mandant will UG

Unser Mandant lebt von Ihnen getrennt. Das Kind *1 befindet (Alternativ: die Kinder ...) sich in Ihrer Obhut. Unser Mandant hat gemäß § 1684 I BGB Anspruch auf ein Umgangsrecht.

Wir schlagen deshalb eine Umgangsregelung vor, der zufolge unser Mandant das Umgangsrecht wie folgt ausübt:

a) Im vierzehntägigen Turnus von jeweils Samstag 9 Uhr bis Sonntag 18 Uhr.

b) An Weihnachten, Ostern und Pfingsten jeweils am zweiten Feiertag von 9 Uhr bis 18 Uhr.

c) In den Weihnachts-, Oster- und Pfingstferien jeweils am zweiten Feiertag von 9 Uhr bis 18 Uhr.

d) In den Weihnachts-, Oster- und Pfingstferien zusammenhängend jeweils während der *2 Ferienwoche.

e) In den Sommerferien während eines zusammenhängenden Zeitraums von zwei Wochen, wobei Ihnen dieser Zeitraum mindestens zwei Monate vor Beginn der Sommerferien von unserer Mandantschaft bekannt zu geben ist.

f) Fällt der unter a) vereinbarte Umgang wegen Erkrankung des Kindes oder aus sonstigem wichtigen Grund aus, ist unser Mandant berechtigt, den Umgang mit dem Kind am darauf folgenden bzw am nächst möglichen Wochenende nachzuholen. Der Turnus ändert sich dadurch nicht.

Wir fordern Sie auf, diesem Vorschlag binnen 10 Tagen, gerechnet ab Briefdatum, zuzustimmen. Andernfalls würden wir den Anspruch unseres Mandanten auf Regelung des Umgangs mit dem Kind gerichtlich weiterverfolgen, da kurzfristig eine Umgangsregelung getroffen werden muss, um einer Entfremdung zwischen dem Kind und unserem Mandanten entgegenzuwirken.

III. Ehewohnung/Hausrat/Familienheim

1. An Mandant – Rechtslage Mietverhältnis

Der Mietvertrag ist zwischen dem Vermieter und *beiden* Ehegatten geschlossen.

Will keiner der beiden Ehegatten die eheliche Wohnung behalten, müssen beide den Mietvertrag kündigen. Eine nur von Ihnen allein ausgesprochene Kündigung des Mietvertrages wäre womöglich eine unzulässige Teilkündigung, da der Mietvertrag von beiden Ehegatten mit dem Vermieter abgeschlossen ist.

Will Ihr Ehegatte in der Wohnung bleiben, so dass also zwischen Ihnen und Ihrem Ehegatten Einigkeit über die zukünftige Nutzung der Ehewohnung besteht, ist zu klären, ob der Vermieter mit dieser Regelung einverstanden ist. Während der Trennungszeit ist nur eine von Ihnen beiden gemeinsam mit dem Vermieter zu treffende, einvernehmliche Vertragsänderung möglich. Dagegen besteht im Rahmen eines Scheidungsverfahrens die Möglichkeit, vom Familiengericht eine Entscheidung darüber treffen zu lassen, ob der Vermieter das Mietverhältnis mit Ihrem Ehegatten fortsetzen muss. Das Gericht hat in einem solchen Fall zu prüfen, ob mit der von Ihnen beiden gewünschten Umgestaltung des Mietverhältnisses die Interessen des Vermieters noch ausreichend gewahrt sind.

Ihr Ehegatte muss während des Getrenntlebens die dann möglicherweise zu große oder auch zu teure Ehewohnung nicht aufgeben. Die Zeit des Getrenntlebens ist dafür gedacht, herauszufinden, ob die Möglichkeit besteht, die Ehe wieder aufzunehmen und fortzusetzen oder eben zu dem Entschluss zu kommen, dass die Ehe endgültig gescheitert ist. Aus diesem Grunde sollen in diesem Zeitraum die ehelichen Lebensverhältnisse nicht schon grundlegend geändert werden müssen, wie es zB bei der Aufgabe der ehelichen Wohnung aufgrund wirtschaftlicher Beengung der Fall wäre.

Kann Ihr Ehegatte, der in der Ehewohnung geblieben ist, die Miete weiterhin bezahlen, ist er dazu grundsätzlich verpflichtet, sei es, weil er dazu aus seinem Einkommen in der Lage ist, sei es, weil er infolge des von Ihnen an ihn bezahlten Unterhalts die erforderlichen Mittel aufbringen kann.

Sind Sie unterhaltsberechtigt, mindert die Mietbelastung, die Ihr Ehegatte für die Ehewohnung auch anteilig für Sie trägt, Ihren Unterhaltsbedarf, dh er wird an Sie entsprechend weniger Unterhalt bezahlen müssen.

Beachten Sie aber, dass Sie gegenüber dem Vermieter beide in der Verantwortung bleiben. Bezahlt Ihr Ehegatte, der in der Wohnung geblieben ist, keine Miete, hat der Vermieter gegen jeden von Ihnen Anspruch auf Bezahlung sogar der vollen Miete. Sie haften hierfür als Gesamtschuldner bis Sie aus dem Mietvertrag entlassen sind und müssen sich, sollten Sie wegen der vollen Miete in Anspruch genommen werden, mit Ihrem Ehegatten im Innenverhältnis auseinandersetzen. Machen Sie also nicht den Fehler, auf Zahlungsaufforderungen des Vermieters in einem solchen Fall nicht zu reagieren und es in der irrigen Annahme, die Bezahlung der Miete sei Sache des in der Wohnung verbliebenen Ehegatten, auf eine gerichtliche Auseinandersetzung mit dem Vermieter ankommen zu lassen.

Es ist im Übrigen empfehlenswert, mit Ihrem Ehegatten eine schriftliche Vereinbarung über die weitere Nutzung der Wohnung, über die Bezahlung der Nebenkosten (auch Rückstände) und über Guthaben, zB aus Nebenkostenvorauszahlungen und Kaution zu treffen. Diese Vereinbarung sollte fachkundig abgefasst werden, wofür wir gerne zur Verfügung stehen.

2. Hinweise Bruchteilsgemeinschaft

48 Sie sind neben Ihrem Ehegatten Miteigentümer zu 1/2 einer Immobilie. Insoweit besteht eine so genannte Bruchteilsgemeinschaft oder Miteigentümergemeinschaft. Diese hat im Grundsatz mit der Ehe und den güterrechtlichen Fragen nichts zu tun und wird durch diese nicht beeinflusst. Das gilt auch im gesetzlichen Güterstand der Zugewinngemeinschaft, der nach deutschem Recht immer dann gilt, wenn kein abweichender notarieller Ehevertrag errichtet wurde. Die rechtlichen Regeln über das Miteigentum haben also im Grundsatz Vorrang.

Die Miteigentümergemeinschaft endet auch nicht automatisch mit der Ehe. Spätestens nach Rechtskraft der Scheidung kann aber jeder Miteigentümer die Verwertung der Immobilie durch Zwangsversteigerung nach den Vorschriften des Zwangsversteigerungsgesetzes (ZVG) einleiten. Jeder Miteigentümer und jeder Fremde können mitsteigern. Wer am meisten bietet, bekommt den Zuschlag. Das Verfahren ist stark risikobehaftet, im Extremfall muss der Ersteiger zunächst den vollen Versteigerungspreis finanzieren und dann um die Auseinandersetzung des Erlöses streiten. Nach § 180 III, IV ZVG kann das Vollstreckungsgericht übrigens auf Antrag eines Miteigentümers die Zwangsversteigerung auf bis zu fünf Jahre einstellen, wenn das zur Abwendung einer ernsthaften Gefährdung des Wohls eines gemeinschaftlichen Kindes erforderlich ist.

Die Miteigentümergemeinschaft kann selbstverständlich jederzeit durch Vertrag beendet oder geregelt werden. Alle Grundstücksgeschäfte, die das Eigentum verändern oder dinglich belasten, sind nur wirksam, wenn sie gerichtlich oder notariell beurkundet werden. Privatschriftliche Urkunden haben insoweit keine Rechtswirkungen, was auch für Vorverträge gilt. Benutzungsregelungen und Verwaltungsregelungen lassen sich allerdings privatschriftlich wirksam treffen.

Bisher befasste sich dieses Schreiben mit den grundlegenden rechtlichen Gegebenheiten. Diese können aber auf familienrechtliche Fragen ausstrahlen und sich mit diesen überlagern. Einmal kann die selbst bewohnte Immobilie als Ehewohnung besonderen rechtlichen Bindungen unterliegen. Zum anderen können sich unterhaltsrechtliche Auswirkungen ergeben. Insoweit kommt es darauf an, welcher Ehegatte nach der vollständigen räumlichen Trennung (oder bei Getrenntleben innerhalb der Immobilie schon davor)

- welche Erlöse vereinnahmt (zB Miete einer Einliegerwohnung).
- welchen Nutzungswert oder Wohnvorteil zieht. Das muss unterhaltsrechtlich vor allem in der Trennungsphase nicht der objektive Mietwert (vermindert um eigentumsbezogenen Aufwand) sein, sondern kann je nach Einkommens- und Unterhaltslage ein geringerer angemessener Betrag sein.
- welchen Zins- und Tilgungsaufwand trägt. Ein Sonderproblem ist die Tilgung, die ja hälftig das Vermögen der Ehegatten – Miteigentümer erhöht.
- welche sonstigen eigentumsbezogenen Kosten trägt, zB Grundsteuer, Reparaturen, Hausversicherungen. Nicht zu den eigentumsbezogenen Kosten zählen verbrauchsabhängige Kosten (zB für Wasser, Kanal, Energie, Müllabfuhr), die der privaten Lebensführung zugerechnet und normalerweise auf einen Mieter übergewälzt werden.

Wohnvorteil und Immobilienaufwand werfen in der unterhaltsrechtlichen Praxis erhebliche Probleme auf. Sie bestimmen die ehelichen Lebensverhältnisse mit. Deren Prägung kann aber sehr langfristige Bedeutung auch für den nachehelichen Unterhalt haben.

Bei höherer Fremdfinanzierung kann unterhaltsrechtlich unter Umständen ein negativer Wohnwert entstehen, hauptsächlich in der Trennungsphase, was sich auf das Einkommen und damit auf die Höhe des Unterhalts ebenso negativ auswirken kann.

Soweit die Immobilie selbst genutzt und subventioniert ist, zB nach dem seit 1. 1. 1996 geltenden Eigenheimzulagegesetz, können sich durch dauernde Trennung und Ehescheidung auch auf diesem Gebiet erhebliche Nachteile ergeben, die eine frühe rechtliche Prüfung und unter Umständen rechtzeitige vertragliche Gestaltung erfordern. In manchen Fällen lässt sich Schaden nur abwenden, wenn die Übernahme der Immobilie durch einen Ehegatten noch in dem Jahr beurkundet wird, in dem das dauernde Getrenntleben im Sinne des Steuerrechts beginnt.

3. An Gegner – Nutzungsentschädigung

49   Unsere Mandantin und Sie sind Miteigentümer zu je 1/2 des Anwesens *1.

Unsere Mandantin ist am *2 aus diesem Anwesen ausgezogen und lebt seither von Ihnen getrennt. Sie nutzen dieses Anwesen seit dem Auszug unserer Mandantin alleine.

Wir machen hiermit für unsere Mandantin gemäß § 743 BGB beginnend ab *3 folgende monatliche Nutzungsentschädigung geltend:

Mietwert des Hauses	*4
Abzüglich monatliche Lasten	*5
Abzüglich verbrauchsunabhängige Nebenkosten	*6
Verbleiben	*7
Hiervon 50 %	*8

Wir fordern Sie auf, diesen Betrag ab dem oben genannten Zeitpunkt jeweils monatlich bis zum dritten Werktag eines jeden Monats an unsere Mandantin zu zahlen.

Grundlage dieser Bezifferung ist, dass Sie sämtliche Lasten und Nebenkosten des Anwesens alleine und direkt tragen, wie oben vorauskalkuliert.

4. Verwaltung Mietobjekt

50   Vertreten wir Ihren Ehemann, von dem Sie getrennt leben. Unser Mandant besteht darauf, dass die Immobilien- Miteigentümergemeinschaft als Vermietungsgemeinschaft ab sofort wie unter Fremden abgerechnet wird und alle Maßnahmen nur noch gemeinsam erfolgen.

Kein Ehegatte darf einseitig Mieten vereinnahmen. Sämtliche Einnahmen und Ausgaben haben ab sofort über ein gesondertes gemeinsames Konto zu erfolgen, über das die Miteigentümer nur gemeinsam verfügen können. Unser Mandant ist bereit, daran ordnungsgemäß mitzuwirken. Es wird vorgeschlagen, dass Sie das neue Konto in Form eines Und-Kontos eröffnen und bezeichnen. Unser Mandant wird dann bei der Bank unterzeichnen. Zugleich möge Ihre Mandantin sofort den Mieter/die Mieter über die neue Bankverbindung in Schriftform informieren und Kopie zur Verfügung stellen. Wahlweise ist er bereit, Ihr Schreiben gegen zu zeichnen und an den Mieter/die Mieter weiter zu leiten. Auch alle objektbezogenen Ausgaben gehören unbar über das Konto abgewickelt.

Über Überschüsse auf dem Konto wird periodisch zu beschließen sein, sicher im Sinne der Auszahlung nach den Eigentumsquoten. Etwaige Unterdeckungen müssen im Gegenzug quotenmäßig eingezahlt werden.

Bei Bedarf Sämtliche Belege sind in Ihren Händen. Unser Mandant verlangt sofortige Einsicht in die Mietverträge und alle Wohnungsbelege für die Zeit ab *1.

Eine gesonderte Gewinnfeststellung der Miteigentümergemeinschaft wird wegen des dauernden Getrenntlebens (der Ehescheidung) steuertechnisch ab *2 erforderlich sein. Hierzu verschafft die verlangte Zahlungs- und Abrechnungsweise klare und übersichtliche Grundlagen.

Sollten Sie dem Verlangen nicht bis zum *3 vollständig nachkommen, werden wir an die Mieter herantreten, bei denen dann so genannte Gläubigerunsicherheit besteht, so dass sie die Miete zur Vermeidung von Risiken bei Gericht hinterlegen dürfen. All diese Maßnahmen verursachen aber Kosten und Zinsverluste, die unser Mandant auf Sie überwälzen würde.

5. Ermahnung Hausrat

Vertreten wir Ihren Ehemann, von dem Sie getrennt leben. 51

In Ihrem Besitz befindet sich der gesamte (überwiegende) eheliche Hausrat.

Zum Hausrat gehören die vollständige Möblierung der Ehewohnung, aber auch Gardinen, Leuchten, Teppiche. Ebenso technisches Inventar, wie insbesondere Waschmaschine, Wäschetrockner, Fernsehgeräte, Musikanlagen, Küchenausstattung und Werkzeug.

Vorab werden Sie vorsorglich darauf hingewiesen, dass Sie keinerlei Verfügungen über Hausratsgegenstände treffen dürfen, denen nicht schriftlich zugestimmt ist. Es darf also nichts verkauft, verschenkt oder entsorgt werden.

Es wird Auskunft binnen Wochenfrist ab Briefdatum verlangt, ob und welche Verfügungen Sie eventuell schon getroffen haben, mit genauer Angabe von Namen und Adressen des Übernehmers bzw der Übernehmer.

Bei Bedarf Unserem Mandanten ist zu Ohren gekommen, dass Sie Hausratsgegenstände veräußern wollen oder das schon getan haben. Solche Verfügungen sind im gesetzlichen Güterstand der Zugewinngemeinschaft gemäß § 1369 I BGB absolut rechtswidrig und auch unwirksam. Der beeinträchtigte Ehegatte kann gegen den Übernehmer vorgehen und erforderlichenfalls Klage auf Rückgabe der Gegenstände an die Eheleute erheben.

IV. Unterhalt

1. Allgemeines (Auskunft/Abänderung)

a) An Gegner – umfassendes Auskunftsverlangen universell[1]

A. Auskunftsverlangen 52

Zur Klärung der offenen Unterhaltsfragen ist genaue Kenntnis über Ihre wirtschaftliche Lage erforderlich, so dass wie Sie auffordern, innerhalb von **zwei Wochen** ab Datum dieses Schreibens hier eingehend spezifizierte **Auskunft** zu erteilen über:

I. Ihr **Einkommen** im Inland und Ausland gemäß den folgenden Hinweisen **und**

---

[1] Das Formular umfasst die gängigen Einkommensquellen. Es kann sinnvoll sein, zweifelsfrei nicht betroffene Teile wegzulassen, speziell diejenigen für Selbständige

II. Ihr aktuelles **Vermögen** bezüglich aller vermögenswerten Gegenstände privater oder betrieblicher Art, insbesondere über Sparguthaben, Geldforderungen, Wertpapiere, Aktien, Bausparverträge, Kapitallebensversicherungen und Immobilien.

B. Einkommensauskunft

I. Sie ist auf das Einkommen im weitesten Sinne zu erstrecken, und zwar insbesondere auf

1. Einkommen aus allen **sieben Einkunftsarten** im Sinne des Einkommensteuergesetzes, also Einkünfte aus nichtselbständiger Arbeit, selbständiger Arbeit, Gewerbe, Land- und Forstwirtschaft, Kapital, Vermietung und Verpachtung und sonstige Einkünfte, zu denen auch bestimmte Renten (speziell gesetzliche Renten) gehören.

2. Andere einmalige oder wiederkehrende Leistungen oder Bezüge, die üblicherweise den Lebensbedarf decken können, sowie im Zusammenhang damit berücksichtigungsfähiger Aufwand, insbesondere

2.1. Einkommensteuerrechtlich dem Progressionsvorbehalt[2] unterliegende Lohnersatzleistungen, zB Arbeitslosengeld, Krankengeld, Insolvenzgeld, Übergangsgeld, Unterhaltsgeld, Mutterschaftsgeld ua

2.2. Andere Leistungen öffentlicher oder privater Träger, zB Bafög

2.3. Steuerfreie Leistungen, zB die Eigenheimzulage samt Zuschlägen

2.4. Sozialleistungen, wie Erziehungsgeld, Wohngeld, Pflegegeld, unabhängig von der unterhaltsrechtlichen Auswirkung

2.5. Erstattete und nachbezahlte (je auch im Wege der Verrechnung) Einkommensteuer und Zuschläge dazu, wie Solidaritätszuschlag und ggf. Kirchensteuer

2.6. Persönlich getragener Aufwand für die soziale Sicherung (Altersvorsorge, Kranken- und Pflegevorsorge, Sicherung gegen Berufs- und Erwerbsunfähigkeit und Arbeitslosigkeit) unter Angabe von Rückvergütungen und Zuschüssen Dritter.

2.7. Der um rein eigentumsbezogene Kosten bereinigte Nutzungswert aus einer selbst bewohnten eigenen Immobilie, auch soweit nur Miteigentum oder ein anderes Recht besteht, zB in Form eines Wohnungsrechtes oder Nießbrauches. Hierzu genügt die Bezeichnung und Beschreibung der Wohnung mit Angabe der Wohn- und Nutzflächen, ggf auch Grundstücksfläche.

2.8. Möglicher Aufwand für angemessene berücksichtigungsfähige Schuldraten,[3] zu deren Maßgeblichkeit mit dieser Anfrage noch keine Aussage getroffen ist.

II. Beim Erwerbseinkommen aus **nichtselbständiger Arbeit** ist die Auskunft zu erstrecken

1. Auf der Einnahmeseite

1.1. auf lohnsteuerpflichtige laufende oder einmalige Bruttobezüge einschließlich aller Zulagen, Zuschläge (auch für Überstunden), Sonderleistungen,

---

[2] Geregelt in 32 b EStG
[3] Wegen 93 d ZPO ist es sinnvoll gleich danach zu fragen, siehe OLG Köln, FamRZ 2000, 622

Urlaubsgeld, Weihnachtsgeld, Gratifikationen, Tantiemen, Gewinnbeteiligungen, Erfolgsprämien, Provisionen, Jubiläumsleistungen, Erfindervergütungen, geldwerte Vorteile (zB Privatnutzung des Dienstfahrzeuges) Abfindungen und Zuwendungen für die Vermögensbildung

1.2. auf steuerfreie Leistungen, zB Zuschläge für Nachtarbeit, Sonntagsarbeit und Feiertagsarbeit, Auslösen, Verpflegungspauschalen, Vergütungen für doppelte Haushaltsführung und andere Spesen sowie Arbeitgeberzuschüsse zu freiwilliger Krankenversicherung und Pflegeversicherung

2. Auf der Ausgabeseite

2.1. auf gesetzlich einbehaltene Lohnsteuer samt Zuschlägen unter Angabe der verwendeten Steuerklasse und steuerlicher Freibeträge sowie auf einbehaltene Arbeitnehmeranteile zur gesetzlichen Sozialversicherung sowie auf je hierauf erstattete Beträge

2.2. Insoweit muss die Auskunft insgesamt die abgeschlossenen letzten zwölf Kalendermonate umfassen und in Form eines spezifizierten Verzeichnisses erteilt werden. Darin sind die einzelnen Einnahme- und Abzugsbeträge je detailliert als gesonderte Posten zu erfassen und eine spezifizierte Darlegung etwaiger konkreter Werbungskosten, die die üblichen pauschalierten berufsbedingten Aufwendungen etwa überschreiten, enthalten.

III. Bei den **übrigen Einkunftsarten** muss die Auskunft, soweit eine Ausnahme nicht vermerkt ist, einen längeren Zeitraum, nämlich zunächst der letzten drei abgeschlossenen Kalenderjahre umfassen. Insoweit sind nach Jahren getrennte spezifizierte und nach Objekten getrennte und geordnete Angaben nötig

1. Bei Einkünften aus **Kapital** über den gesamten Kapitalertrag und Kursgewinne, speziell über alle Zins- und Dividendengutschriften und Ausschüttungen. Einzubeziehen sind dazugehörige Werbungskosten und einbehaltene und gutgeschriebene inländische (zB Kapitalertragsteuer samt Zuschlägen) und ausländische Steuern.

2. Bei Einkünften aus **Vermietung und Verpachtung** über alle Einnahmen (auch Nebenkostenerstattungen durch Mieter), Erlöse oder Finanzierungszuschüsse und gesondert über dazugehörige steuerliche Werbungskosten unter gesonderter Angabe der Gebäudeabschreibung. Der Aufwand für Grundsteuer, Hausversicherungen, fremde Verwaltungskosten, Reparaturen, Wartung, Müllabfuhr, Kanal- und Wassergebühren, Kaminkehrer, Straßenreinigung, sonstige Abgaben, Kreditzinsen und Tilgungsleistungen für Kredite ist je spezifiziert anzugeben.

3. Bei **Renten** über die ausbezahlten Nettorenten in den letzten zwölf abgeschlossenen Monaten unter Darlegung der Zuschüsse zur Kranken- und Pflegeversicherung sowie der etwaigen Abzugsbeträge hierfür.

4. Bei Einkünften aus **selbständiger Arbeit** (insbesondere aus freiberuflicher Tätigkeit), **Gewerbe** oder **Land- und Forstwirtschaft** ist die Auskunft über den Gewinn, die Privatentnahmen und die Privateinlagen der letzten drei beendeten Kalenderjahre zu erteilen.

C. Belegvorlage

Die Auskunft über das Einkommen ist nach dem Gesetz für den jeweiligen gesamten Auskunftszeitraum lückenlos und aussagekräftig zu belegen, wozu insbesondere folgende Belege verlangt werden

I. Allgemein (zu Abschnitt B I)

1. Belege (auch Bescheide und Abrechnungen) über alle Einnahmen und Ausgaben, auch für Sozialaufwand

2. Die letzte abgegebene Einkommensteuererklärung mit allen amtlichen Anlagen (zB Anlagen N, KAP, SO, GSE, V, je soweit betroffen) und alle dazugehörigen Steuerbescheide samt eventueller Berichtigungsbescheide

3. Soweit die letzte abgegebene Einkommensteuererklärung nicht verbeschieden ist, wird diese sowie in gleichem Umfang die des vorherigen Veranlagungszeitraumes mit dazu ergangenen Steuerbescheiden verlangt

4. Soweit Einkünfte in anderen Einkunftsarten als nichtselbständige Arbeit betroffen sind, werden abweichend von vorstehender Ziffer 2. und unbeschadet Ziffer 3. zusammenhängend die letzten drei abgegebenen Einkommensteuererklärungen mit allen Anlagen und dazu ergangenen Steuerbescheiden verlangt

II. Speziell

1. Zum Einkommen aus nichtselbständiger Arbeit (oben B.II.)

1.1. Detaillierte Lohn- Gehalts- oder Bezügeabrechnungen

1.2. Abrechnungen über Spesen und andere Nebenleistungen

1.3. Soweit betroffen, Provisionsabrechnungen

1.4. Die vom Arbeitgeber oder Dienstherrn erteilte Jahreslohnsteuerbescheinigung

2. Zum Einkommen aus Kapital (oben B.III.1.)

2.1. Abrechnungen, Gutschriften und Ausschüttungsbescheinigungen über den Kapitalertrag, speziell Zinsen, Dividenden, Ausschüttungen aus GmbHs

2.2. Jahresbescheinigungen über einbehaltene inländische und ausländische Steuern

2.3. Bei Beteiligung an einer GmbH, auch in mittelbarer Form, die vollständigen Jahresabschlüsse mit allen gesetzlichen Anlagen sowie Bescheinigungen und Abrechnungen über ausgeschüttete Gewinne

3. Zum Einkommen aus Vermietung und Verpachtung (oben B.III.2.)

3.1. Spezifizierte Abrechnungen oder Journale über alle Einnahmen und Ausgaben

3.2. Die Anlagen V zu den Einkommensteuererklärungen oder Gemeinschaftserklärungen

3.3. Beim Finanzamt eingereichte Anlagen, Übersichten und Erläuterungen zu den Anlagen V

4. Zum Renteneinkommen (oben B.III.3.)

4.1. Die Rentenbescheide oder Bewilligungsschreiben

4.2. Die letzte Rentenanpassungsmitteilung

4.3. Rentenabrechnungen unter Einbeziehung von Zuschüssen und Abzügen für die Kranken- und Pflegeversicherung

5. Zum Einkommen aus selbständiger Arbeit, Gewerbe oder Land- und Forstwirtschaft (oben B.III.4.)

5.1. Vollständige Jahresabschlüsse mit allen gesetzlichen Anlagen, speziell detaillierte Verzeichnisse über das betriebliche Anlagevermögen und dessen steuerliche Abschreibung

5.2. Bei Gesellschaften oder Mitunternehmerschaften die steuerlichen Gewinnerklärungen mit allen Anlagen einschließlich vollständiger Jahresabschlüsse

5.3. Etwa vorliegende Berichte über steuerliche Außenprüfungen, die im Auskunftszeitraum ergangen sind oder diesen betreffen

Soweit betroffen, die Umsatzsteuervoranmeldungen sowie die Umsatzsteuererklärungen und Steuerbescheide dazu.

b) An Gegner – Auskunftsverlangen kurz

Zur Klärung der offenen Unterhaltsfragen ist genaue Kenntnis über Ihre wirtschaftliche Lage erforderlich, so dass wir Sie auftragsgemäß auffordern, innerhalb von **zwei Wochen** ab Datum dieses Schreibens hier eingehend spezifizierte **Auskunft** über Ihr gesamtes Einkommen aus sämtlichen Einnahmequellen und über ihr aktuelles Vermögen durch Vorlage eines spezifizierten Vermögensverzeichnisses (zum *1) zu erteilen.

Nichtselbständige

Es ist insbesondere Auskunft über das Erwerbseinkommen im Zeitraum vom *2 bis zum *3 durch Vorlage eines spezifizierten und nach Monaten systematisch geordneten Verzeichnisses zu erteilen. Darin sind das gesamte lohnsteuerpflichtige und nicht lohnsteuerpflichtige, laufende oder einmalige Arbeitsentgelt einschließlich aller Zulagen, Zuschläge, Sonderleistungen, geldwerter Vorteile (auch Privatnutzung eines Dienstwagens) sowie Auslösen und Spesen und auf der Ausgabeseite je als gesonderte Posten die einzelnen steuerlichen Abzugsbeträge unter Angabe der verwendeten Steuerklasse und steuerlicher Freibeträge sowie die einzelnen Abzugsbeträge (Arbeitnehmeranteile) für die gesetzliche Sozialversicherung anzugeben.

Zur Einkommensauskunft wird die Vorlage folgender gut lesbarer und vollständiger Belege verlangt:

- Die abgegebene Einkommensteuererklärung für das Jahr *4 (ersatzweise die letzte beim Finanzamt eingereichte Einkommensteuererklärung) mit allen amtlichen Anlagen und alle dazu ergangenen Steuerbescheide samt eventueller Berichtigungsbescheide.
- Detaillierte Gehalts- oder Bezügeabrechnungen für obigen Zeitraum.
- Ebenso soweit betroffen Abrechnungen über Spesen und Auslösen.

Ein Verzicht auf weitergehende Auskunftsansprüche samt Belegvorlage ist damit nicht verbunden.

Selbständige

Da Sie Einkünfte aus selbständiger Arbeit oder Gewerbe erzielen, ist die Auskunft darüber für einen längeren Zeitraum zu erteilen, und zwar zunächst für die drei Jahre *5 bis *6. Zur Auskunft gehören umfassende und aussagekräftige Belege in Form der vollständigen Jahresabschlüsse mit allen gesetzlichen Anlagen, auch Verzeichnisse über das Anlagevermögen samt geringwertigen Wirtschaftsgütern und deren Abschreibung. Verlangt werden weiter die letzten drei abgegebenen Einkommensteuererklärungen mit allen steuerlich erforderlichen Anlagen, sowie die dazu ergangenen Einkommensteuerbescheide samt etwaiger Änderungsbescheide.

c) Keine Auskunft wegen Höchstunterhalt (UK)[4]

54 Unter Vollmachtsvorlage zeigen wir die Vertretung von Herrn *1 an und teilen zu Ihrem Schreiben vom *2 Folgendes mit:

Unser Mandant erkennt an, rückwirkend und künftig für das Kind *3 monatlichen Unterhalt jeweils entsprechend der höchsten Einkommensgruppe der jeweiligen Düsseldorfer Tabelle und der jeweiligen Altersgruppe des Kindes zu schulden. Er ist auf Verlangen auch bereit, diese Verpflichtung titulieren zu lassen.

Damit erübrigt sich Auskunftserteilung unseres Mandanten; denn nach der Rechtsprechung des BGH muss der Unterhaltsberechtigte, wenn Unterhalt jenseits der in der Düsseldorfer Tabelle zum Ausdruck kommenden allgemeinen richterlichen Erfahrungswerte begehrt wird, seinen Bedarf konkret darlegen und beweisen (BGH FamRZ 2000, 358 = FuR 2000, 216 = EzFamR BGB § 1610 Nr 29), was bisher nicht geschehen ist.

---

4 Betrifft nur Auskunft/Kindesunterhalt

Allgemeines (Auskunft/Abänderung)   B. Außergerichtliches Mandat

d)   Tabellarisches Verzeichnis für die Auskunftserteilung (Arbeitnehmer/Beamte)

Datum	Betroffener													
Spalte	1	2	3	4	5	6	7	8	9	10	11	12	13	14
Betreff	Brutto 1	Brutto 2	Brutto Summe	Steuerabzugsbeträge				Arbeitnehmeranteile Sozialversicherung						Netto
				LSt	SolZ	KiSt		KrankenV	PflegeV	RentenV	ArblV			
Monat 1														
Monat 2														
Monat 3														
Monat 4														
Monat 5														
Monat 6														
Monat 7														
Monat 8														
Monat 9														
Monat 10														
Monat 11														
Monat 12														
Summen														

55

e) An Gegner – Teilablehnung Unterhalt + Anerkenntnis PV

56 Wir nehmen Bezug auf Ihr Schreiben vom *1. Sie fordern von unserer Mandantschaft monatlichen Unterhalt von *2. Die Unterhaltsberechnung trifft nicht zu. Unsere Mandantschaft schuldet nur Unterhalt in folgender Höhe:

*3.

In dieser Höhe wird der Unterhaltsanspruch anerkannt. Im Übrigen weisen wir die gegen unsere Mandantschaft erhobene Unterhaltsforderung zurück.

Sie haben ferner von unserer Mandantschaft Bezahlung von Prozesskostenvorschuss gefordert.

Alternative 1
Dieser ist abzulehnen, da unter Berücksichtigung der zutreffenden wirtschaftlichen Lage überzogener und unberechtigter Unterhalt begehrt wird.

Alternative 2
Grundsätzlich schuldet unsere Mandantschaft Prozesskostenvorschuss. Infolge der Tatsache, dass ein Teil des geforderten Unterhalts freiwillig bezahlt wird, ist Prozesskostenvorschuss nur noch in folgender Höhe geschuldet:

Voraussichtlicher Streitwert des Verfahrens

Streitiger monatlicher Unterhalt × 12 Monate	*4
Zuzüglich streitiger Rückstand für die Monate *5	*6
Gesamt	*7
Gerichtskostenvorschuss drei Gebühren	*8
2,5 Rechtsanwaltsgebühren gem VV zum RVG[5]	*9
Telekommunikation, Porto usw gem 7002 VV zum RVG	*10
Gesamt	*11

Diesen Betrag wird unsere Mandantschaft fristgemäß zur Verfügung stellen.

Wir weisen darauf hin, dass uns Prozessvollmacht erteilt wurde für den Fall, dass Ihre Partei vermeintlich weitergehende Ansprüche gegen unsere Mandantschaft gerichtlich geltend machen wird.

2. Kindesunterhalt

a) An Gegner – Forderung UK

57 Die Auswertung Ihrer Einkommensnachweise hat ergeben, dass Ihr durchschnittliches monatliches unterhaltsrechtliches Nettoeinkommen *1 € beträgt. Damit ist der Kindesunterhalt unter Berücksichtigung des Einkommens und der Anzahl der Unterhaltsberechtigten aus der Gruppe *2 der Düsseldorfer Tabelle, Stand *3 zu ermitteln.

---

[5] 1,3 Verfahrensgebühr VV 3100 zum RVG + 1,2 Terminsgebühr VV 3104 zum RVG (Rechtsanwaltsvergütungsgesetz)

Es ergeben sich folgende monatliche Unterhaltsansprüche; zahlbar zu Händen der Mutter:

Kind *4, geb. *5	*6
Abzüglich des nach § 1612 b BGB anrechenbaren staatlichen Kindergeldes	*7
Ergibt Unterhaltsanspruch	*8
Kind *9, geb. *10	*11
Abzüglich des nach § 1612 b BGB anrechenbaren staatlichen Kindergeldes	*12
Ergibt Unterhaltsanspruch	*13

Wir fordern Sie auf,

- rückständigen Unterhalt für die Monate *14 in Höhe von *15 innerhalb einer Frist von 14 Tagen, gerechnet ab Datum dieses Briefes, auf das Konto unserer Mandantschaft *16 zu überweisen (der Unterhaltsrückstand muss innerhalb dieser Frist auf dem Bankkonto gutgeschrieben sein),
- künftig monatlich im Voraus an unsere Mandantschaft Unterhalt wie folgt zu bezahlen
  - für das Kind *17 in Höhe von *18 % des jeweiligen Regelbetrags der jeweiligen Altersstufe nach § 1 der Regelbetrag-Verordnung der Bundesrepublik Deutschland (RBVO) abzüglich des nach § 1612 b BGB anrechenbaren Kindergeldes, derzeit abzüglich *19,
  - für das Kind *20 in Höhe von *21 % des jeweiligen Regelbetrags der jeweiligen Altersstufe nach § 1 der RBVO abzüglich des nach § 1612 b BGB anrechenbaren Kindergeldes, derzeit abzüglich *22,
- binnen 14 Tagen, gerechnet ab Briefdatum, vollstreckbare Titel über den geschuldeten Unterhalt vorzulegen. Bezüglich Kindesunterhalts können beim Jugendamt Jugendamtsurkunden gem § 59 I Nr 3 SGB VIII errichtet werden. Die erforderlichen vollstreckbaren Ausfertigungen werden vom Jugendamt erteilt – § 60 SGB VIII. Die Erstellung der Urkunden ist kostenlos – § 91 VII SGB VIII.

Sollten Sie diesen Aufforderungen nicht fristgemäß nachkommen, würden wir Unterhaltsklage gegen Sie erheben.

b) An Gegner – er soll Titel errichten

Sie bezahlen zwar den geforderten Unterhalt für *1. Trotzdem hat unsere Mandantschaft Anspruch darauf, dass der Kindesunterhalt tituliert wird (BGH FamRZ 1998, 1165).

Es wird dynamische Titulierung mit *2 % des jeweiligen Regelbetrages nach § *3 [6] der Regelbetrag-Verordnung der BRD für die jeweilige in § 1612 a III BGB geregelte Altersgruppe verlangt. In die Urkunde kann selbstverständlich aufgenommen werden, dass Kindergeld für das Kind gesetzlich verrechenbar ist. Die Verrechnung kann auch konkret mit der Formel nach § 1612 b V BGB geregelt werden.

---

6 § 1 in den alten Bundesländern; § 2 im Beitrittsgebiet; Neuregelung ist für 2007 zu erwarten

Bezüglich Kindesunterhalts können beim Jugendamt[7] kostenlos[8] vollstreckbare Unterhaltsurkunden gem § 59 I Satz 1 Nr 3 SGB VIII errichtet werden, sofern das Kind am Beurkundungstag noch nicht das 21. Lebensjahr vollendet hat. Die erforderliche vollstreckbare Ausfertigung wird vom Jugendamt erteilt – § 60 SGB VIII.

Wir fordern Sie deshalb auf, binnen 14 Tagen, gerechnet ab Datum dieses Briefes, vollstreckbare Urkunde über Ihre Unterhaltsverpflichtung vorzulegen, andernfalls wir Unterhaltsklage erheben werden. Die gesamten Kosten eines solchen Verfahrens gingen trotz pünktlicher und vollständiger Unterhaltszahlung zu Ihren Lasten.

Nach Geschmack

Sollten Sie obige Frist wegen Überlastung des Jugendamts nicht einhalten können, mag das kurz mit Hinweis mitgeteilt werden, an welchem Tag die Beurkundung durchgeführt wird.

c) An Mandant – er soll Titel errichten

59   Sie bezahlen zwar regelmäßig und pünktlich den geforderten Kindesunterhalt. Trotzdem hat die Gegenseite Anspruch darauf, dass der Kindesunterhalt tituliert wird (BGH FamRZ 1998, 1165). Das bedeutet, dass der Gegenseite die vollstreckbare Ausfertigung einer Urkunde vorgelegt werden muss, in der Sie sich wegen des Kindesunterhaltes unter die Zwangsvollstreckung unterwerfen. Im Falle des Zahlungsverzuges könnte die Gegenseite dann jederzeit aus der Urkunde die Zwangsvollstreckung betreiben und beispielsweise Ihr Bankkonto und Ihre laufenden Einnahmen pfänden lassen.

Ein solcher Vollstreckungstitel kann gemäß § 59 I Satz 1 Nr 3 SGB VIII für Kinder, die am Beurkundungstag das 21. Lebensjahr noch nicht vollendet haben bei einem Jugendamt errichtet werden. Die erforderliche vollstreckbare Ausfertigung wird vom Jugendamt erteilt – § 60 SGB VIII. Die Erstellung der Urkunde ist kostenlos – § 91 VII SGB VIII.

Wir empfehlen daher, die vollstreckbare Urkunde über den Kindesunterhalt umgehend zu errichten. Es droht sonst ein vermeidbarer Prozess, der Ihnen trotz laufender Unterhaltszahlung ebenso unnötige wie wesentliche Kosten verursachen würde. Die Höhe des zu titulierenden Unterhalts gehört natürlich sorgfältig unter Berücksichtigung Ihrer konkreten Einkommens- und Unterhaltssituation abgestimmt.

Die Gegenseite hat Anspruch auf einen so genannten dynamischen Unterhaltstitel, der den Unterhalt abhängig von der Altersgruppe des Kindes in Prozent des Regelbetrages nach der Regelbetrag-Verordnung festlegt. Sie sollten den Titel bis zur Vollendung des 18. Lebensjahres des Kindes beschränken, damit dann etwa noch bestehende Unterhaltsansprüche, die ganz anderen rechtlichen Regeln folgen, neu bestimmt werden können. Im Zweifel sollten Sie den zu errichtenden Titel genau mit uns abstimmen.

Eine spätere Herabsetzung des titulierten Unterhalts ist nicht ohne weiteres zu erlangen, es ist also Sorgfalt geboten.

Sollte die von der Gegenseite gesetzte Frist aus Terminschwierigkeiten heraus nicht eingehalten werden können, dann vereinbaren Sie bitte den Beurkundungstermin so

---

7 Das ist nicht ortsgebunden und zB auch am Arbeitsort möglich
8 § 91 VII SGB VIII

früh wie möglich und teilen Sie ihn uns mit, damit wir der Gegenseite eine entsprechende Zwischennachricht geben können.

d) An Mandant = Vater – er soll der Mutter das Kindergeld lassen

Beim Kindesunterhalt Minderjähriger ist das auf das jeweilige Kind entfallende Kindergeld gem § 1612 b BGB grundsätzlich hälftig zu berücksichtigen.

60

Solange Sie Kindergeld beziehen, ist neben dem für Ihr jeweiliges Kind nach der Düsseldorfer Tabelle geschuldeten Unterhalt (Tabellenbetrag) die Hälfte des (jeweils auf das Kind konkret entfallenden) staatlichen Kindergeldes zusätzlich zu bezahlen.

Sobald Ihre Ehefrau das Kindergeld bezieht, ist vom Tabellenbetrag die Hälfte des auf das Kind konkret entfallenden Kindergeldes abzuziehen. Die Anrechnung unterbleibt allerdings nach der seit 1. 1. 2001 geltenden Regelung in § 1612 b V BGB, soweit der Unterhalt (Tabellenbetrag) 135 % des jeweiligen Regelbetrages unterschreitet.

Das staatliche Kindergeld kann nur einem Elternteil gewährt werden. Ab Trennung der Eltern ist derjenige Elternteil bevorrechtigt bezugsberechtigt, der das Kind in seinen Haushalt aufgenommen hat. Das staatliche Kindergeld kann auf Antrag Ihrer Ehefrau rückwirkend ab Trennung an diese nachbezahlt werden mit der rechtlichen Konsequenz, dass die Familienkasse den Gesamtbetrag von Ihnen zurückfordert. Der interne Ausgleich zwischen den Eltern bereitet insbesondere dann Probleme, wenn sich die internen Absprachen, die die Eltern über die Verrechnung des Kindergeldes im Zusammenhang mit dem Unterhalt getroffen haben, nicht beweisen lassen.

Um solchen Schwierigkeiten aus dem Wege zu gehen empfehlen wir dringend, der zuständigen Familienkasse schriftlich mitzuteilen, dass Sie von Ihrer Ehefrau getrennt leben und auf den Kindergeldbezug ab *1 verzichten. Gleichzeitig sollten Sie hiervon Ihre Ehefrau in Kenntnis setzen und ihr raten, Kindergeldantrag bei der Familienkasse zu stellen.

e) An Mandantin = betreuende Mutter – sie soll Kindergeld richtig organisieren.

Beim Kindesunterhalt Minderjähriger ist das auf das jeweilige Kind entfallende staatliche Kindergeld gemäß § 1612 b BGB grundsätzlich hälftig zu berücksichtigen, jedoch unterbleibt nach der seit 01. 01. 2001 geltenden Änderung des § 1612 b V BGB eine Verrechnung des Kindergeldes soweit der Unterhalt (Tabellenbetrag nach der Düsseldorfer Tabelle) 135 % des Regelbetrags unterschreitet.

61

Solange Ihr Mann Kindergeld bezieht, hat er neben dem für Ihr jeweiliges Kind geschuldeten Unterhalt grundsätzlich die Hälfte des jeweils auf das Kind konkret entfallenden Kindergeldes gesondert an Sie zu bezahlen.

Sobald Sie das Kindergeld beziehen, kann Ihr Mann von dem für Ihr jeweiliges Kind geschuldeten Unterhalt (Tabellenbetrag) die Hälfte des Kindergeldes abziehen, wobei der Abzug beschränkt ist, soweit der Tabellenunterhalt 135 % des jeweiligen Regelbetrages nach der Regelbetrag-Verordnung unterschreitet.

Das staatliche Kindergeld kann immer nur einem Elternteil gewährt werden. Ab Trennung der Eltern ist derjenige Elternteil mit Vorrang bezugsberechtigt, der das Kind in seinen Haushalt aufgenommen hat. Wir empfehlen deshalb, der Familienkasse bei Ihrem zuständigen Arbeitsamt unverzüglich schriftlich mitzuteilen, dass Sie seit *2 von Ihrem Ehemann getrennt leben, das Kind/die Kinder seitdem in Ihrem

Haushalt leben und Sie deshalb das Kindergeld ab dem kommenden Monatsersten beantragen. In der Regel werden Sie das durch Meldebescheinigungen nachweisen müssen. Grundsätzlich kann das Kindergeld auch rückwirkend ab Trennung/Haushaltsaufnahme des Kindes vorrangig beantragt werden, da können Sie aber in Kollision mit bisherigen Unterhaltsregelungen kommen.

Alternative 1
Nachdem das bisher von Ihrem Ehemann bezogene Kindergeld beim Unterhalt korrekt verrechnet wurde, sollten Sie der Familienkasse gleichzeitig mitteilen, dass Ihnen Ihr Mann seit der Trennung das Kindergeld zur Verfügung gestellt hat. Damit werden ungerechtfertigte Nachzahlungen an Sie ebenso wie ungerechtfertigte Rückforderungen gegen Ihren Ehemann vermieden. Sie können die Familienkasse auch vereinfacht durch datierte Gegenzeichnung und Überlassung dieses Schreibens oder einer Kopie davon informieren.

Alternative 2
Da Ihr Mann unzureichenden Kindesunterhalt bezahlt hat und Rückstände offen sind, ist in Betracht zu ziehen, dass Sie das Kindergeld auch mit Rückwirkung beantragen. Das gehört aber zunächst genauer berechnet.

f) An Mandant – wann für ein Kind höherer Unterhalt gefordert werden kann

62 Die Höhe des Kindesunterhalts hängt zum einen vom durchschnittlichen monatlichen Nettoeinkommen des Unterhaltsverpflichteten ab, zum anderen vom Alter des Kindes.

In den verschiedenen Unterhaltstabellen gliedern sich die Unterhaltsbeträge für minderjährige Kinder in drei Altersgruppen, nämlich in die Gruppe von 0 bis einschließlich 5 Jahre, die Gruppe von 6 bis einschließlich 11 Jahre und die Gruppe von 12 bis einschließlich 17 Jahre (Altersstufen 1–3).

Ihre Kinder haben also jeweils sogar rückwirkend ab dem ersten des Monats, in den deren sechster und zwölfter Geburtstag fällt, Anspruch auf höheren Unterhalt.

Eine vierte Altersgruppe betrifft die volljährigen Kinder, also die Gruppe der Kinder ab 18 Jahren.

Auch wenn ein Kind volljährig wird, besteht sein vorrangiger Unterhaltsanspruch fort, soweit es noch nicht verheiratet ist, noch zur Schule geht oder sich in Ausbildung befindet und sich nicht aus eigenem Einkommen oder Vermögen unterhalten kann. Zu beachten ist aber, dass dem volljährigen Kind beide Elternteile Barunterhalt schulden und zwar – vereinfacht ausgedrückt – in der Relation ihrer Einkünfte. Das volljährige Kind muss seinen Unterhaltsanspruch selbst gegen beide Elternteile geltend machen.

Um höheren Unterhalt beanspruchen zu können, ist es erforderlich, den unterhaltspflichtigen Elternteil in Verzug zu setzen. Was den Unterhalt minderjähriger Kinder anbelangt genügt es, von ihm Auskunft über sein Einkommen zu fordern mit dem Hinweis, dass die Auskunft gefordert wird, um den geschuldeten Unterhalt errechnen und geltend machen zu können. Das kann sinnvollerweise mit der Erklärung verbunden werden, dass der Unterhalt entsprechend der Auskunft und den wirklichen wirtschaftlichen Verhältnissen beziffert wird, sobald Auskunft erteilt ist. Ist das Einkommen schon bekannt, kann natürlich sofort der neue höhere Unterhalt beziffert werden.

Beachten Sie bitte, dass der Verzug des Unterhaltspflichtigen nachgewiesen werden muss. Es empfiehlt sich deshalb, Auskunft und/oder Unterhalt schriftlich zu fordern und den Brief per Einschreiben/Rückschein zu übersenden.

g) An Mandant – über die Änderung der Regelbeträge

Die Höhe des Ihren Kindern geschuldeten Unterhalts ist bezogen auf den so genannten »Regelbetrag«. Dieser wird für die drei Altersstufen minderjähriger Kinder (0–5 Jahre, 6–11 Jahre, 12–17 Jahre) in der Regelbetrag-Verordnung gesetzlich[9] festgelegt. Die Regelbeträge für alle Kinder gibt es erst seit 1.7.1998.

63

Seit 1.7.1999 werden die Regelbeträge alle zwei Jahre dynamisiert und zwar nach dem ursprünglichen Gesetzeswortlaut entsprechend der Rentenerhöhung der jeweils letzten beiden Jahre. Durch Gesetzesänderung zum 1.1.2001 wurde die Entwicklung der Regelbeträge an statistische Lohnwerte gekoppelt, nämlich die Entwicklung des durchschnittlich verfügbaren Arbeitsentgelts der letzten beiden Jahre. Die Höhe muss rechtzeitig durch Verordnung bekannt gegeben werden. Erhöhungen gab es im Zweijahresturnus zum 1.7.2001, 1.7.2003 und 1.7.2005. Die nächste planmäßige Erhöhung steht zum 1.7.2007 an. Der Gesetzgeber plant jedoch eine weitgehende Reform des Unterhaltsrechts, die zum 1.4.2007 in Kraft treten könnte. Damit soll die Regelbetrag-Verordnung aufgehoben und der Kindesunterhalt nun erstmals ausdrücklich als Mindestunterhalt an steuerliche bundeseinheitliche Werte in § 32 VI S 1 des Einkommensteuergesetzes (EStG) geknüpft werden, die ebenfalls regelmäßig überprüft werden. An der Struktur der Düsseldorfer Tabelle wird sich wenig ändern, die Beträge können aber variieren und die Frage der Kindergeldanrechnung soll auch ganz neu geregelt werden.

Beachten Sie also bitte zur gegebenen Zeit die entsprechenden Presseveröffentlichungen oder stimmen Sie das mit uns ab, denn wir können das in Ihrer Sache nicht von selbst überwachen.

h) An Gegner – Anpassungsverlangen zu § 1612 b V BGB

Wir vertreten das oben bezeichnete minderjährige Kind, das unterhaltsberechtigt ist. Zulasten Ihres Mandanten liegt ein Unterhaltstitel vor, in dem nach altem bis 31.12.2000 geltendem Recht das auf das Kind entfallende Kindergeld noch zu 1/2 ohne Einschränkung anrechenbar ist.

64

Es handelt sich dabei um folgenden vollstreckbaren Titel: *1

Durch das *Gesetz zur Ächtung der Gewalt in der Erziehung und zur Änderung des Kindesunterhaltes (BGBl 2000 Teil I, S. 1479)* hat der Gesetzgeber mit Wirkung ab 1.1.2001 bekanntlich die Kindergeldanrechnung beschränkt, soweit der Unterhalt (Tabellenwert) 135 % des Regelbetrages unterschreitet. Das ist hier der Fall. Die gesetzliche Neuregelung (§ 1612 b V BGB) zwingt hier zu einer Anpassung des Titels dahingehend, dass die Anrechnung des halben Kindergeldes unterbleibt, soweit der Unterhalt 135 % des Regelbetrages unterschreitet. Diese Formulierung ist allerdings nicht zwingend, es können auch andere Formulierungen zum gewünschten Ziel führen. Ihr Mandant muss zur Vorlage eines entsprechend geänderten vollstreckbaren Titels aufgefordert werden. Die Änderung kann kostenfrei bei einem Jugendamt beurkundet werden.

---

9 Noch in unterschiedlicher Höhe für die alten Bundesländer und das Beitrittsgebiet

Zur Vorlage des geänderten Titels müssen wir leider eine kurze Frist bis zum *2 setzen.

Gem. § 2 des Unterhaltstitelanpassungsgesetzes ist die Titelanpassung im vereinfachten Verfahren nach § 655 ZPO erlaubt, jedoch nur für die Zeit ab Antragstellung. Wir sind daher gehalten, sofort nach etwa fruchtlosem Ablauf der Frist das vereinfachte Verfahren beim Familiengericht einzuleiten.

i) An Gegner – Gegen schematische Anpassung (neuer Mangelfall)

65   Im Hinblick auf die Gesetzesänderung zu § 1612 b V BGB zum 1.1.2001 verlangten Sie für das von Ihnen vertretene Kind Anpassung des vorliegenden Titels an die neue Rechtslage.

Die Verrechnung des halben Kindergeldes soll demnach unterbleiben, soweit der Unterhalt 135 % des jeweiligen Regelbetrages unterschreitet.

Dieses Verlangen steht äußerlich im Einklang mit der Gesetzesänderung, übersieht jedoch, dass unser Mandant für eine Mehrzahl von Unterhaltsberechtigten Unterhalt leisten muss. Hierzu ist im Einzelnen anzumerken:

Brauchbares verwerten:

- Unser Mandant muss auch für *1 Unterhalt bezahlen.
- Die Beschränkung der Kindergeldverrechnung betrifft mehr als ein Kind.
- Durch die schematische Anpassung gem § 1612 b V BGB erhöht sich die gesamte Unterhaltslast unseres Mandanten auf *2 €.
- Das aktuelle bereinigte Einkommen unseres Mandanten beträgt durchschnittlich nur *3 €.
- Unserem Mandanten ist aktuell ein Selbstbehalt von mindestens *4 € zuzubilligen.
- Damit ist Leistungsfähigkeit insgesamt nur für einen Betrag von monatlich *5 € gegeben.
- Die Unterhaltsansprüche müssen deshalb völlig neu bemessen werden.
- Es muss eine Mangelfallberechnung durchgeführt werden. In deren erster Stufe sind nach der neueren Mangelfallrechtsprechung des Bundesgerichtshofs Einsatzbeträge von 135 % des Regelbetrags einzusetzen.
- Als Ergebnis der Neubemessung stehen dem von Ihnen vertretenen Kind als Bedarf nur noch *6 € zu. Hierauf ist alsdann Kindergeld nach der gesetzlichen Neuregelung in Höhe von *7 € anrechenbar, soweit § 1612 b V BGB das erlaubt.
- Die Neubemessung führt also zu einem Zahlbetrag von nur noch *8 €.
- Wir regen an, eine Absprache zu treffen und den Unterhalt unter Fixierung der Grundlagen völlig neu zu regeln, der Klarheit halber unter förmlicher Aufhebung des bisherigen Titels.
- Formell ist auch an einen Anwaltsvergleich gem § 796 a ZPO zu denken.

3. Ehegattenunterhalt

a) An Mandant – Erläuterung Trennungsunterhalt

66   Während des Getrenntlebens hat der eine Ehegatte gegen den anderen dann einen Unterhaltsanspruch, wenn er bedürftig und der andere Ehegatte leistungsfähig ist.

Trennungsunterhalt ist nicht identisch mit Unterhalt nach rechtskräftiger Scheidung. Ersterer wird gegebenenfalls von der Trennung bis zu dem Zeitpunkt geschuldet, zu dem das Scheidungsurteil der Eheleute rechtskräftig wird, letzterer ab Eintritt der Rechtskraft des Scheidungsurteils.

Der Bedarf orientiert sich an den Einkommens- und Vermögensverhältnissen, die die ehelichen Lebensverhältnisse nachhaltig geprägt haben. Es ist also festzustellen, welche Einkünfte den Eheleuten vor der Trennung zur Deckung ihres eigenen Unterhalts zur Verfügung standen, welche sonstigen geldwerten Vorteile sie hatten, wie zB einen Wohnvorteil infolge Wohnens in einer eigenen Immobilie. Zu berücksichtigen ist aber zugleich, wie viel aus den insgesamt zur Verfügung stehenden Mitteln ausgegeben werden musste, um den Bedarf der im Haushalt lebenden oder sonst unterhaltsberechtigten Kinder zu decken.

Grundsätzlich sollen beide Ehegatten gleichmäßig an dem zur Verfügung stehenden Einkommen teilhaben. Man nennt das Halbteilungsprinzip.

Unterhaltsbedarf besteht, wenn ein Ehegatte keinerlei Einkünfte hat, Unterhaltsbedarf besteht aber auch dann, wenn ein Ehegatte zwar Einkünfte hat, der andere Ehegatte aber mehr verdient, so dass infolge der gleichmäßigen Teilhabe beider Ehegatten an den zur Verfügung stehenden Mitteln der Überschuss an Einkünften gleichmäßig verteilt werden muss. Diese Halbteilung ist insoweit nicht strikt, als vom Resteinkommen (bereinigtes Nettoeinkommen minus Bedarfssätze beim Kindesunterhalt) als Anreiz ein Erwerbsbonus abgezogen wird, der in Süddeutschland 1/10 und sonst 1/7 beträgt. Er betrifft aber nur Erwerbseinkommen, also zB aus nichtselbständiger Arbeit, aus selbständiger Arbeit, aus Gewerbe oder aus Land- und Forstwirtschaft.

Im ersten Jahr der Trennung besteht in der Regel für den Ehegatten, der vor der Trennung keiner Berufstätigkeit nachging, keine Verpflichtung, eine Erwerbstätigkeit aufzunehmen. Der nicht erwerbstätige Ehegatte kann während des Trennungsjahres nur dann darauf verwiesen werden, seinen Unterhalt durch Erwerbseinkommen zu decken, wenn dies von ihm nach seinen persönlichen Verhältnissen, insbesondere wegen einer früheren Erwerbstätigkeit unter Berücksichtigung der Dauer der Ehe und nach den wirtschaftlichen Verhältnissen beider Ehegatten erwartet werden kann. Alter, Ehedauer, Beruf, Kinder und Gesundheitszustand spielen hierbei auch eine Rolle.

Es kann allerdings im Einzelfall durchaus empfehlenswert sein, trotzdem noch im Trennungsjahr eine Erwerbstätigkeit aufzunehmen, da vor der Scheidung erzieltes Einkommen grundsätzlich unter bestimmten Umständen die ehelichen Lebensverhältnisse prägt und diese Prägung für die Höhe des Unterhalts nach Scheidung von Vorteil sein kann. Die neuere Rechtsprechung rechnet allerdings auch erst nachehelich erzieltes Erwerbseinkommen, das die Leistungen für die Familie ersetzt, als ehetypisches Einkommen, das der Halbteilung unterliegt.

b) An Mandant – Erwerbsverpflichtung/Kinderbetreuung

Die Betreuung minderjähriger Kinder schränkt die Erwerbsverpflichtung ein. Dabei muss es sich beim Trennungsunterhalt – anders als beim nachehelichen Unterhalt – nicht um gemeinsame minderjährige Kinder handeln. Auch wenn ein Kind aus erster Ehe oder ein nichteheliches Kind existiert, das Sie während der Ehe schon betreut haben, gelten die folgenden Ausführungen.

Ab welchem Alter der Kinder eine Erwerbsverpflichtung besteht, wird von der Rechtsprechung nicht einheitlich beantwortet.

Nach der Rechtsprechung des Bundesgerichtshofs ist davon auszugehen, dass bei der Betreuung eines Kindes im Vor- und Grundschulalter und bei Betreuung von zwei schulpflichtigen Kindern vor Vollendung des 14. oder 15. Lebensjahres eines der Kinder nicht einmal eine Teilzeitbeschäftigung und dass eine Vollzeitbeschäftigung bei Betreuung eines Kindes nicht vor Vollendung dessen 15. bis 16. Lebensjahres zumutbar ist. Weitergehend ist die Rechtsprechung mancher Oberlandesgerichte. Sie lässt die Obliegenheit zur Teilzeitbeschäftigung teilweise schon bei Betreuung eines Einzelkindes ab 8 Jahren einsetzen und bei mehreren Kindern ab Vollendung des 13. bis 14. Lebensjahres des älteren Kindes.

Nach den Süddeutschen Leitlinien entsteht eine Erwerbsverpflichtung bei Betreuung von einem oder zwei Kindern grundsätzlich erst mit dem Besuch der dritten Grundschulklasse des jüngsten Kindes, wobei bis zur Vollendung des 15. Lebensjahres des jüngsten Kindes nur eine Obliegenheit zu einer Teilzeitbeschäftigung besteht.

Letztlich kommt es immer auf den Einzelfall an. Andere Maßstäbe sind insbesondere dann anzusetzen, wenn mehr als zwei minderjährige Kinder zu betreuen sind, wenn ein Kind behindert ist oder besondere Lernschwierigkeiten hat.

Haben Sie während der Ehe trotz der Betreuung minderjähriger Kinder gearbeitet und setzen Sie diese Tätigkeit zunächst auch nach der Trennung fort, wird in der Regel davon ausgegangen, dass Ihre Erwerbstätigkeit im bisherigen Umfang weiterhin zumutbar ist.

Zum 1. 4. 2007 ist eine Unterhaltsreform zu erwarten, die die Eigenverantwortlichkeit des unterhaltsberechtigten Gatten oder Exgatten hervorhebt. Auch die Rangverhältnisse sollen sich verschlechtern, da minderjährige Kinder und privilegierte Schüler erstrangig berechtigt werden sollen. Ehegatten und Exgatten werden nachrangig, wobei die geplanten siebenstufigen Rangverhältnisse komplex werden. Unterhalt wird künftig auch leichter in der Laufzeit und in der Höhe begrenzt werden können. Das kann den Unterhaltsberechtigten motivieren, möglichst früh und erfolgreich seine beruflichen Möglichkeiten zu nutzen.

c) An Mandantin – Belehrung harte Erwerbsobliegenheit

68 Nachdem Sie uns beauftragt haben, von Ihrem Ehegatten Unterhalt zu fordern und dieser Anspruch darauf gestützt wird, dass Sie trotz bestehender Verpflichtung, eine Erwerbstätigkeit auszuüben, keine Stelle finden und somit Ihren Bedarf nicht durch eigenes Einkommen decken können, dürfen wir Ihnen vorsorglich zusammenstellen, welche Anforderungen Sie nach der Rechtsprechung in einem solchen Fall erfüllen müssen, um Ihren Unterhaltsanspruch nicht zu gefährden:

- Neben Ihrer Meldung beim zuständigen Arbeitsamt als Arbeitsuchende müssen Sie pro Woche mehrere Versuche unternehmen, um einen Arbeitsplatz zu finden. Es gibt Rechtsprechung, die schriftlich nachweisbare Bewerbungsaktivitäten im Umfang einer Ganztagstätigkeit verlangt! Die Bemühungen um einen Arbeitsplatz bestehen darin, auf alle in Frage kommende Stellenangebote zu reagieren, also sich zu bewerben und nach Möglichkeit vorzustellen und selbst Stellengesuche in der Zeitung zu inserieren.

- Verfassen Sie Bewerbungsschreiben sehr sorgfältig und vermeiden Sie Rechtschreibfehler. Die Familiengerichte überprüfen solche Bewerbungsschreiben! Entsteht der Eindruck, hinter Ihrer Bewerbung steht nicht der ernsthafte Wille, einen Arbeitsplatz zu finden, so werden Ihre Bewerbungsversuche als untauglich abgetan und

Ihre Bedürftigkeit wird als selbst verschuldet gewertet mit der Folge, dass weniger oder kein Unterhalt zugesprochen wird. Wenn Sie nicht wissen, wie ein solches Bewerbungsschreiben zu verfassen ist, besorgen Sie sich in Ihrer Buchhandlung einen Ratgeber, in dem verschiedene Bewerbungsschreiben als Muster dargestellt sind. Auch die Arbeitsämter bieten insoweit Hilfe an.

- Legen Sie sich einen Ordner an und sammeln Sie darin alle Inserate[10], Ihre Bewerbungen sowie die Antworten der von Ihnen angeschriebenen Personen, Institutionen und Firmen. Erhalten Sie keine Antwort, vermerken Sie das auf der betreffenden Bewerbung.

- Soweit Sie fernmündlich zu einem Vorstellungsgespräch gebeten werden oder sich unaufgefordert vorstellen, sollten Sie auf einem gesonderten Blatt dieses Ordners vermerken, wann und wo Sie mit wem gesprochen haben, damit Sie im Bedarfsfalle Zeit und Ort angeben und die entsprechende Person als Zeugen für das Vorstellungsgespräch benennen können.

- Vermeiden Sie es, in Bewerbungsschreiben und -Gesprächen zu erwähnen, dass Sie wegen des Scheitern der Ehe bzw Ehescheidung Arbeit suchen (müssen).

Wir weisen darauf hin, dass der Nachweis geführt werden muss, *ständig und regelmäßig* alle Möglichkeiten ergriffen zu haben, einen Arbeitsplatz zu finden, dh wer wochenlang nichts unternimmt und sich dann innerhalb weniger Tage so oft bewirbt, wie das innerhalb eines Monats Woche für Woche erforderlich gewesen wäre, erfüllt die Anforderungen der Rechtsprechung nicht!

Der bloße Hinweis auf hohe Arbeitslosigkeit ist rechtlich unbeachtlich. Wenn Sie sich darauf berufen wollen, dass es keine reale Beschäftigungschance für Sie gibt, trifft Sie für diese Behauptung die volle Darlegungs- und Beweislast. Gibt es für Sie in Frage kommende Stellen nur in anderen, weiter entfernten Orten, wird Ihnen möglicherweise auch ein Ortswechsel zugemutet, wenn Sie an Ihren Wohnort keine anerkennenswerten Bindungen haben. Insoweit sind von Ihnen betreute minderjährige Kinder natürlich bedeutsam, kaum aber volljährige nicht behinderte Kinder.

Bedenken Sie schließlich, dass Ihr Ehegatte möglicherweise die für Sie in Frage kommenden Stellenangebote sammelt, im Prozess vorlegt und von Ihnen den Nachweis verlangt, dass Sie sich auch um diese Stellen beworben haben. Haben Sie auch nur auf ein geeignetes Stellenangebot nicht reagiert, entsteht unter Umständen schon der Eindruck, dass Ihre nachgewiesenen Bemühungen nur vorgeschoben sind und Sie nicht ernsthaft an einer Arbeit interessiert sind.

Halten Sie diese Unterlagen immer auf dem aktuellen Stand, da wir möglicherweise im Verlaufe dieser Auseinandersetzung Ihre Bewerbungsversuche und auch die Absagen kurzfristig nachweisen müssen.[11]

Die zum 1. 4. 2007 geplante Unterhaltsreform stellt die Eigenverantwortlichkeit der Ehegatten in den Vordergrund. Die oben abgehandelte Erwerbsobliegenheit wird also trotz eines ungünstigen Arbeitsmarktes verstärkt. Das Unterhaltsrecht dürfte sich zulasten der geschiedenen unterhaltsberechtigten Gatten wesentlich verschärfen. Unterhalt wird auch leichter in Höhe und Laufzeit (oder beides kombiniert) beschränkbar sein.

---

10 Mit der ganzen Zeitungsseite, damit das Datum nachweisbar ist
11 S. hierzu Schwolow FuR 1998, 344

d) An Gegner – Forderung Trennungsunterhalt wenn kein Kindesunterhalt

69 Wir haben die uns übergebenen Einkommensunterlagen ausgewertet und kommen zu dem Ergebnis, dass Ihr durchschnittliches monatliches unbereinigtes[12] Nettoeinkommen *1 € beträgt.

Der Unterhaltsanspruch unserer Mandantin errechnet sich wie folgt:

Ihr durchschnittliches monatliches Nettoeinkommen	*2
Abzüglich berufsbedingter Aufwand[13]	*3
Ihr bereinigtes Nettoeinkommen	*4
Abzüglich Erwerbstätigenbonus davon 1/10 *(Alternativ:1/7)*	*5
Resteinkommen für die Halbteilung	*6

Alternative 1
Unsere Mandantin hat nach dem Halbteilungsgrundsatz Anspruch auf die Hälfte hieraus, da sie ohne eigenes Einkommen ist   *7

Alternative 2
Unsere Mandantin hat nach dem Halbteilungsgrundsatz Anspruch auf die Hälfte der gemeinsamen Resteinkommen minus eigenes Resteinkommen.

Sie errechnet sich aus Ihrem Resteinkommen von	*5
und dem Resteinkommen unserer Mandantin von	*8
Summe beider Resteinkommen zur Halbteilung	*9
Der Bedarf jedes Ehegatten ist die Hälfte hiervon, also	*10
Abzüglich Resteinkommen unserer Mandantin	*8
Es verbleibt ein Unterhaltsanspruch von	*11

Diesen Anspruch machen wir rückwirkend seit *12 geltend und fordern Sie auf, rückständigen Unterhalt für die Monate *13 binnen zwei Wochen, gerechnet ab Datum dieses Schreibens auf das Konto unserer Mandantin *14 zu überweisen (Gutschrift spätestens mit Fristablauf), sowie laufenden Unterhalt beginnend mit dem Monat *15 jeweils monatlich im voraus.

Sollten Sie dieser Aufforderung nicht fristgemäß nachkommen, müssten wir Klage zum zuständigen Familiengericht erheben.

4. Ehegatten- und Kindesunterhalt (1 Kind) nebeneinander

a) An Gegner – Forderung Trennungs- und Kindesunterhalt (ein Kind)

70 Wir haben die uns übergebenen Einkommensunterlagen ausgewertet und kommen zu dem Ergebnis, dass Ihr durchschnittliches monatliches unbereinigtes Nettoeinkommen *1 € beträgt.

---

12 Also nicht um pauschale oder konkrete Werbungskosten gemindertes Nettoeinkommen
13 Hier muss bei Einkünften aus nichtselbständiger Tätigkeit entweder die Pauschale von 5 % oder der konkrete Aufwand angesetzt werden; bei Einkünften aus selbständiger Arbeit oder Gewerbe sind die berufsbedingten Aufwendungen bereits in den Betriebsausgaben erfasst, also bei der Bereinigung des Einkommens nicht anzusetzen

Der Unterhaltsanspruch unserer Mandantschaft errechnet sich wie folgt:

Ihr durchschnittliches monatliches Nettoeinkommen	*2
Abzüglich berufsbedingter Aufwand[14]	*3
Ergibt bereinigtes Nettoeinkommen	*4
Tabellenunterhalt für das Kind *5 gem Gruppe *6 der DT[15]	*7
Abzüglich des nach § 1612b BGB ggf anrechenbaren Kindergeldes	*8
Ergibt einen Unterhaltsanspruch des Kindes von; zahlbar an die Mutter	*9
Bereinigtes Nettoeinkommen abzüglich Tabellenunterhalt Kind	*10
Abzüglich Erwerbstätigenbonus 1/10 (Alternativ:1/7)	*11
Ihr Resteinkommen beträgt	*12

Alternative 1
Unsere Mandantin hat nach dem Halbteilungsgrundsatz Anspruch auf
die Hälfte, da sie kein eigenes Einkommen hat   *13

Alternative 2
Unsere Mandantin hat nach dem Halbteilungsgrundsatz Anspruch auf die Hälfte des gemeinsamen Resteinkommens minus eigenes Resteinkommen.

Er errechnet sich aus Ihrem Resteinkommen von	*12
plus dem vergleichbaren Einkommen unserer Mandantin von	*14
eine Summe beider Resteinkommen für die Halbteilung von	*15
Der Bedarf jedes Ehegatten ist die Hälfte hiervon	*16
abzüglich Resteinkommen unserer Mandantin	*14
ergibt sich ein Unterhaltsanspruch in Höhe von	*17

Diese Ansprüche machen wir rückwirkend seit *18 geltend und fordern Sie auf, rückständigen Unterhalt für die Monate *19 binnen zwei Wochen, gerechnet ab Datum dieses Schreibens auf das Konto unserer Mandantschaft *20 zu überweisen (Gutschrift spätestens mit Fristablauf), sowie laufenden Unterhalt beginnend mit dem Monat *21 jeweils monatlich im voraus. Titelvorlage hinsichtlich des Kindesunterhalts erwarten wir innerhalb obiger Frist. Bezüglich Kinderunterhalts können beim Jugendamt Jugendamtsurkunden gem § 59 I Satz 1 Nr 3 SGB VIII errichtet werden. Die erforderlichen vollstreckbaren Ausfertigungen werden vom Jugendamt erteilt – § 60 SGB VIII. Die Erstellung der Urkunden ist kostenlos – § 91 VII SGB VIII.

Sollten Sie dieser Aufforderung nicht fristgemäß nachkommen, müssten wir Klage zum zuständigen Familiengericht erheben.

---

14 Hier muss bei Einkünften aus nichtselbständiger Tätigkeit entweder die Pauschale von 5 % oder der konkrete Aufwand angesetzt werden; bei Einkünften aus selbständiger Arbeit oder Gewerbe sind die berufsbedingten Aufwendungen bereits in den Betriebsausgaben erfasst, also bei der Bereinigung des Einkommens nicht anzusetzen

15 Düsseldorfer Tabelle

b) An Gegner – Forderung von Trennungs- und Kindesunterhalt (zwei Kinder)

71 Wir haben die uns vorliegenden Einkommensunterlagen ausgewertet und kommen zu dem Ergebnis, dass Ihr durchschnittliches monatliches unbereinigtes Nettoeinkommen *1 € beträgt.

Der Unterhaltsanspruch unserer Mandantschaft errechnet sich wie folgt:

Ihr durchschnittliches monatliches Nettoeinkommen	*2
Abzüglich berufsbedingten Aufwand[16]	*3
Ergibt ein bereinigtes Nettoeinkommen von	*4
Unterhalt für das Kind *5 gemäß Gruppe *6 der DT[17]	*7
abzüglich des nach § 1612b V BGB etwa abziehbaren Kindergeldes	*8
ergibt einen Zahlbetrag für das Kind von	*9
Unterhalt für das Kind *10 gemäß Gruppe *11 der DT[18]	*12
abzüglich des nach § 1612b V BGB etwa abziehbaren Kindergeldes	*13
ergibt einen Zahlbetrag für das Kind von	*14
Ihr Resteinkommen nach Abzug der Tabellenbeträge für die Kinder	*15
abzüglich Erwerbstätigenbonus 1/10 Alternativ: 1/7	*16
ergibt ein Resteinkommen von	*17

Alternative 1

Unsere Mandantin hat nach dem Halbteilungsgrundsatz Anspruch auf die Hälfte, da sie kein eigenes Einkommen hat	*18

Alternative 2

Unsere Mandantin hat nach dem Halbteilungsgrundsatz Anspruch auf 1/2 des gemeinsamen Resteinkommens vermindert um eigenes Resteinkommen.

Er errechnet sich aus Ihrem Resteinkommen von	*17
plus dem vergleichbaren Einkommen unserer Mandantin von	*19
eine Summe beider Resteinkommen für die Halbteilung von	*20
Der Bedarf jedes Ehegatten ist die Hälfte hiervon	*21
abzüglich Resteinkommen unserer Mandantin in Höhe von	*19
ergibt sich ein Unterhaltsanspruch von	*22

Diese Ansprüche machen wir rückwirkend seit *23 geltend und fordern Sie auf, rückständigen Gesamtunterhalt für die Monate *24 binnen zwei Wochen, gerechnet ab Datum dieses Schreibens auf das Konto unserer Mandantschaft *25 zu überweisen

---

16 Hier muss bei Einkünften aus nichtselbständiger Tätigkeit entweder die Pauschale von 5 % oder der konkrete Aufwand angesetzt werden; bei Einkünften aus selbständiger Arbeit oder Gewerbe sind die berufsbedingten Aufwendungen bereits in den Betriebsausgaben erfasst, also bei der Bereinigung des Einkommens nicht anzusetzen
17 Düsseldorfer Tabelle
18 Düsseldorfer Tabelle

Ansprüche der »nichtehelichen Mutter«; gemäß § 1615 l I u. II BGB   B. Außergerichtliches Mandat

(Gutschrift spätestens mit Fristablauf), sowie laufenden Unterhalt beginnend mit dem Monat *26 jeweils monatlich im voraus. Titelvorlage hinsichtlich des Kindesunterhalts erwarten wir innerhalb obiger Frist. Bezüglich Kindesunterhalts können beim Jugendamt Jugendamtsurkunden gem § 59 I Nr 3 SGB VIII errichtet werden. Die erforderlichen vollstreckbaren Ausfertigungen werden vom Jugendamt erteilt – § 60 SGB VIII. Die Erstellung der Urkunden ist kostenlos – § 91 VII SGB VIII.

Sollten Sie dieser Aufforderung nicht fristgemäß nachkommen, würden wir Klage erheben.

5. Ansprüche der »nichtehelichen Mutter«; gemäß § 1615 l I u. II BGB

a) Schreiben an Gegner – Unterhalt Mutter

Unsere Mandantin ist bedürftig im Sinne des § 1602 I BGB: 72

*1 *Erläuterungen*

Wir machen für unsere Mandantin Unterhalt gemäß § 1615 l I und II BGB geltend.

1. Unserer Mandantin sind folgende Schwangerschafts- und Entbindungskosten entstanden, die gemäß § 1615 l I S. 2 BGB zu erstatten sind:[19]

   Kosten für

a) ärztliche Behandlung vor, bei und nach der Geburt	*2
b) Arzneimittel	*3
c) Klinikaufenthalt	*4
d) Hebamme	*5
e) Schwangerschaftsgymnastik	*6
f) Kosten für Umstandskleidung	*7
g) im Falle einer Problemschwangerschaft die Kosten einer Haushaltshilfe	*8
GESAMT	*9

   Die erforderlichen Nachweise dieser Kosten sind diesem Schreiben als Anlage beigefügt.

2. Bei Anspruch gemäß § 1615 l II S. 1 erster HS)

   Unsere Mandantin kann aus folgenden Gründen[20] keiner (Alternativ: nur teilweise einer) Erwerbstätigkeit nachgehen:[21]

---

[19] Dagegen fällt der Anspruch auf Erstattung der Kosten für die Säuglingserstausstattung nicht unter diese Bestimmung. Dieser ist gegebenenfalls ein Anspruch des Kindes auf Sonderbedarf, was allerdings strittig ist. Sonderbedarf bejaht: BVerfG-Ka NJW 1999, 3112; OLG Oldenburg FuR 1999, 477 = FamRZ 1999, 1685 = NJW-RR 1999, 1163; OLG Nürnberg FamRZ 1993, 995; Sonderbedarf verneint: zB LG Hanau DAVorm 1995, 1080; LG Bochum FamRZ 1991, 1477

[20] Gründe müssen sein: Schwangerschaft oder durch Schwangerschaft/Entbindung verursachte Krankheit – 1615 l II S. 1 BGB

[21] Wurde eine Erwerbstätigkeit aus anderen Gründen aufgegeben, fehlt es an dieser Anspruchsvoraussetzung. Dies gilt auch im Falle der Aufgabe einer Erwerbstätigkeit infolge einer Erkrankung, die nicht auf die Schwangerschaft oder Entbindung zurückzuführen ist – Palandt/Diederichsen, BGB 60. Aufl 1615 l Rn 9. Ebenso fehlt diese Anspruchsvorausset-

*10 *Erläuterungen*

(Bei Anspruch gemäß § 1615 l II S. 2 BGB)

Unsere Mandantin kann infolge[22] der Pflege/Erziehung des Kindes keiner Erwerbstätigkeit nachgehen:[23]

Alternativ: einer Erwerbstätigkeit nur teilweise nachgehen

a) zur persönlichen Situation unserer Mandantin:	*11
b) wirtschaftliche Lage	*12
c) Alter	*13
d) Gesundheitszustand	*14
e) Berufsausbildung	*15
f) Arbeitsmarktchancen	*16
g) Drittbetreuung des Kindes (auch teilweise) ist aus folgenden Gründen unangemessen (*Alternativ* nicht möglich):	*17
h) *(Bei Bedarf:)* Betreuung des Kindes durch den Vater kommt aus folgenden Gründen nicht in Frage bzw ist für unsere Mandantin unzumutbar:	*18

Die Höhe des Unterhaltsanspruchs unserer Mandantin richtet sich gemäß §§ 1615 l III, 1610 I BGB nach deren Lebensstellung vor der Geburt des Kindes.[24]

Erste Alternative

Unsere Mandantin ging vor der Geburt des Kindes keiner Erwerbstätigkeit nach, so dass ihr Bedarf mit monatlich *19 € angesetzt wird, was der überwiegenden Praxis der Oberlandesgerichte entspricht.[25]

Zweite Alternative

Grundsätzlich ist der Verdienstausfall der Mutter der Maßstab für die Ermittlung des Bedarfs. Unsere Mandantin ging vor der Geburt des Kindes einer Erwerbstätigkeit als

---

zung, wenn die Mutter schon vor Eintritt der Schwangerschaft keiner Erwerbstätigkeit nachging und die Aufnahme einer Erwerbstätigkeit deshalb unterlassen hat. Jedoch genügt es, dass die Schwangerschaft, die Entbindung oder eine daraus resultierende Krankheit zumindest mitursächlich für die Nichtaufnahme einer Erwerbstätigkeit ist – Palandt/Diederichsen, BGB 60. Aufl 1615 l Rn 9

22 Die Betreuung des Kindes muss nicht die alleinige Ursache für die Nichtaufnahme einer Erwerbstätigkeit der Mutter sein. Mitursächlichkeit genügt. Dies ist insbesondere von Bedeutung für den Fall, dass die Mutter bereits wegen der Betreuung eines ehelichen Kindes an der Aufnahme einer Erwerbstätigkeit verhindert ist. In diesem Falle haften der Vater des Kindes des nichtehelichen Kindes und der Ehemann für den Betreuungsunterhalt analog § 1606 Abs 3 BGB anteilig, – BGH NJW 1998, 1309 – wobei die Haftungsanteile sich nach der Anzahl, dem Alter und der Betreuungsbedürftigkeit der Kinder richten

23 Der Gesetzeswortlaut macht bereits deutlich, dass die Mutter nichtvöllig frei ist in ihrer Entscheidung, ob sie das Kind ausschließlich selbst betreut und keiner Erwerbstätigkeit nachgeht oder das Kind zumindest teilweise von dritten Personen betreuen lässt und einer (Teilzeit-) Erwerbstätigkeit nachgeht – Palandt/Diederichsen, BGB 60. Aufl 1615 l Rn 10

24 1578 BGB findet keine Anwendung!

25 Derzeit mindestens EUR 770. Übersicht der oberlandesgerichtlichen Leitlinien zum Bedarf: Wendl/Staudigl, Das Unterhaltsrecht in der familienrichterlichen Praxis 5. Aufl 6 Rn 764 a

*20 nach. Sie erzielte während der letzten zusammenhängenden zwölf Monate ein monatliches Durchschnittsnettoeinkommen von *21 €. Sie erhält weder gemäß § 11 MuSchG Arbeitsentgelt von ihrem früheren Arbeitgeber, noch bezieht sie Mutterschaftsgeld nach § 200 Abs 1 RVO.[26] Vermögen hat unsere Mandantin nicht.[27] Der Unterhaltsanspruch unserer Mandantin beträgt somit *22 €.

Bei Bedarf
Unsere Mandantin lebt von ihrem Ehemann getrennt. Er hat ein durchschnittliches monatliches Nettoeinkommen von *23 €. Der Unterhaltsanspruch unserer Mandantin gegen den Ehemann beträgt *24 € monatlich.[28] Der restliche Bedarf von *25 € ist der Unterhalt, den Sie der Mandantin monatlich schulden. Diesen Betrag machen wir rückwirkend ab *26 und künftig monatlich – zahlbar jeweils monatlich im Voraus – geltend. Diese Unterhaltsverpflichtung endet grundsätzlich drei Jahre nach der Geburt Ihres gemeinsamen Kindes, also mit dem *27. In diesem Hinweis liegt kein Verzicht.

Wir fordern Sie auf, den Betrag gemäß Ziffer 1. und die Unterhaltsrückstände gemäß Ziffer 2. dieses Schreibens bis zum *28 an unsere Mandantin unbar auf deren Bankkonto *29 zu bezahlen und innerhalb gleicher Frist den künftig geforderten Unterhalt schriftlich anzuerkennen.

Für den Fall, dass Sie sich darauf berufen, nicht leistungsfähig zu sein, diese Ansprüche zu erfüllen, fordern wir Sie auf, innerhalb gleicher Frist folgende Auskunft zu erteilen:

Hier einfügen Auskunftsverlangen gem. Rn 33 oder 34

b) An Gegner – Unterhalt Mutter und Kind mit Auskunft
Unsere Mandantin und das Kind sind bedürftig im Sinne des § 1602 I BGB:

*1 *Erläuterungen*

Wir machen für unsere Mandantin Unterhalt gemäß § 1615 l I und II BGB geltend.

1. Unserer Mandantin sind folgende Schwangerschafts- und Entbindungskosten entstanden, die gemäß § 1615 l I S. 2 BGB zu erstatten sind:[29]

---

26 Es fehlt an der Bedürftigkeit, soweit der Mutter gemäß 11MuSchG Arbeitsentgelt von ihrem früheren Arbeitgeber weiter gewährt wird oder sie Mutterschaftsgeld nach 200 Abs 1 RVO bezieht Palandt/Diederichsen, BGB 60. Aufl 1615 l Rn 2. Die Anrechnung von Erziehungsgeld gemäß 9 BErzGG ist strittig. Keine Anrechnung: OLG Düsseldorf FamRZ 1989, 1226; OLG München FamRZ 1999, 1166 = NJW RR 1999, 1677; Anrechnung: Staudinger-Eichenhofer, BGB 13. Aufl 1615 l Rn 13

27 Die Mutter muss Erträge aus vorhandenem Vermögen zur Bestreitung ihres Bedarfs einsetzen und das Vermögen verwerten, es sei denn, die Verwertung wäre unmöglich oder gänzlich unwirtschaftlich – OLG Düsseldorf FamRZ 1990, 1137

28 Besteht ein Unterhaltsanspruch gegen den getrennt lebenden Ehemann und gegen den Erzeuger des Kindes, so haften beide anteilig gemäß 1606 Abs 3 S. 1 BGB. In diesem Fall ist die Mutter verpflichtet, dem Ehemann das Einkommen des Vaters des nichtehelichen Kindes bekannt zu geben – BGH FamRZ 1998, 541 = DAVorm 1998, 390. Besteht trotz Betreuung eines ehelichen Kindes für die Mutter eine Erwerbsverpflichtung, so muss sie sich gegenüber dem Ehemann das hieraus erzielbare Einkommen als fiktives Einkommen anrechnen lassen und gegenüber dem Vater des nichtehelichen Kindes ist dieses fiktive Einkommen der zu deckende Unterhaltsbedarf – der gegebenenfalls bis zum Mindestbedarf aufzufüllen ist – Handbuch Fachanwalt Familienrecht/Gerhardt Kap 6 Rn 210 a

29 Dagegen fällt der Anspruch auf Erstattung der Kosten für die Säuglingserstausstattung nicht unter diese Bestimmung. Dieser ist gegebenenfalls ein Anspruch des Kindes auf Son-

Kosten für

a) ärztliche Behandlung vor, bei und nach der Geburt *2
b) Arzneimittel *3
c) Klinikaufenthalt *4
d) Hebamme *5
e) Schwangerschaftsgymnastik *6
f) Kosten für Umstandskleidung *7
g) im Falle einer Problemschwangerschaft die Kosten einer Haushaltshilfe *8
  GESAMT *9

Die erforderlichen Nachweise dieser Kosten sind diesem Schreiben als Anlage beigefügt.

2. (Bei Anspruch gemäß § 1615 l II S 1 erster HS)

Unsere Mandantin kann aus folgenden Gründen[30] keiner *(Alternativ:* nur teilweise einer) Erwerbstätigkeit nachgehen:[31]

*9 *Erläuterungen*

(Bei Anspruch gemäß § 1615 l II S. 2 BGB)

Unsere Mandantin kann infolge[32] der Pflege/Erziehung des Kindes keiner Erwerbstätigkeit *(Alternativ:* einer Erwerbstätigkeit nur teilweise) nachgehen:[33]

---

derbedarf, was allerdings strittig ist. Sonderbedarf bejaht: BVerfG-Ka NJW 1999, 3112; OLG Oldenburg FuR 1999, 477 = FamRZ 1999, 1685 = NJW-RR 1999, 1163; OLG Nürnberg FamRZ 1993, 995; Sonderbedarf verneint: zB LG Hanau DAVorm 1995, 1080; LG Bochum FamRZ 1991, 1477

30 *Gründe müssen sein: Schwangerschaft oder durch Schwangerschaft/Entbindung verursachte Krankheit – 1615 l II S. 1 BGB*

31 Wurde eine Erwerbstätigkeit aus anderen Gründen aufgegeben, fehlt es an dieser Anspruchsvoraussetzung. Dies gilt auch im Falle der Aufgabe einer Erwerbstätigkeit infolge einer Erkrankung, die nicht auf die Schwangerschaft oder Entbindung zurückzuführen ist – Palandt/Diederichsen, BGB 60. Aufl 1615 l Rn 9. Ebenso fehlt diese Anspruchsvoraussetzung, wenn die Mutter schon vor Eintritt der Schwangerschaft keiner Erwerbstätigkeit nachging und die Aufnahme einer Erwerbstätigkeit deshalb unterlassen hat. Jedoch genügt es, dass die Schwangerschaft, die Entbindung oder eine daraus resultierende Krankheit zumindest mitursächlich für die Nichtaufnahme einer Erwerbstätigkeit ist – Palandt/Diederichsen, BGB 60. Aufl 1615 l Rn 9

32 Die Betreuung des Kindes muss nicht die alleinige Ursache für die Nichtaufnahme einer Erwerbstätigkeit der Mutter sein. Mitursächlichkeit genügt. Dies ist insbesondere von Bedeutung für den Fall, dass die Mutter bereits wegen der Betreuung eines ehelichen Kindes an der Aufnahme einer Erwerbstätigkeit verhindert ist. In diesem Falle haften der Vater des Kindes des nichtehelichen Kindes und der Ehemann für den Betreuungsunterhalt analog 1606 Abs 3 BGB anteilig, – BGH NJW 1998, 1309 – wobei die Haftungsanteile sich nach der Anzahl, dem Alter und der Betreuungsbedürftigkeit der Kinder richten

33 Der Gesetzeswortlaut macht bereits deutlich, dass die Mutter nicht völligfrei ist in ihrer Entscheidung, ob sie das Kind ausschließlich selbst betreut und keiner Erwerbstätigkeit nachgeht oder das Kind zumindest teilweise von dritten Personen betreuen lässt und einer (Teilzeit-) Erwerbstätigkeit nachgeht – Palandt/Diederichsen, BGB 60. Aufl 1615 l Rn 10

a) zur persönlichen Situation unserer Mandantin: *10

b) wirtschaftliche Lage *11

c) Alter *12

d) Gesundheitszustand *13

e) Berufsausbildung *14

f) Arbeitsmarktchancen *15

g) Drittbetreuung des Kindes (auch teilweise) ist aus folgenden Gründen unangemessen (Alternativ nicht möglich): *16

h) (Bei Bedarf:) Betreuung des Kindes durch den Vater kommt aus folgenden Gründen nicht in Frage bzw ist für unsere Mandantin unzumutbar: *17

Die Höhe des Unterhaltsanspruchs unserer Mandantin richtet sich gemäß § 1610 I S 2 BGB nach deren Lebensstellung vor der Geburt des Kindes.[34]

Erste Alternative

Unsere Mandantin ging vor der Geburt des Kindes keiner Erwerbstätigkeit nach, so dass ihr Bedarf mit monatlich *18 € angesetzt wird, was der überwiegenden Praxis der Oberlandesgerichte entspricht.[35]

Zweite Alternative

Grundsätzlich ist der Verdienstausfall der Mutter der Maßstab für die Ermittlung des Bedarfs. Unsere Mandantin ging vor der Geburt des Kindes einer Erwerbstätigkeit als *19 nach. Sie erzielte während der letzten zusammenhängenden zwölf Monate ein monatliches Durchschnittsnettoeinkommen von *20 €. Sie erhält weder gemäß § 11 MuSchG Arbeitsentgelt von ihrem früheren Arbeitgeber, noch bezieht sie Mutterschaftsgeld nach § 200 I RVO.[36] Vermögen hat unsere Mandantin nicht.[37] Der Unterhaltsanspruch unserer Mandantin beträgt somit *21 €.

Bei Bedarf

Unsere Mandantin lebt von ihrem Ehemann getrennt. Er hat ein durchschnittliches monatliches Nettoeinkommen von *22 €. Der Unterhaltsanspruch unserer Mandantin gegen den Ehemann beträgt *23 € monatlich.[38] Der restliche Bedarf von *24 € ist der

---

34 1578 BGB findet keine Anwendung!

35 Derzeit mindestens EUR 770. Übersicht der oberlandesgerichtlichen Leitlinien zum Bedarf: Wendl/Staudigl, Das Unterhaltsrecht in der familienrichterlichen Praxis 5. Aufl 6 Rn 764 a

36 Es fehlt an der Bedürftigkeit, soweit der Mutter gemäß 11 MuSchG Arbeitsentgelt von ihrem früheren Arbeitgeber weiter gewährt wird oder sie Mutterschaftsgeld nach 200 Abs 1 RVO bezieht Palandt/Diederichsen, BGB 60. Aufl 1615 I Rn 2. Die Anrechnung von Erziehungsgeld gemäß 9 BErzGG ist strittig. Keine Anrechnung: OLG Düsseldorf FamRZ 1989, 1226; OLG München FamRZ 1999, 1166 = NJW RR 1999, 1677; Anrechnung: Staudinger-Eichenhofer, BGB 13. Aufl 1615 I Rn 13

37 Die Mutter muss Erträge aus vorhandenem Vermögen zur Bestreitung ihres Bedarfs einsetzen und das Vermögen verwerten, es sei denn, die Verwertung wäre unmöglich oder gänzlich unwirtschaftlich – OLG Düsseldorf FamRZ 1990, 1137

38 Besteht ein Unterhaltsanspruch gegen den getrennt lebenden Ehemann und gegen den Erzeuger des Kindes, so haften beide anteilig gemäß 1606 Abs 3 S. 1 BGB. In diesem Fall ist die Mutter verpflichtet, dem Ehemann das Einkommen des Vaters des nichtehelichen Kin-

Unterhalt, den Sie der Mandantin monatlich schulden. Diesen Betrag machen wir rückwirkend ab *25 und künftig monatlich – zahlbar jeweils monatlich im Voraus – geltend. Diese Unterhaltsverpflichtung endet grundsätzlich drei Jahre nach der Geburt Ihres gemeinsamen Kindes, also mit dem *26. In diesem Hinweis liegt kein Verzicht.

Wir fordern Sie auf, den Betrag gemäß Ziffer 1. und die Unterhaltsrückstände gemäß Ziffer 2. dieses Schreibens bis zum *27 an unsere Mandantin durch Überweisung auf das Bankkonto *28 zu bezahlen und innerhalb gleicher Frist den künftig geforderten Unterhalt schriftlich anzuerkennen.

3. Gleichzeitig machen wir für Ihr Kind Unterhalt rückwirkend seit dem *29 und künftig geltend, zahlbar je an die Mutter. Um dessen Unterhaltsansprüche beziffern zu können, fordern wir Sie auf, folgende Auskunft zu erteilen:

Hier einfügen Auskunftsverlangen gem. Rn 33 oder 34.

6. Sozialleistungen und Unterhalt

a) An Mandant – Forderungsübergang

74 Unterhaltsansprüche von Kindern und getrennt lebenden oder geschiedenen Ehegatten können ganz oder teilweise auf den Träger (auch mehrere) von Sozialleistungen gesetzlich übergehen. Das ist zB bei folgenden Sozialleistungen möglich:

- Sozialhilfe
- Unterhaltsvorschuss nach dem Unterhaltsvorschussgesetz (UVG)
- BaföG
- Jugendhilfe nach dem Sozialgesetzbuch VIII

Nach den neuen Regelungen im Sozialgesetzbuch (SGB) II, die das Arbeitslosengeld 2 betreffen, gibt es auch einen Fall des Forderungsübergangs, der nicht gesetzlich von selbst erfolgt, sondern durch Überleitung, also durch Verwaltungsakt eintritt.

Der Forderungsübergang erweitert in keinem Fall die Unterhaltspflicht. Er kann allerdings die Auskunftspflichten ausweiten und zu einer zusätzlichen öffentlich-rechtlichen Auskunftspflicht führen, die durch Bescheid und Bußgelder erzwingbar ist. Mit dem gesetzlichen Forderungsübergang wird also kein höherer Unterhalt geschuldet als ohne. Der Forderungsübergang ist Monat für Monat auf die Beträge der gewährten öffentlichen Leistungen beschränkt. Er kann deswegen auch nur einen Teil des Unterhaltsanspruchs umfassen, wenn dieser je Unterhaltsberechtigtem höher ist als die auf ihn entfallende Sozialleistung. Der Übergang findet abschnittsweise mit Bezahlung der jeweiligen Sozialleistung statt. Für die Zukunft (noch nicht begonnene Monate) kann der Unterhaltsberechtigte also trotzdem unbeschränkt Unterhaltsklage erheben.

---

des bekannt zu geben – BGH FamRZ 1998, 541 = DAVorm 1998, 390. Besteht trotz Betreuung eines ehelichen Kindes für die Mutter eine Erwerbsverpflichtung, so muss sie sich gegenüber dem Ehemann das hieraus erzielbare Einkommen als fiktives Einkommen anrechnen lassen und gegenüber dem Vater des nichtehelichen Kindes ist dieses fiktive Einkommen der zu deckende Unterhaltsbedarf – der gegebenenfalls bis zum Mindestbedarf aufzufüllen ist -Handbuch Fachanwalt Familienrecht/Gerhardt Kap 6 Rn 210a

Zusammenfassung: Obergrenze für den Forderungsübergang je Monat ist also je unabhängig voneinander der geschuldete Unterhalt einerseits und die gewährte Sozialleistung andererseits; der niedrigere der beiden Beträge greift.

Den übergegangenen Unterhaltsanspruch kann der Träger der Sozialleistung stets selbst beim Familiengericht gegen den Unterhaltspflichtigen verfolgen. In wichtigen Teilbereichen (häufig bei der Sozialhilfe) kann er ihn aber im Einvernehmen mit dem Unterhaltsberechtigten zur gerichtlichen Geltendmachung an diesen zurück übertragen. Die Einzelheiten sind komplex und werfen oft schwierige Fragen auf. Im Einzelfall kann es sinnvoll und nötig sein, eine Rückabtretung zu vereinbaren um den Unterhaltsanspruch einheitlich und schneller beim Familiengericht klären zu lassen.

Der Forderungsübergang bringt folgende **Risiken:**

- Für den Unterhaltsberechtigten, dass er womöglich unbemerkt doppelt kassiert und sich damit Rückforderungen und einem Strafprozess ausgesetzt sieht, in Extremfällen auch dem Verlust des Ehegattenunterhaltes, speziell nachehelich.
- Für den Unterhaltspflichtigen, dass er an den Falschen bezahlt und damit doppelt leisten muss.

> Bitte informieren Sie uns zur Risikoverminderung je sofort anhand von vollständigen Kopien über den gesamten Schriftwechsel und alle Maßnahmen im Zusammenhang mit einem für Sie in Betracht kommenden Forderungsübergang.

b) An Sozialträger – Einwand gegen die Abzweigung

Wir zeigen die Vertretung des oben bezeichneten Mandanten an. Zulasten unseres Mandanten liegt ein Abzweigungsantrag gemäß § 48 Absatz 1 SGB I vor.

75

Das Gesetz ermöglicht zwar zugunsten von Kindern und Ehegatten die Abzweigung laufender Geldleistungen, die der Sicherung des Lebensunterhaltes zu dienen bestimmt sind. Das gilt aber nur dann, wenn der Gläubiger der abzuzweigenden Leistung seiner gesetzlichen Unterhaltspflicht nicht nachkommt.

An dieser Voraussetzung fehlt es hier. Unser Mandant kommt seiner gesetzlichen Unterhaltspflicht nach, soweit sie besteht.

Alternativ: Unser Mandant schuldet aus folgenden Gründen gar keinen gesetzlichen Unterhalt:

*1 *Erläuterungen*

Er erbringt aktuell folgende monatlichen Zahlungen oder Leistungen:[39] *2

Diese Leistungen werden wie folgt belegt: *3

Dem Abzweigungsantrag ist entgegenzutreten. Unser Mandant hat gegen den geltend gemachten Unterhaltsanspruch beziehungsweise seine Höhe Einwendungen, die im familiengerichtlichen Verfahren geklärt gehören. Es ist nicht Sinn des summarischen Abzweigungsverfahrens, Unterhaltsregelungen vorwegzunehmen. Allein die schwierigen Fragen der Einkommensveränderung zB durch eine Trennung, Änderung der

---

39 Hier ist auch an direkt bezahlte Miete und anderen Aufwand (zB Versicherungsprämien) für den Unterhaltsberechtigten zu denken!

Steuerklasse und andere Umstände bedürfen exakter Prüfung, die in einem summarischen Verfahren nicht möglich ist.

Eine solche Vorwegnahme würde auch den unterhaltsrechtlich anzuerkennen Selbstbehalt unseres Mandanten angreifen, dessen Bestimmung dem Familiengericht vorbehalten werden sollte.

Wir fügen der Ordnung halber eine Vollmacht für dieses Teilverfahren bei und erbitten deshalb alle Zustellungen und Nachrichten ausschließlich zu unseren Händen.

V. Steuer

1. An Mandantin – Belehrung über Zustimmungspflicht zum begrenzten Realsplitting[40]

76 Sie beziehen Ehegattenunterhalt. Die Gegenseite möchte diesen zulässigerweise dem steuerlichen Sonderausgabenabzug des Ehegattenunterhalts gemäß § 10 I 1 EStG unterziehen, wozu steuerrechtlich Ihre Zustimmung gegenüber dem Finanzamt des Unterhaltspflichtigen unverzichtbar ist. Bei Ihnen entstehen durch die Zustimmung steuerliche Einkünfte und Sie müssen eine Einkommensteuererklärung für das je betroffene Jahr der Zahlung abgeben. Zur Zustimmung sind Sie im Sinne gefestigter Rechtsprechung (auch des Bundesgerichtshofes[41]) verpflichtet weil sich der Unterhaltspflichtige bindend verpflichtet hat, Sie von entstehenden finanziellen Nachteilen freizustellen. Die Verpflichtungserklärung zum Nachteilsausgleich nur steuerlicher Nachteile genügt nicht, denn durch das Entstehen von Einkünften auf Ihrer Seite können sie auch sozialrechtliche Nachteile erleiden, so zB den Verlust des Krankenversicherungsschutzes in der gesetzlichen Krankenversicherung (GKV), erhöhte Krankenversicherungsbeiträge in der GKV oder auch Nachteile bei Fördermaßnahmen, zB beim Erziehungsgeld und der Sparförderung. Wenn solche außersteuerlichen Nachteile ersichtlich sind, ist es sinnvoll, die Gegenseite konkret vorzuwarnen, damit sie ggf vom Sonderausgabenabzug Abstand nehmen oder den Abzugsbetrag begrenzen kann.

Die nötigen Nachweise dazu können Sie zu gegebener Zeit insbesondere durch eine Kopie des Einkommensteuerbescheides führen.

Natürlich ist die gesamte Bearbeitung auf Ihrer Seite mit Aufwand verbunden. Der muss aber aus dem bestehenden unterhaltsrechtlichen Verhältnis heraus, das gegenseitige Rücksichtnahme gebietet, in Kauf genommen werden. Leider können auch etwa anfallende Steuerberatungskosten nach der Rechtsprechung[42] nur im Ausnahmefall auf den Unterhaltspflichtigen übergewälzt werden.

Es ist zu empfehlen, dass Sie zur Vermeidung für Sie teuren Schadens die Zustimmungserklärung umgehend abgeben. Soweit ein Formular beigefügt ist, können Sie dieses verwenden. Die Erklärung ist jedoch nicht formgebunden und kann deshalb auch beim zuständigen Finanzamt zu Protokoll oder in einem schlichten Schreiben

---

40 Dieses Schreiben ist für die Belehrung der zustimmungspflichtigen Mandantin gedacht, die sich in dem Bereich durchaus störrisch zeigen könnte
41 BGH Urteil vom 23. 3. 1983, FamRZ 1983, 576; vgl Handbuch Fachanwalt Familienrecht/Schöppe-Fredenburg 13 Kap Rn 183
42 Handbuch Fachanwalt Familienrecht/Schöppe-Fredenburg 13. Kap Rn 191

erklärt werden. Im Zweifel sollte die Zustimmung nur für ein bestimmtes Jahr oder bestimmte Jahre und nicht einfach für die Zukunft abgegeben werden. Die einmal erteilte Zustimmung ist nämlich steuerrechtlich nur für Jahre widerruflich, die noch nicht begonnen haben.

Die Übermittlung der Zustimmung sollte so erfolgen, dass Sie sie im Streitfall beweisen können. Sollten Sie die Zustimmung direkt an das Finanzamt geben, muss die Gegenseite unbedingt und nachweisbar informiert werden, besser ist es deshalb, die Zustimmungserklärung mit Begleitbrief an die Gegenseite zu leiten.

Bei Bedarf Das sollten Sie aus Gründen des Nachweises über uns tun.

2. An Gegnerin – Aufforderung zur Zustimmungserklärung begrenztes Realsplitting

Unser Mandant leistete im Kalenderjahr *1 Ehegattenunterhalt in Höhe von *2 €, der zur steuerlichen Entlastung unseres Mandanten dem so genannten begrenzten Realsplitting (Sonderausgabenabzug des Ehegattenunterhaltes gemäß § 10 I 1 EStG) unterworfen werden soll.

Das ist steuerrechtlich nur mit Zustimmung Ihrer Mandantin möglich, bei der im Gegenzug im Umfang der Zustimmung Sonstige Einkünfte gemäß § 22 Nr 1 a EStG entstehen.

Unser Mandant verpflichtet sich hiermit bindend im Sinne der eindeutigen BGH-Rechtsprechung, Ihre Mandantin gegen geeigneten Nachweis von allen finanziellen Nachteilen freizustellen, die sich aus der Zustimmung ergeben. Ihre Mandantin möge die Zustimmung umgehend, spätestens bis zum *3 erklären.

Wir übergeben dazu dreifach vorbereitete Zustimmungserklärung mit der Bitte um Rückgabe von zwei Exemplaren mit Unterschrift Ihrer Mandantin. Die Zustimmungserklärung ist nicht formbedürftig, auch wenn es dazu ein Formblatt der Finanzverwaltung »Anlage U« gibt (s. BGH-Urteil vom 29. 4. 1998 in FamRZ 1998, 953). Ihre Mandantin muss daher das beigefügte Formular nicht verwenden. Sollte Ihre Mandantin die Zustimmung direkt gegenüber dem Finanzamt unseres Mandanten erklären wollen, ist auch das möglich, in diesem Fall wird aber um Nachricht und Kopie der Zustimmungserklärung innerhalb der oben genannten Frist gebeten, damit unser Mandant seine Steuerangelegenheit zügig und ordnungsgemäß bearbeiten kann und nicht durch Informationslücken Schaden entsteht.

Bei Bedarf Sollten aus der Zustimmung besondere Nachteile außerhalb des rein steuerlichen Bereichs in Betracht kommen, möge Ihre Mandantin Hinweis geben. Wir denken dabei auch an sozialrechtliche Nachteile im Bereich der gesetzlichen Krankenversicherung oder beim Erziehungsgeld sowie an Nachteile im Förderungsbereich.

3. An Gegner – Risikohinweise zum Realsplitting

Ihr Mandant verlangte von unserer Mandantin Zustimmung zum Sonderausgabenabzug des Ehegattenunterhalts.

Bei Bedarf Das betrifft das Jahr (die Jahre) *1.

Variante 1 Er hat sich dabei verpflichtet, unsere Mandantin von daraus resultierenden steuerlichen Nachteilen freizustellen. Diese Erklärung zum Nachteilsausgleich genügt leider nicht, da Nachteile auch im außersteuerlichen Bereich eintreten können, zB im Bereich der gesetzlichen Krankenversicherung, des Erziehungsgeldes oder der Sparförderung. Es wird also die schriftliche Erklärung benötigt, dass Ihr Mandant von allen **finanziellen** Nachteilen freistellt.

Variante 2 Er hat sich dabei verpflichtet, unsere Mandantin von daraus resultierenden finanziellen Nachteilen freizustellen. Das deckt eine steuerliche Mehrbelastung ab, ebenso aber auch Nachteile im außersteuerlichen Bereich, zB dem der Krankenversicherung, des Erziehungsgeldes oder der Sparförderung. Wir wollen hier zunächst **Risikohinweis** darüber geben, dass die Zustimmung zum Sonderausgabenabzug des Ehegattenunterhalts im vorliegenden Fall folgende konkreten weiteren Nachteile bringen kann:

Auswahl an möglichen Gründen

- Da die Ehe noch nicht geschieden ist, Verlust der gesetzlichen Krankenversicherung in Form der Familienversicherung.
- Erhöhung des Krankenversicherungsaufwandes unserer Mandantin.
- Nachteile beim Erziehungsgeld, dessen Gewährung und Höhe vom Einkommen iS des BErzGG abhängt. Grundlage dieses Einkommens aber ist die Summe der positiven Einkünfte, in die bei der verlangten Gestaltung auch der zu Einkünften werdende Ehegattenunterhalt einfließt.
- Nachteile bei der Sparförderung.

Es kann also per Saldo sein, dass die verlangte Maßnahme mehr Nachteilsausgleich kostet, als an Steuerersparnis bei Ihrem Mandanten herein kommt. Es kommt auch in Betracht, vom begrenzten Realsplitting Abstand zu nehmen oder den steuerlichen Abzugsbetrag freiwillig zu reduzieren, was allerdings detaillierte Berechnungen erfordert, die unsere Mandantin nicht beisteuern kann und muss.

Unsere Mandantin ist bereit, Hinweisen Ihres Mandanten dazu nachzugehen und erforderlichenfalls nähere Informationen einzuholen.

4. An Gegner – Zustimmungsverlangen Zusammenveranlagung

79 Die Parteien haben im Veranlagungszeitraum *1 nicht ständig getrennt gelebt, so dass eine Ehegattenveranlagung in Form der Zusammenveranlagung noch zulässig ist. Es ist dies auch die vom gemeinsamen Steueraufkommen her günstigste Veranlagungsform, die auch der früheren Handhabung der Parteien entspricht.

Ihre Partei muss daher aufgefordert werden, der Zusammenveranlagung zur Einkommensteuer für das oben bezeichnete Jahr zuzustimmen und sich vorab dazu zu erklären. Die vollständige Einkommensteuererklärung wird dann zu gegebener Zeit zu der in der Regel steuerlich unentbehrlichen Unterzeichnung übermittelt.

Bei Bedarf

Unsere Partei erklärt verbindlich, dass sie damit einverstanden ist, dass die erwartete Einkommensteuererstattung einschließlich der Zuschlagsteuern den Parteien hälftig zustehen soll. Für den Fall, dass es für das betroffene Jahr zu Steuernachzahlungen kommt, verpflichtet sie sich, diese alleine zu tragen.

Wir dürfen um Erledigung bis spätestens *2 bitten. Bei verspäteter oder ausbleibender Erledigung droht Schaden, auf den zur Schadensminderung hingewiesen wird.

5. An Gegner – Verweigerung der Zusammenveranlagung

Ihre Partei verlangt Zustimmung zur Zusammenveranlagung zur Einkommensteuer für das Jahr *1.

Dem kann unsere Partei wegen folgender Bedenken derzeit nicht zustimmen:

Zutreffendes auswählen

- Eine Ehegattenveranlagung ist gemäß § 26 I EStG für das betroffene Jahr steuerrechtlich nicht mehr zulässig weil die Parteien über das ganze Jahr dauernd getrennt gelebt haben.
- Eine Ehegattenveranlagung ist noch zulässig, führt aber in der Summe zu einem höheren Gesamtsteueraufkommen als die getrennte Veranlagung der Ehegatten.
- Es ist noch ungeregelt, wie Steuererstattungen bzw Steuernachzahlungen intern getragen werden.
- Unsere Partei hatte die ungünstige Lohnsteuerklasse V und das wurde intern für die Monate des Getrenntlebens nicht (nicht ausreichend) auf der Unterhaltsebene der Ehegatten ausgeglichen.
- Unsere Partei erleidet durch die verlangte Zusammenveranlagung finanzielle Nachteile im einkommensteuerlichen Bereich des Verlustnachtrags oder Verlustvortrags. Wir illustrieren das durch in Kopie anliegendes Schreiben des Steuerberaters *2 vom *3.
- Die Zusammenveranlagung führt nach der Abgabenordnung zu einer gesamtschuldnerischen Haftung der Parteien für die gesamte Steuerschuld (Einkommensteuer und Solidaritätszuschlag). Die Zahlung von Steuernachzahlungen ist nicht geregelt und gesichert.
- Unsere Partei erwartet beim Finanzamt Guthaben (Steuererstattungen) die aufgrund der gesamtschuldnerischen Haftung berührt werden können.

Selbstverständlich können Verhandlungen über eine Bereinigung geführt werden.

VI. Sozialleistungen

1. An Mandant – Beantragung und Organisation von Sozialleistungen

Im Zusammenhang mit der Thematik »Trennung/Ehescheidung« ist an die rechtzeitige Beantragung und Organisation von Sozialleistungen im weiteren Sinne zu denken, auch wenn diese bislang an den Ehegatten ausbezahlt werden. Hierzu geben wir ohne Anspruch auf Vollständigkeit eine kurze tabellarische Übersicht häufig in Anspruch genommener Leistungen. Unter »G:« ist das betroffene Leistungsgesetz aufgeführt. Bereits mit einer Trennung, aber auch mit Ehescheidung, können sich Anspruchsvoraussetzungen und Leistungshöhe ändern. **Die Prüfung und Beantragung der einzelnen Leistungen ist nicht Gegenstand unserer Tätigkeit.** Wo keine Zuständigkeit angegeben ist, ist die Gemeindeverwaltung oft die richtige Anlaufstelle.

a **Kindergeld** (Familienkasse, beim Arbeitsamt untergebracht)
G: Einkommensteuergesetz, in Ausnahmefällen BKGG

b **Sozialhilfe** (Gemeinde)
G: SGB XII (früher BSHG)

c **Wohngeld**
G: Wohngeldgesetz

d **Erziehungsgeld**
G: BErzGG und Landesgesetze

e **Unterhaltsvorschuss** (Jugendamt)
G: Unterhaltsvorschussgesetz

f **Kinderzulage zur Eigenheimzulage** (Finanzamt)
G: Eigenheimzulagegesetz (nur für Altfälle bis 2005)

g **Leistungen nach dem BaföG**
G: BAföG

h **Jugendhilfe** (Jugendamt)
G: Sozialgesetzbuch (SGB) VIII

i **Arbeitslosengeld** (Agentur für Arbeit bzw Arbeitsgemeinschaft für das ALG II)
G: SGB III, früher Arbeitsförderungsgesetz

j **Unterhaltsgeld und andere Förderleistungen** (Arbeitsamt)
G: SGB III

k **Familienzulagen bei der Besoldung** (Dienstherr/Arbeitgeber)
G: Besoldungsgesetze (Arbeitsvertrag/Tarifvertrag)

l **Gesetzliche (GKV) oder private Krankenversicherung**
GKV: SGB V

m **Freiwillige Leistungen kirchlicher, kommunaler und gemeinnütziger Träger**

Die Leistungen können zum Teil gar nicht rückwirkend und zum Teil nur mit zeitlich beschränkter Rückwirkung (zB Unterhaltsvorschuss ein Monat) beantragt werden.

2. An Mandant – Sozialrisiken

82 Trennung, Scheidung und damit verbundene Folgen und Regelungen – zB Unterhaltsleistungen an den getrennt lebenden Ehegatten – können neben gravierenden **steuerlichen** Konsequenzen auch im **sozialrechtlichen** Bereich Nachteile mit sich bringen, die Sie im Grundsatz kennen sollten. Die nachstehenden Hinweise sind nicht vollständig, sie betreffen nur häufige Auswirkungen.

Mögliche Folgen der dauernden Trennung:

- Ab dem Jahresbeginn nach dauernder Trennung ist eine Zusammenveranlagung der Ehegatten zur Einkommensteuer nicht mehr zulässig, auch wenn die Ehe noch besteht. Es ist speziell die günstige Lohnsteuerklasse 3 nicht mehr zulässig.

- Bei längerem Getrenntleben über den ersten Jahreswechsel hinaus drohen Nachteile im Bereich der Eigenheimförderung (Eigenheimzulage). An frühzeitige Prüfung und Neuordnung sollte gedacht werden. Fachkundige Beratung ist nötig, die Materie ist schwierig.

Mögliche Folgen der Scheidung:

- Der geschiedene Ehegatte eines **Beamten** oder Richters ist automatisch nicht mehr beihilfeberechtigt.
- Der geschiedene Ehegatte eines **Soldaten** genießt keine freie Heilfürsorge mehr.
- Der geschiedene Ehegatte eines **gesetzlich** Krankenversicherten (das muss nicht zwingend ein Arbeitnehmer sein) fällt aus der **Familienversicherung** heraus und ist **unversichert**, wenn er sich nicht selbst freiwillig versichert oder selbst versicherungspflichtig ist oder wird, zB durch ein zur Krankenversicherungspflicht führendes Arbeitsverhältnis oder andere Tatbestände.
- Der geschiedene Ehegatten eines gesetzlich Rentenversicherten erhält keine **Witwenrente**, insoweit droht eine Versorgungslücke.
- Gleiche Nachteile sind auch im Bereich von Betriebs- und Zusatzrenten möglich.
- Auch das Vorversterben eines Beamten oder Soldaten kann solche Nachteile bringen, jedenfalls wenn kein Unterhaltsfall mit bestimmten Mindestvoraussetzungen vorliegt.

Es sollte insbesondere frühzeitig eine gesetzliche Krankenkasse befragt werden. Leider besteht dort in manchen Fällen gar kein Beitrittsrecht, so dass sich ernsthafte Versicherungslücken auftun können, speziell beim geschiedenen Ehegatten eines Beamten, der in der Ehe nicht berufstätig und nicht selbst gesetzlich krankenversichert war. Das Ergebnis sollte man sich schriftlich geben lassen.

Mögliche Nachteile des begrenzten Realsplittings (einkommensteuerlicher Sonderausgabenabzug von Ehegattenunterhalt).

Vorbemerkung: Auf Antrag darf der unterhaltspflichtige Ehegatte den Ehegattenunterhalt – und nur diesen, nicht auch Kindesunterhalt – steuerlich »absetzen«. Das bedarf der Zustimmung des unterhaltsberechtigten Ehegatten, die grundsätzlich gegen verbindliche Zusage der Freistellung von finanziellen Nachteilen erklärt werden muss. Die Gestaltung ist regelmäßig frühestens ab dem Jahr möglich, das auf den Trennungsbeginn folgt.

- Durch das »Realsplitting« entstehen echte **steuerliche Einkünfte** des Unterhaltsberechtigten, die zu einer Belastung oder zusätzlichen Belastung mit Einkommensteuer, Kirchensteuer und Solidaritätszuschlag führen können. Es muss auf jeden Fall eine Einkommensteuererklärung abgegeben werden.
- An erster Stelle droht als sozialrechtlicher Nachteil der **Verlust der Familienversicherung** auch während noch bestehender Ehe wenn das Gesamteinkommen des Unterhaltsberechtigten einen bestimmten Monatsbetrag (1/7 der monatlichen Bezugsgröße nach § 18 SGB I; Stand 2006 = 350 €) übersteigt. Zum Gesamteinkommen gehören auch die steuerlichen Einkünfte aus dem Unterhalt.
- Nachteile sind auch beim **Erziehungsgeld** möglich, da der zu versteuernde Unterhalt zum berücksichtigungsfähigen Einkommen zählt.

- Gleiches gilt für die **Sparförderung** und andere öffentlichrechtliche Leistungen bzw Sozialleistungen.
- In der **Besoldung** können sich nachteilige Folgen ergeben.

Abschließender Hinweis: Trennung und Scheidung gehören rechtzeitig bedacht und vorbereitet, speziell wenn man die Trennung selbst herbeiführen will. Nach einjähriger Trennung lässt sich dem Scheidungswunsch des anderen Ehegatten in der Regel nicht dauerhaft entgegentreten. Zu den zu prüfenden Konsequenzen gehören nicht nur die familienrechtlichen Fragen im Zusammenhang mit Kindern, Unterhalt, Zugewinnausgleich, Ehewohnung und Hausrat. Gerade die Randbereiche zum Familienrecht können wie oben angedeutet zu echten sozialen Lücken und Nachteilen führen.

VII. Bankverhältnisse

1. Anfrage Bankverhältnisse (Konten und Haftung)

83   Der oben bezeichnete Mandant wird hier beraten. Wegen persönlicher Veränderungen benötigt er baldmöglichst fundierte Kenntnis über die eigenen Bank- und Haftungsverhältnisse. Unsere Tätigkeit beschränkt sich darauf, Ihnen gegenüber zu formulieren, was derzeit benötigt wird. Bitte liefern Sie dem Mandanten direkt (Vollmacht legen wir deshalb zur Vereinfachung nicht vor) schriftlich

- eine Übersicht über alle Konten (auch Darlehen), bei denen alleine oder mit Dritten Inhaberschaft besteht, mit Angabe der genauen Inhaberverhältnisse
- Übersicht über fremde Konten/Schulden, für die unser Mandant eine Haftung oder Mithaftung übernommen oder Sicherheiten geleistet oder zugesagt hat

Es genügt, wenn die Übersicht über Konten und Haftungsverhältnisse in Briefform dargestellt wird. Für anfallende Kosten kommt unsere Partei auf.

2. Banksperre

84   Der oben bezeichnete Mandant wird von uns beraten und vertreten. Aus gegebenem privatem Anlass und als reine Vorsichtsmaßnahme, die wir routinemäßig ergreifen, teilen wir mit, dass der Ehegatte des Mandanten über gemeinsame Konten, Guthaben, Verbindlichkeiten und sonstige Verhältnisse ab sofort nicht alleine verfügen darf. Das gilt insbesondere auch für:

- die Kündigung oder Entnahme von Guthaben oder Werten aller Art
- die Kündigung oder Umgestaltung von Konten, auch Darlehen
- die Revalutierung oder Erhöhung von Darlehen
- die Verwaltung von Sicherheiten
- alle sonstigen Maßnahmen, die den Mandanten betreffen können

Auch aufgrund etwa vorliegender Vollmacht für Konten des Mandanten soll keine Verfügung mehr zulässig sein. Auch zulasten der Haftungsverhältnisse, zB bei etwa geleisteter Bürgschaft, werden Verfügungen aller Art ab sofort nicht mehr akzeptiert.

Bitte merken Sie diese Maßnahme eilig vor und lassen Sie nur eindeutige, ausreichende und schriftliche Verfügungen zu. Zur Koordination im Detail und etwa

erforderlichen Neuordnung stehen wir mit dem Mandanten gerne zur Verfügung. Vollmacht ist beigefügt.

3. Banksperre Gütergemeinschaft

Für den oben bezeichneten Mandanten übergeben wir in Kopie die Urkunde des Notars *1 Nr. *2 vom *3, mit der die Eheleute den vertraglichen Güterstand der **Gütergemeinschaft** vereinbart haben.

85

Vorbehaltsgut wurde nicht ausbedungen. Zum **Gesamtgut** der Eheleute, welches **gemeinsam zu verwalten** ist, gehören auch Konten und Guthaben, die banktechnisch nur auf einen Ehegatten lauten.

Aus gegebenem privatem Anlass des Mandanten teilen wir unter Vollmachtsvorlage mit, dass der Ehegatte des Mandanten ab sofort **keinerlei alleinige Verfügungen** über Konten, Guthaben, Kredite und Sicherheiten treffen darf. Natürlich ist auch unsere Partei daran gebunden.

Wir bemühen uns, die Situation am Verhandlungstisch mit der Gegenseite zu klären.

VIII. Güterrecht

1. Schreiben an Gegner – Auskunftsverlangen Endvermögen

Die Parteien leben im gesetzlichen Güterstand der Zugewinngemeinschaft. Der Scheidungsantrag wurde am *1 zugestellt. Dies ist der nach dem Gesetz maßgebliche Stichtag für die güterrechtliche Bewertung des Endvermögens, §§ 1375 I, 1376 II, 1384 BGB.

86

Im Interesse der Klärung güterrechtlicher Ausgleichsansprüche muss Ihre Partei gebeten werden, bis spätestens *2 lückenlose und richtige Auskunft über ihr **gesamtes Vermögen** zu erteilen und die Auskunft zu belegen. Die Rechtsprechung stellt insoweit zu Recht strenge Anforderungen. Die Auskunft ist in Form eines detaillierten, geordneten und systematischen Verzeichnisses aller aktiven und passiven Vermögenspositionen zu erteilen, mit genauer Bezeichnung, zB auch von Kontonummern und anderen Daten. Es wird auch eine Vollständigkeitserklärung erwartet. Die Auskunft muss **genau zum Stichtag** erteilt werden, ausgenommen Kapitallebensversicherungen, bei denen aus technischen Gründen eine Bewertung zum nachfolgenden Monatsersten genügt.

Bei Bedarf Es wird eigenhändige Unterzeichnung des Vermögensverzeichnisses durch Ihre Partei erwartet.

Zum Endvermögen Ihrer Partei zählen alle geldwerten Gegenstände im weitesten Sinn, **insbesondere** je im Inland und Ausland (ohne Anspruch auf Vollständigkeit):

- Bargeld
- Bankgirokonten, Sparkonten, Festgeldkonten, sonstige Konten
- Alle Wertpapiere und Aktien, auch in Depots
- Sparbriefe, Obligationen, Schuldverschreibungen usw.
- Genossenschaftsanteile, Beteiligungen/Unterbeteiligungen aller Art

- Eine freiberufliche Praxis oder ein Anteil daran
- Ein Gewerbebetrieb oder Gesellschaftsanteil daran, auch stille Gesellschaft
- Anteile an inländischen und ausländischen Kapitalgesellschaften
- Anteile an nicht auseinandergesetzten Erbengemeinschaften
- Pflichtteilsansprüche/Erbersatzansprüche
- Eigentum oder Miteigentum an Immobilien aller Art, also bebaute und unbebaute Grundstücke, Erbbaurechte, Eigentumswohnungen, sonstige dingliche oder schuldrechtliche Nutzungsrechte und Wohnrechte
- Anteile an Immobilienfonds und dergleichen
- Investmentanteile/Fonds aller Art
- Private und sonstige Darlehensforderungen, ob fällig oder nicht
- Steuererstattungsansprüche in allen Steuerarten
- Schadenersatzforderungen, Ausgleichsforderungen, sonstige Forderungen
- Gewinnbezugsrechte im weitesten Sinne
- Patentrechte, Urheberrechte und Entsprechendes
- Edelmetalle (zB Gold/Platin), Edelsteine, Kunstgegenstände, Sammlungsgegenstände usw.
- Fahrzeuge, auch Motorräder, Wohnwagen, Anhänger usw.
- Wirtschaftlicher Wert von Kapitallebensversicherungen; zur Orientierung mögen ggf. zunächst die genauen Vertragsdaten und der Rückkaufwert mit gesondertem Ausweis der Dividenden, Überschussbeteiligungen und dergleichen mitgeteilt und belegt werden.
- Anwartschaftsrechte aller Art, auch an Immobilien
- In der Trennungszeit erworbener Hausrat

Diese Auflistung ist nicht vollständig und soll als Gedächtnisstütze dienen, sie gibt allerdings einen Rahmen für die an die Auskunft zu stellenden Sorgfaltsmaßstäbe vor.

Wir müssten den Auskunftsanspruch gerichtlich weiterverfolgen, sollte Ihre Mandantschaft nicht fristgemäß vollständig Auskunft erteilt haben.

2. Schreiben an Mandant – Hinweise Auskunftspflicht Endvermögen

87 Für Ihre Ehe gilt der gesetzliche Güterstand der Zugewinngemeinschaft. Der Ehescheidungsantrag wurde am *1 durch das Familiengericht zugestellt. Allein dieses Datum ist nach der gesetzlichen Regelung der §§ 1375 I, 1376 II, 1384 BGB für die Erfassung und Bewertung des beiderseitigen Endvermögens maßgeblich. Gemäß § 1379 II, I BGB ist im Fall eines Scheidungsantrages jeder Ehegatte verpflichtet, auf Verlangen Auskunft über den Bestand seines Vermögens am Stichtag zu erteilen. Die Gegenseite verlangt nun diese Auskunft, die wir in Form eines geordneten und systematischen Verzeichnisses erteilen und im Zweifel belegen müssen. Der Auskunftsanspruch besteht auf jeden Fall, auch wenn sich jetzt schon aus Ihrer Sicht mit Sicherheit abzeichnen sollte, dass die Gegenpartei keinen güterrechtlichen Ausgleichsanspruch hat. Der Auskunftsanspruch kann durch Klage zum Familiengericht durchgesetzt werden. Insoweit drohen vermeidbare Prozesskosten. Die Auskunft darf auch nicht zurückbehalten werden, bis die Gegenseite Auskunft erteilt. Die Anforderungen der Gerichte an die Auskunft sind streng. Es müssen alle aktiven und passiven Vermögensposten **genau zum Stichtag** aufgeführt werden, mit genauer Bewertung, jedenfalls bei klar bewertbaren Vermögensbestandteilen.

Dazu gehören zB **Bankkonten**, zu denen die Erholung einer schriftlichen Saldenbestätigung der Bank empfehlenswert ist. Aus der Saldenbestätigung oder einem Zusatzschreiben muss deutlich hervorgehen, dass es sich um Ihre gesamten Konten bei der jeweiligen Bank handelt. Einzubeziehen sind natürlich auch Sparguthaben, Festgelder, Depots, Vermögenswirksame Leistungen, Schuldkonten usw. Geleistete Bürgschaften sind als Sicherungsmittel im Regelfall kein zu berücksichtigender Passivposten, sollten aber angegeben werden um die Haftungsverhältnisse gleich mit darzustellen.

Zum Endvermögen gehören **alle geldwerten Gegenstände**, auch Grundstücke, Eigentumswohnungen, Erbbaurechte, Anteile an Erbengemeinschaften oder Grundstücksgemeinschaften, Bausparverträge, Sparbriefe, Festgelder, Auslandsguthaben, private Darlehensforderungen, unter Umständen Steuererstattungsansprüche, Münzen, Sammlungen, Schmuck, Uhren, Reitpferde, PKWs, Krafträder, Wohnwagen, Anhänger, Fahrräder, Sportgeräte, in der Trennungszeit erworbener Hausrat, Kapitallebensversicherungen oder Lebensversicherungen mit noch nicht ausgeübtem Rentenwahlrecht.

Bei solchen **Kapitalversicherungen** besteht die Besonderheit, dass die Bewertung technisch nur zum Monatsersten (vor bzw nach dem Stichtag) möglich ist. Bitte lassen Sie sich vom jeweiligen Versicherer schriftlich den wahren wirtschaftlichen Wert unter Einbeziehung von Dividendenguthaben schriftlich bestätigen. Dieser wirtschaftliche Wert ist nicht mit dem so genannten Rückkaufwert identisch. Sollte der Versicherer den wahren Wert nicht kurzfristig mitteilen können, sollte zunächst der Rückkaufwert unter gesonderter Angabe von Dividenden oder Überschussguthaben ermittelt werden. Diese Werte liefern immerhin Anhaltspunkte. Auch Direktversicherungen sind aufzuführen, soweit sich zum Stichtag ein Rechtsanspruch auf sie ergibt. Eine Versicherung gehört, soweit nicht ausnahmsweise andere vertragliche Bindungen vereinbart sind, immer dem Versicherungsnehmer (VN). Es gibt Ausnahmen bei betrieblichen Versicherungen. Es ist unerheblich, wer versicherte Person ist und wer im Todesfall begünstigt ist, solche Begünstigungen sind im Normalfall durch den VN widerruflich und abänderbar. Auch die Sicherungsabtretung von Versicherungsguthaben, zB an eine finanzierende Bank, ändert nichts daran, dass der Versicherungswert Teil des Gesamtvermögens ist.

Auch **Genossenschaftsanteile** (zB Volksbank, Raiffeisenbank), **Gesellschaftsbeteiligungen** aller Art (zB GmbH-Anteile), **Gewerbebetriebe** und freiberufliche **Praxen** oder Anteile daran, gehören zum Vermögen und müssen angegeben werden, wenngleich hier nicht auf Anhieb ein Wert mitgeteilt werden kann.

Um weit verbreiteten Missverständnissen vorzubeugen: Es kommt nur auf das am **Endstichtag objektiv vorhandene aktive und passive Vermögen** an. Wo es herstammt, wer es erarbeitet und gespart hat, ist **an dieser Stelle**, nämlich der Erfassung des beiderseitigen Endvermögens unerheblich. Diesbezügliche Fragen (etwa in die Ehe eingebrachtes Vermögen, Verwandtenschenkungen, Erbschaften in der Ehezeit und dergleichen) sind später gesondert bei der Erfassung des Anfangsvermögens zu diskutieren. Jetzt geht es um die Erfüllung der Auskunftspflicht über Ihr Endvermögen, aus dem derartige Posten, die mit dem Anfangsvermögen zusammenhängen, nicht ausgeklammert werden dürfen.

Eine nicht mit der nötigen **Sorgfalt** erstellte Auskunft berechtigt die Gegenpartei, gerichtliche Ableistung der Eidesstattlichen Versicherung über die Richtigkeit und Vollständigkeit Ihrer Auskunft zu verlangen. Das wäre ebenso ärgerlich wie teuer. Auch ergeben sich dann zwangsläufig strafrechtliche Risiken, da Irrtümer möglich sind. In diesem Zusammenhang sollten Sie auch an alte Sparbücher denken, die mit kleinen Guthaben in Vergessenheit geraten sind.

Zusammenfassend ist zu empfehlen, dass Sie Ihr Endvermögen und die Belege dazu so schnell wie möglich zusammenstellen oder beschaffen. Bedenken Sie bitte, dass die Auskunft unsererseits fachkundig aufbereitet werden muss und dass dafür ausreichende Zeit erforderlich ist, wenn Fehler vermieden werden sollen.

3. An Mandant – Hinweise zum Anfangsvermögen

88 Ihre Ehe wurde im gesetzlichen Güterstand der Zugewinngemeinschaft geführt. Auf unsere Hinweise über die Systematik des Zugewinnausgleiches dürfen wir zurückkommen. Es geht heute speziell um das Anfangsvermögen. Insgesamt gilt folgende auf jeden Ehegatten getrennt anzuwendende Formel, in der keiner der Einzelwerte kleiner als null sein darf:

Zugewinn = Endvermögen – Anfangsvermögen.

Hat ein Ehegatte mehr Zugewinn als der andere erzielt, wird die Zugewinndifferenz halbiert und durch Geldzahlung ausgeglichen. Bewertungsstichtage sind nach dem Gesetz ganz schematisch für das Anfangsvermögen der Tag der Eheschließung beim Standesamt und für das Endvermögen der Tag der Zustellung des förmlichen Ehescheidungsantrages durch das Familiengericht.

Für einen Ehegatten, der per Saldo positives Endvermögen hat, ist eigenes Anfangsvermögen günstig weil es seinen eigenen Zugewinn vermindert. Ein Ehegatte, der zwischen den maßgeblichen Bewertungsstichtagen selbst keinen Zugewinn erwirtschaftet hat, kann ausgleichsberechtigt, aber nie ausgleichspflichtig sein. Die Vermögensverminderung eines Ehegatten in der Ehezeit wird nach güterrechtlichen Regeln nicht ausgeglichen. Der Zugewinn eines Ehegatten ist beim Zugewinnausgleich also nie kleiner als null.

Es ist für beide Ehegatten völlig getrennt zu prüfen, ob sie je einen Zugewinn erwirtschaftet haben. In Ihrem Fall können Werte des Anfangsvermögens Bedeutung haben. Deshalb die heutigen näheren Hinweise.

Zum Anfangsvermögen eines Ehegatten gehören zwei begrifflich sehr unterschiedliche Vermögensgruppen:

1. Die **am Tag der standesamtlichen Eheschließung** vorhandenen Vermögenswerte, die detailliert erfasst und dokumentiert werden müssen. Es kann sich hierbei um aktive und passive (Schulden) Werte handeln, die insgesamt saldiert werden müssen. Nur ein verbleibender aktiver Überschuss ist als Anfangsvermögen zu berücksichtigen. Es zählen Vermögenswerte aller Art, also auch Forderungen, Steuererstattungsansprüche, Anwartschaftsrechte auf Vermögen usw. Die reine Erwartung eines Vermögenszuflusses ist hingegen unbeachtlich, zum Beispiel eine erwartete Erbschaft wenn der Erblasser noch lebt.

2. Die einem Ehegatten **nach der Eheschließung, aber vor dem Stichtag des Endvermögens** von außen unentgeltlich zugeflossenen Vermögenswerte, insbesondere Schenkungen und Erbschaften oder vorweggenommene Erbschaften (zB durch Übergabevertrag). Erfolgt die Übertragung von Vermögenswerten mitsamt einer Schuldbelastung, zB durch Übernahme von Hausschulden bei der Hausübergabe, ist nur der Überschuss des Verkehrswertes über die aktuellen Schulden zum Übernahmezeitpunkt maßgeblich.

Maßgeblich sind die Verkehrswerte bei Eheschließung zur ersten Vermögensgruppe und beim jeweiligen Vermögenszufluss zur zweiten Gruppe. Diese Werte werden mit Hilfe des Lebenshaltungskostenindex übrigens auf die Wertverhältnisse zum Stichtag des Endvermögens hochgerechnet um eine nur nominale Wertsteigerung durch die Inflation zu korrigieren. Je länger hierbei der Vermögenszufluss zurückliegt, umso höher ist die Wertanpassung.

Sollten Sie solche für Sie günstigen Positionen des Anfangsvermögens besitzen, ist zunächst eine genaue Erfassung mit möglichst vollständigem Belegmaterial nötig. Speziell die Vermögenswerte der zweiten Gruppe, auch »privilegierter Erwerb« genannt, bereiten dem Nichtjuristen begrifflich und bewertungsmäßig Schwierigkeiten, da sie ja bei Eheschließung noch nicht zum eigenen Vermögen gehörten.

Wichtig: Jeder Ehegatte ist für die von ihm behaupteten Posten des eigenen Anfangsvermögens **beweispflichtig**, wenn der andere Ehegatte sie bestreitet. Ist ein Beweis nicht möglich – zum Beispiel durch Zeugen, Sparbücher, Kontoauszüge ua – wird der betroffene Vermögenswert nicht im Anfangsvermögen berücksichtigt. Es kann also wesentlich darauf ankommen, bald alles Material zusammenzutragen, das einen Vermögenswert direkt oder indirekt (zum Beispiel Steuerbescheide) belegt. Achtung: Kreditinstitute speichern die Daten meist nur 10 Jahre lang.

Die Positionen des Anfangsvermögens können übrigens schwierige Fragen aufwerfen, insbesondere wenn unklar ist, ob eine Schenkung an einen oder an beide Ehegatten erfolgte. Nicht jede Geldzuwendung ist berücksichtigungsfähig. Kleinere Geldgeschenke, etwa zum Geburtstag oder für die Lebensführung, sind oft unbeachtlich. Es können sich auch schwierige Bewertungsprobleme ergeben, die Sachverständigengutachten erfordern. Diese verursachen allerdings zusätzliche meist erhebliche Kosten.

4. An Mandant – Erfassungsbogen/Vermögensübersicht

Erfassungsbogen – Vermögensübersicht 89

Anfangsvermögen   Endvermögen   Ehefrau   Ehemann

Stichtag ....

I. Aktivvermögen

Z	Gegenstand	Nr./Bemerkung	Anlage	€
1	Girokonto/Gehaltskonto			
2	Sparguthaben/Sparbriefe/auch VL			
3	Wertpapiere/Aktien/Investmentanteile usw			
4	Anlagefonds/Sonstige Vermögensanlagen			
5	Auslandsguthaben aller Art			
6	Genossenschaftsanteile, zB bei der Bank			
7	Bargeld			
8	Gold/Edelmetalle/Edelsteine			
9	Sammlungs- und Kunstgegenstände			
10	Fahrzeuge/Anhänger/Boote			

11	Immobilien/Immobilienanteile/-Fonds			
12	Erbbaurechte/Geldwerte Grundstücksrechte			
13	Praxis/Betrieb/Beteiligungen			
14	Kapitallebensversicherungen (auch bei Rentenwahlrecht)			
15	Private Forderungen			
16	Steuererstattungsansprüche Vorjahr(e)			
17	Beteiligung an ungeteilten Erbengemeinschaften			
18	Schmuck/Uhren			
19	Sportgeräte/Reitpferde			
20	Hausrat, nach Trennung erworben			
21	Abfindungs- und Schadenersatzansprüche			
22				
23				
24				

II. Passivvermögen

Z	Gegenstand	Nr./Bemerkung	Anlage	€
1	Girokonto/Gehaltskonto			
2	Bankkredit 1			
3	Bankkredit 2			
4	Bankkredit 3			
5	Teilzahlungsschulden			
6	Bausparkredit			
7	Private Schulden			
8	Steuerschulden			
9	Fahrzeugschulden			
10	Unterhaltsschulden			
11	Geschuldete Rechtskosten			
12				

5. An Mandant (auskunftsverpflichtet) – Formular/Endvermögen

90 Zur Straffung verwenden wir nachstehendes Formular, das die Auskunft über Ihr Endvermögen betrifft. Maßgeblich ist der angekreuzte oder markierte Text. Bitte genau lesen und bald erledigen.

a	Die Gegenseite verlangt Auskunft über Ihr gesamtes Endvermögen. Es besteht leider eine detaillierte gerichtlich durchsetzbare Auskunftspflicht. Die Auskunft darf nicht davon abhängig gemacht werden, dass zunächst der andere Ehegatte Auskunft gibt.

b	Wir beziehen uns auf unsere allgemeinen Hinweise zur Auskunftspflicht. Diese muss ernst genommen werden. Die Gegenseite könnte den Auskunftsanspruch gerichtlich durchsetzen. Hierdurch drohen Ihnen Nachteile, auch Kostennachteile.
c	Förmlicher Stichtag für die Bewertung des Endvermögens ist allein der *1 Es kommt genau auf diesen Tag, an dem der Scheidungsantrag zugestellt wurde, an.
d	Wir erinnern vorsichtshalber jetzt schon an die Auskunft über Ihr Endvermögen. Bitte bedenken Sie, dass die Familiengerichte strenge Anforderungen an die Auskunft stellen. Sie muss vollständig und richtig sein. Im Normalfall wird sie von uns geprüft und überarbeitet werden müssen, was entsprechende zeitliche Planung erfordert.
e	Zur Vermeidung von Nachteilen müssen wir nun eilig Ihre Auskunft erteilen. Die Gegenseite könnte Klage zum Familiengericht erheben.
f	Die Gegenseite wird nun wegen der fehlenden Auskunft zu Ihrem Endvermögen wohl Klage gegen Sie erheben. Diesen Prozess könnten Sie nur verlieren. Wir erinnern deshalb dringend an die Auskunft bzw fehlende Daten und Belege.
g	Mit den vorliegenden Belegen und Daten kann die Auskunft über Ihr Endvermögen noch nicht vollständig und fachgerecht erarbeitet werden.
h	Sind wirklich alle Ihre aktiven und passiven Vermögenswerte schon vollständig erfasst?
i	Beigefügt ist die hier vorbereitete Auskunft über Ihr Endvermögen. Bitte prüfen Sie sie umgehend sehr genau auf Vollständigkeit und Richtigkeit und geben Sie Bescheid. Wenn alles stimmt, bitte unterschrieben per Post zurückgeben oder hier abgeben.
j	Zu Ihrer Auskunft besteht Klärungsbedarf, bitte umgehend Besprechung vereinbaren.
k	Folgendes ist leider nicht zum zutreffenden Stichtag bewertet oder belegt: *2
l	Es fehlen noch folgende Belege oder Angaben: *3
m	Ihre Auskunft ist fertig gestellt, sie ging laut Anlage an die Gegenseite heraus.
n	Die Gegenseite hat zu unserer Auskunft eine Anfrage oder Reklamation, bitte prüfen Sie das eilig und geben Sie uns detailliert Bescheid – soweit möglich mit geordneten Belegen.

6. An Mandant (auskunftsberechtigt) – Formular/Endvermögen

Zur Straffung verwenden wir nachstehendes Formular, das die Auskunft über das Endvermögen Ihres Ehepartners betrifft. Bitte genau lesen und bald erledigen, soweit veranlasst.

a	Es besteht eine gegenseitige gerichtlich durchsetzbare Auskunftspflicht über das gesamte Endvermögen am Stichtag der Zustellung des Scheidungsantrags. Die Auskunft darf nicht davon abhängig gemacht werden, dass zunächst der andere Ehegatte Auskunft gibt.
b	Wir haben von der Gegenseite laut Anlage Auskunft über deren Endvermögen verlangt.
c	Die Gegenseite hat keine Auskunft erteilt, wir mahnen laut Anlage.
d	Wegen der fehlenden Auskunft drohen wir der Gegenseite nun Klage an.
e	Wir übergeben eine Kopie unserer Auskunftsklage zum Endvermögen.
f	Die Gegenseite hat nun die beigefügte Auskunft erteilt, die noch zu prüfen ist. Bitte überlassen Sie uns etwa mögliche Hinweise vorab schriftlich.
g	Es waren Belege beigefügt. Diese werten wir erst noch aus. Wir fügen Sie in Kopie für Ihre Unterlagen bei.

h	Ist die Auskunft der Gegenseite vollständig und richtig? Bitte Bescheid geben.
i	Die Auskunft wirft schwierige Fragen auf, bitte deshalb eine Besprechung vereinbaren.
j	Laut Anlage haben wir Fehler oder Lücken in der Auskunft gerügt.
k	Die Gegenseite hat ihre Angaben laut Anlage ergänzt bzw berichtigt oder belegt.
l	Wir mahnen laut Anlage wegen der Lücken oder Fehler in der Auskunft.
m	Wegen unzureichender Auskunft der Gegenseite verlangen wir Ableistung der Eidesstattlichen Versicherung bei Gericht, das ist ein bewährtes Mittel zur Erreichung vollständiger Angaben, denn es drohen der Gegenseite gravierende strafrechtliche Konsequenzen.
n	Wir konnten nun eine Zugewinnausgleichsberechnung erstellen. Wir fügen sie bei.
o	Wir haben güterrechtliche Ausgleichsansprüche geltend gemacht und melden uns wieder.

7. An Gegner (auskunftsberechtigt) – Infoliste zur Auskunftspflicht zum EV des Mandanten

92 Zur Straffung verwenden wir nachstehendes Formular, das die Ihrerseits verlangte Auskunft über das Endvermögen unserer Partei betrifft.

a	Ihr Auskunftsverlangen liegt vor. Die Auskunft wird erarbeitet und baldmöglichst erteilt.
b	Bitte teilen Sie den genauen Stichtag der Zustellung des Scheidungsantrages noch mit. Er geht aus unserer Akte nicht hervor.
c	Die verlangte Auskunft kann leider noch nicht erteilt werden weil Daten oder Belege fehlen, um die wir uns bemühen.
d	Leider fehlen für die Auskunft zum Endvermögen unserer Partei immer noch einzelne Daten oder Belege, die wir reklamiert haben. Eine unvollständige Auskunft wollen wir nicht erteilen.
e	Zur Straffung erteilen mit der Anlage zunächst punktuelle Auskunft über wesentliche Vermögenswerte im Endvermögen unserer Partei. Der Rest wird nachgereicht.
f	Die folgende Vermögensposition ist noch nicht zum richtigen Stichtag erfasst: *1 Wir ermitteln den Wert zum richtigen Stichtag und melden uns wieder.
g	In der Anlage wird mit einem Verzeichnis Auskunft über das Endvermögen unserer Partei erteilt. Bitte melden Sie sich, wenn Fragen offen bleiben oder Erläuterungen benötigt werden.
h	Zur Veranschaulichung werden Belege zur Auskunft übergeben.
i	Zu Position *2 warten wir noch auf einen Beleg, den wir baldmöglichst nachreichen.
j	Ihre Partei wird gebeten, umgehend in gleicher Weise Auskunft zu erteilen und Belege dazu vorzulegen.

8. An Gegner (auskunftsverpflichtet) – Infoliste

93 Zur Straffung verwenden wir nachstehendes Formular, das die Auskunft über das Endvermögen Ihrer Partei betrifft.

a	Ihre Partei wird zur Klärung der güterrechtlichen Fragen gebeten, vollständige Auskunft über alle aktiven und passiven Positionen ihres Endvermögens am Tag der Zustellung des Scheidungsantrages zu erteilen und Belege vorzulegen. Es wird ein geordnetes und systematisches Verzeichnis verlangt.

b	Der Ehescheidungsantrag wurde am *1 zugestellt. Das ist der maßgebliche Stichtag für die Bewertung des Endvermögens, § 1384 BGB.
c	Wir erinnern an die erbetene Auskunft über das Endvermögen Ihrer Partei.
d	Die Auskunft über das Endvermögen Ihrer Partei ist noch nicht erteilt. Wir müssen Frist zur Erledigung bis spätestens *2 setzen.
e	Hinderungsgründe sind nicht mitgeteilt worden.
f	Es besteht eine völlig eindeutige Auskunftspflicht, § 1379 I/II BGB.
g	Da trotz Mahnung keine Auskunft erteilt wurde, müssen wir die Frage zu unserem Bedauern nach Ablauf von einer einwöchigen Nachfrist ab heute gerichtlich klären lassen.
h	Die Auskunft ist leider nicht oder nicht vollständig belegt worden. Bitte reichen Sie fehlendes Material im Interesse der Objektivierung bald nach.
i	Es fehlt die Erklärung darüber, ob die Auskunft das gesamte Endvermögen Ihrer Partei beinhaltet und erfasst.
j	Die Auskunft ist nach Ansicht unserer Partei nicht vollständig. Folgendes ist nicht einbezogen worden: *3
k	Die Auskunft ist nicht ausreichend. Folgendes ist nicht zum richtigen Stichtag der Zustellung des Scheidungsantrages einbezogen worden, obwohl dazu eine stichtagsgenaue Erfassung oder Bewertung möglich ist: *4
l	Es sind noch Daten oder/und Belege angekündigt, die bisher nicht eintrafen. Im Interesse der Straffung bitten wir, die Lücke alsbald zu schließen.

9. An Gegner – Verlangen Eidesstattliche Versicherung

Ihr Mandant hat Auskunft über sein Endvermögen am maßgeblichen Stichtag der Zustellung des Scheidungsantrages erteilt.

Diese Auskunft ist nicht mit der erforderlichen Sorgfalt erteilt.

Bei Bedarf Das ergibt sich aus Folgendem *1.

Ihr Mandant wird deshalb aufgefordert, bei Gericht an Eides Statt zu versichern, dass er den Bestand nach bestem Wissen so vollständig angegeben hat, wie er dazu in der Lage war (§ 260 II BGB).

Ihr Mandant möge bis zum *2 erklären oder erklären lassen, dass er bereit ist, die verlangte Eidesstattliche Erklärung bei Gericht zu leisten.

Geht diese Erklärung fristgemäß ein, werden wir ein entsprechendes Verfahren auf Ableistung der Eidesstattlichen Versicherung einleiten, zu dem Ihr Mandant dann geladen wird. Am Termin werden wir selbstverständlich teilnehmen. Zuvor oder dabei kann Ihr Mandant selbstverständlich noch seine Auskunft berichtigen oder ergänzen.

Geht die Erklärung nicht fristgemäß ein, müssen wir beim Familiengericht Klage auf Ableistung der Eidesstattlichen Versicherung erheben.

10. An Bank – Saldenanfrage

Oben bezeichneter Mandant wird hier in seiner Ehesache vertreten. Die Ehe wird im gesetzlichen Güterstand der Zugewinngemeinschaft geführt. Zur Klärung der güterrechtlichen Fragen wird alsbald ein möglichst zusammenfassender Beleg über sämtliche Bankguthaben und Verbindlichkeiten des Mandanten **genau zum folgenden Stichtag** erbeten: *1.

Güterrechtlich kommt es genau auf diesen Bewertungsstichtag und seine einzelnen aktiven und passiven Vermögenswerte an. Es ist der Tag der förmlichen Zustellung des Scheidungsantrags durch das Familiengericht.

Bei Bedarf

Bitte beziehen Sie auch den Wert eventuell vorhandener Genossenschaftsanteile ein.

Variante 1

Im Verhältnis zu Ihnen sind wir nur mit der richtigen Formulierung der Anfrage befasst, bitte beantworten Sie die Anfrage deshalb direkt gegenüber unserer Partei. Vollmacht bzw. Entbindungserklärung bezüglich des Bankgeheimnisses legen wir deswegen vorerst zur Vereinfachung nicht vor.

Variante 2

Der Ordnung halber legen wir eine Vollmacht vor, die Sie ermächtigt, die Anfrage unter Durchbrechung des Bankgeheimnisses zu unseren Händen zu beantworten, was der Straffung der Bearbeitung dient.

Für anfallende Bankspesen kommt unsere Partei auf.

Bitte Kennzeichnen Sie Positionen, bei denen **Mitinhaberschaft** Dritter, auch des Ehegatten, besteht.

Für Rückfragen stehen wir gerne zur Verfügung.

11. An LV – Wertanfrage Kapitallebensversicherung

Oben bezeichneter Mandant (Ihr Versicherungsnehmer; VN) wird in seiner Familiensache hier beraten bzw vertreten. Es sind güterrechtliche Fragen zu klären, in deren Zusammenhang es auch auf den wirtschaftlichen Wert von Lebensversicherungen ankommt, die nicht in den Versorgungsausgleich fallen.

Vollmacht legen wir der Ordnung halber vor. *Alternativ* Vollmacht legen wir zur Vereinfachung vorerst nicht vor, bitte beantworten Sie die Anfrage deshalb direkt an unsere Partei.

Maßgeblicher Kapitalwert der Lebensversicherung ist der wirtschaftliche Wert im Sinne der BGH-Rechtsprechung, der nicht mit dem Rückkaufwert identisch ist. Einzubeziehen sind alle Wertbestandteile, also auch solche aus Dividenden, Überschussbeteiligungen usw.

Bitte teilen Sie den wirtschaftlichen Wert aller in Ihrem Hause geführten Lebensversicherungen des VN mit Kapitalwert zum folgenden Stichtag hilfsweise dem nächstgelegenen Monatswechsel schriftlich mit.

Bewertungsstichtag ist der *1.

Sollten Sie den wirtschaftlichen Wert nicht kurzfristig ermitteln können, sind wir für einen kurzen schriftlichen Hinweis und Vorwegmitteilung des Rückkaufwertes dankbar. Dieser liefert dann immerhin Anhaltspunkte, mit denen Verhandlungen geführt werden können.

Sollte unser Auftraggeber nur neben anderen Versicherungsnehmer sein, wird um entsprechenden Hinweis gebeten.

12. An Gegner – Bezifferung Ausgleichsforderung

Unserer Partei steht anlässlich der Beendigung der Ehe durch Ehescheidung eine Zugewinnausgleichsforderung zu, die mit Rechtskraft des Scheidungsausspruches sofort fällig ist. Sie errechnet sich nach der folgenden güterrechtlichen Auseinandersetzungsbilanz:

Z	Was	Datum	Ehemann		Ehefrau	
			Einzelwerte €	Endwerte €	Einzelwerte €	Endwerte €
	Endvermögen	11.11.1999				
1.	Aktivposten			50.000		20.000
2.	Passivposten			8.000		4.000
3.	Saldo			42.000		16.000
	Anfangsvermögen	24.12.1990				
4.	Aktivposten		3.688		120	
5.	Passivposten		2.422		2.420	
6.	Saldo Indexbereinigt		1.266	1.546	0	0
7.	Privilegierter Erwerb indexbereinigt			812		2.000
8.	AV Gesamt			2.358		2.000
9.	Zugewinn			39.642		14.000
10.	Zugewinndifferenz (Zeile 9)					25.642
11.	Güterrechtlicher Ausgleichsanspruch ½ davon					12.821
12.	– Zahlung					2.000
13.	Verbleibende Forderung					10.821

Wir beziffern den Ausgleichsanspruch in dieser Höhe und verlangen von Ihrer Partei auftragsgemäß bis zum *1 ein schriftliches Anerkenntnis und Zahlung bei Fälligkeit.

Alternativ Wir beziffern den Ausgleichsanspruch in dieser Höhe und verlangen von Ihrer Partei auftragsgemäß Zahlung bis zum *2, da die Forderung sofort fällig gestellt werden kann. Die Ehe ist bereits rechtskräftig geschieden.

Sollte die Forderung nicht rechtzeitig und vollständig anerkannt bzw. bezahlt werden, müssen wir eine familiengerichtliche Regelung herbeiführen.

13. An Gegner – Zurückweisung Ausgleichsforderung

98 Sie haben für Ihre Partei eine Zugewinnausgleichsforderung beziffert und Anerkenntnis bzw. Zahlung verlangt. Dieses Begehren ist unberechtigt.

Alternativ Dieses Begehren ist unberechtigt, soweit es einen Betrag von € *1 übersteigt.

Von Seiten Ihrer Partei werden folgende Gesichtspunkte nicht zutreffend berücksichtigt:

Zutreffendes Verwenden

Beim Vermögen Ihrer Partei:

- Im Endvermögen wurden folgende Vermögenswerte nicht berücksichtigt, die Berücksichtigung finden müssen: *2
- Im Endvermögen wurden folgende Positionen mit einem unzutreffenden Wert erfasst, nämlich: *3
- Das Endvermögen Ihrer Partei erhöht sich dadurch bei richtiger Erfassung und Bewertung um *4 auf *5.
- Im Anfangsvermögen Ihrer Partei sind folgende Positionen bestritten und nicht belegt: *6; die Darlegungs- und Beweislast liegt diesbezüglich bei Ihrer Partei.
- Im Anfangsvermögen Ihrer Partei sind folgende Positionen nicht zutreffend erfasst oder bewertet: *7
- Das indexbereinigte Anfangsvermögen beträgt daher allenfalls *8.
- Der Zugewinn Ihrer Partei beträgt daher mindestens *9.

Beim Vermögen unserer Partei:

- Beim Anfangsvermögen unserer Partei wurden entgegen der Sach- und Rechtslage folgende Positionen nicht oder zu niedrig berücksichtigt: *10
- Das indexbereinigte Anfangsvermögen beträgt daher mindestens *11.
- Beim Endvermögen unserer Partei sind Werte erfasst, die dem Endvermögen nicht oder nicht mehr zugerechnet werden dürfen, nämlich: *12.
- Das Endvermögen wurde zu hoch bewertet, nämlich *13.
- Der Zugewinn unserer Partei beträgt daher höchstens *14.

Die dargelegte güterrechtliche Ausgleichsforderung besteht daher nicht.

Alternativ Ein Zugewinnausgleichsanspruch steht Ihrer Partei deshalb nicht zu.

Alternativ Ein Zugewinnausgleichsanspruch besteht nur in Höhe von *15 und wird in dieser Höhe anerkannt.

14. An Mandant – Verbund oder nicht?

99 Ihr Ehescheidungsverfahren schwebt und kann jederzeit entscheidungsreif werden, so dass diskutiert werden sollte, ob Sie eine Klärung der güterrechtlichen Fragen in den Ehescheidungsverbund einbeziehen. Das ist durch eine Klageschrift im Scheidungsverbund bis zur letzten mündlichen Verhandlung möglich. Je nach Fallgestaltung kann die Einbeziehung in den Verbund Vorteile, aber auch Nachteile haben. Das Gericht entscheidet nur auf Antrag zu den güterrechtlichen Fragen und wird von sich aus nicht tätig.

Vorteile:

- Es erfolgt eine umfassende Klärung zusammen mit dem Scheidungsausspruch und möglichen weiteren Folgesachen, zum Beispiel Kindes- oder Ehegattenunterhalt oder Hausratsteilung.
- Wegen der möglichen Wechselwirkungen mit anderen Folgesachen kann eine gleichzeitige Entscheidung notwendig oder mindestens sinnvoll sein.
- Im Regelfall vermindert die Einbeziehung in den Scheidungsverbund den Kostenaufwand und das Kostenrisiko. Speziell wenn Prozesskostenhilfe benötigt wird, könnte das Gericht bei späterer isolierter Geltendmachung wegen Mutwilligkeit der gesonderten gerichtlichen Verfolgung Nachteile anordnen oder Prozesskostenhilfe ganz versagen.
- Vermögensverfügungen der Gegenseite über deren Vermögen als Ganzes kann im gesetzlichen Güterstand eher begegnet werden, solange die Ehe formell noch besteht.

Nachteile:

- Die Zugewinnausgleichsforderung wird erst zum Zeitpunkt der Rechtskraft des Scheidungsausspruches fällig. Es kann im Einzelfall nach genauer Abwägung sinnvoll sein, die Vermögensfragen nicht in den Scheidungsverbund einzubeziehen und vorweg die Fälligkeit der Zugewinnausgleichsforderung herbeizuführen.
- Wenn bei der ausgleichspflichtigen Gegenpartei Vermögensverluste befürchtet werden, kann es sinnvoll sein, die Ehescheidung herbeizuführen. Der Ausgleich kann nämlich auf das bei formeller Beendigung der Ehe noch vorhandene Vermögen beschränkt sein.
- Wenn die normalerweise eintretende oft jahrelange Verzögerung des Scheidungsausspruches sonst nachteilig ist, zum Beispiel bei geplanter neuer Eheschließung oder aus anderen persönlichen Gründen.

Im Einzelfall bedarf es genauer individueller Abstimmung und Entscheidung. Wir können Ihnen an dieser Stelle vorweg nur die mögliche Problematik grob darstellen.

15. An Gegner – Aufforderung zur Rechnungslegung bei Gütergemeinschaft

Bekanntlich vertreten wir Ihre Ehefrau umfassend. Alle Verhandlungen und der Schriftwechsel sind mit uns zu führen. Das gilt auch für die Belegvorlage.

Im Zusammenhang mit der Ehe haben Sie Verwaltungsmaßnahmen übernommen. Diese betreffen:

Nur zutreffendes verwenden

1. Die Immobilie *1
2. Die Gesellschaft *2
3. Die Verwaltung des Gesamtgutes im notariell vereinbarten vertraglichen Güterstand der Gütergemeinschaft

Unsere Mandantin benötigt Kenntnis über die wirtschaftliche Lage und Ihre Verwaltungstätigkeit. Auf diese Kenntnis hat sie ein eindeutiges Recht, das wir erforderlichenfalls gerichtlich durchsetzen werden. Wir fordern Sie daher auf, innerhalb von zwei Wochen ab Datum dieses Briefes über Ihre Verwaltungsmaßnahmen im Zeitraum vom *3 bis zum *4 lückenlos Auskunft zu erteilen und Rechung zu legen. Dazu gehört insbesondere die Vorlage

a) Spezifizierter und zeitlich geordneter Auflistungen über alle getätigten Einnahmen und Ausgaben, in der jede Geldbewegung mit Datum, Betrag, Währung, Zahlungsweise samt Kontoangabe und allen sonstigen Details angegeben ist, alles in Deutscher Sprache und einfach lesbarer Form.
b) Die Vorlage aller dazugehörigen Originalbelege, die ebenso unserer Mandantin gehören.
c) Eine dementsprechende und verständliche Darstellung Ihrer gesamten Verwaltungsmaßnahmen einschließlich der Begründung, Beendigung und Veränderung von vertraglichen Abreden und der Verwaltung von Sicherheiten einschließlich der Darstellung der genauen Haftungsverhältnisse und der Bearbeitung steuerlicher und abgabenrechtlicher Belange und möglicher Subventionen.

Da diese Arbeiten oft schwierig sind, legen wir Ihnen nahe einen Rechtsanwalt oder einen Angehörigen der steuerberatenden Berufe hinzuzuziehen, soweit nicht geschehen.

Bis zur Rechnungslegung und anschließenden Absprache über die weitere Verwaltung dürfen Sie als reine Vorsichtsmaßnahme keinerlei Verwaltungstätigkeit ausüben, die der Gemeinschaft Nachteile im weitesten Sinne bringen kann. Wir betonen in diesem Zusammenhang, dass unsere Mandantin zu Gesprächen und vernünftigen Absprachen bereit ist.

16. An Gegner – Verfügungsverbot § 1365

101   Ihre Partei soll das in ihrem Alleineigentum stehende Anwesen *1 veräußert haben oder dies planen. Die Veräußerung ist gemäß §§ 1365 I, 1367 BGB unwirksam. Die Verfügung betrifft nach Aktenlage das Vermögen Ihrer Partei als Ganzes. Die Parteien leben im gesetzlichen Güterstand der Zugewinngemeinschaft, der nicht auseinandergesetzt ist.

Bevor wir namens unserer Partei ermitteln und beim Käufer intervenieren (§ 1368 BGB), geben wir Ihrer Partei Gelegenheit, die genauen Veräußerungsdaten samt Kaufvertrag binnen Wochenfrist ab heute offen zu legen. Insoweit besteht ein Auskunftsanspruch, der hiermit geltend gemacht wird. Wegen der Bedeutung des Vorganges ist die kurze Fristsetzung angemessen.

Denkbar Unsere Partei ist im Außenverhältnis auch als Mitschuldnerin von Kreditverbindlichkeiten betroffen, sie muss auch insoweit mitgestalten dürfen.

Innerhalb der gesetzten Frist werden wir zur Schadensminimierung voraussichtlich auch noch nicht an betroffene Kreditinstitute herantreten, dies stellen wir aber nur unverbindlich in Aussicht.

Selbstverständlich kann – ohne Verzicht auf Rechte unserer Partei – über uns auch über eine außergerichtliche Bereinigung verhandelt werden. Dazu müssten zunächst innerhalb der gesetzten Frist konstruktive Vorschläge kommen. Die diesseitige Verhandlungsbereitschaft enthält noch keinerlei Einwilligung im Sinne des § 1365 I S. 2 BGB.

Bei Bedarf Ihre Partei wird auch darauf hingewiesen, dass sie gemäß § 1369 I BGB keinerlei alleinige Verfügungen über ehelichen Hausrat einschließlich Küche (unabhängig von dessen Herkunft) treffen darf. Selbstverständlich trifft auch unsere Partei bis zur endgültigen Hausratsteilung keine einseitigen Verfügungen.

17. Intervention beim Käufer §§ 1365 ff

Die oben bezeichnete Partei wird von uns in ihrer Ehesache vertreten. Unsere Mandantschaft lebt im gesetzlichen Güterstand der Zugewinngemeinschaft, der noch nicht auseinandergesetzt ist. Zwar ist im gesetzlichen Güterstand jeder Ehegatte Eigentümer seines eigenen Vermögens, es besteht ohne Einwilligung des anderen Ehegatten gemäß § 1365 I BGB jedoch ein gesetzliches Verbot für Verfügungen über das eigene Vermögen als Ganzes. Hier ergeben sich Hinweise darauf, dass Sie vom Ehegatten unserer Partei dessen ganz überwiegendes oder alleiniges Vermögen erwerben wollen oder schon vertraglich disponiert haben. Wegen der nach dem Gesetz unerlaubten Verfügung über das Vermögen im Ganzen ist eine wirksame Übereignung zu Ihren Gunsten gemäß § 1367 BGB ausgeschlossen. Unsere Partei kann gemäß § 1368 BGB die Unwirksamkeit der Verfügung alleine und im eigenen Namen gerichtlich gegen Sie geltend machen.

102

Sie erhalten zunächst Gelegenheit zur Stellungnahme oder Kontaktaufnahme innerhalb von drei Kalendertagen. Insoweit sind wir alleine zuständig, unsere Partei wünscht berechtigterweise, nicht direkt kontaktiert zu werden.

Wenn zutreffend Wie bekannt wurde, ist der unwirksam an Sie veräußerte Vermögensgegenstand bereits übergeben. Wegen Verstoßes gegen § 1365 I BGB ist eine wirksame Übereignung nicht erfolgt. Zur Vermeidung eines Rechtsstreits werden Sie zur Rückgabe des Kaufgegenstandes binnen Wochenfrist ab Briefdatum aufgefordert.

Der Ehegatte unserer Partei erhält selbstverständlich Kopie dieses Schreibens.

IX. Notariat/Vertragslösungen

1. An Notar – Auftragsschreiben

(Name *1, Anschrift *2) Sehr geehrter Herr Kollege,

103

Wir vertreten beraten hier *3. Namens unserer Partei bitten wir Sie, einen Vertragsentwurf zu erstellen und die Beurkundung vorzubereiten.

Die Eheleute haben am *4 die Ehe geschlossen. Es gibt keinerlei Auslandsberührung.

Ein Ehevertrag wurde noch nie geschlossen. Ein Ehevertrag wurde mit Urkunde des Notars *5 in *6 vom *7 Nr *8 geschlossen.

Getrenntleben liegt noch nicht seit *9 vor.
Die Ehe ist kinderlos, es wurde auch kein Kind adoptiert.
Der Ehe entstammen die Kinder *10 entstammt das Kind *11

Es gibt Kinder nur eines Ehegatten wie folgt *12

Ein Ehescheidungsverfahren läuft bereits beim Familiengericht *13 unter dem Aktenzeichen *14. Ein Ehescheidungsverfahren soll in Kürze eingeleitet werden ist nicht konkret geplant läuft noch nicht.

Die urkundlichen Regelungen sollen unabhängig davon erfolgen, ob, wann, von wem und aus welchen Gründen ein Ehescheidungsverfahren betrieben wird.

Wir werden bei der Beurkundung voraussichtlich nicht anwesend sein, regen aber an, das abzustimmen.

Zu Beruf, Einkommen und Vermögen: *15.

Kinder

Regelungen zum Sorgerecht oder Aufenthaltsbestimmungsrecht sollen nicht getroffen werden.

Bei Bedarf: Die Mutter der Vater soll jedoch bevollmächtigt werden, das Kind die Kinder umfassend alleine zu vertreten, soweit es um Gesundheitsfürsorge, Ausweise, Schulbesuch, Meldeangelegenheiten und Geldanlagen geht.

Zum Umgangsrecht soll nichts vereinbart werden, die Parteien wollen sich insoweit formlos abstimmen und die je sinnvolle Gestaltung suchen.

Bei Bedarf: Die Aussteuerversicherung Ausbildungsversicherung Nr. *16 beim Versicherer *17 wird weiterhin vertragsgemäß vom Vater von der Mutter bezahlt. Versicherungsnehmer ist *18. Die Parteien vereinbaren durch echten Vertrag zugunsten Dritter, dass alle Rechte aus der Versicherung bei Fälligkeit dem Kind zustehen sollen, ohne dass dieses Versicherungsnehmer wird. Die Parteien behalten sich aber vor, diese Bestimmung vor Fälligkeit gemeinsam übereinstimmend zu ändern oder zu widerrufen.

Nachehelicher Ehegattenunterhalt

Auf nachehelichen Ehegattenunterhalt in allen Lebenslagen und auch in Notfällen soll wechselseitig verzichtet werden, das soll unabänderlich sein. Die Parteien haben das »im Paket« abgesprochen und sehen es als angemessen an.

Bei Bedarf Folgende Leistungen aus der Urkunde sind eine Gegenleistung für den gegenseitigen Unterhaltsverzicht. Dem liegt eine globale Risikobewertung der Parteien unter Berücksichtigung der persönlichen und wirtschaftlichen Lage zugrunde; auch zum Beruf und zum Einkommen. Hierzu ist folgende konkrete Lage gegeben: *19.

Ehegattengetrenntlebensunterhalt

Unterhaltsrückstände bestehen nicht, vorsorglich wird unter Verzichtsannahme wechselseitig darauf verzichtet.

Ein Verzicht auf laufenden Unterhalt ist insoweit nicht möglich und zu vereinbaren.

Die Parteien beabsichtigen allerdings nicht, solchen Unterhalt zu verlangen. Käme es doch zu einer diesbezüglichen Unterhaltsbelastung eines Ehegatten,

Möglichkeit 1 soll sich an den übrigen Bestimmungen im Vertrag nichts ändern.

Möglichkeit 2 ist dieser berechtigt, insgesamt den Rücktritt vom Vertrag zu erklären.

Möglichkeit 3 vermindern sich die Zahlungsansprüche des Unterhaltsberechtigten auf der Vermögensebene wie folgt *20.

Eheliches Güterrecht

Es soll der vertragliche Güterstand der Gütertrennung vereinbart werden. Eine Eintragung ins Güterrechtsregister soll zunächst nicht erfolgen, jede Partei wird aber ermächtigt, die Eintragung auf eigene Kosten vornehmen zu lassen.

Ein vertraglicher Güterstand soll nicht vereinbart werden weil das Ehescheidungsverfahren bereits rechtshängig ist

Alternativ in Kürze rechtshängig wird.

Der gesetzliche güterrechtliche Ausgleich soll wie folgt geregelt werden: *21

Alternativ: soll durch die anderweitigen Regelungen in der Urkunde unter gegenseitiger Annahme des darin liegenden Verzichts kompensiert und ausgeschlossen sein; die Parteien verzichten auf Erfassung und Bewertung der einzelnen Grundlagen und Vermögensposten.

Andere Vermögensansprüche

Mit den Regelungen in der Urkunde sollen jegliche gegenseitige Vermögensansprüche (damit sind allerdings ggf gesondert zu regelnde Ansprüche auf gesetzlichen Unterhalt einschließlich Kindesunterhalt und aus dem Versorgungsausgleich oder Steuerausgleich nicht gemeint) der Parteien unter Verzichtsannahme abgegolten sein. Das betrifft insbesondere bereits auseinander gesetzte gemeinsame Guthaben und Verbindlichkeiten. Ansprüche aus einer Innengesellschaft oder aus Zuwendungen unter den Eheleuten sollen gleichermaßen ausgeschlossen sein, ebenso auch Ansprüche auf sonstigen besonderen familienrechtlichen Ausgleich oder Nutzungsentschädigung.

Bei Bedarf Folgende Vermögenspositionen sind noch wie folgt zu regeln: *22

Verbindlichkeiten

Gemeinsame Verbindlichkeiten (auch im Rahmen von Bürgschaften)

Alternative bestehen nach Angabe nicht oder nicht mehr.

Alternative bestehen wie folgt und sollen folgendermaßen geregelt werden *23

Bei Bedarf Jede Partei steht objektiv dafür ein, dass ihre eigenen Verwandten keinerlei Ansprüche gegen die andere Partei besitzen und geltend machen. Das betrifft insbesondere Geld- Sach- und Arbeitszuwendungen vor oder während der Ehe, auch Darlehen und Schenkungen. Die Einstandspflicht besteht nur, soweit die mit ihr belastete Partei Kenntnis[43] der maßgeblichen Tatsachen hat, was die freistellungsberechtigte Partei beweisen muss.

Gegebenenfalls Die Parteien erklären, dass Ihnen Grundlagen solcher Verwandtenforderungen nicht bekannt sind und solche Forderungen auch noch nicht geltend gemacht wurden.

Immobilien

Die Parteien haben weder einzeln, noch gemeinsam Grundeigentum.

Alternativ Die Parteien sind in Bruchteilsgemeinschaft Miteigentümer zu je ½ des folgenden Grundbesitzes *24

Alternativ *25 ist im Grundbuch als Alleineigentümer des folgenden Grundbesitzes: *26 eingetragen.

An den Eigentumsverhältnissen soll zunächst nichts geändert werden soll folgendes geändert werden: *27. Änderungen sollen so geregelt werden, dass beide Parteien nach üblichen notariellen Regeln abgesichert sind, was Zahlungen, die Eigentumsumschreibung und ggf maßgebliche Haftungsentlassungen im Außenverhältnis zu Gläubigern betrifft.

---

43 Nimmt zB der Ehemann heimlich bei der Mutter der Ehefrau ein Darlehen auf, wäre die Einstandspflicht der Ehefrau verfehlt

Ehewohnung

Die Parteien leben dauernd räumlich getrennt. Regelungen zur früheren Ehewohnung sollen nach Angabe nicht getroffen werden; es besteht auch kein gemeinsames Mietverhältnis mehr und kein Miteigentum oder Eigentum des Ehegatten, der die Ehewohnung derzeit nicht in Besitz hat.

Alternativ Die Ehewohnung wurde beiderseits aufgegeben, das Mietverhältnis ist abgewickelt.

Alternativ Die Parteien leben noch gemeinsam in der Ehewohnung (Adresse) wenn auch getrennt und nicht mehr in ehelicher Lebensgemeinschaft. *28 verpflichtet sich, bis spätestens *29 aus der Ehewohnung auszuziehen. Bis dahin tragen die Parteien die Wohnungskosten wie folgt: *30.

Bei Bedarf Ein verbleibendes Kautionsguthaben steht *31 zu.

Bei Bedarf Für anfallende Nebenkostennachzahlungen oder Erstattungen und Instandsetzungskosten gilt: *32.

Ehelicher Hausrat

Der Hausrat ist faktisch geteilt, jede Partei behält bzw erhält Eigentum an den Gegenständen, die sie jetzt im Besitz hat. Auf Errichtung eines Inventars verzichten die Parteien.

Alternativ Der Hausrat ist noch unklar, wahrscheinlich muss hierzu nichts vereinbart werden.

Versorgungsausgleich

Auf Durchführung des Versorgungsausgleichs, also Ausgleich aller in der Ehezeit erworbenen maßgeblichen Anwartschaften soll verzichtet werden. Das ist genehmigungsbedürftig, wenn innerhalb der Jahresfrist des § 1408 BGB ab Beurkundung Scheidungsantrag eingereicht wird. Die Genehmigung würden die Parteien dann selbst beantragen oder beantragen lassen.

Der Verzicht geht nach vorläufiger Einschätzung zu Lasten der Ehefrau des Ehemannes. Das soll jedoch mit der Gestaltung der anderweitigen Regelungen in der Urkunde abgegolten sein. Wird der etwa erforderliche Verzicht wider Erwarten nicht gerichtlich genehmigt, soll der Rest der Urkunde Bestand haben sollen folgende Regelungen in der Urkunde keinen Bestand haben und statt dessen folgendes gelten: *33.

Steuerfragen

Die Parteien haben für das Jahr *34 letztmals zusammen zur Einkommensteuer veranlagt.

Wenn zutreffend Das ist abgewickelt, ein interner Steuerausgleich für dieses Jahr und alle Jahre davor wird ausgeschlossen.

Für spätere Jahre soll getrennte Veranlagung erfolgen.

Alternativ Eine Zusammenveranlagung ist nach Lage der Dinge bis einschließlich des Jahres *35 steuerlich zulässig. Hierzu wird vereinbart: *36. *Hinweis: Steuererstattungen und -Nachzahlungen regeln*

Zum Sonderausgabenabzug des Ehegattenunterhalts soll die übliche Regelung gelten. Das bedeutet, dass der Unterhaltsempfänger auf Verlangen dem begrenzten Realsplitting zustimmen muss, jedoch gegen Nachweis vollen Ausgleich aller finanziellen Nachteile, auch im außersteuerlichen Bereich erhält. Schließt er eine neue Ehe, ist diese beim Nachteilsausgleich nicht zu berücksichtigen.

Saldierungsklausel[44]

Bei Bedarf: Der vereinbarten Abfindungszahlung liegt folgende detaillierte Gesamtverrechnung zugrunde *37.

Kosten

Die Kosten der notariellen Beurkundung tragen die Parteien zu je ½ *Alternativ* *38.

Außergerichtliche Kosten im Zusammenhang mit der Urkunde trägt jede Partei für sich.

Die Ehefrau Der Ehemann wird später Ehescheidungsantrag einreichen, wozu anwaltliche Vertretung zwingend ist. Folgesachen (außer ggf dem Versorgungsausgleich) werden nicht anhängig sein. Dies vorausgeschickt, soll vereinbart werden, dass die Eheleute die Gerichtskosten hälftig und die Anwaltskosten der Ehefrau des Ehemannes für die Vertretung im Scheidungsverfahren im Ergebnis je hälftig tragen. Sollte sich die Antragsgegnerpartei anwaltlich vertreten lassen, geht das auf ihre Kosten, da es im erwarteten Scheidungsverfahren kein Streitpotential gibt, wenn bei Ihnen erst einmal beurkundet ist.

Alternativ Kostenregelungen zur Ehescheidung sollen wunschgemäß nicht getroffen werden.

Alternativ Die Kosten des Scheidungsverfahrens sollen gegeneinander aufgehoben werden, was bedeutet, dass jede Partei die Hälfte der Gerichtskosten und eigene außergerichtliche Kosten (zB Anwaltskosten, Reisekosten) selbst bezahlt.

Zu den Kosten des Vollzugs der Urkunde und möglicher Haftungs- und Lastenfreistellungen wird vereinbart *39.

X. Versorgungsausgleich

1. An Mandant – Möglichkeiten, die Durchführung des VA auszuschließen[45]

Die Durchführung des Versorgungsausgleichs kann durch (zwingend notariellen) Ehevertrag, der auch weitergehende Vereinbarungen enthalten kann, ganz oder auch nur teilweise ausgeschlossen werden. Solche Verträge unterliegen nach neuerer Rechtsprechung allerdings einer erhöhten richterlichen Inhaltskontrolle. Sie dürfen nicht sittenwidrig sein und nicht zu einem Ungleichgewicht führen.

Wird aber von einem Ehegatten innerhalb eines Jahres nach Abschluss eines solchen Vertrages Scheidungsantrag bei Gericht eingereicht, tritt dieser Ausschluss außer Kraft. Der Ehegatte, der am Ausschluss des Versorgungsausgleichs Interesse hat, sollte deshalb darauf achten, dass in den notariellen Vertrag eine für ihn günstige Regelung aufgenommen wird, die dann greift, wenn der Ausschluss des Versorgungsausgleichs vom anderen Ehegatten durch Einreichung des Scheidungsantrags vor Ablauf der Jahresfrist zu Fall gebracht wird. Grundsätzlich steht in solchen Verträgen, dass Sie auch im Fall eines Scheidungsantrages innerhalb der Jahresfrist Geltung als genehmigungsbedürftige Scheidungsfolgeregelung haben sollen.

---

44 Sie kann vor allem bei komplexen Vertragsstrukturen der Klarheit dienen und auch steuerliche Probleme vermeiden
45 S. hierzu Schöppe-Fredenburg/SchwolowFuR 1997, 65

Haben Ehegatten keine solche vertragliche Regelung getroffen, wollen sie aber trotzdem im Scheidungsverfahren die Durchführung des Versorgungsausgleichs ausschließen oder einschränken, dann ist das zwar sachlich möglich, soweit das Ergebnis des Versorgungsausgleichs dadurch nicht erhöht wird. Formell hängt die Wirksamkeit der Regelung davon ab, dass sie notariell oder gerichtlich beurkundet wird **und** dass das Familiengericht sie durch Beschluss genehmigt.

Das Gericht muss dabei abwägen, ob derjenige Ehegatte, der mit einer solchen Vereinbarung auf die Übertragung von Versorgungsanrechten verzichtet, im Hinblick auf die unterhalts- und güterrechtliche oder vermögensrechtliche Situation im Falle des Alters und der Invalidität gesichert ist. Nur wenn das offensichtlich nicht der Fall ist oder der Ausgleich, der für diesen Verzicht vereinbart wurde, unangemessen ist, soll das Gericht die Genehmigung verweigern. In der Praxis entstehen dann Schwierigkeiten, wenn dem Wert der Versorgungsanrechte, auf deren Übertragung verzichtet werden soll, kein äquivalenter Ausgleich gegenübersteht. Um eine Rentenanwartschaft in Höhe von monatlich 100 € in der gesetzlichen Rentenversicherung zu begründen, sind derzeit ca. 21.000 € aufzuwenden. Daran sollte im Falle eines Verzichts die Gegenleistung orientiert sein, andernfalls mit familiengerichtlicher Genehmigung des Verzichts nicht ohne weiteres gerechnet werden kann. Hier kommt es aber auch darauf an, ob der verzichtende Ehegatte, der gesetzlich rentenversichert ist, bereits ausreichend viele Monatsbeiträge in die Rentenversicherung einbezahlt hat um sicherzustellen, dass er überhaupt schon eine Rente, zB bei Erwerbseinschränkung, erhalten kann.

Bei Bedarf Diese rentenrechtlichen Fragen prüfen wir nicht, dazu müssten Sie sich bei Bedarf an eine Rentenberatungsstelle oder einen Rentensachverständigen wenden.

Bei Bedarf Wird eine genehmigungsbedürftige Regelung zum Versorgungsausgleich mit anderen Fragen (zB zu Unterhalt, Güterrecht oder Vermögen) in einem einheitlichen Ehevertrag getroffen, bedarf es der Klarstellung, was gilt, wenn die familiengerichtliche Genehmigung versagt wird, denn dann ist der Ehevertrag ja teilweise rechtsunwirksam.

XI. Kosten und PKH

1. An Mandant – Erläuterung Kosten

105 Nachdem über die Höhe der Kosten der verschiedenen Verfahren bei Trennung und Scheidung die unterschiedlichsten Gerüchte verbreitet werden, dürfen wir zu den Werten und Kosten der bei Trennung und Scheidung häufigsten Auseinandersetzungen folgenden Überblick geben:

Für jedes gerichtliche Verfahren wird vom Gericht ein **Wert** festgesetzt. Er wird manchmal »Gegenstandswert« , manchmal »Streitwert« oder auch »Geschäftswert« genannt. Nach diesem Wert richten sich die Gerichtskosten und die Rechtsanwaltsgebühren. Die Berechnung dieser Werte ist nicht einheitlich. Überwiegend gilt Folgendes:

– **Verfahren wegen Scheidung der Ehe:**
Drei Monatsnettoeinkommen beider Eheleute bezogen auf die letzten drei Monate vor Einreichung des Scheidungsantrags abzüglich einer Pauschale (häufig 250 €) pro unterhaltsberechtigtem Kind pro Monat ergeben den Wert aus dem Einkommen.

Auch das Vermögen der Ehegatten ist bei der Streitwertfestsetzung zu berücksichtigen und zwar orientiert am Ertrag aus dem Vermögen, häufig angesetzt mit 5 Prozent. Vorab sollen vom Vermögen Schulden und Freibeträge für Ehegatten und Kinder abgezogen werden, die nicht einheitlich gehandhabt werden.

Kurzlebiges Vermögen wie zB PKW oder kleinere Sparguthaben bleiben unberücksichtigt.

Der Mindeststreitwert beträgt, wenn zB auf beiden Seiten kein Einkommen und anrechenbares Vermögen vorhanden ist, 2.000 €; der Höchstwert eine Million €.

– Elterliche Sorge/Umgangsrecht/Kindesherausgabe:
Im Scheidungsverbundverfahren je 900 €.

In einem außerhalb des Scheidungsverbunds geführten Verfahren je 2.000 €.

– Streit um die Ehewohnung:
Jahresbetrag der Kaltmiete

– Versorgungsausgleich:
Seit 1.7.2004 betragen die Werte pauschal und unabhängig vom Ergebnis des Versorgungsausgleichs 1.000 € wenn nur öffentlichrechtliche Ansprüche auszugleichen sind (auch gesetzliche Rente). Für andere Anrechte beträgt er 1.000 €, zB bei Betriebsrenten. Der Gesamtstreitwert kann also höchstens 2.000 € betragen.

– Zugewinnausgleich:
Der Betrag, den eine Partei als Zugewinnausgleich von der anderen fordert.

– Unterhalt:
Der geforderte monatliche Unterhalt wird auf 12 Monate hochgerechnet. Der sich ergebende Betrag ist dann der Streitwert.

Geht es in einem Prozess um Trennungsunterhalt, der in einem isolierten Verfahren eingeklagt werden muss und wird insoweit neben dem laufenden auch rückständiger Unterhalt eingeklagt, erhöht sich der Streitwert (Jahresbetrag des laufenden Unterhalts) um den kompletten Unterhaltsrückstand.

– Hausratsteilung:
Insoweit schätzt das Gericht den Wert des gesamten Hausrats und setzt diesen Wert an.

Die Höhe der jeweiligen **Rechtsanwaltsgebühr** richtet sich nach der Höhe des Wertes des Verfahrens (wird vom Gericht festgesetzt) und ergibt sich aus dem Rechtsanwaltsvergütungsgesetz (RVG). Nur für noch laufende Altfälle aus der Zeit vor dem 1.7.2004 gilt noch die Rechtsanwaltsgebührenordnung. Der Rechtsanwalt ist verpflichtet, die entsprechenden Gebühren in Rechnung zu stellen. Weniger als die gesetzlichen Gebühren in Rechnung zu stellen ist ihm nicht erlaubt. Höhere als die gesetzlichen Gebühren können dagegen mit schriftlicher Vergütungsvereinbarung vereinbart werden.

Grundsätzlich können in einem Gerichtsverfahren nach dem RVG drei verschiedene Rechtsanwaltsgebühren anfallen, nämlich:

- Die Verfahrensgebühr. Diese entsteht mit der Einreichung eines Schriftsatzes, mit dem ein Gerichtsverfahren eingeleitet wird oder mit dem sich der Rechtsanwalt in einem bereits bei Gericht anhängigen Verfahren für seinen Mandanten anzeigt.

- Die Terminsgebühr. Diese entsteht durch Terminswahrnehmung durch den Rechtsanwalt. Sie erhöht sich nicht, wenn mehrere Termine anfallen.
- Die Einigungsgebühr. Diese entsteht, wenn beide Parteien gegenseitig nachgeben. Die Mitwirkung ihres Rechtsanwalts am Zustandekommen eines Vergleiches ist für das Entstehen einer Einigungsgebühr erforderlich. Ausreichend ist insoweit aber beispielsweise, dass der Rechtsanwalt seinen Mandanten nur intern berät oder einen Vergleichsentwurf begutachtet und es dann zum Abschluss eines Vergleiches kommt.

2. An Mandant – Belehrung PKH

106 Wir werden bei Gericht ein Gesuch einreichen, Ihnen für das beabsichtigte Verfahren wegen *1 Prozesskostenhilfe (PKH) zu bewilligen. Für die Entscheidung ist der Richter zuständig.

PKH kann in der Weise bewilligt werden, dass die für unsere Tätigkeit und die das Verfahren betreffenden Kosten vollständig von der Staatskasse getragen werden. Es kann aber auch sein, dass zwar Prozesskostenhilfe bewilligt wird, aber die eben genannten Kosten in Raten von Ihnen ganz oder teilweise zurückgezahlt werden müssen.

Beachten Sie, dass Prozesskostenhilfe nur für ein **gerichtliches** Verfahren bewilligt werden kann. Soweit wir also neben einem solchen auch außergerichtlich für Sie tätig werden, müssen wir Ihnen die insoweit entstehenden Kosten in Rechnung stellen.

Beachten Sie ferner, dass bei negativem Ausgang eines gerichtlichen Verfahrens die Kosten des Gegenanwalts und die Parteiauslagen des Gegners ganz oder teilweise – je nach Kostenverteilung im Urteil – von Ihnen getragen werden müssen, da solche Kosten ebenfalls nicht von der PKH umfasst sind.

Wir übergeben in der Anlage ein Formular, das wir vollständig ausgefüllt und von Ihnen unterschrieben dem Prozesskostenhilfegesuch beifügen müssen. Im Folgenden stellen wir zusammen, welche Angaben Sie ua in dieser Erklärung über die persönlichen und wirtschaftlichen Verhältnisse machen und welche Nachweise Sie entsprechend Ihren Angaben beifügen müssen:

Einkommen aus nichtselbständiger Tätigkeit: Die letzten drei Verdienstnachweise.

Selbständige Tätigkeit: Die letzte Steuererklärung und den letzten Steuerbescheid.

Einkommen aus Vermietung und Verpachtung: Die Miet- oder Pachtverträge und aktuelle Kontoauszüge zum Nachweise der insoweit eingehenden Zahlungen sowie der Belastungen.

Einkünfte aus Kapital: Kontoauszüge oder Bankbestätigung über den zuletzt erzielten Jahreszins.

Wohngeldbezug: Den aktuellen Wohngeldbescheid.

Kindes- und / oder Ehegattenunterhalt: Aktuelle Kontoauszüge, die diese Zahlungen belegen.

Grundvermögen: Angaben dazu, ob es sich um ein unbebautes oder bebautes Grundstück, Familienheim, Wohnungseigentum oder Erbbaurecht handelt. Ferner Angaben zur Nutzungsart, Lage und Größe, zum Jahr der Bezugsfertigkeit, zum Einheits- und Brandversicherungswert.

Falls Sie ein in Ihrem Eigentum oder Miteigentum stehendes Haus oder eine Eigentumswohnung bewohnen:

Größe des Wohnraums in Quadratmetern. Art der Heizung. Gegebenenfalls genaue Angaben zur Höhe des Kredits, Kreditvertrag und aktuellen Kontoauszug über Ihre monatliche Belastung.

Bausparkonten: Die Bausparverträge mit Angabe des jeweiligen Verwendungszwecks, Nachweise der Kontostände und laufende Einzahlungen.

Bank-, Giro-, Sparkonten und dergleichen: aktuelle Kontoauszüge.

Kraftfahrzeuge: Fahrzeugart, Marke, Typ, Bau- und Anschaffungsjahr.

Erkundigen Sie sich bei Ihrem KFZ – Händler über den Zeitwert des jeweiligen Fahrzeugs.

Monatlicher Beitrag für KFZ – Versicherung und Beleg über die letzte Beitragszahlung.

Lebensversicherungen: Nachweis der monatlichen Beiträge und Angaben zum derzeitigen Wert der Versicherungen.

Sonstige Versicherungen: Versicherungspolicen und aktuelle Belege über Beitragszahlungen.

Wertpapiere, Bargeld, Wertgegenstände, Forderungen und Außenstände. Aktuelle Nachweise über die jeweilige Höhe bzw. Angaben zum Wert.

Falls Sie zur Miete wohnen:

Miete ohne Nebenkosten, aktueller Kontoauszug über Mietzahlung. Heizungskosten monatlich, aktueller Kontoauszug über Zahlung. Übrige Nebenkosten monatlich, aktueller Auszug über Zahlung.

Sonstige Zahlungsverpflichtungen: Kreditverträge, Privatverträge, Schuldtitel etc. und aktuelle Nachweise über Ihre monatlichen Zahlungen.

Besondere Belastungen: Begründung und Beleg über die monatliche Belastung.

Werbungskosten: Grund sowie Beleg über monatlichen Aufwand.

Fahrtkosten: Genaue Streckenangabe mit Kilometerzahl.

Wir bitten Sie, uns die Erklärung und die erforderlichen Nachweise möglichst bald zu übermitteln, da ohne Vorlage dieser Unterlagen das Prozesskostenhilfegesuch nicht bei Gericht eingereicht bzw. vom Gericht nicht darüber entschieden werden kann.

3. An RA – Verlangen Prozesskostenvorschuss

Unsere Mandantschaft ist nicht in der Lage, die anstehenden Prozesskosten zu tragen.

Entweder Prozesskostenhilfe kann angesichts der Einkommens- und Vermögensverhältnisse Ihres Mandanten kaum in Betracht kommen.

Oder Das Prozessgericht hat mit Rücksicht auf die Leistungsfähigkeit Ihres Mandanten Prozesskostenhilfe nicht bewilligt bzw versagt.

Ihr Mandant muss deshalb der Billigkeit entsprechend auf Zahlung eines Prozesskostenvorschusses in Höhe von *1 € binnen Wochenfrist ab Briefdatum auf unser Konto in Anspruch genommen werden.

Zur Höhe des Kostenvorschusses:

1. Streitwert

Er beträgt laut Spezifizierung im Klageentwurf *2.

2. Kostenhöhe nach dem Rechtsanwaltsvergütungsgesetz (RVG) samt Vergütungsverzeichnis (VV) und dem Gerichtskostengesetz (GKG) samt Kostenverzeichnis.

2. Kosten des Hauptsacheverfahrens	Wert	Gebühr €
1,3 Verfahrensgebühr, § 13 RVG, 2300 VV	*3	*4
1,2 Terminsgebühr, § 13 RVG, 3100 VV	*3	*5
Telekommunikation/Porto usw. § 13 RVG, 7002 VV		*6
16 % Umsatzsteuer, § 13, 7008 VV		*7
Zwischensumme		*8
3 Gerichtsgebühren §§ 12, 34 GKG		*9
Gesamt		*10

Inhalt

Rn.

C. Mandat für gerichtliche Tätigkeit

I. Ehescheidung
1. Formalien gerichtliche Verfahren
   a) An Mandant – Haupttermin Scheidung 108
   b) An Mandant – was ist ein Entscheidungsverkündungstermin .. 109
2. Ehescheidungsantrag
   a) Scheidungsantrag – einjähriges Getrenntleben, einverständlich, kein Kind 110
   b) Scheidungsantrag – streitig, kein Kind 111
   c) Scheidungsantrag – dreijähriges Getrenntleben, kein Kind .. 112
   d) Scheidungsantrag – einverständlich, ein Kind, kein Sorgerechtsantrag 113
   e) Scheidungsantrag – einverständlich, ein Kind, Sorgerechtsantrag 114
   f) Scheidungsantrag – Härtefall 115
   g) Antragserwiderung – ggf mit Widerantrag 116

II. Sorgerecht/Umgangsrecht/Vaterschaft
1. Antrag auf Alleinsorge, hilfsweise Aufenthaltsbestimmung 117
2. Abweisungsantrag, da gemeinsame Sorge gewünscht 118
3. Abweisungsantrag mit eigenem SO-Antrag, auch EA 119
4. Umgangsrechtsantrag des Vaters 120
5. Umgangsrechtsantrag der Mutter auf Regelung des väterlichen UG 121
6. Antrag auf gerichtliche Vermittlung zum UG 122
7. EA-Umgangsrecht Verbund 123
8. Vaterschaftsanfechtung 124
9. Antrag Pflegerbestellung für Anfechtung 125
10. Erzeugeranfechtung 126

III. Ehewohnung/Gemeinschaftsimmobilie/Gewaltschutz/Hausrat
1. Ehewohnung
   a) Vorläufige isolierte Mitbenutzungsregelung 127
   b) Vorläufige isolierte Wohnungszuweisung 128
   c) Endgültige Wohnungszuweisung (isoliert/Verbund) 129
2. Gemeinschaftsimmobilie
   a) Klage Nutzungsentschädigung Ehewohnung 130
   b) Teilungsversteigerungsantrag 131
   c) Freigabeklage Versteigerungserlös 132
   d) Klageerwiderung zur Freigabeklage 133
3. Gewaltschutz
   a) Gewaltschutzanträge 134
   b) Erwiderung zum Gewaltschutzantrag 135
   c) Unterlassungsklage Anrufe 136
4. Hausrat Getrenntleben § 1361 a BGB
   a) Herausgabe § 1361 a I 1 BGB Alleineigentum Antragsteller (mit EA) 137
   b) Herausgabe weggeschaffter Gegenstände Alleineigentum Antragsteller (mit EA) 138

   c) Gebrauchsüberlassung Eigentum Antragsgegner (mit EA) . . 139
   d) Herausgabe weggeschaffter Gegenstände Alleineigentum
    Antragsgegner (mit EA) 140
   e) Vorläufige Verteilung gemeinsamen Hausrats bei Getrennt-
    leben (mit EA) 141
  5. Hausrat nachehelich §§ 1 ff, 8 HausrVO)
   a) Endgültige Hausratsteilung (Verbund/nachehelich isoliert) . . 142
   b) Hausratsliste 143

IV. Unterhalt
  1. Auskunft/Stufenklage isoliert
   a) Auskunftsklage umfassend 144
   b) Auskunftsklage kurz gegen ArbN 145
   c) Stufenklage Trennungsunterhalt gg ArbN 146
   d) Stufenklage Kindesunterhalt gg ArbN 147
  2. Kindesunterhalt
   a) Trennungsphase – ein mdj Kind 148
   b) Trennungsphase – zwei mdj Kinder 149
   c) Verbundklage – ein mdj Kind 150
   d) Verbundklage – zwei mdj Kinder 151
   e) Nacheheliche Klage – ein mdj Kind 152
   f) Abänderungsantrag § 1612b V BGB 153
   g) Mdj Azubi isoliert/Verbund 154
   h) Privilegierter Schüler – Quotenhaftung isoliert 155
   i) Privilegierter Schüler – Alleinhaftung isoliert 156
   j) Volljähriges Kind – Quotenhaftung isoliert 157
   k) Volljähriges Kind – Alleinhaftung isoliert 158
   l) Stiefvaterklage § 1607 III S. 1, II S. 1 159
  3. Ehegattenunterhalt
   a) Getrenntlebensunterhalt isoliert 160
   b) Folgesachenantrag mit Vorsorgeunterhalt 161
   c) UE Abweisungsantrag isoliert/Verbund 162
  4. Kindes- und Ehegattenunterhalt
   a) Antrag EA-UK-UE im Verbund 163
   b) Klage UK+UE Trennung isoliert 164
   c) Antrag auf EA gem § 644 ZPO 165
  5. Ansprüche der »NE Mutter« § 1615 l BGB
   a) Unterhaltsklage der Mutter 166
   b) EinstwVfg § 1615o II BGB vor Geburt 167
   c) EinstwVfg § 1615o II BGB nach Geburt 168
   d) Einstweilige Anordnung § 641 d ZPO 169
   e) Einstweilige Anordnung § 644 ZPO 170
  6. Besondere Klagen
   a) Abänderungsklage UE 171
   b) Abänderungsklage Erhöhung UK 172
   c) Vollstreckungsgegenklage (Nichtidentität) 173
   d) NegFestellKlage gegen fortwirkende EA 174

V. Steuer
  1. Klage Nachteilsausgleich Realsplitting 175
  2. Klage Zustimmung Realsplitting 176
  3. Klage Zustimmung Zusammenveranlagung 177

- VI. Güterrecht
    1. Stufenklage Verbund 178
    2. Auskunftsklage nach Scheidung 179
    3. Klage Eidesstattliche Versicherung 180
    4. Klage Zugewinnausgleich isoliert/Verbund .. 181
    5. Klageerwiderung Zugewinnausgleich 182
    6. Vorzeitiger Zugewinnausgleich 183
    7. Dinglicher Arrest 184
    8. Stundungsantrag 185
    9. Auseinandersetzung Gütergemeinschaft 186
- VII. Bank
    1. Freigabeklage gemeinsames Bankguthaben 187
    2. Klage Entlassung aus Gesamtschuldnerhaftung . 188
    3. Klage Entlassung aus Bürgschaft 189
    4. Klage Freistellung von Mithaftung 190
- VIII. Versorgungsausgleich
    1. An Mandant – Fragebogen zum VA 191
    2. An Mandant – Anforderung Rentenformulare .. 192
    3. Für RA – Kontrollblatt VA 193
    4. Antrag familiengerichtliche Genehmigung VA . 194
    5. Antrag Ausschluss VA wegen Unbilligkeit ... 195
- IX. Kosten
    1. Antrag EA-PV nach § 127 a ZPO 196
    2. Negative Feststellungsklage gegen EA-PV ... 197

C. Mandat für gerichtliche Tätigkeit

I. Ehescheidung

1. Formalien gerichtliche Verfahren

a) Schreiben an Mandant – Haupttermin im Scheidungsverfahren

Das Gericht hat in Ihrem Scheidungsverfahren Haupttermin auf den *1 um *2 Uhr, Sitzungssaal *3 bestimmt.   **108**

Entweder

Nachdem bereits der so genannte »frühe erste Termin« stattgefunden hat und Sie und Ihr Ehegatte in diesem Termin angehört wurden, hat das Gericht Ihr erneutes persönliches Erscheinen zum Haupttermin nicht mehr angeordnet. Sie können zwar an diesem Haupttermin teilnehmen, erforderlich ist das allerdings nicht, es genügt vielmehr, wenn wir diesen Termin für Sie wahrnehmen, was wir natürlich tun.

Oder

Da kein vorheriger Termin stattfand, in dem alle Scheidungsformalien erledigt wurden, ist auch Ihre persönliche Anwesenheit im Termin nötig und vom Gericht angeordnet. Bitte bringen Sie einen gültigen Personalausweis oder Pass mit. Selbstverständlich sind wir bzw der Unterfertigte im Termin anwesend.

Das Gericht wird entweder in dem anstehenden Verhandlungstermin das Scheidungsurteil verkünden oder es bestimmt einen Termin zur Urteilsverkündung in nächster Zeit. In letzterem Fall werden Sie Im Protokoll über den Haupttermin lesen, dass das Gericht einen Termin »zur Verkündung einer Entscheidung« bestimmt. Dieser Verkündungstermin muss weder von Ihnen noch von uns wahrgenommen werden, er dient lediglich dazu, der gesetzlichen Vorschrift Rechnung zu tragen, dass das Urteil »verkündet« werden muss. Sobald uns das Urteil vom Gericht zugestellt ist, leiten wir es an Sie weiter.

b) An Mandant – Was ist ein Entscheidungsverkündungstermin

Das Gericht hat Termin zur Verkündung einer Entscheidung bestimmt. Das ist missverständlich. Dieser Verkündungstermin hat lediglich formelle Bedeutung nach der Zivilprozessordnung. Er wird von keinem der Prozessbeteiligten (auch nicht von Prozessbevollmächtigten) wahrgenommen. Sie brauchen deswegen nicht zum Termin zu gehen. Die Entscheidung kommt im Normalfall einige Tage nach dem Verkündungstermin über unser Gerichtsfach bzw mit der Post hierher. Wir melden uns dann bei Ihnen. Welche Entscheidung verkündet wird, ist nicht immer vorhersehbar. Unter den Begriff der Entscheidung fallen Endurteile, aber auch Beweisbeschlüsse, Auflagenbeschlüsse und gerichtliche Verfügungen.   **109**

2. Ehescheidungsantrag

a) Scheidungsantrag – einjähriges Getrenntleben – einverständliche Scheidung – kein Kind

110 EHESCHEIDUNGSANTRAG

Voraussichtlicher Streitwert: *1

Unter Vorlage einer besonderen Vollmacht im Sinne des § 609 ZPO zeigen wir an, dass wir die antragstellende Partei vertreten.

Wir stellen folgenden Antrag:

I. Die am *2 vor dem Standesbeamten des Standesamts *3 unter Heiratseintrag Nr *4 geschlossene Ehe der Parteien wird geschieden.

II. Die Kosten des Verfahrens werden gegeneinander aufgehoben.

BEGRÜNDUNG

1.

Die Parteien haben am *5 vor dem Standesbeamten des Standesamts *6 unter Heiratseintrag Nr *7 die Ehe miteinander geschlossen.

Die antragstellende Partei ist *8 Staatsangehörige, die Antragsgegnerpartei *9 Staatsangehörige.

Es ist die *10 Ehe der antragstellenden Partei und die *11 Ehe der Antragsgegnerpartei.

<u>Beweis:</u>

Beiliegende Heiratsurkunde

Personalausweis oder Reisepass, der im Termin vorgelegt wird

Aus der Ehe der Parteien ist kein Kind hervorgegangen.

Der letzte gemeinsame Aufenthaltsort der Parteien war *12.

Andere der in § 621 II 1 ZPO bezeichneten Familiensachen sind anderweitig nicht beim Prozessgericht Familiengericht *13 unter dem Aktenzeichen *14 anhängig.

Die ausschließliche örtliche Zuständigkeit des angerufenen Familiengerichts ergibt sich aus § 606 ZPO.

2.

Der Scheidungsantrag wird auf die §§ 1565 I, 1566 I BGB gestützt.

Die Parteien leben seit *15 im Sinne des § 1567 I BGB von einander getrennt. Sie haben seitdem keine Gemeinsamkeiten in der Lebens- und Haushaltsführung.

Die antragstellende Partei hält die Ehe der Parteien für unwiederherstellbar zerrüttet und ist nicht bereit, die eheliche Lebensgemeinschaft wiederherzustellen.

Die Antragsgegnerpartei wird dem Scheidungsantrag zustimmen. Auch sie hält die Ehe der Parteien für endgültig gescheitert und will geschieden werden.

<u>Beweis:</u>

Anhörung der Parteien gemäß § 613 ZPO

3.

Der Versorgungsausgleich soll * 16 durchgeführt werden.

4.

Bei Bedarf

Zur Regelung der sonstigen Scheidungsfolgen im Sinne des § 630 ZPO verweisen wir auf die als Anlage beigefügte Vereinbarung der Parteien

5.

Streitwert:

Monatliches Nettoeinkommen der antragstellenden Partei	*17
Monatliches Nettoeinkommen der Antragsgegnerpartei	*18
Summe	*19
Bezogen auf drei Monate	*20
Zuzüglich	
5 % aus Vermögen (nach Abzug der Schulden und Freibeträge)	*21
Streitwert der Ehesache	*22
Versorgungsausgleich	*23
Gesamt:	*24

Aus dem vorläufigen Streitwert der Ehesache selbst zahlen wir den Gerichtskostenvorschuss in Höhe von zwei Gerichtsgebühren durch Gebührenstempler Scheck ein.

b) Scheidungsantrag – streitige Scheidung – kein Kind

EHESCHEIDUNGSANTRAG 111

Voraussichtlicher Streitwert: *1

Unter Vorlage einer besonderen Vollmacht im Sinne des § 609 ZPO zeigen wir an, dass wir die antragstellende Partei vertreten.

Wir stellen folgenden Antrag:

I. Die am *2 vor dem Standesbeamten des Standesamts *3 unter Heiratseintrag Nr *4 geschlossene Ehe der Parteien wird geschieden.

II. Die Kosten des Verfahrens werden gegeneinander aufgehoben.

BEGRÜNDUNG

1.

Die Parteien haben am *5 vor dem Standesbeamten des Standesamts *6 unter Heiratseintrag Nr *7 die Ehe miteinander geschlossen.

Die antragstellende Partei ist *8 Staatsangehörige, die Antragsgegnerpartei *9 Staatsangehörige.

Es ist die *10 Ehe der antragstellenden Partei und die *11 Ehe der Antragsgegnerpartei.

Beweis:

Beiliegende Heiratsurkunde

Personalausweis oder Reisepass, der im Termin vorgelegt wird

Aus der Ehe der Parteien ist kein Kind hervorgegangen.

Der letzte gemeinsame Aufenthaltsort der Parteien war *12.

Andere der in § 621 II 1 ZPO bezeichneten Familiensachen sind *13 anhängig.

Die ausschließliche örtliche Zuständigkeit des angerufenen Familiengerichts ergibt sich aus § 606 ZPO.

2.

Der Scheidungsantrag wird auf § 1565 I 2 BGB gestützt.

Die Antragsgegnerpartei wird sich dem Scheidungsantrag widersetzen.

Die Ehe der Parteien ist gescheitert.

Die eheliche Lebensgemeinschaft der Parteien besteht bereits seit mindestens einem Jahr nicht mehr: *14. Seitdem gibt es keine Gemeinsamkeiten in der Lebens- und Haushaltsführung mehr.

Beweis: *15

Die antragstellende Partei hält die Ehe der Parteien für unwiederherstellbar zerrüttet und ist aus folgenden Gründen nicht bereit, die eheliche Lebensgemeinschaft wiederherzustellen: *16.

3.

Der Versorgungsausgleich soll *17 durchgeführt werden.

4.

Streitwert:

Monatliches Nettoeinkommen der antragstellenden Partei	*18
Monatliches Nettoeinkommen der Antragsgegnerpartei	*19
Summe	*20
Bezogen auf drei Monate	*21
Zuzüglich	
5 % aus Vermögen (nach Abzug der Schulden und Freibeträge)	*22
Streitwert der Ehesache	*23
Versorgungsausgleich	*24
Gesamt:	*25

Aus dem vorläufigen Streitwert der Ehesache selbst zahlen wir den Gerichtskostenvorschuss in Höhe von zwei Gerichtsgebühren durch Gebührenstempler Scheck ein.

c) **Scheidungsantrag – dreijähriges Getrenntleben – kein Kind**

EHESCHEIDUNGSANTRAG 112

Voraussichtlicher Streitwert: *1

Unter Vorlage einer besonderen Vollmacht im Sinne des § 609 ZPO zeigen wir an, dass wir die antragstellende Partei vertreten.

Wir stellen folgenden Antrag:

I. Die am *2 vor dem Standesbeamten des Standesamts *3 unter Heiratseintrag Nr *4 geschlossene Ehe der Parteien wird geschieden.

II. Die Kosten des Verfahrens werden gegeneinander aufgehoben.

BEGRÜNDUNG

1.

Die Parteien haben am *5 vor dem Standesbeamten des Standesamts *6 unter Heiratseintrag Nr *7 die Ehe miteinander geschlossen.

Die antragstellende Partei ist *8 Staatsangehörige, die Antragsgegnerpartei *9 Staatsangehörige.

Es ist die *10 Ehe der antragstellenden Partei und die *11 Ehe der Antragsgegnerpartei.

Beweis:

Beiliegende Heiratsurkunde

Personalausweis oder Reisepass, der im Termin vorgelegt wird

Aus der Ehe der Parteien ist kein Kind hervorgegangen.

Der letzte gemeinsame Aufenthaltsort der Parteien war *12.

Andere der in § 621 ZPO bezeichneten Familiensachen sind *13 anhängig.

Die ausschließliche örtliche Zuständigkeit des angerufenen Familiengerichts ergibt sich aus § 606 ZPO.

2.

Der Scheidungsantrag wird auf §§ 1565 I, 1566 II BGB gestützt.

Die Parteien haben sich vor drei Jahren am *14 von einander getrennt. Im Einzelnen ist hierzu Folgendes auszuführen: *15

Die antragstellende Partei ist nicht bereit, die eheliche Lebensgemeinschaft noch einmal herzustellen. Sie will geschieden werden.

3.

Der Versorgungsausgleich soll *16 durchgeführt werden.

4.

Streitwert:

Monatliches Nettoeinkommen der antragstellenden Partei *17

Monatliches Nettoeinkommen der Antragsgegnerpartei *18

Summe	*19
Bezogen auf drei Monate	*20
Zuzüglich	
5 % aus Vermögen (nach Abzug der Schulden und Freibeträge)	*21
Streitwert der Ehesache	*22
Versorgungsausgleich	*23
Gesamt:	*24

Aus dem vorläufigen Streitwert der Ehesache selbst zahlen wir den Gerichtskostenvorschuss in Höhe von zwei Gerichtsgebühren durch Gebührenstempler Scheck ein.

d) Scheidungsantrag – einverständliche Scheidung – ein Kind, kein Sorgerechtsantrag

113   EHESCHEIDUNGSANTRAG

Voraussichtlicher Streitwert: *1

Unter Vorlage einer besonderen Vollmacht im Sinne des § 609 ZPO zeigen wir an, dass wir die antragstellende Partei vertreten.

Wir stellen folgenden Antrag:

I. Die am *2 vor dem Standesbeamten des Standesamts *3 unter Heiratseintrag Nr *4 geschlossene Ehe der Parteien wird geschieden.

II. Die Kosten des Verfahrens werden gegeneinander aufgehoben.

BEGRÜNDUNG

1.

Die Parteien haben am *5 vor dem Standesbeamten des Standesamts *6 unter Heiratseintrag Nr *7 die Ehe miteinander geschlossen.

Die antragstellende Partei ist *8 Staatsangehörige, die Antragsgegnerpartei *9 Staatsangehörige.

Es ist die *10 Ehe der antragstellenden Partei und die *11 Ehe der Antragsgegnerpartei.

Beweis:

Beiliegende Heiratsurkunde

Personalausweis oder Reisepass, der im Termin vorgelegt wird

Aus der Ehe der Parteien ist kein Kind hervorgegangen.

Der letzte gemeinsame Aufenthaltsort der Parteien war *12.

Andere der in § 621 II 1 ZPO bezeichneten Familiensachen sind *13 anhängig.

Aus der Ehe der Parteien ist das Kind *14 hervorgegangen.

Die ausschließliche örtliche Zuständigkeit des angerufenen Familiengerichts ergibt sich aus § 606 ZPO.

2.

Der Scheidungsantrag wird auf die §§ 1565 I, 1566 I BGB gestützt.

Die Parteien leben seit *15 im Sinne des § 1567 I BGB von einander getrennt.

Die antragstellende Partei hält die Ehe der Parteien für unwiederherstellbar zerrüttet und ist nicht bereit, die eheliche Lebensgemeinschaft wiederherzustellen.

Die Antragsgegnerpartei wird dem Scheidungsantrag zustimmen. Auch sie hält die Ehe der Parteien für endgültig gescheitert und will geschieden werden.

Beweis:

Anhörung der Parteien gemäß § 613 ZPO

3.

Zur elterlichen Sorge wird kein Antrag gestellt, da die Parteien diese auch nach der Scheidung Ihrer Ehe gemeinsam ausüben wollen.

4.

Der Versorgungsausgleich soll *16 durchgeführt werden.

5.

Bei Bedarf

Zur Regelung der sonstigen Scheidungsfolgen im Sinne des § 630 ZPO verweisen wir auf die als Anlage beigefügte Vereinbarung der Parteien

6.

Streitwert:

Monatliches Nettoeinkommen der antragstellenden Partei	*17
Monatliches Nettoeinkommen der Antragsgegnerpartei	*18
Summe	*19
Bezogen auf drei Monate	*20
Zuzüglich	
5% aus Vermögen (nach Abzug der Schulden und Freibeträge)	*21
Streitwert der Ehesache	*22
Versorgungsausgleich	*23
Gesamt:	*24

Aus dem vorläufigen Streitwert der Ehesache selbst zahlen wir den Gerichtskostenvorschuss in Höhe von zwei Gerichtsgebühren durch Gebührenstempler Scheck ein.

e) **Scheidungsantrag – einverständliche Scheidung – ein Kind, Sorgerechtsantrag.**

EHESCHEIDUNGSANTRAG

Voraussichtlicher Streitwert: *1

Unter Vorlage einer besonderen Vollmacht im Sinne des § 609 ZPO zeigen wir an, dass wir die antragstellende Partei vertreten.

Wir stellen folgenden Antrag:

I. Die am *2 vor dem Standesbeamten des Standesamts *3 unter Heiratseintrag Nr *4 geschlossene Ehe der Parteien wird geschieden.

II. Die Kosten des Verfahrens werden gegeneinander aufgehoben.

BEGRÜNDUNG

1.

Die Parteien haben am *5 vor dem Standesbeamten des Standesamts *6 unter Heiratseintrag Nr *7 die Ehe miteinander geschlossen.

Die antragstellende Partei ist *8 Staatsangehörige, die Antragsgegnerpartei *9 Staatsangehörige.

Es ist die *10 Ehe der antragstellenden Partei und die *11 Ehe der Antragsgegnerpartei.

Beweis:

Beiliegende Heiratsurkunde

Personalausweis oder Reisepass, der im Termin vorgelegt wird

Aus der Ehe der Parteien ist das Kind *12 hervorgegangen.

Der letzte gemeinsame Aufenthaltsort der Parteien war *13.

Andere der in § 621 II 1 ZPO bezeichneten Familiensachen sind anderweitig *14 anhängig.

Die ausschließliche örtliche Zuständigkeit des angerufenen Familiengerichts ergibt sich aus § 606 ZPO.

2.

Der Scheidungsantrag wird auf die §§ 1565 I, 1566 I BGB gestützt.

Die Parteien leben seit *15 im Sinne des § 1567 I BGB von einander getrennt.

Die antragstellende Partei hält die Ehe der Parteien für unwiederherstellbar zerrüttet und ist nicht bereit, die eheliche Lebensgemeinschaft wiederherzustellen.

Die Antragsgegnerpartei wird dem Scheidungsantrag zustimmen. Auch sie hält die Ehe der Parteien für endgültig gescheitert und will geschieden werden.

Beweis:

Anhörung der Parteien gemäß § 613 ZPO

3.

Bei Bedarf

Zur Regelung der sonstigen Scheidungsfolgen im Sinne des § 630 ZPO verweisen wir auf die als Anlage beigefügte Vereinbarung der Parteien

4.

Über die Regelung der elterlichen Sorge können sich die Parteien nicht einigen.

Wir regen an, die alleinige elterliche Sorge für das Kind *16 der antragstellenden Partei zu übertragen. Dies entspricht aus folgenden Gründen dem Wohle des Kindes:

a) Betreuungssituation: *17

b) Wohnsituation: *18

c) Erziehungseignung der antragstellenden Partei: *19

d) Gründe, die gegen die Übertragung der elterlichen Sorge auf die Antragsgegnerpartei sprechen: *20

5.
Der Versorgungsausgleich soll *21 durchgeführt werden.

6.

Streitwert:

Monatliches Nettoeinkommen der antragstellenden Partei	*22
Monatliches Nettoeinkommen der Antragsgegnerpartei	*23
Summe	*24
Bezogen auf drei Monate	*25
Zuzüglich	
5 % aus Vermögen (nach Abzug der Schulden und Freibeträge)	*26
Streitwert der Ehesache	*27
Versorgungsausgleich	*28
Elterliche Sorge	*29
Gesamt:	*30

Aus dem vorläufigen Streitwert der Ehesache selbst zahlen wir den Gerichtskostenvorschuss in Höhe von zwei Gerichtsgebühren durch Gebührenstempler Scheck ein.

f) Scheidungsantrag – Härtefall

EHESCHEIDUNGSANTRAG 115

Voraussichtlicher Streitwert: *1

Unter Vorlage einer besonderen Vollmacht im Sinne des § 609 ZPO zeigen wir an, dass wir die antragstellende Partei vertreten.

Wir stellen folgenden Antrag:

I. Die am *2 vor dem Standesbeamten des Standesamts *3 unter Heiratseintrag Nr *4 geschlossene Ehe der Parteien wird geschieden.

II. Die Kosten des Verfahrens werden gegeneinander aufgehoben.

BEGRÜNDUNG

1.
Die Parteien haben am *5 vor dem Standesbeamten des Standesamts *6 unter Heiratseintrag Nr *7 die Ehe miteinander geschlossen.

Die antragstellende Partei ist *8 Staatsangehörige, die Antragsgegnerpartei *9 Staatsangehörige.

Es ist die *10 Ehe der antragstellenden Partei und die *11 der Antragsgegnerpartei.

Beweis:

Beiliegende Heiratsurkunde

Personalausweis oder Reisepass, der im Termin vorgelegt wird

Aus der Ehe der Parteien ist kein Kind hervorgegangen.

Der letzte gemeinsame Aufenthaltsort der Parteien war *12.

Andere der in § 621 II 1 ZPO bezeichneten Familiensachen sind *13 anhängig.

Die ausschließliche örtliche Zuständigkeit des angerufenen Familiengerichts ergibt sich aus § 606 ZPO.

2.

Der Scheidungsantrag wird auf § 1565 II BGB gestützt.

Die Parteien leben *14 von einander getrennt.[1]

Der antragstellenden Partei ist aber eine Fortsetzung der Ehe aus Gründen, die im Verhalten der Antragsgegnerpartei liegen, nicht mehr zumutbar. Im Einzelnen ist hierzu Folgendes auszuführen: *15.

Beweis: *16

3.

Der Versorgungsausgleich soll *17 durchgeführt werden.

4.

Streitwert:

Monatliches Nettoeinkommen der antragstellenden Partei	*18
Monatliches Nettoeinkommen der Antragsgegnerpartei	*19
Summe	*20
Bezogen auf drei Monate	*21
Zuzüglich	
5 % aus Vermögen (nach Abzug der Schulden und Freibeträge)	*22
Streitwert der Ehesache	*23
Versorgungsausgleich	*24
Gesamt:	*25

Aus dem vorläufigen Streitwert der Ehesache selbst zahlen wir den Gerichtskostenvorschuss in Höhe von zwei Gerichtsgebühren durch Gebührenstempler Scheck ein.

---

[1] Entweder ist hier anzugeben, dass die Parteien noch nicht oder weniger als ein Jahr von einander getrennt leben

g) Erwiderung auf Scheidungsantrag/Widerantrag

Antragserwiderung

116

Unter Vorlage einer besonderen Vollmacht im Sinne des § 609 ZPO zeigen wir an, dass wir die Antragsgegnerpartei vertreten. Die Zuständigkeit des angerufenen Familiengerichts ist unproblematisch.

Passendes auswählen

Unsere Partei stimmt dem Ehescheidungsantrag zu.

Sie stellt hiermit über uns selbst Scheidungsantrag. Es wird beantragt, die am *1 beim Standesamt *2 geschlossene Ehe der Parteien zu scheiden.

Unsere Partei hat keinen Scheidungswunsch, tritt dem Antrag aber nicht mit einem Zurückweisungsantrag entgegen. Es möge nach Anhörung der Parteien nach Sachlage entschieden werden.

Es wird Zurückweisung des Scheidungsantrages beantragt, da aus folgenden Gründen die gesetzlichen Scheidungsvoraussetzungen nicht vorliegen *3.

Die Scheidung wäre nach § 1568 BGB eine schwere Härte weil *4. Unsere Partei beruft sich ausdrücklich auf die Härtefallklausel.

Die persönlichen Daten der Parteien sind im Scheidungsantrag richtig wiedergegeben.

Zum Scheidungsantrag ist folgendes zu berichten *5.

Die Trennungsangaben im Scheidungsantrag stimmen.

Die Angaben zum Getrenntleben stimmen so nicht, es war vielmehr wie folgt: *6.

Auch unsere Partei ist der Meinung, dass die Ehe gescheitert ist und mit einer Wiederherstellung der ehelichen Lebensgemeinschaft nicht gerechnet werden kann.

Zu den Scheidungsvoraussetzungen ist zu ergänzen, dass die Parteien von *7 bis *8 einen Versöhnungsversuch unternommen haben, der allerdings scheiterte. Zu den Einzelheiten: *9.

Die Ehe ist keinesfalls endgültig gescheitert, es liegt eine vorübergehende Ehekrise vor, die sich mit gutem Willen bewältigen lässt.

II. Sorgerecht/Umgangsrecht/Vaterschaft

1. Antrag auf Alleinsorge, hilfsweise Aufenthaltsbestimmung

Kann im isolierten Verfahren oder im Scheidungsverbund verwandt werden

117

Vertreten wir insoweit die Antragstellerin.

I. Wir regen an, die elterliche Sorge, hilfsweise[2] das Aufenthaltsbestimmungsrecht für das Kind *1 (Alternativ: die Kinder …) der Antragstellerin zu übertragen.

II. Die Kosten des Verfahrens werden gegeneinander aufgehoben.

---

[2] Der Hilfsantrag – Übertragung des Aufenthaltsbestimmungsrechts – kann auch zum Hauptantrag gemacht werden

BEGRÜNDUNG

Die Parteien haben am *2 die Ehe miteinander geschlossen. Aus ihrer Ehe ist das Kind *3 hervorgegangen.

Die Parteien leben seit *4 getrennt. Das Kind lebt im Haushalt *5.

Die Parteien können sich über die Regelung der elterlichen Sorge nicht einigen, eine Verständigung ist erschwert oder unmöglich.

Wir regen an, die alleinige elterliche Sorge für das Kind der Antragstellerin zu übertragen. Dies entspricht aus folgenden Gründen dem Wohle des Kindes:

a) Betreuungssituation: *6

b) Wohnsituation: *7

c) Erziehungseignung der Antragstellerin: *8

d) Umgangsrecht *9

e) Gründe, die gegen die Übertragung der elterlichen Sorge auf den Antragsgegner sprechen: *10

Beweis:

Jugendamtsbericht

Vorsorglich: Sachverständigengutachten

Bei Bedarf Richterliche Anhörung des Kindes

Für den Fall, dass das Gericht zu dem Ergebnis kommen sollte, den Parteien müsse die gemeinsame elterliche Sorge belassen werden, ist es aber aus den genannten Gründen erforderlich, der Antragstellerin das Aufenthaltsbestimmungsrecht zu übertragen.

2. Abweisungsantrag, da gemeinsame elterliche Sorge gewünscht

118 *Kann im isolierten Verfahren oder im Scheidungsverbund verwandt werden*

Vertreten wir auch insoweit den Vater. Dieser ist mit der Übertragung der elterlichen Sorge für das Kind *1 (Alternativ: die Kinder …) auf die Mutter nicht einverstanden, weshalb beantragt wird, deren Antrag auf alleiniges Sorgerecht abzuweisen. Eine solche Regelung würde aus folgenden Gründen dem Kindeswohl nicht entsprechen:

a) Betreuungssituation: *2

b) Wohnsituation: *3

c) Erziehungseignung beider Parteien: *4

d) Gründe, die gegen die Übertragung der alleinigen elterlichen Sorge auf die Mutter sprechen: *5

e) Umgangsrecht: *6

f) *Bei Bedarf* Gründe, die eine Eilentscheidung überflüssig erscheinen lassen: *7

4. Antrag des Vaters auf Regelung seines Umgangs

120 *Kann im isolierten Verfahren oder im Scheidungsverbund verwandt werden*

ANTRAG AUF REGELUNG DES UMGANGS

Wir zeigen an, dass wir den Vater vertreten.

Wir beantragen, den Umgang des Vaters mit dem Kind den Kindern *1 wie folgt zu regeln:

Der Vater ist berechtigt, das Kind (die Kinder) *2 wie folgt zu sich zu nehmen:

a) Im vierzehntägigen Turnus jeweils von Samstag *3 Uhr bis Sonntag *4 Uhr.

b) An Weihnachten, Ostern und Pfingsten jeweils am zweiten Feiertag von 9 Uhr bis 18 Uhr.

c) In den Weihnachts-, Oster- und Pfingstferien zusammenhängend jeweils während der *5 Ferienwoche in der ersten zweiten Hälfte der Schulferien.

d) In den Sommerferien während eines zusammenhängenden Zeitraums von zwei drei Wochen, wobei der Vater der Mutter diesen Zeitraum mindestens zwei Monate vor Beginn der Sommerferien bekannt zu geben hat.

e) Fällt der unter a) vereinbarte Umgang wegen Erkrankung des Kindes oder aus sonstigem wichtigen Grund aus, ist der Vater berechtigt, den Umgang mit dem Kind am darauf folgenden bzw am nächst möglichen Wochenende nachzuholen. Der Turnus verschiebt sich dadurch nicht.

BEGRÜNDUNG

Die Parteien haben am *6 die Ehe miteinander geschlossen. Aus ihrer Ehe ist das Kind *7 hervorgegangen.

Die Parteien leben seit *8 getrennt. Das Kind lebt im Haushalt *9.

Die Mutter verhindert aus nicht bekannten oder nachvollziehbaren Gründen den regelmäßigen Umgang des Vaters mit dem Kind. Zwischen dem Kind und dem Vater besteht ein herzliches und liebevolles Verhältnis, das es zu erhalten gilt. Das Kind hat ein Recht auf Umgang mit jedem Elternteil; jeder Elternteil ist zum Umgang mit dem gemeinsamen Kind berechtigt und verpflichtet – § 1684 I BGB.

Die Mutter ist verpflichtet, alles zu unterlassen, was das Verhältnis des Kindes zum Antragsteller beeinträchtigt – § 1684 II 1 BGB. Sie ist somit insbesondere verpflichtet, dafür Sorge zu tragen, dass der Vater mit dem Kind regelmäßigen Kontakt hat und das Kind im oben genannten Umfang zu sich nehmen kann.

Die beantragte Umgangsregelung ist angemessen und entspricht dem Kindeswohl.

<u>Beweis:</u>

Jugendamtsbericht

Vorsorglich: Sachverständigengutachten

Bei Bedarf Richterliche Kindesanhörung

Damit der offensichtlich von der Mutter gewünschten oder zumindest in Kauf genommenen Entfremdung zwischen Vater und Kind entgegengewirkt werden kann, ist eine umgehende gerichtliche Regelung des Umgangs wie beantragt erforderlich.

Beweis:

Jugendamtsbericht

Vorsorglich: Sachverständigengutachten

Bei Bedarf Richterliche Kindesanhörung

Aus dargelegten Gründen entspricht es dem Kindeswohl, dass beide Elternteile die elterliche Sorge auch künftig gemeinsam ausüben.

Beweis:

Wie vor

Da eine Koordination der Parteien nicht schwierig ist, regen wir somit an, die gemeinsame elterliche Sorge aufrecht zu erhalten.

3. Abweisungsantrag mit eigenem Sorgerechtsantrag, auch EA

Kann im isolierten Verfahren oder im Scheidungsverbund verwandt werden

Vertreten wir insoweit den Vater.

Dieser ist mit der Übertragung der elterlichen Sorge für das Kind *1 (Alternativ: die Kinder …) auf die Mutter nicht einverstanden. Eine solche Regelung würde aus folgenden Gründen dem Kindeswohl nicht entsprechen:

a) Betreuungsituation: *2

b) Wohnsituation: *3

c) Gründe, die gegen die Erziehungseignung der Mutter sprechen: *4

d) Erziehungseignung des Vaters: *5

e) Umgangsrecht: *6

f) *Bei Bedarf* Gründe, die eine Eilentscheidung notwendig machen: *7

Bei Bedarf Zur Glaubhaftmachung des tatsächlichen Vorbringens in diesem Schriftsatz fügen wir eidesstattliche Erklärung unserer Partei bei.

Bei Bedarf Zusätzlich übergeben wir *8.

Aus dargelegten Gründen stellen wir folgenden Antrag:

1) Der Antrag der Mutter auf Übertragung des Sorgerechts wird abgewiesen.

2) Das Sorgerecht, hilfsweise das Aufenthaltsbestimmungsrecht, für das Kind (Die Kinder …) *9 wird dem Vater übertragen.

Bei Bedarf

Wegen Dringlichkeit beantragen wir, vorweg im Wege der Einstweiligen Anordnung ohne mündliche Verhandlung, hilfsweise nach eilig zu bestimmender mündlicher Verhandlung, eine vorläufige Regelung mindestens zur Aufenthaltsbestimmung zu treffen.

5. Antrag der Mutter auf Regelung des väterlichen Umgangs

Kann im isolierten Verfahren oder im Scheidungsverbund verwandt werden **121**

ANTRAG AUF REGELUNG DES UMGANGS

Wir zeigen an, dass wir die Mutter vertreten.

Wir beantragen, den Umgang des Vaters mit dem Kind den Kindern *1 wie folgt zu regeln, mit der Anmerkung, dass eine gerichtliche oder vertragliche Umgangsregelung bisher nicht getroffen wurde.

Der Vater ist berechtigt und verpflichtet, das Kind (die Kinder) *2 wie folgt zu sich zu nehmen:

a) Im vierzehntägigen Turnus jeweils von Samstag *3 Uhr bis Sonntag *4 Uhr.

b) An Weihnachten, Ostern und Pfingsten jeweils am zweiten Feiertag von 9 Uhr bis 18 Uhr.

c) In den Weihnachts-, Oster- und Pfingstferien zusammenhängend jeweils während der *5 Ferienwoche in der ersten zweiten Hälfte der Schulferien.

d) In den Sommerferien während eines zusammenhängenden Zeitraums von zwei drei Wochen, wobei der Vater der Mutter diesen Zeitraum mindestens zwei Monate vor Beginn der Sommerferien bekannt zu geben hat.

e) Fällt der unter a) vereinbarte Umgang wegen Erkrankung des Kindes oder aus sonstigem wichtigen Grund aus, ist der Vater berechtigt, den Umgang mit dem Kind am darauf folgenden bzw am nächst möglichen Wochenende nachzuholen. Der Turnus verschiebt sich dadurch nicht.

BEGRÜNDUNG

Die Parteien haben am *6 die Ehe miteinander geschlossen. Aus ihrer Ehe ist das Kind *7 hervorgegangen.

Die Parteien leben seit *8 getrennt. Das Kind lebt im Haushalt *9.

Es steht völlig außer Streit, dass der Vater in üblichem und altersgerechtem Umfang den Umgang ausüben darf. Das wird ihm in keiner Weise verwehrt, bisher ist auch kein Grund dazu zutage getreten. Die Mutter zeigt sich insoweit sehr kooperativ.

Im Kindesinteresse muss das Umgangsrecht aber geordnet und regelmäßig durchgeführt werden. Einer Entfremdung zwischen Vater und Kind muss vorgebeugt werden.

Das Umgangsrecht ist nicht nur ein Recht, sondern auch eine im Kindesinteresse bestehende Pflicht. Das Kind hat ein Recht auf Umgang mit jedem Elternteil; jeder Elternteil ist zum Umgang mit dem gemeinsamen Kind berechtigt und verpflichtet – § 1684 I BGB.

In letzter Zeit hat der Vater das Umgangrecht unregelmäßig nur wie folgt unregelmäßig ausgeübt *10.

Die beantragte Umgangsregelung ist angemessen und entspricht dem Kindeswohl. Auch die Interessen der Mutter sind insoweit zu beachten, als sie mittels fester Umgangstermine in der Lage sein muss, rechtzeitig zu planen.

6. Antrag auf gerichtliche Vermittlung zum Umgangsrecht

122 ANTRAG AUF DURCHFÜHRUNG EINES VERMITTLUNSVERFAHRENS GEM § 52 a FGG

Wir vertreten auch insoweit den Vater und stellen für ihn Antrag auf Durchführung des isolierten Verfahrens gemäß § 52 a FGG. Wir beantragen, alsbald Termin zur mündlichen Verhandlung zu bestimmen.

BEGRÜNDUNG

Das Amtsgericht – Familiengericht *1 – hat im Verfahren mit dem Aktenzeichen *2 das Umgangsrecht unserer Partei mit dem Kind (den Kindern) der Parteien, *3 geregelt.

Die gegnerische Partei hält sich nicht an diese Regelung, sie erschwert bzw vereitelt die Durchführung des Umgangsrechts. Hierzu ist im Einzelnen Folgendes auszuführen: *4

Beweis: *5

Das Vermittlungsverfahren ist beschleunigt durchzuführen – § 52 a II 1 FGG, sodass alsbald Termin zur mündlichen Verhandlung anzuberaumen ist.

Nachdem die Gegenpartei – wie dargelegt – den Umgang unserer Partei erschwert und vereitelt, regen wir an, Zwangsmittel gegen sie zu verhängen (*soweit veranlasst* und Maßnahmen in Bezug auf die elterliche Sorge zu ergreifen, indem die Übertragung des Aufenthaltsbestimmungsrechts zum Zwecke der Durchführung des Umgangsrechts auf einen Verfahrenspfleger übertragen wird).

(1) Macht ein Elternteil geltend, dass der andere Elternteil die Durchführung einer gerichtlichen Verfügung über den Umgang mit dem gemeinschaftlichen Kind vereitelt oder erschwert, so vermittelt das Familiengericht auf Antrag eines Elternteils zwischen den Eltern.

(2) Das Gericht hat die Eltern alsbald zu einem Vermittlungstermin zu laden. Zu diesem Termin soll das Gericht das persönliche Erscheinen der Eltern anordnen. In der Ladung weist das Gericht auf die möglichen Rechtsfolgen eines erfolglosen Vermittlungsverfahrens nach Absatz 5 hin. In geeigneten Fällen bittet das Gericht das Jugendamt um Teilnahme an dem Termin.

(3) In dem Termin erörtert das Gericht mit den Eltern, welche Folgen das Unterbleiben des Umgangs für das Wohl des Kindes haben kann. Es weist auf die Rechtsfolgen hin, die sich aus einer Vereitelung oder Erschwerung des Umgangs ergeben können, insbesondere auf die Möglichkeiten der Durchsetzung mit Zwangsmitteln nach § 33 oder der Einschränkung und des Entzugs der Sorge unter den Voraussetzungen der §§ 1666, 1671 und 1696 des Bürgerlichen Gesetzbuchs. Es weist die Eltern auf die bestehenden Möglichkeiten der Beratung durch die Beratungsstellen und -dienste der Träger der Jugendhilfe hin.

(4) Das Gericht soll darauf hinwirken, dass die Eltern Einvernehmen über die Ausübung des Umgangs erzielen. Das Ergebnis der Vermittlung ist im Protokoll festzuhalten. Soweit die Eltern Einvernehmen über eine von der gerichtlichen Verfügung abweichende Regelung des Umgangs erzielen und diese dem Wohl des Kindes nicht widerspricht, ist die Umgangsregelung als Vergleich zu protokollieren; dieser tritt an die Stelle der bisherigen gerichtlichen Verfügung. Wird ein Einvernehmen nicht erzielt, sind die Streitpunkte im Protokoll festzuhalten.

(5) Wird weder eine einvernehmliche Regelung des Umgangs noch Einvernehmen über eine nachfolgende Inanspruchnahme außergerichtlicher Beratung erreicht oder erscheint mindestens ein Elternteil in dem Vermittlungstermin nicht, so stellt das Gericht durch nicht anfechtbaren Beschluss fest, dass das Vermittlungsverfahren erfolglos geblieben ist. In diesem Fall prüft das Gericht, ob Zwangsmittel ergriffen, Änderungen der Umgangsregelung vorgenommen oder Maßnahmen in Bezug auf die Sorge ergriffen werden sollen. Wird ein entsprechendes Verfahren von Amts wegen oder auf einen binnen eines Monats gestellten Antrag eines Elternteils eingeleitet, so werden die Kosten des Vermittlungsverfahrens als Teil der Kosten des anschließenden Verfahrens behandelt.

7. EA – Umgangsrecht Verbund

Wir vertreten auch insoweit den Vater und stellen für ihn Antrag auf Erlass einer Einstweiligen Anordnung zum Umgangsrecht im Verbund:

Der Umgang des Vaters mit dem Kind *1 (Alternativ: den Kindern) wird wegen Dringlichkeit ohne mündliche Verhandlung hilfsweise aufgrund umgehend anzuberaumender mündlicher Verhandlung durch einstweilige Anordnung gemäß § 620 I Ziff 2 ZPO wie folgt geregelt:

I. Der Vater ist berechtigt, das Kind *2 wie folgt zu sich zu nehmen:

a) Im vierzehntägigen Turnus, beginnend am *3, jeweils von Samstag 9 Uhr bis Sonntag 18 Uhr.

b) An Weihnachten, Ostern und Pfingsten jeweils am zweiten Feiertag von 9 Uhr bis 18 Uhr.

c) In den Weihnachts-, Oster- und Pfingstferien zusammenhängend jeweils während der *4 Ferienwoche.

d) In den Sommerferien während eines zusammenhängenden Zeitraums von zwei Wochen, wobei dieser Zeitraum der Mutter mindestens zwei Monate vor Beginn der Sommerferien vom Vater bekannt zu geben ist.

e) Fällt der unter a) vereinbarte Umgang wegen Erkrankung des Kindes oder aus sonstigem wichtigen Grund aus, ist der Vater berechtigt, den Umgang mit dem Kind am darauf folgenden bzw am nächst möglichen Wochenende nachzuholen. Der Turnus verschiebt sich dadurch nicht.

BEGRÜNDUNG

1. Folgende Probleme bestehen derzeit hinsichtlich der Ausübung eines angemessenen Umgangs: *5:

2. Das beantragte Umgangsrecht entspricht aus folgenden Gründen dem Wohle des Kindes: *6

Beweis:

Jugendamtsbericht

Vorsorglich: Sachverständigengutachten

Bei Bedarf Richterliche Kindesanhörung

3. Das Kind hat ein Recht auf Umgang mit jedem Elternteil; jeder Elternteil ist zum Umgang mit dem gemeinsamen minderjährigen Kind berechtigt und verpflichtet – § 1684 I BGB.

Die Mutter ist verpflichtet, alles zu unterlassen, was das Verhältnis des Kindes zum Vater beeinträchtigt – § 1684 II 1 BGB. Sie ist somit insbesondere verpflichtet, dafür Sorge zu tragen, dass der Vater mit dem Kind regelmäßigen Kontakt hat und das Kind im oben genannten Umfang zu sich nehmen kann.

Damit der offensichtlich von der Mutter gewünschten oder zumindest in Kauf genommenen Entfremdung zwischen Vater und Kind entgegengewirkt werden kann, ist eine umgehende gerichtliche Regelung des Umgangs dringend erforderlich.

Zur Glaubhaftmachung des tatsächlichen Vorbringens in diesem Schriftsatz fügen wir eidesstattliche Erklärung des Vaters bei.

Weiter übergeben wir *7.

8. Vaterschaftsanfechtung

124 Klage auf Anfechtung der Vaterschaft zum Familiengericht

bestellen wir uns für den Kläger.

Wir übergeben einen gerichtlichen Beschluss vom 1* demzufolge 2* als Pfleger für das beklagte Kind bestellt wurde.

Wir erheben **Feststellungsklage** mit dem Antrag festzustellen, dass der Kläger nicht der Vater des beklagten Kindes ist.

Begründung

Der Kläger schloss am 3* die Ehe mit der Mutter des am 4* geborenen beklagten Kindes. Die Vaterschaft des Klägers wird wegen der zum Geburtszeitpunkt formell bestehenden Ehe gemäß §§ 1592 Nr 1, 1600c I BGB derzeit noch gesetzlich vermutet.

Diese gesetzliche Vermutung ist objektiv falsch, denn das beklagte Kind stammt biologisch nicht vom Kläger ab.

Beweis: medizinisches Sachverständigengutachten

In der für die Zeugung in Betracht kommenden Zeitspanne hatte der Kläger keinerlei persönliche Kontakte mit der Mutter des beklagten Kindes, die für eine Schwangerschaft kausal sein können.

Zum Trennungszeitpunkt und dem weiteren rechtlichen Bestand der Ehe merken wir an:

Zutreffendes verwerten

- Der Kläger und die Mutter des Kindes leben seit 5* ständig getrennt, auch räumlich
- Dieser Trennungszeitpunkt ist völlig unstreitig und ergibt sich auch aus 6*. Die Ehe ist seit dem 7* rechtskräftig geschieden
- Das Ehescheidungsverfahren läuft beim Familiengericht 8* unter dem Aktenzeichen 9* aufgrund einer Antragsschrift vom 10*

Für bestimmte Fälle

Es ist völlig zweifelsfrei, dass der Kläger nicht der Erzeuger des Kindes sein kann. Die »technischen« Grundlagen dazu wird auch die Mutter des Kindes bestätigen, die wir als Zeugin benennen. Die näheren Umstände können im Verhandlungstermin erörtert werden. Die Beteiligten zeigen sich verantwortungsbewusst und wissen um die Bedeutung der Klärung der Abstammung des Kindes auch für das Kind. Erzeuger des Kindes ist völlig unstreitig Herr *11. Wir regen daher an, nach dem Ergebnis der mündlichen Verhandlung von der Erholung eines medizinischen Sachverständigengutachtens abzusehen, wenn alle Zweifel beseitigt sind und alle Betroffenen zustimmen.

9. Antrag auf Pflegerbestellung für die Vaterschaftsanfechtung

Scheinvater (Name, Adresse, Geburtsdatum)

gegen

Kind (Name, Geburtsdatum, Mutter, Adresse, Geburtsdatum)

An das Amtsgericht

– Familiengericht –

vertreten wir den Antragsteller. Wir beantragen, dem betroffenen Kind für das geplante Verfahren auf Anfechtung der Vaterschaft einen Pfleger zu bestellen und schlagen insoweit das Jugendamt in *1 vor.

Begründung

Unser Mandant wird gesetzlich als Vater des betroffenen Kindes vermutet, das während der Ehe geboren ist (§§ 1592 Nr 1, 1600 c I BGB).

Entweder Die Ehe besteht noch.

Oder Die Ehe ist im Verfahren des Familiengerichts *2 Aktenzeichen *3 rechtskräftig geschieden worden.

Das Sorgerecht ist beiden Elternteilen belassen worden. Auch der Antragsteller ist somit sorgeberechtigt. Er möchte die Vaterschaft gerichtlich anfechten. Die Vertretung des Kindes im Anfechtungsprozess gehört deshalb gemäß § 1909 I S 1 BGB nach Anhörung der Mutter geregelt.

Sollte sich das Familiengericht für unzuständig halten, erbitten wir formlose Abgabe an das Vormundschaftsgericht.

10. Erzeugeranfechtungsklage

126 Amtsgericht

Familiengericht

*1

vertreten wir den Kläger, für den wir zum zuständigen Familiengericht Anfechtungs- und Feststellungsklage erheben, gegen:

1. »Scheinvater« *Name, Geburtstag, Adresse* – Beklagter zu 1) –

2. »Kind« *Name, Geburtstag, Adresse* – Beklagter zu 2) –

Klageanträge

1. Es wird festgestellt, dass der Zweitbeklagte nicht vom Erstbeklagten abstammt.
2. Es wird festgestellt, dass der Zweitbeklagte vom Kläger abstammt.

Begründung

Der Zweitbeklagte ist während bestehender Ehe des Erstbeklagten mit dessen Ehefrau, Frau *2 (kurz als »Mutter« bezeichnet) geboren. Biologischer Vater ist aber der Kläger.

Diese Ehe hatte folgendes Schicksal:

erläutern, es sind diverse Fallgestaltungen möglich *3

Alternative 1

Der Kläger hat am *4 die Mutter geheiratet und ist mit Ihr noch/inzwischen nicht mehr verheiratet.

Der Erstbeklagte gilt gemäß § 1592 Nr 1 BGB als Vater des Zweitbeklagten. In der gesetzlichen Empfängniszeit hatte er aber nach Erkenntnis des Klägers keine näheren Kontakte mit der Mutter mehr, die seine Vaterschaft verursacht haben könnten.

B e w e i s : *»Name und Adresse Mutter«* als Zeugin

Die gesetzlich vermutete Vaterschaft des Erstbeklagten ist bisher weder von diesem, noch von der Mutter oder dem Zweitbeklagten angefochten worden.

Das Anfechtungsrecht des Klägers ergibt sich aus § 1600 I Nr 2 BGB neuer Fassung. Nach Absatz 2 der Vorschrift ist Voraussetzung, dass zwischen dem Kind und seinem (Schein)Vater im Sinne des § 1600 I Nr 1 BGB (hier der Erstbeklagte als Scheinvater) keine sozial-familiäre Beziehung besteht. Diese besteht in der Tat nicht.

Der Zweitbeklagte lebt seit *5 lebte von *6 bis *7 bei der Mutter. Im Haushalt des Klägers lebte er von *8 bis *9.

Die zweijährige Anfechtungsfrist des § 1600 b BGB ist aus folgenden Gründen nicht abgelaufen:

Art. 229 § 10 EGBGB bestimmt im Rahmen des Übergangsrechts aus einer weiteren Gesetzesänderung, dass die Frist nicht vor dem 30.04.2004 zu laufen beginnt. Hierauf kommt es allerdings nicht mehr an.

Verdachtsmomente des Klägers, dass er der Vater des Kindes ist, ergaben sich im Monat *10 des Jahres *11 aufgrund folgender Hinweise bzw Umstände: *12

Alternative 1

Ein Abstammungsgutachten wurde bisher nicht erstellt.

Der Kläger hat ein Interesse an der Feststellung der wahren Abstammung; dieses Interesse hat letztlich auch der Zweitbeklagte.

Wenn maßgeblich

Das Interesse des Klägers wird dadurch bestärkt, dass er inzwischen mit der Mutter verheiratet ist

Wenn zutreffend und der Zweitbeklagte im gemeinsamen Haushalt lebt.

Zur Klärung der Abstammung mag erforderlichenfalls ein medizinisches Sachverständigengutachten von Amts wegen erholt werden. Mit einer DNA-Begutachtung besteht Einverständnis.

III. Ehewohnung/Gemeinschaftsimmobilie/Gewaltschutz/Hausrat

1. Ehewohnung

a) Vorläufige Mitbenutzung der Ehewohnung (§ 1361 b I 1 BGB) vor/nach Trennung

Wir bestellen uns als Prozessbevollmächtigte der Antragstellerpartei und beantragen:[3]

Die Ehewohnung *1 wird aufgeteilt, es werden zur alleinigen Nutzung zugewiesen:

a) Der Antragstellerpartei folgende Räume *2

b) Der Antragsgegnerpartei folgende Räume *3

c) Für die Benutzung der Gemeinschaftsräume und Nebenräume gilt folgendes: *4

d) Die Parteien dürfen je die der anderen Partei alleine zugewiesenen Räume nicht betreten und haben insoweit freien Zugang zu gewähren

Begründung

a) Statustatsachen *5[4]

b) Eigentumsverhältnisse *6

c) Die Parteien sind miteinander verheiratet und leben zwar noch zusammen *Alternativ* leben innerhalb der Ehewohnung getrennt. Wegen des im Nachfolgenden

---

[3] Anträge im FGG-Verfahren sind Verfahrensanträge, keine Sachanträge; sie leiten ein Verfahren ein und regen eine bestimmte Regelung an, binden das Gericht daher nicht: Dieses kann von Amts wegen auch eine andere als die beantragte Regelung treffen

[4] Parteien, Kinder, Trennung, derzeitige Wohnsituation, Interessen minderjähriger Kinder, die den bisherigen Lebensverhältnissen der Parteien entsprechenden Bedürfnisse; beiderseitige finanzielle Verhältnisse ua, s. 2 HausrVO

beschriebenen Verhaltens der Antragsgegnerpartei ist jedoch die beantragte Regelung dringend erforderlich *7:[5]

Zur Illustration der Wohnverhältnisse übergeben wir einen Wohnungsplan.

Wir beantragen, alsbald Termin zur mündlichen Verhandlung zu bestimmen und das persönliche Erscheinen beider Parteien anzuordnen.

b) Isolierter Antrag auf Zuweisung der Ehewohnung zur Vermeidung einer unbilligen Härte (§ 1361 b I 1 BGB).[6]

128 Wir bestellen uns als Prozessbevollmächtigte der Antragstellerpartei und beantragen:[7]

I. Die Ehewohnung in *1, bestehend aus *2 wird der Antragstellerpartei für die Dauer des Getrenntlebens der Parteien zur alleinigen Nutzung zugewiesen (§ 1361 b I BGB). Die Antragsgegnerpartei hat diese Wohnung an die Antragstellerpartei herauszugeben (§§ 18 a, 11 ff, 15 HausrVO).

Eventuelle flankierende Maßnahmen:[8]

II. Betretungsverbot

Der Antragsgegnerpartei wird verboten, die Ehewohnung mit Zugängen

Bei Bedarf und auch sonst das Grundstück

zu betreten.

III. Androhung von Zwangsgeld

Der Antragsgegnerpartei wird zugleich für jeden Fall der Zuwiderhandlung ein Zwangsgeld in Höhe von *3 angedroht.

Bei Bedarf Vorschläge zu Miete und Nebenkosten oder Nutzungsentschädigung bei Eigentum oder Miteigentum

---

5 Darstellung des zu regelnden Sachverhalts unter Beachtung der Darlegungs- und Beweislast: Vorlage entsprechender Beweismittel, möglichst auch Glaubhaftmachung der Sachdarstellung (das sog. streitige FGG-Verfahren verlangt trotz der Amtsermittlungspflicht des Gerichts – s. §§ 13 HausrVO, 13 FGG – eine – wenn auch geminderte – Darlegungs- und Beweislast: die sog. Glaubhaftmachungslast; alle entscheidungsrelevanten Tatsachen sollten daher im Hauptsacheverfahren unter Beweis gestellt und in summarischen Verfahren glaubhaft gemacht werden).
Zusammenleben der Parteien oder Getrenntleben; störendes Verhalten des anderen Partners in gewisser Häufigkeit sowie seine Weigerung, sein Verhalten zu ändern

6 Der Gesetzgeber hat die frühere Eingriffsschwelle »schwere Härte« (unbestimmter Rechtsbegriff!) gemildert und verlangt jetzt nur noch das Vorliegen einer »unbilligen Härte«

7 Anträge im FGG-Verfahren sind Verfahrensanträge, keine Sachanträge; sie leiten ein Verfahren ein und regen eine bestimmte Regelung an, binden das Gericht daher nicht: Dieses kann von Amts wegen auch eine andere als die beantragte Regelung treffen

8 Das Gericht kann und sollte – sofern veranlasst – auch flankierende Maßnahmen – insbesondere (Ge- und Verbote, s. § 15 HausrVO) – anordnen. Es ist sinnvoll, den Erlass derartiger ergänzender Anordnungen – insbesondere auch wegen des reibungslosen Vollzugs der beantragten Regelung – im Verfahrensantrag anzuregen, der dann auch möglichst konkret die künftige Benutzungssituation der ehelichen Wohnung aus der Sicht der antragstellenden Partei erfassen soll

Begründung

a) Statustatsachen *4[9]

b) Eigentumsverhältnisse *5

c) Die Parteien leben getrennt *ggf nähere Ausführungen*

Wegen des nachfolgend beschriebenen Verhaltens der Antragsgegnerpartei ist die beantragte Regelung zur Vermeidung einer unbilligen Härte erforderlich *6:[10]

Bei Bedarf Die alleinige Nutzung der Ehewohnung durch die Antragstellerpartei soll selbstverständlich die Mitbenutzung durch das Kind/die Kinder umfassen.

Wir beantragen, alsbald Termin zur mündlichen Verhandlung zu bestimmen und das persönliche Erscheinen beider Parteien anzuordnen.

c) Endgültige Wohnungszuweisung §§ 1, 3 ff HausrVO

Folgesachenantrag im Ehescheidungsverbund §§ 623 I, 621 I Nr 7 ZPO

alternativ Antrag im isolierten Verfahren auf Zuweisung der Ehewohnung

Wir bestellen uns auch hierfür als Prozessbevollmächtigte der Antragstellerpartei und beantragen:[11]

I. Die Ehewohnung in *1, bestehend aus *2 wird der Antragstellerpartei zur alleinigen Nutzung zugewiesen.

II. Die Antragsgegnerpartei hat die Ehewohnung mit sämtlichen dazugehörigen Schlüsseln bis *3 unter Mitnahme der persönlichen Sachen an die Antragstellerpartei herauszugeben.

Falls veranlasst

III. Es wird bestimmt, dass das von den Parteien mit *4 eingegangene Mietverhältnis[12] von der Antragsgegnerpartei mit allen Rechten und Pflichten allein übernommen und fortgesetzt wird (§ 5 I 1 HausrVO).

IV. Es wird bestimmt, dass die hinterlegte Kaution in Höhe von *5 € weiterhin beim Vermieter bleibt und/oder bezüglich des laufenden Mietzinses eine Weiterhaft der

---

9 Parteien, Kinder, derzeitige Wohnsituation, Interessen minderjähriger Kinder, die den bisherigen Lebensverhältnissen der Parteien entsprechenden Bedürfnisse; beiderseitige finanzielle Verhältnisse ua, s. § 2 HausrVO

10 Darstellung des zu regelnden Sachverhalts unter Beachtung der Darlegungs- und Beweislast: Vorlage entsprechender Beweismittel, möglichst auch Glaubhaftmachung der Sachdarstellung (das sog. streitige FGG-Verfahren verlangt trotz der Amtsermittlungspflicht des Gerichts – s. §§ 13 HausrVO, 13 FGG – eine – wenn auch geminderte – Darlegungs- und Beweislast: die sog. Glaubhaftmachungslast; alle entscheidungsrelevanten Tatsachen sollten daher im Hauptsacheverfahren unter Beweis gestellt und in summarischen Verfahren glaubhaft gemacht werden)

11 Anträge im FGG-Verfahren sind Verfahrensanträge, keine Sachanträge; sie leiten ein Verfahren ein und regen eine bestimmte Regelung an, binden das Gericht daher nicht: Dieses kann von Amts wegen auch eine andere als die beantragte Regelung treffen

12 Erforderlich Angabe des Vermieters mit Vornamen, Namen und Anschrift bzw komplette Firmenanschrift sowie Mitteilung, ob er mit der Zuweisung einverstanden ist oder nicht (s. 7, 12 – Jahresfrist beachten, wenn dieser Antrag in einem isolierten Verfahren nach Rechtskraft der Scheidung gestellt wird)

Antragsgegnerpartei für zwei Jahre ab Rechtskraft der Scheidung angeordnet wird (§ 5 II HausrVO).

Sofern bisher kein Mietverhältnis bestand

V. Es wird ein Mietverhältnis an der Ehewohnung gemäß dem beigefügten, ausgefüllten Muster eines Einheitsmietvertrages begründet und der dort vorgeschlagene Mietzins festgesetzt (§ 5 II HausrVO).

Begründung

Die Parteien leben in der im Rubrum näher bezeichneten Ehewohnung getrennt. Das Scheidungsverfahren ist rechtshängig *alternativ* bereits rechtskräftig abgeschlossen.

Es besteht Streit zwischen den Parteien darüber, wer von Ihnen die Ehewohnung an den anderen zur alleinigen Nutzung zu überlassen hat. Kopie des Mietvertrages wird beigefügt *alternativ* Die Gegenseite hat den Mietvertrag in Händen, ihr möge die Vorlage aufgegeben werden.

Beide Parteien sind Mieter des *6, der nach § 7 HausrVO am Verfahren beteiligt ist. Der Mietvertrag ist als Anlage beigefügt.

Aus folgenden Gründen ist es angemessen und notwendig, dass die Antragstellerpartei die Ehewohnung künftig alleine nutzen darf:

*7.

Aus folgenden Gründen ist es der Antragsgegnerpartei zumutbar, die Ehewohnung zur alleinigen Nutzung zu überlassen:

*8.

Aus folgenden Gründen stehen der beantragten Regelung berechtigte Interessen[13] des Vermieters nicht entgegen:

*9.

2. Gemeinschaftsimmobilie

a) Klage[14] – Nutzungsentschädigung Ehewohnung

Wir bestellen uns als Prozessbevollmächtigte der Klagepartei und stellen folgenden Antrag:

Die beklagte Partei wird verurteilt, der Klagepartei[15] folgende Nutzungsentschädigung für ihre alleinige Nutzung der im hälftigen Miteigentum beider Parteien stehenden Immobilie *1 zu bezahlen:

a) Rückstände in Höhe von *2 € nebst 5 % Zinsen über dem jeweiligen Basiszinssatz seit *3

b) Beginnend mit dem *4 monatlich bis zum 3. eines jeden Monats *5 €.

---

13 Hier kommt es auf Zahlungsfähigkeit und Zuverlässigkeit der Antragstellerpartei an
14 Ein Anspruch auf Nutzungsentgelt nach § 745 II 2 BGB ist keine Familiensache iSd § 23 b I 1 Nr 8 GVG, sondern eine allgemeine Zivilsache – FA-FamR/Klein Kap 8 Rn 96 mwN
15 Leben die Ehegatten in Gütergemeinschaft, ist eine Nutzungsentschädigung für die Alleinnutzung der Ehewohnung nicht in das Gesamtgut, sondern an den Berechtigten persönlich zu zahlen – OLG München, OLG-RP 1995, 9

BEGRÜNDUNG

Die Parteien sind Miteigentümer zu je 1/2 des Anwesens *6. Die Klagepartei ist am *7 aus diesem Anwesen ausgezogen und lebt seither von der beklagten Partei getrennt.

Nach der Rechtsprechung des BGH kann ein Ehegatte, der mit endgültiger Trennungsabsicht aus dem im beiderseitigen Miteigentum stehenden Anwesen auszieht, eine Neuregelung der Nutzung des gemeinschaftlichen Eigentums (§§ 744, 745 II BGB) nach billigem Ermessen verlangen (BGH FamRZ 1982, 355; 1986, 436; 1994, 98; 1996, 931; NJW-RR 1991, 1410, jeweils mit weiteren Nachweisen; hierzu auch Wever FamRZ 2000, 993 mwN und FamRZ 2006, 930 mit Anm v Brudermüller).

Die Immobilie der Parteien wird wie folgt beschrieben:

Grundstücksgröße: *8

Lage/Anschrift: *9

Baujahr: *10

Wohnfläche: *11

Ausstattung: *12

Beweis:

Augenscheinseinnahme

Die Immobilie hat einen monatlichen Kaltmietwert von *13.

Beweis:

Sachverständigengutachten

Monatliche objektbezogene Lasten, die die beklagte Partei trägt:

Verbrauchsunabhängige Kosten: *14

Kreditrate: *15

Somit verbleibt ein Überschuss des Mietwertes von *16.

Davon 1/2 *17

Die beklagte Partei wurde mit Schreiben vom *18 aufgefordert, monatlich ab *19 diesen Betrag an die Klagepartei zu zahlen[16]. Das wurde abgelehnt. *Alternativ* Es erfolgte keine Reaktion und keine Zahlung. Klageerhebung ist daher notwendig. Es handelt sich um eine Zivilsache, für die das Familiengericht nicht zuständig ist.

Die Rückstände betragen *20 für den Zeitraum von *21 bis *22 und sind mit 5 % über dem jeweiligen Basiszins zu verzinsen.

---

[16] Eine Nutzungsentschädigung kann frühestens ab dem Zeitpunkt verlangt werden, zu dem eine Neuregelung der Nutzung geltend gemacht worden ist – OLG Hamm NJW-FER 1997, 97 – Nutzungsentschädigung wegen alleiniger Nutzung des gemeinsamen Hauses

b) Teilungsversteigerungsantrag

131 Amtsgericht

– Vollstreckungsgericht –

*1[17]

Antrag auf **Zwangsversteigerung** zur **Auseinandersetzung** der **Miteigentümergemeinschaft gemäß §§ 180 ff ZVG**

vertreten wir die Antragstellerpartei, in deren Namen wir unter Vollmachtsvorlage beantragen, den nachstehend beschriebenen Grundbesitz zur Auseinandersetzung der Miteigentümergemeinschaft der Parteien

zwangszuversteigern.

Grundstück:

Flurstück/Flurnummer *2

Gemarkung *3

Eingetragen im Grundbuch des Amtsgerichts *4

Band *5

Blatt *6

Grundstücksbeschreibung: *7

Bei dem Grundbesitz handelt es sich um[18] *8.

Eigentumsverhältnisse:

Die Parteien sind Miteigentümer des betroffenen Grundbesitzes in hälftiger Bruchteilsgemeinschaft.

Wir beziehen uns auf das beim gleichen Gericht geführte Grundbuch gemäß vorstehender Bestandsangabe.

Alternativ Wir beziehen uns auf den beigefügten beglaubigten Grundbuchauszug.

Allgemeine Verhältnisse der Parteien:

Die Parteien sind Eheleute. Die Ehe ist nicht geschieden.

Ein Ehescheidungsverfahren schwebt beim Familiengericht *9 unter dem Aktenzeichen *10

Alternativ Die Ehe der Parteien ist bereits rechtskräftig geschieden.

Die Parteien leben im gesetzlichen Güterstand der Zugewinngemeinschaft, die noch nicht auseinandergesetzt ist. Das zur Verwertung anstehende Grundstück ist nur ein nicht dominierender Teil des Vermögens beider Parteien.

---

17 Das Amtsgericht, das für das Grundstück örtlich zuständig ist, teils gibt es aber zentrale Zuständigkeiten für ein Amtsgericht im Landgerichtsbezirk

18 ZB eine Eigentumswohnung, ein Einfamilienhaus, ein Mehrfamilienhaus, ein unbebautes Baugrundstück, ein bebautes Gewerbegrundstück, eine Gewerbeeinheit als Teileigentum, eine landwirtschaftliche Fläche, ein Erbbaurecht

Alternativ Die güterrechtlichen Ansprüche der Parteien sind formwirksam bereinigt; § 1365 BGB steht deshalb einer Verwertung nicht entgegen.

Alternativ Vorsorglich ist auszuführen, dass die Parteien im vertraglichen Güterstand der Gütertrennung leben. Die Vorschrift des § 1365 BGB kommt daher nicht zum Tragen.

Da sich die Parteien trotz aller Versuche nicht über eine Verwertung oder Auseinandersetzung des Grundbesitzes einigen können, bedarf es gesetzlicher Verwertung durch Teilungsversteigerung nach den Vorschriften der §§ 180 ff ZVG.

Wenn wahr Mit Engelsgeduld haben wir uns für die Antragstellerpartei um eine wirtschaftlich tragfähige vertragliche Lösung bemüht. Zur Illustration fügen wir den diesbezüglichen Schriftwechsel bei. Die Bemühungen scheiterten, weil die Antragsgegnerpartei nicht konsensfähige Vorstellungen umsetzen will, die den rechtlichen und wirtschaftlichen Gegebenheiten in keiner Weise entsprechen.

Sachverständigengutachten:

Es bedarf der Erholung eines Bewertungsgutachtens durch das Gericht.

Bei Bedarf Immerhin konnten sich die Parteien auf den Sachverständigen *11 einigen. Es wird deshalb vorgeschlagen, diesen Sachverständigen nach Anhörung der Gegenseite zu beauftragen.

Denkbar Im Zuge der gescheiterten vorgerichtlichen Verhandlungen haben die Parteien bereits ein außergerichtliches Sachverständigengutachten erholt, das wir beifügen. Zur Kostenersparnis und Beschleunigung wird unter Berücksichtigung der besonderen Umstände der Versteigerung zur Auseinandersetzung der Gemeinschaft vorgeschlagen, dieses Gutachten einverständlich dem weiteren Verfahren zugrunde zu legen und von der gerichtlichen Erholung eines weiteren Gutachtens abzusehen.

Wenn zutreffend Diese Handhabung ist mit den anwaltlichen Vertretern der Gegenseite im Vorfeld des Verfahrens abgestimmt.

Mieter:

Das zu versteigernde Anwesen ist nicht fremdvermietet, es wird von *12 eigengenutzt.

Alternativ Das betroffene Grundstück besteht aus *13 Wohneinheit(en). Fremdvermietet ist *14. Betroffene Mieter: *15

Wohnungsrecht/Nießbrauch:

Wohnungsrechte oder ein Nießbrauch sind im Grundbuch nicht eingetragen.

Alternativ Das Verfahren wird dadurch erschwert, dass zugunsten von *16 das folgende Recht *17 im Grundbuch eingetragen ist. Dieses Recht wird derzeit wie folgt ausgeübt: *18

Vertretungsverhältnisse:

Die Antragsgegnerpartei wird in diesem Verfahren anwaltlich vertreten durch *19, das ist abgestimmt. Wir bitten, dies bereits bei der Zustellung des Antrages zu berücksichtigen.

Bei Bedarf Jegliche Zustellungen können vereinfacht über unser Gerichtsfach erfolgen.

c) Freigabeklage Versteigerungserlös gemäß § 894 I ZPO

132 Landgericht[19]

– Zivilkammer –

vertreten wir die Klagepartei, für die wir Zustimmungsklage mit folgendem Antrag erheben:

Die beklagte Partei wird verurteilt, gegenüber der Hinterlegungsstelle des Amtsgerichts *1 Aktenzeichen *2 der Auszahlung eines Hauptsacheteilbetrages in Höhe von *3 zuzüglich der anteilig darauf entfallenden Hinterlegungszinsen zugunsten der Klagepartei zuzustimmen.

Begründung

Die Parteien waren Eheleute, die Ehe ist rechtskräftig geschieden.

Die Parteien waren hälftig[20] Miteigentümer in Bruchteilsgemeinschaft des nachfolgend beschriebenen Grundbesitzes.

Flurstück *4

Gemarkung *5

Eingetragen im Grundbuch des Amtsgerichts *6

Band *7

Blatt *8

Grundstücksbeschreibung: *9

Bei dem Grundbesitz handelt es sich um[21] *10

Die Miteigentümergemeinschaft wurde im Verfahren des Vollstreckungsgerichts *11 Aktenzeichen *12 durch Teilungsversteigerung nach den Vorschriften der §§ 180 ff ZVG auseinandergesetzt. Der Zuschlagsbeschluss wurde rechtskräftig, das Verfahren ist beendet.

Die Parteien konnten sich naturgemäß auch über die Verteilung des verbleibenden Erlöses aus dem Teilungsversteigerungsverfahren in Höhe von *13 nicht einigen.

Zur Illustration legen wir die Endabrechnung des Vollstreckungsgerichts im Verteilungsverfahren vor.

Mangels Einigung der Parteien hat das Vollstreckungsgericht den verbleibenden Betrag richtigerweise bei der betroffenen Hinterlegungsstelle gerichtlich hinterlegt, zugunsten beider Parteien. Damit endete der Auftrag des Vollstreckungsgerichts.

Rechte Dritter am hinterlegten Betrag bestehen nicht.

Entsprechend den Eigentumsquoten der Parteien hat die Klagepartei den auf die beklagte Partei entfallenden Anteil des Hinterlegungsbetrages samt darauf entfallenden anteiligen Zinsen bedingungsfrei freigegeben.[22] Das Schreiben mit der Freigabeerklärung wird beigefügt.

---

19 Streitwertabhängig kann auch einmal die Zuständigkeit der Zivilabteilung des Amtsgerichts in Frage kommen
20 Es kommt natürlich auch eine abweichende Eigentumsquote in Betracht
21 ZB eine Eigentumswohnung, ein Einfamilienhaus, ein Mehrfamilienhaus, ein unbebautes Baugrundstück, ein bebautes Gewerbegrundstück, eine Gewerbeeinheit als Teileigentum, eine landwirtschaftliche Fläche, ein Erbbaurecht
22 Diese Vorwegfreigabe durch Erklärung gegenüber der Hinterlegungsstelle ist zur Reduzierung des Kostenrisikos sinnvoll

Die Aufforderung an die Gegenseite, den Anteil der Klagepartei am Hinterlegungsbetrag freizugeben, führte zu keinem Ergebnis. Aus der Auseinandersetzung der Gemeinschaft heraus ist die beklagte Partei zur Freigabe verpflichtet. Mit der Erfüllung dieser Pflicht ist sie im Verzug, so dass es gerichtlicher Regelung leider bedarf.

Das Aufforderungsschreiben wird zum Nachweis beigefügt.

Wenn sinnvoll Zur Veranschaulichung übergeben wir den vorgerichtlichen Schriftwechsel. Er belegt, dass die beklagte Partei zu Unrecht die Freigabe verweigert. Ihr stehen keinerlei Rechte am Erlösanteil der Klagepartei zu. Die Verweigerung der Freigabe kann nur als wenig sachgerechter Racheakt im Zusammenhang mit dem Scheitern der Ehe gesehen werden.

d) Klageerwiderung zur Freigabeklage zum Versteigerungserlös

Landgericht[23] 133

– Zivilkammer –

vertreten wir die beklagte Partei, für die wir Klageabweisung beantragen.

Begründung

Die persönlichen Verhältnisse und die Rechtsverhältnisse rund um die versteigerte Immobilie sind in der Klage richtig vorgetragen. *Anderenfalls konkret vortragen*

Der klagegegenständliche Anteil an dem durch das Vollstreckungsgericht bei der Hinterlegungsstelle eingefrorenen Erlös steht der Klagepartei indes derzeit nicht zu nicht voll zu, worauf laut Anlage nur Teilfreigabe in Höhe von *1 € erklärt wurde.

Aus der Miteigentümergemeinschaft hat die Klagepartei nämlich folgende ungesicherte Ausgleichsansprüche, die spätestens aus dem Versteigerungserlös intern auszugleichen waren:

a) Ansprüche auf Nutzungsentschädigung aus dem anteiligen Kaltmietwert von monatlich *2 € für den Zeitraum *3. In dem Zeitraum hatte die Klagepartei die alleinige Nutzung der Immobilie ohne dafür zu bezahlen. Kompensation ist auch nicht etwa auf der Unterhaltsebene erfolgt. Die Klagepartei wurde mit Schreiben vom *4 aufgefordert, Nutzungsentschädigung in Höhe von *5 ab *6 zu zahlen.

Beweis: Schreiben vom *7 in Kopie.

Beweis für den Mietwert: Sachverständigengutachten

b) Ansprüche auf internen Gesamtschuldnerausgleich für Gemeinschaftsausgaben, die beklagtenseits alleine getragen wurden, wie folgt: *8. *genaue Spezifizierung*

c) Ansprüche auf internen Gesamtschuldnerausgleich nach Berücksichtigung der beiderseitigen Einnahmen und Ausgaben für die Immobilie gemäß nachstehender Übersicht *9. *genaue Spezifizierung*

---

23 Zuständig ist idR das Zivilgericht, wenn es nicht gelingt, den Familienrichter aus dem Sachzusammenhang mit dem Güterrecht von seiner Zuständigkeit zu überzeugen. Das gelingt mitunter im Scheidungsverbund. Streitwertabhängig kann auch einmal die Zuständigkeit der Zivilabteilung des Amtsgerichts in Frage kommen

d) Die Beklagte Partei hat wegen der Scheidung der Ehe fällige güterrechtliche schon geltend gemachte Ausgleichsansprüche im gesetzlichen Güterstand in Höhe von *6 €, die unbezahlt sind. Insoweit besteht ein Zurückbehaltungsrecht zum grundsätzlichen anteiligen Freigabeanspruch. Es besteht die Gefahr, dass der güterrechtliche Ausgleich vereitelt wird weil *7. Zum güterrechtlichen Ausgleich übergeben wir: *8.

3. Gewaltschutz

a) Gewaltschutzanträge

134 An das Amtsgericht

– Familiengericht

*1[24]

Vertreten wir die Antragstellerin, für die wir beantragen wie folgt zu entscheiden:

I.1.
Die in *2 (Ort, Straße, Hausnummer) gelegene Wohnung der Parteien wird für die Dauer des Getrenntlebens[25] der Antragstellerin gemäß § 2 GewSchG[26] zur alleinigen Nutzung zugewiesen

I.2.
Der Antragsgegner hat innerhalb von 3 Tagen ab Erlass des beantragten Beschlusses den Rechtsanwälten der Antragstellerin sowohl die in seinem Besitz befindlichen Wohnungsschlüssel für die Wohnung der Parteien als auch die in seinem Besitz befindlichen Schlüssel für die Eingangstüre des Hauses, in dem sich die Wohnung der Parteien befindet, sowie den in seinem Besitz befindlichen Schlüssel für das Kellerabteil Nr *3 der Parteien und schließlich den in seinem Besitz befindlichen Briefkastenschlüssel herauszugeben.

I.3.
Dem Antragsgegner wird untersagt, die Wohnung der Parteien in *4 (Ort, Straße, Hausnummer) während der Dauer des Getrenntlebens der Parteien zu betreten.[27]

---

24 Die Zuständigkeit des Familiengerichts ist gegeben, wenn die Parteien einen auf Dauer angelegten gemeinsamen Haushalt innerhalb der letzten sechs Monate geführt haben oder führen (§ 23 b Nr 8 a GVG)

25 In der Regel berechtigt § 2 GewSchG das Opfer im Verhältnis zum Täter nur vorläufig dazu, die Wohnung für eine gewisse Zeitdauer unter Ausschluss des Täters zu nutzen. Das Gericht kann also auch zeitlich begrenzen (§ 2 II GewSchG), es sei denn, das Opfer ist allein oder mit einer dritten Person zur Nutzung vertraglich oder dinglich berechtigt. Die Zuweisung der gemeinsam genutzten Wohnung kann beantragt werden für einen Ehegatten, für eine Partei einer eingetragenen gleichgeschlechtlichen Partnerschaft, einer nichtehelichen Lebensgemeinschaft und auch für Geschwister und sonstige Verwandte

26 Für Streitigkeiten unter Eheleuten über die Rechtsverhältnisse an der Ehewohnung sind die Vorschriften des Familienrechts als leges speciales anzusehen – FA-FamR Klein Kap 8 Rn 54. Zuweisung der Ehewohnung als solche richtet sich dann nach § 1361 b BGB. Daneben können aber die weiteren hier aufgezeigten Schutzmaßnahmen nach dem Gewaltschutzgesetz verlangt und vom Gericht angeordnet werden

27 Diese Maßnahme soll eine gerichtliche Wohnungszuweisung – gleichgültig ob sie auf § 1361 b BGB oder § 2 GewSchG gestützt wird – dergestalt ergänzen, dass der Täter zum Schutz des Opfers die Wohnung auch nicht mehr betreten darf. Soweit es der Billigkeit entspricht, kann das Opfer aber verpflichtet werden, dem Täter eine Gegenleistung (Nutzungsentschädigung) zu entrichten

I.4.
Dem Antragsgegner wird untersagt, sich der Wohnung der Parteien in *5 (Ort, Straße, Hausnummer) in einem Umkreis von 300 m zu nähern.[28]

I.5.
Dem Antragsgegner wird untersagt, sich der Antragstellerin und/oder den Kindern der Parteien, *6 (Namen des Kindes/der Kinder) in einem Umkreis von 300 m zu nähern.[29]

I.6.
Dem Antragsgegner wird untersagt, sich dem Arbeitsplatz der Antragstellerin in *7 (Ort, Straße, Hausnummer und Namensangabe des Arbeitgebers) in einem Umkreis von 300 m zu nähern.[30]

Soweit angebracht

I.7.
Dem Antragsgegner wird untersagt, sich dem Kindergarten *8 (Name, Ort, Straße, Hausnummer) in einem Umkreis von 300 m zu nähern.

I.8.
Dem Antragsgegner wird untersagt, Zusammentreffen mit der Antragstellerin und/oder den Kindern der Parteien herbeizuführen. Sollte es zu einem zufälligen Zusammentreffen mit den oder einer der genannten Personen kommen, hat der Antragsgegner sofort den gerichtlich festgelegten Abstand von 300 m wieder herzustellen und einzuhalten.

I.9.
Dem Antragsgegner wird untersagt, mit der Antragstellerin und den Kindern der Parteien in irgendeiner Form Kontakt aufzunehmen, auch unter Verwendung von Fernkommunikationsmitteln.[31]

Bei Bedarf Ausgenommen hiervon sind schriftliche Mitteilungen per SMS, Telefax oder E-Mail.

Im Einzelnen wird dem Antragsgegner untersagt

a) die Antragstellerin und/oder die Kinder der Parteien anzusprechen
b) die Antragstellerin und/oder die Kinder der Parteien anzurufen
c) der Antragstellerin und/oder den Kindern der Parteien Faxe zu übermitteln
d) der Antragstellerin und/oder den Kindern der Parteien Telegramme zu senden
e) der Antragstellerin und/oder den Kindern der Parteien E-Mails zu senden
f) der Antragstellerin und/oder den Kindern der Parteien SMS zu senden.

II.
Die sofortige Wirksamkeit und die Zulässigkeit der Vollstreckung gegen den Antragsgegner wird angeordnet, § 64 b II FGG.

---

[28] Der Abstand muss vom Gericht unter Beachtung der örtlichen Gegebenheiten bemessen werden
[29] Der Abstand muss vom Gericht unter Beachtung der örtlichen Gegebenheiten bemessen werden
[30] § 1 I 3 Nr 3 GewSchG erweitert den Schutzbereich der Nr 2 auf Orte, auf denen sich das Opfer öfters aufhält
[31] Schutzanordnungen gemäß § 1 II 1 GewSchG **können** auch nach nur angedrohter Gewalt gerechtfertigt sein

III.

Wie sich aus der nachfolgenden Begründung ergibt, ist die Angelegenheit dringend, es wird deshalb beantragt, vorab im Wege der

einstweiligen Anordnung[32]

über die obigen Anträge zu entscheiden.

BEGRÜNDUNG[33]

Allgemeine Verhältnisse *Ehe/Nichteheliche Lebensgemeinschaft, Getrenntleben usw* *9

Kinder *gemeinsame? Geburtsdatum usw* *10

Wohnsituation *11

Folgende gravierenden Vorkommnisse machen die beantragten Maßnahmen dringend erforderlich *12

Beweis/Glaubhaftmachung *13

Diese Vorfälle bewegen sich in einem Bereich, in dem andere Mittel oder Überzeugungsarbeit nicht helfen.

Wir beantragen, alsbald Termin zur mündlichen Verhandlung zu bestimmen und das persönliche Erscheinen der Parteien anzuordnen.

b)   Erwiderung auf Gewaltschutzanträge

135   An das Amtsgericht

– Familiengericht

*1[34]

Vertreten wir den Antragsgegner, für den wir beantragen, die Anträge auf Gewaltschutzmassnahmen zurückzuweisen.

Begründung

Die persönlichen Verhältnisse sind in der Antragsschrift zutreffend geschildert.

---

32 § 64 III FGG macht in Gewaltschutzverfahren vor den Familiengerichten einstweilige Anordnungen statthaft; das Gericht kann in dringenden Fällen anordnen, dass die einstweiligen Anordnungen bereits vor Zustellung vollzogen werden. Art 4 Nr 10 GewSchG ergänzt § 940a ZPO sogar dahingehend, dass die Räumung von Wohnraum durch einstweilige Verfügung nicht nur bei verbotener Eigenmacht, sondern auch bei konkreter Gefahr für Leib und Leben angeordnet werden darf

33 Zur Begründung der Anträge ist der diesen zu Grunde liegende Sachverhalt vorzutragen. Die Ausführungen sind glaubhaft zu machen. Glaubhaftmachung ist möglich durch eidesstattliche Versicherung der antragstellenden Partei und von Zeugen, ggf durch ärztliches Attest und alle sonstigen zur Glaubhaftmachung geeigneten Beweismittel gemäß § 294 ZPO Bei der Antragsbegründung muss angegeben werden, dass es sich bei den Parteien um Eheleute, Partner einer eingetragenen gleichgeschlechtlichen Partnerschaft, einer nichtehelichen Lebensgemeinschaft, Verwandte oder Dritte handelt, die einen auf Dauer angelegten gemeinsamen Haushalt führen oder innerhalb der letzten 6 Monate geführt haben

34 Die Zuständigkeit des Familiengerichts ist gegeben, wenn die Parteien einen auf Dauer angelegten gemeinsamen Haushalt innerhalb der letzten sechs Monate geführt haben oder führen (§ 23b Nr 8a GVG)

Bei Bedarf Zu korrigieren ist allerdings, dass *2.

Der Gesetzgeber hat den Gerichten mit der Schaffung des GewSchG ein reiches Instrumentarium an die Hand gegeben, für das durchaus Bedarf bestand. Leider ist aber ein Missbrauch des Instruments in Mode gekommen. Es hat sich herumgesprochen, dass eine Ehefrau lediglich behaupten muss, bedroht, bedrängt oder/und misshandelt zu werden und schon wird in vielen Fällen der Ehemann inkriminiert.

Der Tatsachenvortrag der Antragstellerin, der Maßnahmen nach dem GewSchG begründen soll, ist grob unrichtig.

Zu den einzelnen Behauptungen ist auszuführen: *3. *Hier ist eine umfassende Darstellung möglichst mit Angebot von Zeugenbeweis nötig*

Beweisangebote/Glaubhaftmachung erfolgt nur vorsorglich und zur Straffung. Die Übernahme einer Beweislast ist damit nicht verbunden. Das GewSchG führt gerade **nicht zu einer Umkehr der Beweislast**. Die Antragstellerin hat also darzulegen und nachzuweisen.

Hierbei wird sich herausstellen, dass *Passendes verwenden*

- Sich der Antragsgegner völlig friedfertig verhält und lediglich auf sachlicher Basis die zweifelsfrei bestehenden familienrechtlichen Fragen klären will.

- Die Antragstellerin den Antragsgegner
  - Laufend verbal bedrängt, beschimpft und beleidigt
  - Durch laufende Anrufe, auch an der Arbeitsstelle drangsaliert
  - Immer wieder in von ihr lautstark begonnenen Streit verstricken will
  - Durch folgende Handlungen finanziell zu schädigen versucht *4
  - Tätlich angreift, dazu im Einzelnen konkret: *5
  - Schon massiv misshandelt hat, hierzu konkret: *6

Trotz dieser Vorfälle sehen wir derzeit von einem Gegenantrag ab.

Wir beantragen, alsbald Termin zur mündlichen Verhandlung zu bestimmen und das persönliche Erscheinen beider Parteien anzuordnen.

Wenn gewollt Die benannten Zeugen mögen zugleich geladen werden, denn das Verfahren ist gestrafft durchzuführen.

c) Unterlassungsklage Anrufe

Amtsgericht

– Zivilabteilung –

*1

vertreten wir die Klagepartei, für die wir mit folgenden Anträgen Unterlassungsklage erheben:

1. Die beklagte Partei wird verurteilt, es zu unterlassen, Telefonanrufe

   a) auf persönlichen Fernsprecheinrichtungen der Klagepartei

   b) an der Arbeitsstelle der Klagepartei, auch bei Arbeitskollegen und beim Arbeitgeber *2

vorzunehmen.

2. Der beklagten Partei wird für jeden Fall der Zuwiderhandlung ein Ordnungsgeld bis zu 250.000 € und für den Fall, dass dieses nicht beigetrieben werden kann, Ordnungshaft bis zu sechs Monaten angedroht.[35]

Begründung

Die Parteien sind getrennt lebende Eheleute. Die räumliche Trennung besteht seit *3. Die Ehe ist gescheitert, was der beklagten Partei auch unmissverständlich mitgeteilt wurde. Die Klagepartei ist unter keinen Umständen bereit, die eheliche Lebensgemeinschaft wieder aufzunehmen.

Die beklagte Partei bedrängt sie durch wiederholte Telefonanrufe. Diese erfolgten in letzter Zeit wie folgt:

Hier ist eine genaue zeitlich geordnete nummerierte Auflistung zu empfehlen, um die Nachhaltigkeit der Störung darzustellen, der Inhalt der Gespräche sollte geschildert werden

1. Unter dem Privatanschluss Nummer *4 der Klagepartei

am *5 um *6 Uhr …

2. An der Arbeitsstelle der Klagepartei bei dem im Klageantrag bezeichneten Arbeitgeber

am *7 um *8 Uhr …

Bei Bedarf Die Beklagtenpartei ruft auch wiederholt bei Arbeitskollegen/beim Arbeitgeber der Klagepartei an, um dort die Familiengeschichte auszubreiten. *Bei Bedarf* Hierbei kommt es auch zu Äußerungen mit beleidigendem Inhalt, etwa *9

Beweis für diese Vorfälle: Zeugen *10. *Mit genauer Darstellung, welcher Zeuge welchen Anruf bezeugen kann*

Wir haben der Beklagtenpartei mit Schreiben vom *11 mitgeteilt, dass wir die Interessen der Klagepartei wahrnehmen, so dass Verhandlungen alleine mit uns zu führen sind. Die Beklagtenpartei hat sich daran nicht gehalten und durch wiederholte Anrufe versucht, die Klagepartei selbst zu kontaktieren bzw unter Druck zu setzen.

Hierauf haben wir der Beklagtenpartei mit Schreiben vom *12 untersagt, weitere Anrufe zu tätigen, und zwar sowohl unter dem Privatanschluss der Klägerin, als auch an der Arbeitsstelle, dort auch in Gesprächen mit Arbeitskollegen und dem Arbeitgeber.

Beweis: Unser Schreiben vom *13

Wie die vorstehende Auflistung der Anrufe zeigt, hält sich die Beklagtenpartei daran nicht. Die Klagepartei kann aber aus ihrem allgemeinen Persönlichkeitsrecht heraus verlangen, dass sie nicht behelligt wird und keine Anrufe erhält. Das gilt privat und erst recht an der Arbeitsstelle, wo solche Anrufe sogar das Arbeitsverhältnis gefährden können.

---

35 § 890 I, II ZPO

4. Hausrat während Getrenntlebens (§§ 1361 a BGB, 18 a, 11 ff HausrVO)[36]

a) Herausgabe § 1361 a I 1 BGB Alleineigentum Antragstellerin – mit EA

Hier kommt nicht darauf an, wer ausgezogen ist **137**

Wir bestellen uns als Prozessbevollmächtigte der Antragstellerin und beantragen:[37]

Hauptsacheanträge: *Hinweis: Nur in isoliertem Hauptsacheverfahren möglich*

Der Antragsgegner hat der Antragstellerin die dieser gehörenden Haushaltsgegenstände gemäß beigefügter nummerierter Liste[38] herauszugeben und zur vorläufigen[39] Benutzung zu überlassen (§ 1361 a I 1 BGB).

Bei Bedarf

Antrag auf Erlass einer Einstweiligen Anordnung: *Hinweis: Die EA kann auch in einem anhängigen Verbundverfahren beantragt werden*

Wir beantragen hierzu wegen Dringlichkeit im Wege der Einstweiligen Anordnung eine vorläufige bis zur Hauptsacheentscheidung geltende Regelung zu treffen, der zufolge der Antragsgegner mindestens die Gegenstände Nummern *1 der Antragstellerin zu überlassen hat.

Begründung

a) Statustatsachen *2[40]

b) Der Antragsgegner verweigert der Antragstellerin die alleinige Nutzung des in ihrem Alleineigentum stehenden Hausrats; die Antragstellerin ist auch nicht verpflichtet, diesen Hausrat dem Antragsgegner zur vorläufigen Nutzung zu überlassen: *2

c) Das Alleineigentum der Antragstellerin wird bei Bestreiten wie folgt nachgewiesen: *3

Bei Bedarf Zum Antrag auf Erlass einer Einstweiligen Anordnung besteht aus folgenden Gründen Dringlichkeit: *4[41]

---

36 Isoliertes Verfahren: (Familien-)Gericht der Ehewohnung (§§ 11 II 2 HausrVO, 606 II und III ZPO). Ist die Ehewohnung bereits aufgelöst, richtet sich die Zuständigkeit nach den allgemeinen Vorschriften. Streitigkeiten aus Vereinbarungen sind den Zivilgerichten vorbehalten, damit summarische Maßnahmen auch nur nach der Zivilprozessordnung möglich (etwa einstweilige Leistungs-, Duldungs- oder Regelungsverfügungen). Bei Anhängigkeit einer Ehesache kann im Verbundverfahren zur vorläufigen Hausratsbenutzung nur eine EA beantragt werden; in dem Fall kann auch die Herausgabe persönlicher Gegenstände mit begehrt werden

37 Anträge im FGG-Verfahren sind Verfahrensanträge, keine Sachanträge; sie leiten ein Verfahren ein und regen eine bestimmte Regelung an, binden das Gericht daher nicht: Dieses kann von Amts wegen auch eine andere als die beantragte Regelung treffen

38 Genaue Bezeichnung wegen möglicher Vollstreckung

39 Ein Anspruch nach § 1361 a BGB kann nur auf vorläufige Regelungen – Hauptsacheverfahren: bis zu einer rechtskräftigen, endgültigen, anderweitigen Regelung; summarisches Verfahren: bis zur Entscheidung in der Hauptsache – betreffend Besitz und Nutzung von Hausratsgegenständen im Alleineigentum eines Ehegatten sowie im Miteigentum beider Parteien gerichtet sein

40 Parteien, Kinder, Trennung, derzeitige Wohnsituation, Interessen minderjähriger Kinder, die den bisherigen Lebensverhältnissen der Parteien entsprechenden Bedürfnisse; beiderseitige finanzielle Verhältnisse ua, s. § 2 HausrVO

41 Beispiel: Antragstellerin betreut minderjährige Kinder und begehrt die Waschmaschine

b) Herausgabe weggeschaffter Gegenstände Alleineigentum Antragstellerin – mit EA

138 *Antragsgegner ist aus der Ehewohnung mit dem streitigen Hausrat ausgezogen*

Wir bestellen uns als Prozessbevollmächtigte der Antragstellerin und beantragen:[42]

Hauptsacheanträge: *Hinweis: Nur in isoliertem Hauptsacheverfahren möglich*

Der Antragsgegner[43] hat die aus der Ehewohnung *1[44] weggeschafften Hausratsgegenstände *2 an die Antragstellerin herauszugeben und zur vorläufigen[45] Benutzung zu überlassen (§ 1361 a I 1 BGB) sowie in die Ehewohnung bis zur Wohnungstür zurückzuverbringen, wobei er das Betreten der Wohnung zu unterlassen hat.

Bei Bedarf

Antrag auf Erlass einer Einstweiligen Anordnung: *Hinweis: Die EA kann auch in einem anhängigen Verbundverfahren beantragt werden*

Wir beantragen, hierzu wegen Dringlichkeit im Wege der Einstweiligen Anordnung eine vorläufige bis zur Hauptsacheentscheidung geltende Regelung zu treffen, der zufolge der Antragsgegner die Hausratsgegenstände herauszugeben und in die oben bezeichnete Ehewohnung zurück zu bringen[46] hat.

Begründung

a) Statustatsachen *3[47]

b) Die Antragstellerin ist in der früheren Ehewohnung verblieben; der Antragsgegner ist am *4 ausgezogen und hat folgende Hausratsgegenstände aus dem nachweisbaren Alleineigentum der Antragstellerin eigenmächtig entfernt: *5

c) Die Wegnahme war rechtswidrig und verletzt das Eigentum. Der Antragsgegner ist deshalb verpflichtet, die Gegenstände in die frühere Ehewohnung zurückzubringen.

Bei Bedarf Zum Antrag auf Erlass einer Einstweiligen Anordnung besteht aus folgenden Gründen Dringlichkeit: *6[48]

---

42 Anträge im FGG-Verfahren sind Verfahrensanträge, keine Sachanträge; sie leiten ein Verfahren ein und regen eine bestimmte Regelung an, binden das Gericht daher nicht: Dieses kann von Amts wegen auch eine andere als die beantragte Regelung treffen

43 Richtet sich das Herausgabeverlangen gegen einen Dritten, ist Kenntnis des Dritten von der Rechtsnatur des Hausrats (s. § 1369 BGB) sowie die Notwendigkeit für den eigenen Gebrauch des Hausrats vorzutragen

44 Genaue Adresse, Wohnungsnummer, Stockwerk ...

45 Ein Anspruch nach § 1361 a BGB kann nur auf vorläufige Regelungen – Hauptsacheverfahren: bis zu einer rechtskräftigen, endgültigen, anderweitigen Regelung; summarisches Verfahren: bis zur Entscheidung in der Hauptsache – betreffend Besitz und Nutzung von Hausratsgegenständen im Alleineigentum eines Ehegatten sowie im Miteigentum beider Parteien gerichtet sein

46 Das FGG-Verfahren bietet kein größeres Kostenrisiko, so dass Maximalanträge gestellt werden sollten

47 Parteien, Kinder, Trennung, derzeitige Wohnsituation, Interessenminderjähriger Kinder, die den bisherigen Lebensverhältnissen der Parteien entsprechenden Bedürfnisse; beiderseitige finanzielle Verhältnisse ua, s. § 2 HausrVO

48 Beispiel: Antragstellerin betreut minderjährige Kinder und begehrt die Waschmaschine

c) **Gebrauchsüberlassung Eigentum Antragsgegner, § 1361 a I 2 BGB – mit EA**

Hinweis: Dieser Text ist darauf abgestimmt, dass die Antragstellerin aus der Ehewohnung auszog

Wir bestellen uns als Prozessbevollmächtigte der Antragstellerin und beantragen:[49]

Hauptsacheanträge: *Hinweis: Nur in isoliertem Hauptsacheverfahren möglich*

Der Antragsgegner hat die ihm gehörenden Hausratsgegenstände gemäß beigefügter Liste der Antragstellerin während der Dauer des Getrenntlebens der Parteien zur Führung eines abgesonderten Haushalts zu überlassen und an die Antragstellerin herauszugeben (§ 1361 a I 2 BGB).

Bei Bedarf

Antrag auf Erlass einer Einstweiligen Anordnung: *Hinweis: Die EA kann auch in einem anhängigen Verbundverfahren beantragt werden*

Wir beantragen, hierzu wegen Dringlichkeit im Wege der Einstweiligen Anordnung eine vorläufige bis zur Hauptsacheentscheidung geltende Regelung zu treffen, der zufolge der Antragsgegner die Hausratsgegenstände sofort herauszugeben hat.

Begründung

a) Statustatsachen *1[50]

b) Die Antragstellerin ist aus der Ehewohnung ausgezogen. Der Antragsgegner verweigert der Antragstellerin die alleinige Nutzung der in seinem Alleineigentum stehenden Hausratsgegenstände gemäß der als Anlage beigefügten Liste. Er ist jedoch aus folgenden Gründen verpflichtet, diesen Hausrat der Antragstellerin zur vorläufigen Nutzung zu überlassen: *2

Bei Bedarf Zum Antrag auf Erlass einer Einstweiligen Anordnung besteht aus folgenden Gründen Dringlichkeit: *3[51]

Gewürz Der Antragsgegner erklärte gegenüber der nachbenannten Zeugin, er benötige die streitbefangenen Hausratsgegenstände gar nicht, wolle die Antragstellerin aber ärgern …

Beweis: Zeugin *4

Glaubhaftmachung: Eidesstattliche Versicherung *5

---

49 Anträge im FGG-Verfahren sind Verfahrensanträge, keine Sachanträge; sie leiten ein Verfahren ein und regen eine bestimmte Regelung an, binden das Gericht daher nicht: Dieses kann von Amts wegen auch eine andere als die beantragte Regelung treffen

50 Parteien, Kinder, Trennung, derzeitige Wohnsituation, Interessenminderjähriger Kinder, die den bisherigen Lebensverhältnissen der Parteien entsprechenden Bedürfnisse; beiderseitige finanzielle Verhältnisse ua, s. § 2 HausrVO

51 Beispiel: Antragstellerin betreut minderjährige Kinder und begehrt die Waschmaschine oder Ausstattung Kinderzimmer

d) Herausgabe weggeschaffter Gegenstände Alleineigentum Antragsgegner – mit EA

140 *Antragsgegner ist aus der Ehewohnung mit dem streitigen Hausrat ausgezogen*

Wir bestellen uns als Prozessbevollmächtigte der Antragstellerin und beantragen:[52]

Hauptsacheanträge: *Hinweis: Nur in isoliertem Hauptsacheverfahren möglich*

Der Antragsgegner[53] hat die aus der Ehewohnung *1[54] weggeschafften Hausratsgegenstände *2 an die Antragstellerin herauszugeben und zur vorläufigen[55] Benutzung zu überlassen (§ 1361 a I 2 BGB) sowie in die Ehewohnung bis zur Wohnungstür zurückzuverbringen, wobei er das Betreten der Wohnung zu unterlassen hat.

Bei Bedarf

Antrag auf Erlass einer Einstweiligen Anordnung: *Hinweis: Die EA kann auch in einem anhängigen Verbundverfahren beantragt werden*

Wir beantragen, hierzu wegen Dringlichkeit im Wege der Einstweiligen Anordnung eine vorläufige bis zur Hauptsacheentscheidung geltende Regelung zu treffen, der zufolge der Antragsgegner die Hausratsgegenstände herauszugeben und in die oben bezeichnete Ehewohnung zurück zu bringen[56] hat.

Begründung

a) Statustatsachen *3[57]

d) Die Antragstellerin ist in der früheren Ehewohnung verblieben; der Antragsgegner ist am *4 ausgezogen und hat folgende Hausratsgegenstände eigenmächtig mitgenommen: *5.

e) Sie stehen zwar in seinem Alleineigentum, die Antragstellerin ist aber zur Führung eines eigenen Haushalts vorläufig dringend auf die Benutzung angewiesen weil *6

f) Die Wegnahme ist unter Abwägung der persönlichen und wirtschaftlichen Verhältnisse treuwidrig. Der Antragsgegner ist deshalb verpflichtet, die Gegenstände mindestens zunächst weiter zum Gebrauch zu überlassen und in die frühere Ehewohnung zurückzubringen.

---

52 Anträge im FGG-Verfahren sind Verfahrensanträge, keine Sachanträge; sie leiten ein Verfahren ein und regen eine bestimmte Regelung an, binden das Gericht daher nicht: Dieses kann von Amts wegen auch eine andere als die beantragte Regelung treffen

53 Richtet sich das Herausgabeverlangen gegen einen Dritten, ist Kenntnis des Dritten von der Rechtsnatur des Hausrats (s. § 1369 BGB) sowie die Notwendigkeit für den eigenen Gebrauch des Hausrats vorzutragen

54 Genaue Adresse, Wohnungsnummer, Stockwerk ...

55 Ein Anspruch nach § 1361 a BGB kann nur auf vorläufige Regelungen – Hauptsacheverfahren: bis zu einer rechtskräftigen, endgültigen, anderweitigen Regelung; summarisches Verfahren: bis zur Entscheidung in der Hauptsache – betreffend Besitz und Nutzung von Hausratsgegenständen im Alleineigentum eines Ehegatten sowie im Miteigentum beider Parteien gerichtet sein

56 Das FGG-Verfahren bietet kein größeres Kostenrisiko, so dass Maximalanträge gestellt werden sollten

57 Parteien, Kinder, Trennung, derzeitige Wohnsituation, Interessenminderjähriger Kinder, die den bisherigen Lebensverhältnissen der Parteien entsprechenden Bedürfnisse; beiderseitige finanzielle Verhältnisse ua, s. § 2 HausrVO

Bei Bedarf Zum Antrag auf Erlass einer Einstweiligen Anordnung besteht aus folgenden Gründen Dringlichkeit: *7[58]

Beispiel

Der Antragsgegner ist auf die streitigen Hausratsgegenstände gar nicht angewiesen weil er bei seiner voll ausgestatteten Freundin (Mutter/Eltern) wohnt. Es konnte ermittelt werden, dass er die mitgenommenen Hausratsgegenstände wie folgt eingelagert hat: *8.

e) Vorläufige Verteilung gemeinsamen Hausrats bei Getrenntleben § 1361 II BGB – mit EA

Wir bestellen uns als Prozessbevollmächtigte der Antragstellerin und beantragen:[59]

Hauptsacheanträge: *Hinweis: Nur in isoliertem Hauptsacheverfahren möglich*

Die in der beigefügten Liste mit einem Kreuz markierten beiden Parteien gemeinsam gehörenden Hausratsgegenstände werden der Antragstellerin zur alleinigen Benutzung während der Dauer des Getrenntlebens zugeteilt.

Falls veranlasst

Der Antragsgegner hat die noch in seinem Besitz befindlichen, hiermit zugewiesenen Hausratsgegenstände – in beigefügter Liste mit Kreuz und Stern markiert – an die Antragstellerin herauszugeben.

Flankierende Maßnahmen[60]

Veräußerungsverbot

Dem Antragsgegner wird verboten, im gemeinsamen Eigentum stehende Hausratsgegenstände, insbesondere *1 zu veräußern, zu verschenken oder zu vernichten.

Entfernungsverbot

Dem Antragsgegner wird verboten, (im gemeinsamen Eigentum stehende) Hausratsgegenstände, insbesondere *2 aus der Ehewohnung *3 zu entfernen.

Rückschaffungsgebot

Dem Antragsgegner wird aufgegeben, aus der Ehewohnung *4 entfernten Hausrat, nämlich *5 in die Ehewohnung zurückzuschaffen.

Androhung von Zwangsgeld

Dem Antragsgegner wird zugleich für jeden Fall der Zuwiderhandlung ein Zwangsgeld in Höhe von *6 angedroht.

---

[58] Beispiel: Antragstellerin betreut minderjährige Kinder und begehrt die Waschmaschine
[59] Anträge im FGG-Verfahren sind Verfahrensanträge, keine Sachanträge; sie leiten ein Verfahren ein und regen eine bestimmte Regelung an, binden das Gericht daher nicht: Dieses kann von Amts wegen auch eine andere als die beantragte Regelung treffen
[60] Das Gericht kann und sollte – sofern veranlasst – auch flankierende Maßnahmen – insbesondere (Ge- und Verbote, s. § 15 HausrVO) – anordnen. Es ist sinnvoll, den Erlass derartiger ergänzender Anordnungen – insbesondere auch wegen des reibungslosen Vollzugs der beantragten Regelung – im Verfahrensantrag anzuregen

Bei Bedarf

Antrag auf Erlass einer Einstweiligen Anordnung: *Hinweis: Die EA kann auch in einem anhängigen Verbundverfahren beantragt werden*

Wir beantragen hierzu wegen Dringlichkeit im Wege der Einstweiligen Anordnung eine vorläufige bis zur Hauptsacheentscheidung geltende Regelung zu treffen, der zufolge der Antragsgegner die im Hauptsacheantrag bezeichneten Hausratsgegenstände zu überlassen bzw herauszugeben hat.

Begründung

a) Statustatsachen[61] *7

b) Darstellung des zu regelnden Sachverhalts[62] *8

c) Zugehörigkeit der Sache zum ehelichen Hausrat[63] *9

Die beantragte Regelung ist angemessen und notwendig. Sie trägt den persönlichen und auch wirtschaftlichen Verhältnissen der Parteien nach dem Zuschnitt der Ehe vor Trennung Rechnung.

Bei Bedarf Zum Antrag auf Erlass einer Einstweiligen Anordnung besteht aus folgenden Gründen Dringlichkeit: *10.

Wir regen an, alsbald Termin zur mündlichen Verhandlung zu bestimmen und das persönliche Erscheinen beider Parteien ausdrücklich anzuordnen.

5. Hausrat nachehelich (§§ 1 ff, 8 HausrVO)[64]

a) Endgültige Hausratsteilung

142 *Er ist entweder als Folgesache im Scheidungsverbund oder nachehelich isoliert möglich*

Wir beantragen gemäß § 8 I, III 1 HausrVO für unsere Partei folgende endgültige Hausratsteilung:[65]

---

61 Parteien, Kinder, derzeitige Wohnsituation, Interessen minderjähriger Kinder, die den bisherigen Lebensverhältnissen der Parteien entsprechenden Bedürfnisse; beiderseitige finanzielle Verhältnisse ua, s. § 2 HausrVO

62 unter Beachtung der Darlegungs- und Beweislast: Vorlage entsprechender Beweismittel, möglichst auch Glaubhaftmachung der Sachdarstellung (das sog. streitige FGG-Verfahren verlangt trotz der Amtsermittlungspflicht des Gerichts – s. 13 HausrVO, 13 FGG – eine – wenn auch geminderte – Darlegungs- und Beweislast: die sog Glaubhaftmachungslast; alle entscheidungsrelevanten Tatsachen sollten daher im Hauptsacheverfahren unter Beweis gestellt und in summarischen Verfahren glaubhaft gemacht werden)

63 Abgrenzung zu den Vermögensposten und den zum persönlichen Gebrauch bzw zur Ausübung des Berufs bestimmten Gegenständen

64 Gemeinsamer Hausrat wird auf Antrag im Scheidungsverbundverfahren bzw nachehelich in einem isolierten Verfahren endgültig und mit dinglicher Wirkung unter den Eheleuten aufgeteilt (§ 8 HausrVO)

65 Anträge im FGG-Verfahren sind Verfahrensanträge, keine Sachanträge; sie leiten ein Verfahren ein und regen eine bestimmte Regelung an, binden das Gericht daher nicht: Dieses kann von Amts wegen auch eine andere als die beantragte Regelung treffen

A. Hausrat im gemeinsamen Eigentum (Zuständigkeit Familiengericht)

I. Von den Hausratsgegenständen in der beigefügten Liste, die im Eigentum beider Parteien stehen, werden zur endgültigen Hausratsteilung zugewiesen:

1) Der Antragstellerin die Positionen *1

2) Dem Antragsgegner die restlichen Positionen *2

Falls veranlasst

II. Der Antragsgegner hat folgende Hausratsgegenstände[66] an die Antragstellerin herauszugeben: *3

Selten

III. Die an den Antragsgegner zu leistende Ausgleichszahlung wird auf *4 festgesetzt (§ 5 III 2 HausrVO).

IV. Der Antragsgegner wird – im Innenverhältnis zwischen den Parteien (§ 426 BGB) – verpflichtet, für die bei der *5 Bank in *6 noch bestehenden gemeinsamen und gemeinsamen Hausrat betreffenden Verbindlichkeiten, Kontonummer *7, valutiert am *8 mit noch *9 €, ab Rechtskraft der Scheidung die monatlichen Annuitäten, bestehend aus Zins- und Tilgungsleistungen, alleine zu begleichen (§ 10 I HausrVO) und die Antragstellerin im Innenverhältnis von jeder Inanspruchnahme der Gläubigerin freizustellen.

B. Herauszugebender Hausrat Eigentum der Antragstellerin (Anmerkung: Vorsicht, Zivilgericht kann zuständig sein!)

Der Antragsgegner hat an die Antragstellerin die folgenden Hausratsgegenstände aus dem Alleineigentum der Antragstellerin gemäß beigefügter vollständiger Hausratsliste herauszugeben: *10

Begründung

Die Parteien konnten sich bisher über den Hausrat (natürlich) nicht einigen, weshalb eine sachgerechte gerichtliche Regelung nötig ist.

a) Statustatsachen[67] *11

b) Darstellung des zu regelnden Sachverhalts[68] *12

f) Zugehörigkeit der Gegenstände zum ehelichen Hausrat[69] *13

g) Angemessenheit und Notwendigkeit der beantragten Zuteilung *14

---

66 Sofern Herausgabe von Gegenständen begehrt wird, die dem Antragsgegner unter Eigentumsvorbehalt geliefert worden sind: Vornamen, Namen und Anschrift bzw komplette Firmenangabe des Gläubigers mitteilen bzw sein Einverständnis vorlegen (§ 10 II HausrVO)

67 Parteien, Kinder, derzeitige Wohnsituation, Interessen minderjähriger Kinder, die den bisherigen Lebensverhältnissen der Parteien entsprechenden Bedürfnisse; beiderseitige finanzielle Verhältnisse ua, s. § 2 HausrVO

68 unter Beachtung der Darlegungs- und Beweislast: Vorlage entsprechender Beweismittel, möglichst auch Glaubhaftmachung der Sachdarstellung (das sog. streitige FGG-Verfahren verlangt trotz der Amtsermittlungspflicht des Gerichts – s. §§ 13 HausrVO, 13 FGG – eine – wenn auch geminderte – Darlegungs- und Beweislast: die sog. Glaubhaftmachungslast; alle entscheidungsrelevanten Tatsachen sollten daher im Hauptsacheverfahren unter Beweis gestellt und in summarischen Verfahren glaubhaft gemacht werden)

69 Abgrenzung zu den Vermögensposten und den zum persönlichen Gebrauch bzw zur Ausübung des Berufs bestimmten Gegenständen

b) Hausratsliste

143

I. Wohnzimmer

1. Nr.	2. Gegenstand/Beschreibung	3. Kauf Jahr	4. Kaufpreis €	5. Heutiger Wert €	6. Eigentum M/F/B (beide)	7. Hat Gegner	8. Habe ich	9. Will ich
1.								
2.								
3.								
4.								
5.								
6.								
7.								
8.								
9.								
10.								

II. Esszimmer

1 Nr.	2 Gegenstand/Beschreibung	3 Kauf Jahr	4 Kaufpreis €	5 Heutiger Wert €	6 Eigentum M/F/ beide	7 Hat Gegner	8 Habe ich	9 Will ich
1.								
2.								
3.								
4.								
5.								
6.								
7.								
8.								
9.								
10.								

Und so weiter, Zimmer um Zimmer, Nebenraum um Nebenraum ...

Die Struktur der nach Räumen geordneten Tabellen erläutern wir so:

Spalte 1   Sie enthält fortlaufende Nummern für die einzelnen Gegenstände eines Raumes. So können Gegenstände in der weiteren Debatte oder einer Vereinbarung kurz mit Ziffern gekennzeichnet werden, zB I. 2 oder II. 1.497

Spalte 2   Enthält die Kurzbezeichnung und soweit möglich nähere Merkmale der einzelnen Hausratsgegenstände, wichtig auch für die Zwangsvollstreckung

Spalte 3	Enthält soweit möglich Angaben zum Anschaffungsjahr, gleich wie der Gegenstand in das Eigentum der Ehegatten oder eines Ehegatten gelangte
Spalte 4	Enthält den seinerzeitigen Anschaffungspreis, ggf umgerechnet in Euro
Spalte 5	Enthält ggf die Vorstellungen unserer Partei zum jetzigen Zeitwert
Spalte 6	Spiegelt die Eigentumsverhältnisse; Teilung hat dabei nur bezüglich der Gegenstände im gemeinsamen Eigentum zu erfolgen
Spalte 7	Die mit angekreuzten Gegenstände stehen derzeit bei der Gegenpartei
Spalte 8	Die mit angekreuzten Gegenstände stehen derzeit bei unserer Partei
Spalte 9	Teilungsvorschlag unserer Partei, der die mit angekreuzten Gegenstände unter Verurteilung der Gegenpartei zur Herausgabe soweit Spalte 7 positiv betroffen ist, zugewiesen werden mögen

IV. Unterhalt

1. Auskunft/Stufenklage isoliert

a) Auskunftsklage umfassend isoliert

Lässt sich auch für eine Stufenklage[70] im Scheidungsverbund verändern   144

Erheben wir für die Klagepartei im isolierten Verfahren Auskunftsklage mit folgenden Anträgen:

I. Der Beklagte wird verurteilt, der Klagepartei Auskunft zu erteilen:

1. über sein Vermögen am *1 durch Vorlage eines spezifizierten Vermögensverzeichnisses über alle aktiven und passiven Vermögenswerte im In- und Ausland.

2. über sein Einkommen

    a) aus nichtselbständiger Arbeit im Zeitraum vom *2 bis *3 durch Vorlage eines spezifizierten und nach Monaten systematisch geordneten Verzeichnisses, in dem das gesamte lohnsteuerpflichtige und nicht lohnsteuerpflichtige, laufende oder einmalige Arbeitsentgelt einschließlich aller Zulagen, Zuschläge, Sonderleistungen, geldwerter Vorteile sowie Auslösen und Spesen und auf der Ausgabenseite je als gesonderte Posten die einzelnen steuerlichen Abzugsbeträge unter Angabe der verwendeten Steuerklasse und steuerlicher Freibeträge sowie die einzelnen Abzugsbeträge (Arbeitnehmeranteile) für die gesetzliche Sozialversicherung angegeben sind

    b) das keiner einkommensteuerlichen Einkunftsart unterfällt, wie beispielsweise Lohnersatzleistungen aller Art und Sozialleistungen für den gleichen Zeitraum

---

[70] Es muss dann in zweiter oder dritter Stufe sogleich mit auf Leistung geklagt werden, etwa so »Der Antragsgegner hat an die Antragstellerin nach Rechtskraft des Scheidungsausspruchs nachehelichen Ehegattenunterhalt zu bezahlen, der nach Auskunftserteilung und Belegvorlage beziffert wird«

c) und diesbezügliche selbst getragene Aufwendungen für die soziale Sicherung für den gleichen Zeitraum; spezifiziert nach Monaten und die einzelnen Aufwendungen. Mögliche Arbeitgeberzuschüsse sind gesondert aufzuführen

d) aus anderen Einkunftsarten für die drei Kalenderjahre *4 bis *5 durch Vorlage eines spezifizierten und nach Jahren und Einkunftsquellen systematisch geordneten Verzeichnisses, in dem alle Einnahmen und Ausgaben angegeben sind.

e) Bei Einkünften aus Vermietung und Verpachtung ist die steuerliche Gebäudeabschreibung gesondert auszuweisen. Bei Einkünften aus selbständiger Arbeit, Gewerbe oder Land- und Forstwirtschaft ist Auskunft über den ermittelten Gewinn sowie die Privateinlagen und Privatentnahmen zu erteilen.[71]

II) Der Beklagte wird verurteilt, der Klagepartei folgende Belege vorzulegen:

1. Die abgegebene Einkommensteuererklärung für das Jahr[72] (die Jahre) *6 mit allen amtlichen Anlagen (zB Anlagen N, KAP, SO, GSE, V, je soweit betroffen) und alle dazugehörigen Steuerbescheide samt eventueller Berichtigungsbescheide

2. Zum Einkommen aus nichtselbständiger Arbeit für den in Ziffer I. 2. a) angegebenen Zwölfmonatszeitraum

   a) Detaillierte Lohn- Gehalts- oder Bezügeabrechnungen samt Abrechnung steuerfreier Lohnzuschläge, zB für Nachtarbeit, Sonntagsarbeit und Feiertagsarbeit

   b) Abrechnungen über Spesen und andere Nebenleistungen

   c) Soweit betroffen, Provisionsabrechnungen

   d) Die vom Arbeitgeber erteilte Jahreslohnsteuerbescheinigung[73]

3. Zum Renteneinkommen für den gleichen Zeitraum

   a) Die Rentenbescheide oder Bewilligungsschreiben mit Änderungsbescheiden

   b) Die letzte Rentenanpassungsmitteilung

   c) Rentenabrechnungen unter Einbeziehung von Zuschüssen und Abzügen für die Kranken- und Pflegeversicherung

4. Zum Einkommen aus Kapital für den Dreijahreszeitraum gemäß Ziffer I. 2. d)

   a) Abrechnungen, Gutschriften und Ausschüttungsbescheinigungen über den Kapitalertrag, speziell Zinsen, Dividenden, Ausschüttungen aus GmbHs

   b) Abrechnungen über einbehaltene und gutgeschriebene inländische und ausländische Steuern

   c) Bei Beteiligung an einer GmbH, auch in mittelbarer Form, die vollständigen Jahresabschlüsse der Gesellschaft mit allen gesetzlichen Bestandteilen

---

71 Der recht umfassende Antrag für verschiedenste Einkommensquellen kann natürlich gekürzt werden, soweit angesprochene Einkommensarten zweifelsfrei ausscheiden, was bei den Gewinneinkünften (Gewerbe ua) recht häufig der Fall sein wird

72 Soweit andere Einkünfte als aus nichtselbständiger Arbeit vorhanden sind, kommt ein Dreijahreszeitraum in Betracht

73 Nach aktuellem Steuerrecht muss der Arbeitgeber diese bis zum Ende Februar des Folgejahres elektronisch an das Finanzamt übermitteln und dem Arbeitnehmer einen Ausdruck überlassen

5. Zum Einkommen aus Vermietung und Verpachtung für den gleichen Zeitraum

   a) Spezifizierte Abrechnungen oder Journale über alle Einnahmen und Ausgaben

   b) Die Anlagen V zu den Einkommensteuererklärungen oder Gemeinschaftserklärungen

   c) Beim Finanzamt eingereichte Anlagen, Übersichten und Erläuterungen zu den Anlagen V

6. Zum Einkommen aus selbständiger Arbeit, Gewerbe oder Land- und Forstwirtschaft für den gleichen Zeitraum

   a) Vollständige Jahresabschlüsse einschließlich detaillierter Verzeichnisse über das betriebliche Anlagevermögen (auch geringwertige Wirtschaftsgüter = GWG) und dessen steuerliche Abschreibung

   b) Bei Gesellschaften oder Mitunternehmerschaften die steuerlichen Gewinnerklärungen mit allen Anlagen mitsamt der vollständigen Jahresabschlüsse

   c) Etwa vorliegende Berichte über steuerliche Außenprüfungen, die im Auskunftszeitraum ergangen sind oder diesen betreffen

   d) Soweit betroffen, die Umsatzsteuervoranmeldungen sowie die Umsatzsteuererklärungen und Steuerbescheide dazu

Begründung

Die Klagepartei ist ein unterhaltsberechtigtes Kind des Beklagten.

Alternativ ist die geschiedene unterhaltsberechtigte Ehefrau des Beklagten.

Alternativ ist die seit *7 ständig getrennt lebende Ehefrau des Beklagten.

Im Interesse der Klärung der Unterhaltsansprüche ist der Beklagte im Umfang der Klageanträge verpflichtet, Auskunft über sein Einkommen und Vermögen zu erteilen und die Auskunft über das Einkommen umfassend zu belegen.

Er wurde hierzu mit Schreiben vom *8 erfolglos aufgefordert und mit Schreiben vom *9 unter angemessener Nachfristsetzung und Klageandrohung gemahnt. Der Beklagte gab Anlass zur Klage, da er keinerlei Auskunft erteilt hat.

Alternativ ... völlig unzureichende Auskunft erteilt und lediglich folgendes vorgelegt hat: *10.

Mit der Klage wird vorerst nur der Auskunftsanspruch verfolgt. Eine stufenweise[74] Klageerweiterung bleibt vorbehalten.

b) Auskunftsklage kurz gegen ArbN isoliert

Erheben wir für die Klagepartei im isolierten Verfahren Auskunftsklage mit folgenden Anträgen:

---

[74] Die Stufenklage ist nicht immer das sinnvollste Mittel. Neben der Auskunftsklage kommt beispielsweise eine Teilklage über die Unterhaltsrückstände in Betracht, wenn sich diese annähernd genau eingrenzen lassen. Gefährlich für den Anwalt sind zwei Dinge: 1) Eine zu niedrige Bezifferung; 2) Die Verjährung bzw. beim nachehelichen Unterhalt die Jahresfrist des 1585 b III BGB

1. Der Beklagte wird verurteilt, der Klagepartei Auskunft über sein Erwerbseinkommen im Zeitraum vom *1 bis *2 durch Vorlage eines spezifizierten und nach Monaten systematisch geordneten Verzeichnisses zu erteilen, in dem das gesamte lohnsteuerpflichtige und nicht lohnsteuerpflichtige, laufende oder einmalige Arbeitsentgelt einschließlich aller Zulagen, Zuschläge, Sonderleistungen, geldwerter Vorteile sowie Auslösen und Spesen und auf der Ausgabeseite je als gesonderte Posten die einzelnen steuerlichen Abzugsbeträge unter Angabe der verwendeten Steuerklasse und steuerlicher Freibeträge sowie die einzelnen Abzugsbeträge (Arbeitnehmeranteile) für die gesetzliche Sozialversicherung angegeben sind. Im Falle freiwilliger Kranken- und Pflegeversicherung ist über deren Beiträge und die Arbeitgeberzuschüsse Auskunft zugeben.

2. Der Beklagte wird verurteilt, der Klagepartei folgende Belege vorzulegen:

    a) Die abgegebene Einkommensteuererklärung für das Jahr *3 (ersatzweise die letzte beim Finanzamt eingereichte Einkommensteuererklärung) mit allen amtlichen Anlagen und alle dazugehörigen Steuerbescheide samt eventueller Berichtigungsbescheide

    b) Alle Lohn-, Gehalts- oder Bezügeabrechnungen für den Zeitraum in Ziffer 1 sowie die vom Arbeitgeber/Dienstherrn erteilte letzte[75] Jahreslohnsteuerbescheinigung

    c) Ebenso soweit betroffen Abrechnungen über Spesen und Auslösen

    d) Beitragsbelege über die eventuelle freiwillige Kranken- und Pflegeversicherung

Begründung

Die Parteien sind seit *4 ständig getrennt lebende Eheleute. Ein Ehescheidungsverfahren ist (nicht) anhängig. *Alternativ* Die Parteien sind geschiedene Eheleute. *Alternativ* Die Klagepartei ist ein unterhaltsberechtigtes Kind des Beklagten.

Die Klagepartei ist mindestens auf die klagegegenständliche Auskunft zur Klärung der gesetzlichen Unterhaltsansprüche angewiesen.

Zur Einkommenssituation der Klagepartei ist auszuführen: *5.

Der Beklagte erzielt nach Aktenlage Arbeitnehmereinkommen, aus dem er grundsätzlich Unterhalt leisten muss. Im Interesse der Klärung der Unterhaltsansprüche ist er im Umfang der Klageanträge verpflichtet, Auskunft über sein Einkommen zu erteilen und die Auskunft über das Einkommen umfassend zu belegen.

Er wurde hierzu mit Schreiben vom *6 erfolglos aufgefordert.

Beweis: Beglaubigte Kopie des Schreibens

Mit weiterem Schreiben vom *7 erfolgte mit angemessener Nachfristsetzung und Klageandrohung eine ebenso erfolglose Mahnung, so dass es der Titulierung des Anspruches auf Auskunft und Belegvorlage bedarf.

Beweis: Beglaubigte Kopie der Mahnung

Die Beschränkung des Auskunftsbegehrens auf die wahrscheinlichen Einkommensquellen des Beklagten dient der Prozessökonomie. Sie enthält keinen Verzicht auf weitergehende Ansprüche auf Auskunft und Belegvorlage.

---

75 Die muss bis Ende Februar des Folgejahres elektronisch an das Finanzamt gesandt und dem ArbN überlassen werden

c) Stufenklage Trennungsunterhalt gegen ArbN[76] isoliert

Erheben wir für die Klägerin im isolierten Verfahren Stufenklage mit folgenden Anträgen:

146

1. Der Beklagte wird verurteilt, der Klägerin Auskunft über sein Erwerbseinkommen im Zeitraum vom *1 bis *2 durch Vorlage eines spezifizierten und nach Monaten systematisch geordneten Verzeichnisses zu erteilen, in dem das gesamte lohnsteuerpflichtige und nicht lohnsteuerpflichtige, laufende oder einmalige Arbeitsentgelt einschließlich aller Zulagen, Zuschläge, Sonderleistungen, geldwerter Vorteile sowie Auslösen und Spesen und auf der Ausgabeseite je als gesonderte Posten die einzelnen steuerlichen Abzugsbeträge unter Angabe der verwendeten Steuerklasse und steuerlicher Freibeträge sowie die einzelnen Abzugsbeträge (Arbeitnehmeranteile) für die gesetzliche Sozialversicherung und gegebenenfalls freiwillige Kranken- und Pflegeversicherung angegeben sind.

2. Der Beklagte wird verurteilt, der Klägerin folgende Belege vorzulegen:

   a) Die abgegebene Einkommensteuererklärung für das Jahr *3 mit allen amtlichen Anlagen und alle dazugehörigen Steuerbescheide samt eventueller Berichtigungsbescheide

   b) Alle Lohn-, Gehalts- oder Bezügeabrechnungen für den Zeitraum in Ziffer 1 des Klageantrags

   c) Ebenso etwaige Abrechnungen über Spesen und Auslösen sowie etwaige steuerfreie und sozialabgabenfreie Lohnzuschläge oder Abfindungen im gleichen Zeitraum

3. Der Beklagte wird verurteilt, der Klägerin bis zur Rechtskraft des Scheidungsausspruchs Ehegattenunterhalt in einer Höhe zu bezahlen, die nach Erteilung der Auskunft und Belegvorlage beziffert wird.

Begründung

Die Parteien sind seit *4 ständig getrennt lebende Eheleute. Ein Ehescheidungsverfahren ist bisher nicht anhängig.

Die Klägerin vermag ihren den ehelichen Verhältnissen entsprechenden angemessenen Bedarf nicht durch eigenes Einkommen zu decken. Zu Ihrer Einkommenssituation ist auszuführen,[77] dass die Klägerin *5

Der Beklagte erzielt Arbeitnehmereinkommen, aus dem er gemäß § 1361 BGB Unterhalt leisten muss.

Im Interesse der Klärung der Unterhaltsansprüche ist der Beklagte im Umfang der Klageanträge verpflichtet, Auskunft über sein Einkommen zu erteilen und die Auskunft über das Einkommen umfassend zu belegen.

Er wurde hierzu mit Schreiben vom *6 erfolglos aufgefordert und mit Schreiben vom *7 unter angemessener Nachfristsetzung und Klageandrohung gemahnt.

---

76 Der nachstehende Klageantrag kommt in Betracht, wenn zweifelsfrei unterhaltsrelevantes Vermögen und sonstiges Einkommen nicht vorhanden ist

77 Hier kommen je nach Trennungsdauer auch Ausführungen zur Erwerbsobliegenheit und ihrer Erfüllung in Frage

Beweis: Beglaubigte Kopie der Schreiben

Der Beklagte gab Anlass zur Klage, da er keinerlei Auskunft erteilt hat und keinen oder unzureichenden[78] Ehegattenunterhalt leistet.

Eine Erweiterung der Klage nach[79] Auskunftserteilung bleibt vorbehalten, falls der Beklagte die Auskunft nicht mit der nötigen Sorgfalt erteilt und deshalb auch noch die Verurteilung zur Abgabe der Eidesstattlichen Versicherung bei Gericht über die Richtigkeit und Vollständigkeit der Auskunft verfolgt werden muss.

d) Stufenklage Kindesunterhalt gegen ArbN[80] isoliert

147 Erheben wir für die Klagepartei[81] im isolierten Verfahren Stufenklage mit folgenden Anträgen:

1. Der Beklagte wird verurteilt, der Klagepartei Auskunft über sein Erwerbseinkommen im Zeitraum vom *1 bis *2 durch Vorlage eines spezifizierten und nach Monaten systematisch geordneten Verzeichnisses zu erteilen, in dem das gesamte lohnsteuerpflichtige und nicht lohnsteuerpflichtige, laufende oder einmalige Arbeitsentgelt einschließlich aller Zulagen, Zuschläge, Sonderleistungen, geldwerter Vorteile sowie Auslösen und Spesen und auf der Ausgabeseite je als gesonderte Posten die einzelnen steuerlichen Abzugsbeträge unter Angabe der verwendeten Steuerklasse und steuerlicher Freibeträge sowie die einzelnen Abzugsbeträge (Arbeitnehmeranteile) für die gesetzliche Sozialversicherung und gegebenenfalls freiwillige Kranken- und Pflegeversicherung angegeben sind.

2. Der Beklagte wird verurteilt, der Klagepartei folgende Belege vorzulegen:

   a) Die abgegebene Einkommensteuererklärung für das Jahr *3 mit allen amtlichen Anlagen und alle dazugehörigen Steuerbescheide samt eventueller Berichtigungsbescheide

   b) Alle Lohn-, Gehalts- oder Bezügeabrechnungen für den Zeitraum in Ziffer 1 des Klageantrags

   c) Ebenso etwaige Abrechnungen über Spesen und Auslösen sowie etwaige steuerfreie und sozialabgabenfreie Lohnzuschläge oder Abfindungen im gleichen Zeitraum

3. Der Beklagte wird verurteilt, der Klagepartei (für das Kind *4 geboren am *5) Kindesunterhalt in einer Höhe zu bezahlen, die nach Erteilung der Auskunft und Belegvorlage beziffert wird.

Begründung

Die Klage verfolgt Kindesunterhalt laut Klageantrag. Der Beklagte ist gesetzlich unterhaltspflichtig.

---

78 Hier können Ausführungen zur Unterhaltszahlung sinnvoll sein

79 Es kann Kostennachteile im Falle ordnungsgemäßer Auskunft bringen, wenn gleich am Anfang schon auf Abgabe der Eidesstattlichen Erklärung in zweiter Stufe geklagt wird

80 Der nachstehende Klageantrag kommt in Betracht, wenn zweifelsfrei unterhaltsrelevantes Vermögen und sonstiges Einkommen nicht vorhanden ist

81 Vorsicht: Vor Ehescheidung kann nur der betreuende Elternteil im eigenen Namen in Prozessstandschaft den Minderjährigenunterhalt geltend machen

Zur Ausbildungs- und Einkommenssituation des Kindes:

Alternativ Es ist minderjährig und ohne eigenes Einkommen und Vermögen. Der Beklagte betreut nicht und ist daher alleine barunterhaltspflichtig.

Alternativ Es ist minderjähriger Auszubildender mit eigener Ausbildungsvergütung von monatlich netto *6 €. Der Beklagte betreut nicht und ist daher alleine barunterhaltspflichtig.

Alternativ Es ist volljährig, jedoch privilegierter Schüler ohne Einkommen und Vermögen. Der Haftungsanteil des Beklagten kann erst nach Auskunft und Belegvorlage ermittelt werden.

Alternativ Es ist volljährig, und in Ausbildung. Der Haftungsanteil des Beklagten kann erst nach Auskunft und Belegvorlage ermittelt werden.

Der Beklagte erzielt Arbeitnehmereinkommen, aus dem er gesetzlichen Unterhalt leisten muss.

Im Interesse der Klärung der Unterhaltsansprüche ist der Beklagte im Umfang der Klageanträge verpflichtet, Auskunft über sein Einkommen zu erteilen und die Auskunft über das Einkommen umfassend zu belegen.

Er wurde hierzu mit Schreiben vom *7 erfolglos aufgefordert und mit Schreiben vom *8 unter angemessener Nachfristsetzung und Klageandrohung erfolglos gemahnt.

Beweis: Beglaubigte Kopie der Schreiben

Der Beklagte gab Anlass zur Klage, da er keinerlei Auskunft erteilt hat und keinen oder unzureichenden[82] Kindesunterhalt leistet.

Eine Erweiterung der Klage nach[83] Auskunftserteilung bleibt vorbehalten, falls der Beklagte die Auskunft nicht mit der nötigen Sorgfalt erteilt und deshalb auch noch die Verurteilung zur Abgabe der Eidesstattlichen Versicherung bei Gericht über die Richtigkeit und Vollständigkeit der Auskunft verfolgt werden muss.

2. Kindesunterhalt

a) Trennungsphase – ein mdj Kind

Anmerkung: Graue Textteile weglassen, wenn keine Rückstände ausgeklagt werden

Wegen Kindesunterhalts

bestellen wir uns als Prozessbevollmächtigte der Klägerin, in deren Namen wir isolierte Hauptsacheklage wegen Kindesunterhalts mit folgenden Anträgen[84] erheben:

Der Beklagte wird mit gesetzlicher Kostenfolge verurteilt, der Klägerin für das Kind *1, geboren am *2 folgenden Unterhalt zu bezahlen:

---

82 Hier können Ausführungen zur Unterhaltszahlung sinnvoll sein
83 Es kann Kostennachteile im Falle ordnungsgemäßer Auskunft bringen, wenn gleich am Anfang schon auf Abgabe der Eidesstattlichen Erklärung in zweiter Stufe geklagt wird
84 Ein Kostenantrag ist überflüssig, aber üblich. Darüber muss das FamG von Amts wegen entscheiden

1. Unterhaltsrückstände für die Zeit vom *3 bis zum *4 in Höhe von insgesamt *5 € zuzüglich 5 % Zinsen über dem jeweiligen Basiszinssatz hieraus seit[85] *6.

2. Ab *7 laufenden Unterhalt in Höhe von monatlich im Voraus *8 des jeweiligen Regelbetrages nach § 1[86] der Regelbetrag-Verordnung für die jeweilige Altersstufe des Kindes. Auf den Unterhalt ist jeweils das hälftige Kindergeld für ein *9 Kind anzurechnen, soweit dieses zusammen mit dem Unterhalt 135 % des Regelbetrages übersteigt (derzeit in Höhe von *10 monatlich). Hinweis: Gesetzliche Neuregelung steht an.

Begründung

Gegenstand der Klage ist der Barunterhalt des gemeinsamen minderjährigen unverheirateten Kindes nach den Vorschriften der §§ 1601, 1602 I, 1603 II 1 BGB. Die Parteien sind seit *11 getrennt lebende Eheleute. Die Ehe ist noch nicht geschieden. Das Kind wird von der Klägerin betreut, die damit – ein Regelfall liegt vor – ihre Unterhaltspflicht durch Pflege und Erziehung erfüllt, § 1606 III 2 BGB. Den Unterhaltsanspruch kann die Klägerin gemäß § 1629 III 1 BGB vor dem Scheidungsausspruch nur im eigenen Namen in gesetzlicher Prozessstandschaft geltend machen.

Das Sorgerecht steht den Parteien bisher gemeinsam zu. Das steht wegen Obhut der Klägerin der Geltendmachung des Kindesunterhaltes gemäß § 1629 II S 2 BGB in der Fassung ab 1.7.1998 nicht entgegen.

Der Kindesunterhalt ist noch nicht tituliert.

Das Kindergeld wird von der Klägerin in gesetzlicher Höhe bezogen, es ist nach § 1612 b V BGB auf den Tabellenbedarf grundsätzlich hälftig, jedoch mit der Beschränkung der gesetzlichen Vorschrift anzurechen. Anzurechnen sind derzeit monatlich *12 €.

An die Erfüllung der Unterhaltspflicht sind gemäß § 1603 II BGB sehr strenge Maßstäbe anzulegen.

Zur beruflichen und wirtschaftlichen Situation ist zu sagen, dass der Beklagte *13.

Sein bereinigtes durchschnittliches Nettoeinkommen beträgt monatlich mindestens *14 €.

Sonstige Unterhaltspflichten des Beklagten bestehen[87] *15.

Der Unterhalt soll nach § 1612 a I BGB dynamisch bemessen werden. Ausgehend vom Einkommen des Beklagten und dem Umfang seiner gesamten Unterhaltslast ist in Anlehnung an die Gruppe *16 der Düsseldorfer Tabelle der im Klageantrag angegebene Prozentsatz des Regelbetrages zutreffend. Dabei ist eine Umgruppierung innerhalb der Unterhaltstabelle mit *17 Stufen angesetzt.

Die heute fälligen Unterhaltsrückstände errechnen sich wie folgt:[88]

---

85 Wenn exakte Zinsen verfolgt werden sollen, gehört der Antrag hier gestaffelt oder es gehören die Zinsen berechnet und beziffert. Wo das entbehrlich ist, können zur Vereinfachung Zinsen ab Fälligkeit des letzten rückständigen Monatsbetrages verlangt werden
86 Im Beitrittsgebiet § 2 Regelbetrag-VO
87 Beispiel: nicht/nur gegenüber der Klägerin und dem betroffenen gemeinsamen Kind …
88 Die Berechnung muss in den dafür vorgesehenen Zeilen 1 und 2 zeitlich gegliedert werden, wenn zB im Rückstandszeitraum ein »Alterssprung« des Kindes oder eine Einkommensänderung erfolgte

Erster Zeitraum vom *18 bis zum *19; Anzahl der Monate *20 multipliziert mit dem offenen Monatsbetrag von *21 ergibt einen Rückstand von *22 €.

Zweiter Zeitraum vom *23 bis zum *24; Anzahl der Monate *25 multipliziert mit dem offenen Monatsbetrag von *26 € ergibt einen Rückstand von *27 €.

Abzüglich Gesamtzahlungen *28

Ergibt geschuldete Rückstände in Höhe von *29 €.

Verzug: Der Beklagte wurde, wie in der Anlage dokumentiert, zur Unterhaltszahlung bzw Auskunft (§ 1613 I BGB) aufgefordert. Die Aufforderung war in wesentlichem Umfang ergebnislos, es erfolgte keine oder nur die angegebene Zahlung, so dass es gerichtlicher Titulierung bedarf.

Alternativ Der Beklagte bezahlt zwar den geforderten Kindesunterhalt, ist aber der Aufforderung zur außergerichtlichen Titulierung des Unterhalts nicht nachgekommen. Der Bedürftige hat auch bei freiwilliger, pünktlicher und regelmäßiger Unterhaltsleistung nach hM einen Titulierungsanspruch (BGH FamRZ 1998, 1165; OLG München FamRZ 1994, 313; OLG Hamm FamRZ 1992, 557; OLG Düsseldorf FamRZ 1991, 1207; OLG Stuttgart FamRZ 1990, 1368), so dass Rechtsschutzbedürfnis für diese Klage besteht.

b) Trennungsphase – zwei mdj Kinder

Anmerkung: Graue Textteile weglassen, wenn keine Rückstände ausgeklagt werden   **149**

Wegen Kindesunterhalts

bestellen wir uns als Prozessbevollmächtigte der Klägerin, in deren Namen wir isolierte Hauptsacheklage wegen Kindesunterhalts mit folgenden Anträgen[89] erheben:

Der Beklagte wird mit gesetzlicher Kostenfolge verurteilt, der Klägerin für die Kinder *1, geboren am *2 und *3 geboren am *4 folgenden Unterhalt zu bezahlen:

1. Unterhaltsrückstände für die Zeit vom *5 bis zum *6 für beide Kinder zusammen in Höhe von insgesamt *7 € zuzüglich 5 % Zinsen über dem jeweiligen Basiszinssatz hieraus seit[90] *8.

2. Ab *9 je Kind laufenden Unterhalt in Höhe von monatlich im Voraus *10 % des jeweiligen Regelbetrages nach § 1[91] der Regelbetrag-Verordnung für die jeweilige Altersstufe des jeweiligen Kindes. Auf den Unterhalt ist jeweils das hälftige Kindergeld für ein *differenzieren, erstes Kind *1, zweites Kind *2* anzurechnen, soweit dieses zusammen mit dem Unterhalt 135 % des jeweiligen Regelbetrages übersteigt.

---

[89] Ein Kostenantrag ist überflüssig, aber üblich. Darüber muss das FamG von Amts wegen entscheiden

[90] Wenn exakte Zinsen verfolgt werden sollen, gehört der Antrag hier gestaffelt oder es gehören die Zinsen berechnet und beziffert. Wo das entbehrlich ist, können zur Vereinfachung Zinsen ab Fälligkeit des letzten rückständigen Monatsbetrages verlangt werden

[91] Im Beitrittsgebiet § 2 Regelbetrag-VO

Begründung

Gegenstand der Klage ist der Barunterhalt der gemeinsamen minderjährigen unverheirateten Kinder nach den Vorschriften der §§ 1601, 1602 I, 1603 II 1 BGB. Die Parteien sind seit *11 getrennt lebende Eheleute. Die Ehe ist noch nicht geschieden. Die Kinder werden von der Klägerin betreut, die damit – ein Regelfall liegt vor – ihre Unterhaltspflicht durch Pflege und Erziehung erfüllt, § 1606 III 2 BGB. Den Unterhaltsanspruch kann die Klägerin gemäß § 1629 III 1 BGB vor dem Scheidungsausspruch nur im eigenen Namen in gesetzlicher Prozessstandschaft geltend machen.

Das Sorgerecht steht den Parteien bisher gemeinsam zu. Das steht wegen Obhut der Klägerin der Geltendmachung des Kindesunterhaltes gemäß § 1629 II S. 2 BGB in der Fassung ab 1.7.1998 nicht entgegen.

Der Kindesunterhalt ist noch nicht tituliert.

Das Kindergeld wird von der Klägerin in gesetzlicher Höhe bezogen, es ist nach § 1612 b V BGB auf den Tabellenbedarf grundsätzlich hälftig, jedoch mit der Beschränkung der gesetzlichen Vorschrift anzurechen. Anzurechnen sind derzeit monatlich *12 €.

An die Erfüllung der Unterhaltspflicht sind gemäß § 1603 II BGB sehr strenge Maßstäbe anzulegen.

Zur beruflichen und wirtschaftlichen Situation ist zu sagen, dass der Beklagte *13.

Sein bereinigtes durchschnittliches Nettoeinkommen beträgt monatlich mindestens *14 €.

Sonstige Unterhaltspflichten des Beklagten bestehen[92] *15.

Der Unterhalt soll nach § 1612 a I BGB dynamisch bemessen werden. Ausgehend vom Einkommen des Beklagten und dem Umfang seiner gesamten Unterhaltslast ist in Anlehnung an die Gruppe *16 der Düsseldorfer Tabelle der im Klageantrag angegebene Prozentsatz des Regelbetrages zutreffend. Dabei ist eine Umgruppierung innerhalb der Unterhaltstabelle mit *17 Stufen angesetzt.

Die heute fälligen Unterhaltsrückstände errechnen sich wie folgt:[93]

Älteres Kind:

Erster Zeitraum vom *18 bis zum *19; Anzahl der Monate *20

multipliziert mit dem offenen Monatsbetrag von *21 ergibt einen Rückstand von *22 €.

Zweiter Zeitraum vom *23 bis zum *24; Anzahl der Monate *25

multipliziert mit dem offenen Monatsbetrag von *26 € ergibt einen Rückstand von *27 €.

Abzüglich Gesamtzahlungen *28

Ergibt geschuldete Rückstände in Höhe von *29 €.

---

92 Beispiel: nicht/nur gegenüber der Klägerin und dem betroffenen gemeinsamen Kind …
93 Die Berechnung muss in den dafür vorgesehenen Zeilen 1 und 2 zeitlich gegliedert werden, wenn zB im Rückstandszeitraum ein »Alterssprung« des Kindes oder eine Einkommensänderung erfolgte

Jüngeres Kind:

Erster Zeitraum vom *30 bis zum *31; Anzahl der Monate *32

multipliziert mit dem offenen Monatsbetrag von *33 ergibt einen Rückstand von *34 €.

Zweiter Zeitraum vom *35 bis zum *36; Anzahl der Monate *37

multipliziert mit dem offenen Monatsbetrag von *38 € ergibt einen Rückstand von *39 €.

Abzüglich Gesamtzahlungen *40

Ergibt geschuldete Rückstände in Höhe von *41 €.

Rückstand für beide Kinder zusammen: *42 €.

Verzug: Der Beklagte wurde, wie in der Anlage dokumentiert, zur Unterhaltszahlung bzw Auskunft (§ 1613 I BGB) aufgefordert. Die Aufforderung war in wesentlichem Umfang ergebnislos, es erfolgte keine oder nur die angegebene Zahlung, so dass es gerichtlicher Titulierung bedarf.

Alternativ Der Beklagte bezahlt zwar den geforderten Kindesunterhalt, ist aber der Aufforderung zur außergerichtlichen Titulierung des Unterhalts nicht nachgekommen. Der Bedürftige hat auch bei freiwilliger, pünktlicher und regelmäßiger Unterhaltsleistung nach hM einen Titulierungsanspruch (BGH FamRZ 1998, 1165; OLG München FamRZ 1994, 313; OLG Hamm FamRZ 1992, 557; OLG Düsseldorf FamRZ 1991, 1207; OLG Stuttgart FamRZ 1990, 1368), so dass Rechtsschutzbedürfnis für diese Klage besteht.

c) Verbundklage – ein mdj Kind

(Wir nehmen Bezug auf die im Ehescheidungsverfahren vorgelegte Prozessvollmacht.)

150

Wegen nachehelichen Kindesunterhalts bedarf es einer gerichtlichen Regelung, worauf wir Folgesachenantrag stellen:

1. Der Antragsgegner[94] wird verurteilt, dem gemeinsamen minderjährigen Kind *1 geboren am *2 ab Rechtskraft des Scheidungsausspruchs monatlichen[95] Unterhalt in Höhe von *3 % des jeweiligen Regelbetrages nach § 1 der Regelbetrag-Verordnung für die jeweilige Altersstufe des Kindes zu bezahlen. Auf den Unterhalt ist jeweils das hälftige Kindergeld für ein *4 Kind anzurechnen, soweit dieses zusammen mit dem Unterhalt 135 % des Regelbetrages übersteigt, derzeit in Höhe von *5.

2. Der Antragsgegner trägt die Kosten der Folgesache

Begründung

Gegenstand der Klage als Folgesache ist der nacheheliche Barunterhalt des gemeinsamen minderjährigen unverheirateten Kindes nach den Vorschriften der §§ 1601, 1602 I, 1603 II 1 BGB. Das Kind wird von der Mutter betreut, die damit ihren Anteil an der Unterhaltspflicht erfüllt.

---

[94] Ggf Antragsgegner im Verbundverfahren
[95] Er ist nach dem Gesetz eindeutig im Voraus fällig, so dass das nicht ausdrücklich tituliert werden muss

Die Gegenpartei ist alleine barunterhaltspflichtig. Zu ihrer beruflichen und wirtschaftlichen Situation ist zu sagen *6. Das bereinigte durchschnittliche Nettoeinkommen beträgt monatlich mindestens *7.

Der Kindesunterhalt ist noch nicht tituliert. Eine außergerichtliche Bereinigung oder Titulierung konnte nicht erreicht werden. Die Gegenpartei wurde erfolglos zur Vorlage eines Titels aufgefordert, der kostenfrei beim Jugendamt gemäß § 59 I S. 1 Nr 3 SGB VIII hätte errichtet werden können.

Das Kindergeld wird in gesetzlicher Höhe von der Mutter bezogen, es ist nach § 1612 b V BGB auf den Tabellenbedarf in gesetzlicher Höhe laut Klageantrag anzurechnen.

Sonstige Unterhaltspflichten bestehen *9. Der laut Klageantrag dynamisierte Kindesunterhalt ist daraufhin unter Berücksichtigung der Einkommenssituation zutreffend.

d) Verbundklage – zwei mdj Kinder

151 (Wir nehmen Bezug auf die im Ehescheidungsverfahren vorgelegte Prozessvollmacht.)

Wegen nachehelichen Kindesunterhalts bedarf es einer gerichtlichen Regelung, worauf wir Folgesachenantrag stellen:

1. Der Antragsgegner[96] wird verurteilt, den gemeinsamen minderjährigen Kindern *1 geboren am *2 und *3 geboren am *4 ab Rechtskraft des Scheidungsausspruchs je monatlichen[97] Unterhalt in Höhe von *5 % des jeweiligen Regelbetrages nach § 1 der Regelbetrag-Verordnung für die jeweilige Altersstufe des Kindes zu bezahlen. Auf den Unterhalt ist jeweils das hälftige Kindergeld für ein *differenzieren* *6 Kind anzurechnen, soweit dieses zusammen mit dem Unterhalt 135 % des Regelbetrages übersteigt.

2. Der Antragsgegner trägt die Kosten der Folgesache

Begründung

Gegenstand der Klage als Folgesache ist der nacheheliche Barunterhalt der gemeinsamen minderjährigen unverheirateten Kinder nach den Vorschriften der §§ 1601, 1602 I, 1603 II 1 BGB. Die Kinder werden von der Mutter betreut, die damit Ihren Anteil an der Unterhaltspflicht erfüllt.

Die Gegenpartei ist alleine barunterhaltspflichtig. Zu ihrer beruflichen und wirtschaftlichen Situation ist zu sagen *6. Das bereinigte durchschnittliche Nettoeinkommen beträgt monatlich mindestens *7.

Der Kindesunterhalt ist noch nicht tituliert. Eine außergerichtliche Bereinigung oder Titulierung konnte nicht erreicht werden. Die Gegenpartei wurde erfolglos zur Vorlage eines Titels aufgefordert, der kostenfrei beim Jugendamt gemäß § 59 I S. 1 Nr 3 SGB VIII hätte errichtet werden können.

Das Kindergeld wird in gesetzlicher Höhe von der Mutter bezogen, es ist nach § 1612 b V BGB auf den Tabellenbedarf in gesetzlicher Höhe laut Klageantrag anzurechnen.

---

96 Ggf Antragsgegner im Verbundverfahren
97 Er ist nach dem Gesetz eindeutig im Voraus fällig, so dass das nicht ausdrücklich tituliert werden muss

Sonstige Unterhaltspflichten bestehen *8. Der laut Klageantrag dynamisierte Kindesunterhalt ist daraufhin unter Berücksichtigung der Einkommenssituation zutreffend.

e) Nacheheliche Klage – ein mdj Kind

Anmerkung: Graue Textteile weglassen, wenn keine Rückstände ausgeklagt werden   152

wegen Kindesunterhaltes

bestellen wir uns als Prozessbevollmächtigte des klagenden minderjährigen Kindes *1 in dessen Namen wir isolierte Hauptsacheklage mit folgenden Anträgen[98] erheben:

Der Beklagte wird mit gesetzlicher Kostenfolge verurteilt, der Klagepartei, geboren am *2 folgenden Unterhalt zu bezahlen:

1. Unterhaltsrückstände für die Zeit vom *3 bis zum *4 in Höhe von insgesamt *5 € zuzüglich 5 % Zinsen über dem jeweiligen Basiszinssatz hieraus seit[99] *6.
2. Ab *7 laufenden Unterhalt in Höhe von monatlich im Voraus *8 vom Hundert des jeweiligen Regelbetrages nach § 1 der Regelbetrag-Verordnung für die jeweilige Altersstufe des Kindes. Auf den Unterhalt ist jeweils das hälftige Kindergeld für ein erstes (**zweites** …) Kind anzurechnen, soweit dieses zusammen mit dem Unterhalt 135 % des Regelbetrages übersteigt, derzeit in Höhe von *9 € monatlich.

Begründung

Gegenstand der Klage ist der Barunterhalt des klagenden minderjährigen unverheirateten Kindes nach den Vorschriften der §§ 1601, 1602 I, 1603 II 1 BGB.

Die Eltern sind rechtskräftig geschieden, so dass das Kind im eigenen Namen zu klagen hat. Es wird von der Mutter betreut, worauf der Beklagte allein barunterhaltspflichtig ist. Es liegt ein Regelfall vor. Die Mutter erfüllt ihre Unterhaltspflicht durch Betreuung und Erziehung; § 1606 III 2 BGB.

Das klagende Kind wird gemäß § 1629 II S. 2 in der Fassung ab 1.7.1998 vom betreuenden Elternteil vertreten, ohne dass es einer gerichtlichen Sorgerechtsregelung bedürfte.

Der Kindesunterhalt ist noch nicht tituliert.

Das Kindergeld wird in gesetzlicher Höhe von der Mutter bezogen, es ist nach § 1612 b V BGB auf den Tabellenbedarf in Höhe eines Betrages von derzeit *10 anzurechnen.

Alternativ Das Kindergeld ist gemäß § 1612 b I BGB hälftig auf den Tabellenbedarf des Kindes anzurechnen, womit es den Eltern im Ergebnis gleichmäßig zugute kommt.

An die Erfüllung der Unterhaltspflicht sind gemäß § 1603 II BGB sehr strenge Maßstäbe anzulegen.

Zur beruflichen und wirtschaftlichen Situation ist zu sagen, dass der Beklagte *11.

---

[98] Ein Kostenantrag ist überflüssig, darüber muss das FamG von Amts wegen entscheiden
[99] Wenn exakte Zinsen verfolgt werden sollen, gehört der Antrag hier gestaffelt oder es gehören die Zinsen berechnet und beziffert. Wo das entbehrlich ist, können zur Vereinfachung Zinsen ab Fälligkeit des letzten rückständigen Monatsbetrages verlangt werden

Sein bereinigtes durchschnittliches Nettoeinkommen beträgt monatlich mindestens *12 €.

Sonstige Unterhaltspflichten des Beklagten bestehen[100] *13.

Der Unterhalt soll nach § 1612 a I BGB dynamisch bemessen werden. Ausgehend vom Einkommen des Beklagten und dem Umfang seiner gesamten Unterhaltslast ist in Anlehnung an Gruppe *14 der Düsseldorfer Tabelle der im Klageantrag angegebene Prozentsatz des Regelbetrages zutreffend. Dabei ist eine Umgruppierung innerhalb der Unterhaltstabelle mit *15 Stufen angesetzt.

Die heute fälligen Unterhaltsrückstände errechnen sich wie folgt:[101]

Zeitraum	von	bis	Anzahl Monate	Unterhalt monatlich	Summe
1.					
2.					
3. – Zahlung					
4. Gesamt					

Verzug:

Der Beklagte wurde, wie in der Anlage dokumentiert, zur Unterhaltszahlung bzw Auskunft (§ 1613 I BGB) aufgefordert. Die Aufforderung war ergebnislos, es erfolgte keine oder nur die angegebene Zahlung, so dass es gerichtlicher Titulierung bedarf.

Alternativ Der Beklagte bezahlt zwar den geforderten Kindesunterhalt, ist aber der Aufforderung zur außergerichtlichen Titulierung des Unterhalts nicht nachgekommen. Der Bedürftige hat auch bei freiwilliger, pünktlicher und regelmäßiger Unterhaltsleistung nach hM einen Titulierungsanspruch (BGH FamRZ 1998, 1165; OLG München FamRZ 1994, 313; OLG Hamm FamRZ 1992, 557; OLG Düsseldorf FamRZ 1991, 1207; OLG Stuttgart FamRZ 1990, 1368), dass das Rechtsschutzbedürfnis für diese Klage besteht.

f) Abänderungsantrag § 1612 b V BGB im vereinfachten Verfahren

153 Familiengericht

Kein Formularzwang; Antragsteller ist das minderjährige Kind selbst

vertreten wir das antragstellende Kind, für das wir beantragen, den folgenden Unterhaltstitel mit sofortiger Wirkung dahingehend abzuändern, dass die Anrechnung des auf das antragstellende Kind entfallenden Kindergeldes unterbleibt, soweit der Antragsgegner niedrigeren Unterhalt als 135 % des jeweiligen Regelbetrages nach der Regelbetrag-Verordnung (West) leistet.

Abzuändernder vollstreckbarer Titel:

Passendes verwenden

Vergleich des Familiengerichts *1 Aktenzeichen *2 vom *3

---

100 Beispiel: nicht/nur gegenüber dem klagenden Kind und …
101 Die Berechnung muss in den dafür vorgesehenen Zeilen 1 und 2 zeitlich gegliedert werden, wenn im Rückstandszeitraum ein »Alterssprung« des Kindes erfolgte

Vollstreckbares Endurteil des Familiengerichts *4 Aktenzeichen *5 vom *6

Vollstreckbare Urkunde des Jugendamtes *7 vom *8 Urk.Nr. *9

Urkunde des Notars *10 vom *11 Urk.R.Nr. 12*

Die abzuändernde Urkunde fügen wir in Kopie bei. Die Abänderung ist wegen der Gesetzesänderung zu § 1612 b V BGB zum 1. 1. 2001 notwendig. Dem außergerichtlichen Abänderungsverlangen ist der Antragsgegner nicht nachgekommen, weshalb es gerichtlicher Regelung bedarf.

Wir beantragen, dem antragstellenden minderjährigen Kind unter unserer Beiordnung Prozesskostenhilfe zu bewilligen.

Alternativ Ein Antrag auf Beiordnung wird derzeit zur Vereinfachung nicht gestellt.

g) Mdj Azubi – isoliert/Verbund

Graue Textteile im Verbund[102] *oder wenn keine Rückstände auszuklagen sind, weglassen*

wegen Kindesunterhalts (minderjähriger Auszubildender)

erheben wir Klage (durch Folgesachenantrag im Scheidungsverbund) bezüglich des Unterhalts für das minderjährige Kind *1, geboren am *2:

Die Gegenpartei wird mit gesetzlicher Kostenfolge verurteilt, dem klagenden Kind folgenden Unterhalt zu bezahlen:

1. Unterhaltsrückstände für die Zeit vom *3 bis zum *4 in Höhe von insgesamt *5 € zuzüglich 5 % Zinsen über dem jeweiligen Basiszinssatz hieraus seit *6.
2. Ab *7 (*Verbund:* Rechtskraft der Scheidung) laufenden Unterhalt in Höhe von monatlich im Voraus *8[103] €.

Begründung

Gegenstand der Anträge ist der Barunterhalt des oben bezeichneten minderjährigen unverheirateten Kindes nach den Vorschriften der §§ 1601, 1602 I, 1603 II 1 BGB. Es ist in betrieblicher Ausbildung.

Es wird von der Mutter betreut, worauf die Gegenpartei allein barunterhaltspflichtig ist. Es liegt ein Regelfall vor. Die Mutter erfüllt ihre Unterhaltspflicht gemäß § 1606 III 2 BGB auch im Fall betrieblicher Berufsausbildung des Kindes durch Betreuung und Erziehung.

Der Kindesunterhalt ist noch nicht tituliert.

Das Kindergeld wird in gesetzlicher Höhe von der Mutter bezogen. Es ist gemäß § 1612 b I BGB grundsätzlich hälftig auf den Tabellenbedarf des Kindes anzurechnen, womit es den Eltern im Ergebnis gleichmäßig zugute kommt.

---

102 Unterhaltsrückstände und Unterhalt bis Rechtskraft des Scheidungsausspruchs sind nicht verbundfähig
103 Da der Unterhalt des minderjährigen Auszubildenden wesentlich von der Hälfteanrechnung des eigenen bereinigten Ausbildungseinkommens abhängt, das normalerweise jährlichen Erhöhungen unterliegt, bietet sich eine dynamische Titulierung mit Regelbeträgen weniger an

An die Erfüllung der Unterhaltspflicht sind gemäß § 1603 II BGB sehr strenge Maßstäbe anzulegen.

Zur beruflichen und wirtschaftlichen Situation ist zu sagen, dass die Gegenpartei *9.

Das bereinigte durchschnittliche Nettoeinkommen beträgt monatlich mindestens *10.

Sonstige Unterhaltspflichten des Pflichtigen bestehen *11 (nicht).

Der Unterhalt ist ausgehend von der dargestellten Einkommens- und Unterhaltssituation nach der Gruppe *12 (Altersstufe 3) der Düsseldorfer Tabelle zu bestimmen. Dabei ist eine Umgruppierung innerhalb der Unterhaltstabelle mit *13 Gruppen angesetzt. *ZB zwei Gruppen weil die hier anstehende Unterhaltspflicht die einzige ist*

Konkretes Berechnungsbeispiel in Kapitel G

Unterhaltsberechnung		€	€
1.	Tabellenbedarf nach der Düsseldorfer Tabelle		*14
2.	Eigenes Ausbildungseinkommen	*15	
3.	./. Freibetrag oder ausbildungsbedingte Kosten	*16	
4.	Resteinkommen/Anrechnung zu 1/2	*17	*18
5.	./. Anrechnung 1/2 Kindergeld, § 1612 b IBGB		*19
6.	Ergibt Unterhaltsanspruch		*20

Von einer dynamischen Titulierung soll wegen der komplexen Berechnungsstruktur abgesehen werden.

Die heute fälligen Unterhaltsrückstände errechnen sich wie folgt: *21.

Verzug:

Die Gegenpartei wurde, wie in der Anlage dokumentiert, zur Unterhaltszahlung bzw Auskunft (§ 1613 I BGB) aufgefordert. Die Aufforderung war ergebnislos, es erfolgte keine oder nur die angegebene Zahlung, so dass es gerichtlicher Titulierung bedarf.

Alternativ Die Gegenpartei bezahlt zwar den geforderten Kindesunterhalt, ist aber der Aufforderung zur außergerichtlichen Titulierung des Unterhalts nicht nachgekommen. Der Bedürftige hat auch bei freiwilliger, pünktlicher und regelmäßiger Unterhaltsleistung nach hM einen Titulierungsanspruch (BGH FamRZ 1998, 1165; OLG München FamRZ 1994, 313; OLG Hamm FamRZ 1992, 557; OLG Düsseldorf FamRZ 1991, 1207; OLG Stuttgart FamRZ 1990, 1368), dass das Rechtsschutzbedürfnis für diese Klage besteht.

h) Privilegierter Schüler – Quotenhaftung isoliert

Die Sache ist nicht verbundfähig

Bestellen wir uns als Prozessbevollmächtigte der Klagepartei, in deren Namen wir Klage erheben:

Die Beklagtenpartei wird mit gesetzlicher Kostenfolge verurteilt, der Klagepartei folgenden Unterhalt zu bezahlen:

1. Unterhaltsrückstände für die Zeit vom *1 bis zum *2 in Höhe von insgesamt *3 zuzüglich 5 % Zinsen über dem jeweiligen Basiszinssatz hieraus seit[104] *4.

2. Ab *5 laufenden monatlich vorauszahlbaren Unterhalt in Höhe von *6 €.

Begründung

Es klagt ein volljähriges unverheiratetes Kind in allgemeiner Schulausbildung, das bei einem Elternteil lebt und deshalb gemäß § 1603 II 2 privilegiert ist. Es fehlt an eigenem relevanten Einkommen oder Vermögen.

Beide Eltern haften quotenmäßig nach Maßgabe ihrer wirtschaftlichen Verhältnisse, § 1606 III 1 BGB. Die Privilegierung erstreckt sich nur auf die Haftungsverschärfung nach § 1603 III BGB und den Rang im Mangelfall gemäß § 1609 I BGB, ändert aber nichts daran, dass grundsätzlich beide Elternteile für den Bedarf des volljährigen Kindes aufzukommen haben. Die Klagepartei hat ihre Wohnung bei *7.

Der Haftungsanteil der Mutter ist nicht streitbefangen. Ihr Einkommen ist unstreitig, weshalb vorab keine Belege vorgelegt werden.

Alternativ Ihr Einkommen ist streitig, weshalb es durch die folgenden Anlagen belegt wird: *8.

Das Kindergeld wird in Höhe von monatlich *9 € an *10 bezahlt. Verrechnung hat nach neuer BGH-Rechtsprechung voll bedarfsdeckend zu erfolgen.

Es ist von der folgenden tabellarischen Unterhaltsberechnung auszugehen: *Beispiel in Kapitel G*

Z	Betreff	Vater	Mutter	Summe
1	Bereinigtes Gesamteinkommen	*11	*12	*13
2	– Vorrangige Unterhaltspflichten gegenüber Minderjährigen	Nein, § 1603 III 2	Nein, 1603 III 2	
3	– Sockelbetrag in Höhe[105] des notwendigen Selbstbehalts	*14	*15	*16
4	Ergibt Einsatzbeträge	*17	*18	*19
	in %	*20 %	*21 %	100 %
5	Tabellenbedarf aus Einkommen beider Eltern	*22	*23	
6	Tabellengruppe aus Einzeleinkommen	*24	*25	
7	Tabellenbedarf aus Einzeleinkommen (Kontrolle/Korrektur)	*26	*27	
8	Es gilt der niedrigere Betrag aus Zeilen 5/7	*28	*29	
9	Anrechenbares Einkommen[106] des Kindes (aufgeteilt nach dem Zahlenverhältnis in Zeile 8)	*30	*31	*32

---

[104] Wenn exakte Zinsen verfolgt werden sollen, gehört der Antrag hier gestaffelt oder es gehören die Zinsen berechnet und beziffert. Wo das entbehrlich ist, können zur Vereinfachung Zinsen ab Fälligkeit des letzten rückständigen Monatsbetrages verlangt werden

[105] Hier besteht noch keine einheitliche Praxis. Es kann für die Sockelberechnung ebenso richtig sein, den großen (angemessenen) Selbstbehalt abzuziehen

[106] Vorstellbar zB in Form von Kapitalerträgnissen oder Job (insoweit Anrechnung/Vollanrechnung fraglich)

10	Ungedeckter Unterhaltsbedarf	*33	*34	
11	Verrechnung Kindergeld (BGH 26.10.2005) Anteile Z. 8	*35	*36	
12	Unterhaltsanspruch	*37	*38	

Die Gegenpartei leistet trotz bezifferter Zahlungsaufforderung keinen bzw unzureichenden Unterhalt in Höhe von monatlich *39 €.

Unterhaltsrückstände bestehen für den Zeitraum *40 bis *41. Sie errechnen sich wie folgt: *42.

i) Privilegierter Schüler – Alleinhaftung isoliert

156 *Die Sache ist nicht verbundfähig*

Bestellen wir uns als Prozessbevollmächtigte der Klagepartei, in deren Namen wir Klage erheben:

Die Beklagtenpartei wird mit gesetzlicher Kostenfolge verurteilt, der Klagepartei folgenden Unterhalt zu bezahlen:

1. Unterhaltsrückstände für die Zeit vom *1 bis zum *2 in Höhe von insgesamt *3 zuzüglich 5 % Zinsen über dem jeweiligen Basiszinssatz hieraus seit[107] *4.
2. Ab *5 laufenden monatlichen Unterhalt in Höhe von *6 €.

Begründung

Gegenstand der Klage ist der Barunterhalt des volljährigen, noch nicht 21 Jahre alten, unverheirateten Kindes, das im Haushalt des anderen Elternteiles lebt und eine allgemeinbildende Schule besucht. Eigenes relevantes Einkommen oder Vermögen ist nicht vorhanden. Die Privilegierung der Klagepartei folgt aus § 1603 II 2 BGB.

Der Kindesunterhalt ist noch nicht tituliert. Die beklagte Partei leistet trotz Aufforderung keinerlei Kindesunterhalt.

Alternativ ... nur Kindesunterhalt in folgender Höhe: *7.

Trotz grundsätzlicher Quotenhaftung gemäß § 1606 III 1 BGB beider Elternteile haftet die Beklagtenpartei hier alleine mangels Leistungsfähigkeit des anderen Elternteils alleine. Deren maßgebliches Nettoeinkommen beträgt monatlich nur *8 €. Eine verschärfte Haftung des anderen Elternteiles greift nicht, da die Beklagtenpartei als anderer gleichrangiger Unterhaltspflichtiger voll leistungsfähig ist; § 1603 III 3 BGB.

Allerdings ist der Unterhalt nur aus dem Beklagteneinkommen in Höhe von *9 € zu bemessen. Demnach ist es zutreffend, den Tabellenbedarf von *10 € der Gruppe *11 der Düsseldorfer Tabelle zu entnehmen, wie im Klageantrag berücksichtigt.

Sonstige Unterhaltspflichten bestehen beklagtenseits *12.

---

[107] Wenn exakte Zinsen verfolgt werden sollen, gehört der Antrag hier gestaffelt oder es gehören die Zinsen berechnet und beziffert. Wo das entbehrlich ist, können zur Vereinfachung Zinsen ab Fälligkeit des letzten rückständigen Monatsbetrages verlangt werden

Das Kindergeld wird in Höhe von monatlich 154 € vom anderen Elternteil bezogen. Es ist nach aktueller BGH-Rechtsprechung (Urteil vom 26.10.2006) beim volljährigen Kind in voller Höhe bedarfsdeckend abzuziehen. Das ist beim Klageantrag berücksichtigt.

Die heute fälligen Unterhaltsrückstände errechnen sich wie folgt: *13.

Inverzugsetzung erfolgte mit Schreiben vom *14.

j) Volljähriges Kind – Quotenhaftung

Die Sache ist nicht verbundfähig 157

Bestellen wir uns als Prozessbevollmächtigte der Klagepartei, in deren Namen wir Klage erheben:

Die Beklagtenpartei wird mit gesetzlicher Kostenfolge verurteilt, der Klagepartei folgenden Unterhalt zu bezahlen:

1. Unterhaltsrückstände für die Zeit vom *1 bis zum *2 in Höhe von insgesamt *3 zuzüglich 5 % Zinsen über dem Basiszinssatz hieraus seit[108] *4.
2. Ab *5 laufenden monatlichen Unterhalt in Höhe von *6.

Begründung

Die Klagepartei ist ein volljähriges Kind in Berufsausbildung. Art der Ausbildung: *7.

Eigenes Einkommen wird nicht erzielt.

Alternativ Eigenes Einkommen fällt in Höhe von monatlich *8 € an. Es ist um ausbildungsbedingte Kosten von *9 € zu vermindern. Das Resteinkommen kommt in Zeile 9 der Unterhaltsberechnung nach dem Verhältnis der Haftungsanteile der Eltern am Bedarf zur Anrechnung.

Beide Eltern haften quotenmäßig nach Maßgabe ihrer wirtschaftlichen Verhältnisse, § 1603 III BGB. Die Klagepartei hat ihre Wohnung *10.

Das Einkommen des anderen Elternteiles ist unstreitig, weshalb vorab keine Belege vorgelegt werden.

Alternativ Das Einkommen des anderen Elternteiles ist streitig, weshalb es durch die folgenden Anlagen belegt wird: *11.

Das Kindergeld wird in Höhe von monatlich 154 € an *12 geleistet. Es ist voll bedarfsdeckend nach den Haftungsanteilen der Eltern zu verrechnen.

Haftungsanteile und Unterhaltsanspruch sind nach der folgenden tabellarischen Unterhaltsberechnung zu ermitteln:

---

108 Wenn exakte Zinsen verfolgt werden sollen, gehört der Antrag hier gestaffelt oder es gehören die Zinsen berechnet und beziffert. Wo das entbehrlich ist, können zur Vereinfachung Zinsen ab Fälligkeit des letzten rückständigen Monatsbetrages verlangt werden

Beispiel im Kapitel G

Z	Betreff	Vater	Mutter	Summe
1	Bereinigtes Gesamteinkommen	*13	*14	*15
2	– Vorrangige Unterhaltspflichten gegenüber Minderjährigen	*16	*17	
3	– Sockelbetrag in Höhe des angemessenen Selbstbehalts	*18	*19	
4	Ergibt Einsatzbeträge	*20	*21	
	in %	*22%	*23%	100%
5	Tabellenbedarf aus addiertem Einkommen beider Eltern[109]	*24	*25	*26
6	Tabellengruppe aus Einzeleinkommen	*27	*28	
7	Tabellenbedarf aus Einzeleinkommen (Kontrolle/Korrektur)	*29	*30	
8	Es gilt der niedrigere Betrag aus Zeilen 5/7	*31	*32	
9	Anrechenbares Einkommen[110] des Kindes (aufgeteilt nach dem Zahlenverhältnis in Zeile 8)	*33	*34	*35
10	Ungedeckter Unterhaltsbedarf	*36	*37	
11	Verrechnung Kindergeld (BGH 26.10.2005) Anteile Z. 8	*38	*39	
12	Unterhaltsanspruch	*40	*41	

Die Beklagte Partei leistet keinen bzw unzureichenden Unterhalt in Höhe von *42.

Es wurde in der vorgerichtlichen Korrespondenz mindestens zur Zahlung des Unterhalts laut Klageantrag ergebnislos aufgefordert.

Unterhaltsrückstände bestehen für den Zeitraum *43 bis *44. Sie errechnen sich wie folgt: *45.

k) Volljähriges Kind – Alleinhaftung isoliert

158 *Die Sache ist nicht verbundfähig*

bestellen wir uns als Prozessbevollmächtigte des klagenden volljährigen Kindes in dessen Namen wir Hauptsacheklage wegen Kindesunterhaltes mit folgenden Anträgen erheben:

Die Beklagtenpartei wird mit gesetzlicher Kostenfolge verurteilt, der Klagepartei folgenden Unterhalt zu bezahlen:

1. Unterhaltsrückstände für die Zeit vom *1 bis zum *2 in Höhe von insgesamt *3 zuzüglich 5% Zinsen über dem jeweiligen Basiszinssatz hieraus seit[111] *4.

2. Ab *5 laufenden Unterhalt in Höhe von monatlich im Voraus *6.

---

109 Beim Kind mit eigener Wohnung ggf Pauschalbedarf
110 Vorstellbar zB in Form von Kapitalerträgnissen oder Job (insoweit Anrechnung/Vollanrechnung fraglich)
111 Wenn exakte Zinsen verfolgt werden sollen, gehört der Antrag hier gestaffelt oder es gehören die Zinsen berechnet und beziffert. Wo das entbehrlich ist, können zur Vereinfachung Zinsen ab Fälligkeit des letzten rückständigen Monatsbetrages verlangt werden

Begründung

I. Klagegegenstand/Übersicht

Klagegegenstand ist Ehegattenunterhalt der seit *9 vom Beklagten getrennt lebenden Klägerin unter Einbeziehung von Vorsorgeunterhalt.

Die Parteien schlossen *10 ihre Ehe.

Die Ehe ist kinderlos. *Alternativ* Der Ehe entstammen die minderjährigen Kinder *11, die von der Klägerin betreut werden.

II. Eheliche Verhältnisse

Beide Parteien sind erwerbstätig. Das beiderseitige Erwerbseinkommen ist für die ehelichen Verhältnisse prägend, so dass Ehegattenunterhalt im Wege der Halbteilung des gemeinsamen bereinigten Einkommens zu leisten ist.

Alternativ Nur der Beklagte ist erwerbstätig. Die Klägerin war wegen der Kinderbetreuung zuletzt nicht erwerbstätig, so dass die Unterhaltsfragen derzeit nur unter Zugrundelegung des Beklagteneinkommens zu beantworten sind. Der Klägerin gebührt die Hälfte des bereinigten Einkommens, von dem zunächst der Kindesbedarf (Tabellenwert) und danach der angemessene Erwerbsanreiz in Form einer Quote abzuziehen ist.

1. Einkommen des Beklagten

1.1. Erwerbseinkommen

Der Beklagte ist als *12 erwerbstätig und verfügt über ein durchschnittliches bereinigtes Nettoeinkommen von monatlich *13 € in der Lohnsteuerklasse *14.

Es ist zu erläutern, dass der Beklagte im Jahr *15 ein steuerpflichtiges Jahresbruttoeinkommen von *16 erzielte, aus dem sich auch mit Jahreswerten unter Abzug aktueller Abzugsbeträge für Steuern und Sozialabgaben (Arbeitnehmeranteile) das erwähnte Nettoeinkommen ergibt.

Hierzu werden folgende Einkommensbelege übergeben: *17.

Der Beklagte bezahlt Lohnsteuer noch nach der Steuerklasse III. Das ist zulässig, weil die Parteien im laufenden Kalenderjahr nicht endgültig und lückenlos getrennt gelebt haben.

Alternativ Aufgrund des Trennungszeitpunktes vor dem zurückliegenden ersten Januar greift für das laufende Kalenderjahr zweifelsfrei die Steuerklasse I. Das ist bei der Einkommensbestimmung berücksichtigt.

Wenn einschlägig Der Beklagte beruft sich in der Korrespondenz auf ein Nettoeinkommen von nur *18 €, das insbesondere im Jahresdurchschnitt zu niedrig und damit unzutreffend ist.

1.2. Anderes Einkommen

Anderes Einkommen des Beklagten wurde bei der Auskunftserteilung nicht dargelegt.

2. Einkommen der Klägerin

Die Klägerin ist als *19 erwerbstätig und verfügt demgegenüber über ein durchschnittliches bereinigtes Nettoeinkommen von monatlich nur *20 € in der Lohnsteuerklasse *21. Dieses Einkommen ist unstreitig, weshalb vorerst keine Belege vorgelegt werden.

Alternativ Die Klägerin erzielt, wie dargelegt derzeit kein Einkommen und ist auch noch nicht mit einer Erwerbsobliegenheit belastet.

III. Bedürftigkeit

Nach allgemeinen Regeln ergibt sich für die Klägerin ein ungedeckter Bedarf, der den ehelichen Lebensverhältnissen und den Erwerbs- und Vermögensverhältnissen der Eheleute entspringt (§ 1361 I BGB).

Der Scheidungsantrag ist seit *22 rechtshängig. Von da ab hat die Klägerin auch Bedarf für Altersvorsorgeunterhalt gemäß § 1361 I S. 1 BGB.

Im Zuge einer zweistufigen Unterhaltsberechnung, in deren erster Stufe der Vorsorgeunterhalt ermittelt wird, ergibt sich folgende Aufteilung:

1. Altersvorsorgeunterhalt   *23
2. Elementarunterhalt   *24
3. Summe   *25

Bei Bedarf Die detaillierte Berechnung ist als Anlage beigefügt.

IV. Leistungsfähigkeit des Beklagten

Bei Erfüllung der gesamten Unterhaltspflichten verbleiben dem Beklagten monatlich *26 € für die eigene Lebensführung. Damit ist unter Beachtung der ehelichen Verhältnisse sein angemessener Bedarf gewahrt, die Leistungsfähigkeit ist nicht eingeschränkt.

Alternativ Bei Erfüllung der gesamten Unterhaltslast ist der notwendige Selbstbehalt des Beklagten in Höhe von *27 € berührt. Der Leistungsmangel geht zunächst zulasten vom Altersvorsorgeunterhalt. Für die restlichen Beträge ist der Beklagte aber leistungsfähig.

V. Rückstandsberechnung

Zeitraum	von	bis	Anzahl Monate	Elementarunterhalt	Vorsorgeunterhalt	Summe
1.						
2.						
3. ./. Zahlungen						
4. Offen						

VI. Verzug

Der Beklagte ist mit der beigefügten Korrespondenz in Verzug gesetzt worden. Er gibt durch völlig unzureichende Zahlungen Anlass, den Unterhalt insgesamt zu titulieren. Vollstreckbare Urkunden liegen bisher nicht vor.

VII. Streitwert

Der Streitwert der Klage errechnet sich wie folgt:

Beispielswerte

Betreff	Beträge	Streitwertkomponenten
Unterhaltsrückstände gesamt		3.200 €
Laufender Ehegattenunterhalt	900 € × 12	10.800 €
Summe		14.000 €

b) Folgesachenantrag mit Vorsorgeunterhalt §§ 1570 + 1573 BGB

beantragen wir mangels Einigung der Parteien im Ehescheidungsverbund auch über den nachehelichen Ehegattenunterhalt zu entscheiden. Wir beantragen insoweit, den Antragsgegner zu verurteilen, an die Antragstellerin ab Rechtskraft des Scheidungsausspruches folgenden monatlichen Ehegattenunterhalt zu bezahlen:

1. für Elementarunterhalt   *1 €
2. für Kranken- und Pflegeversicherung   *2 €
3. für Altersvorsorgeunterhalt   *3 €

Mit einer anderweitigen Verteilung zwischen den Unterhaltskomponenten nach gerichtlichem Ermessen im Rahmen des geltend gemachten Gesamtunterhaltes besteht Einverständnis.

Begründung

Wegen der Kindesbetreuung ist die Antragstellerin auch nachehelich voll unterhaltsbedürftig gemäß § 1570 BGB. Sie erzielt kein eigenes Erwerbseinkommen. Der Unterhaltsbedarf umfasst daher nachehelich auch den Aufwand für Krankenversicherung, Pflegeversicherung und Altersvorsorge. Der notwendige Bedarf für die Kranken- und Pflegeversicherung wird durch das beigefügte Schreiben des Krankenversicherers belegt. Der Bedarf für die Altersvorsorge wird im Zuge einer zweistufigen Berechnung nach der Bremer Tabelle bestimmt.

Der Antragsgegner ist als *4 erwerbstätig und verfügt über ein durchschnittliches bereinigtes Nettoeinkommen von monatlich *5 € in der Lohnsteuerklasse *6. Dieses Einkommen ist der Bemessung des Unterhaltsbedarfs zugrunde zu legen.

In einer ersten Stufe ist der Elementarunterhalt der Antragstellerin ohne Berücksichtigung des Altersvorsorgeunterhaltes zu berechnen. Die Berechnung folgt dem Schema von BGH FamRZ 1983, 888. Dabei wird hier die Höhe des Krankenvorsorgeunterhaltes zunächst als feste Größe zugrunde gelegt. Genauer verhält es sich so, dass der Krankenkassenaufwand samt zwangsläufig dazugehöriger Pflegeversicherung aus dem Elementarunterhalt bemessen wird, der letztlich von den anderen Unterhaltskomponenten abhängt, so dass Wechselwirkungen bestehen.

I. Erste Stufe der Berechnung (Elementarunterhalt 1) *Zahlenbeispiel im Kapitel G*

Z.	Berechnung	Bemerkung	Ehemann	Ehefrau
1.	Erwerbseinkommen	netto bereinigt	*7	*8
2.	Anderes Einkommen		*9	*10
3.	− Krankenvorsorgeunterhalt Ehefrau		*11	
4.	− Kindesbedarf		− *12	
5.	= Rest für Ehegattenbedarf		*13	*14
6.	− Erwerbsanreizquote	*15	− *16	− *17
7.	= Rest bereinigt um Erwerbsanreiz		*18	*19
8.	Halbteilung = eheangemessener Bedarf			*20
9.	− Eigeneinkommen	I.7.		− *21
10.	= Ungedeckter Bedarf (Unterhaltsanspruch)			*22

II. Zweite Stufe der Berechnung (mit AVU)

Z.	Berechnung	Bemerkung	Ehemann	Ehefrau
1.	Elementarunterhalt erster Stufe	I.10.		*23
2.	+ Zuschlag Bremer Tabelle 2006	In % *24		*25
3.	= Bemessungsgrundlage für AVU			*26
4.	= Daraus AVU mit gesetzl Beitragssatz GRV[113]	19,5 %		*27
5.	Resteinkommen Ehemann	I.5.	*28	
6.	− AVU	II.4.	− *29	
7.	= Resteinkommen nach AVU		*30	
8.	− Erwerbsanreiz		− *31	
9.	= (Rest)Einkommen für die Halbteilung		*32	
10.	Halbteilung für Elementarunterhalt			*33
11.	− Eigenes Einkommen	I.7. und 9.		− *34
12.	= Elementarunterhalt			*35
13.	+ AVU	II.4.		*36
14.	= Gesamte Unterhaltslast			*37

Dem Antragsgegner verbleibt nach Zahlung aller Unterhaltskomponenten ein Betrag von *38 €.

Bei Bedarf Er erhält ferner im Wege der Kindergeldverrechnung *39 €.

Seine Leistungsfähigkeit ist daher nicht eingeschränkt.

c) UE – Abweisungsantrag

162 ... wird beantragt, die Klage (den Folgesachenantrag) abzuweisen

---

[113] Aktueller Beitragssatz in der Gesetzlichen Rentenversicherung 19,5 %, seit Jahren unverändert

Alternativ wird unter Verwahrung gegen die Kosten ein Teilbetrag des Unterhalts in Höhe von *1 € durch sofortiges Anerkenntnis anerkannt und im übrigen Klageabweisung beantragt.

Bei Bedarf Wird beantragt, den nachehelichen Ehegattenunterhalt zeitlich zu begrenzen auf ein Jahr nach Rechtskraft des Scheidungsausspruches, hilfsweise auf eine andere angemessene Frist.

Begründung

Passende Textteile auswählen:

Die Klage geht von einem zu hohen Einkommen unseres Mandanten aus:

1. Es wird übersehen, dass ab dem Jahreswechsel nach der Trennung eine Zusammenveranlagung zur Einkommensteuer nicht mehr zulässig ist. Die Steuerbelastung unseres Mandanten steigt wie folgt *2.
2. Das verfügbare durchschnittliche Nettoeinkommen unseres Mandanten ist nicht zutreffend berechnet. Es sind folgende Abzugsbeträge nicht zutreffend berücksichtigt:[114] *3.
3. Es wird übersehen, dass unser Mandant hohe Werbungskosten hat, die sogar bei Verrechnung der daraus entstehenden Steuerentlastung deutlich höher sind als die übliche Pauschale für berufsbedingte Aufwendungen.
4. Es sind die Zahlungen auf berücksichtigungsfähige eheliche Verbindlichkeiten nicht abgezogen worden. Diese sind schon bei der Bedarfsbemessung abzuziehen.

Die Klage errechnet einen zu hohen Unterhalt:

5. Durch die Einbeziehung nicht eheprägenden Einkommens ist ein zu hoher Bedarf errechnet worden.
6. Das Eigeneinkommen ist höher als angesetzt. Dazu im Einzelnen: *4.
7. Klägerseits wird die gebotene Erwerbsobliegenheit nicht erfüllt, deshalb ist von einem fiktiven Erwerbseinkommen von monatlich mindestens *5 € auszugehen.
8. Der Unterhaltsforderung steht Unbilligkeit gemäß § 1579 BGB entgegen. Dazu im Detail: *6.
9. Die Klägerin muss sich aus der Haushaltsführung für ihren Lebensgefährten mindestens ein bedarfsdeckendes Einkommen von *7 € anrechnen lassen.

4. Kindes- und Ehegattenunterhalt

a) Antrag EA-UK-UE § 620 ZPO – im Verbund

Antrag auf einstweilige Anordnung gemäß § 620 ZPO im Ehescheidungsverbund 163

Wir nehmen Bezug auf die im Ehescheidungsverfahren vorgelegte Prozessvollmacht und beantragen den Antragsgegner[115] im Anordnungsverfahren gemäß § 620 Nr 4

---

[114] ZB der vom Mandanten selbst bezahlte Beitrag zu privater Krankenversicherung/Pflegeversicherung – Achtung, in solchen Fällen wird der Aufwand aber um steuer- und sozialabgabenfreie Arbeitgeberzuschüsse vermindert!
[115] Die Bezeichnung ist hier willkürlich gewählt, der Ehemann kann genauso gut Antragsteller des Verbundverfahrens sein

bzw Nr 6 ZPO zur Zahlung folgenden vorläufigen Unterhaltes für die Zeit ab *1 zu verurteilen

1. an die Antragstellerin für das Kind[116] *2, geboren am *3 monatlich *4 €[117]
2. an die Antragstellerin für das Kind *5, geboren am *6 monatlich *7 €
3. an die Antragstellerin monatlich *8 € Ehegattenunterhalt
   Alternativ monatlich *9 € Elementarunterhalt und *10 € Altersvorsorgeunterhalt

Begründung

Der Antragsgegner schuldet Minderjährigenunterhalt und Ehegattenunterhalt nach den Vorschriften der §§ 1600 ff, 1361 BGB. Die gemeinsamen einkommenslosen Kinder werden von der Antragstellerin betreut, die auch das Kindergeld für sie bezieht. Dieses ist gemäß § 1612 b V BGB wie folgt zu berücksichtigen: *11.

Ein Hauptsacheverfahren zum laufenden Unterhalt ist bisher nicht[118] anhängig. Die Parteien konnten sich über den Unterhalt bisher nicht verständigen. Der Antragsgegner wurde ausweislich der beigefügten Korrespondenz zur Unterhaltszahlung aufgefordert. Er leistet gleichwohl keinerlei Unterhalt. *Alternativ* ... er leistet aber nur unzureichenden monatlichen Unterhalt in Höhe von insgesamt *12 €, den er wie folgt aufschlüsselt *13.

Der Antrag umfasst zunächst den laufenden Unterhalt, der sich aus den dokumentierten Einkommensverhältnissen mindestens ergibt. Ein Verzicht auf weiteren endgültigen Unterhalt ist damit nicht verbunden.

Zur wirtschaftlichen Situation des Beklagten und seinen Unterhaltspflichten ist auszuführen *14.

Hierzu werden folgende Belege vorgelegt: *15.

Die Antragstellerin erzielt keinerlei eigenes anrechenbares Einkommen.

Alternativ ... Einkommen in Höhe von durchschnittlich *16 € im Monat, das durch die weiteren Anlagen belegt wird.

Wenn sinnvoll Trotz dieser klaren Lage regen wir an, vorerst nicht ohne mündliche Verhandlung zu entscheiden und kurzfristig Termin zu bestimmen, zu dem das persönliche Erscheinen der Parteien angeordnet werden möge.

b) Klage UK + UE Trennungsphase

164 Wegen Kindes- und Ehegattentrennungsunterhaltes

Streitwert *1

vertreten wir die Klägerin. Wir erheben Klage mit dem Antrag, den Beklagten zu verurteilen, an die Klägerin mit gesetzlicher Kostenfolge folgenden Unterhalt zu bezahlen

---

116 In der Trennungsphase kann der betreuende Elternteil den Unterhalt des minderjährigen Kindes nur im eigenen Namen in Prozessstandschaft geltend machen

117 Statt dessen kommt auch eine dynamische Titulierung nach der Regelbetrag-Verordnung in Frage

118 Wäre es anhängig, böte sich nach neuem Recht ein Antrag nach 644 ZPO im Hauptsacheverfahren an

1. Kindesunterhalt

1.1. Für das Kind *2 geboren am *3

   a) Unterhaltsrückstände für die Zeit vom *4 bis zum *5 von insgesamt *6 € zuzüglich 5 % Zinsen über dem jeweiligen Basiszinssatz hieraus seit[119] *7.

   b) Ab *8 laufenden Unterhalt von monatlich *9 % des jeweiligen Regelbetrages gemäß § 1 der Regelbetrag-Verordnung für die jeweilige Altersstufe des Kindes. Auf den Unterhalt ist jeweils das hälftige Kindergeld für ein erstes Kind anzurechnen, soweit dieses zusammen mit dem Unterhalt 135 % des Regelbetrages übersteigt, derzeit in Höhe von *10 € monatlich.

1.2. Für das Kind *11 geboren am *12

   a) Unterhaltsrückstände für die Zeit vom *13 bis zum *14 von insgesamt *15 € zuzüglich 5 % Zinsen über dem jeweiligen Basiszinssatz hieraus seit *16.

   b) Ab *17 laufenden Unterhalt von monatlich *18 % des jeweiligen Regelbetrages nach § 1 der Regelbetrag-Verordnung für die jeweilige Altersstufe des Kindes. Auf den Unterhalt ist jeweils das hälftige Kindergeld für ein erstes Kind anzurechnen, soweit dieses zusammen mit dem Unterhalt 135 % des Regelbetrages übersteigt, derzeit in Höhe von *19 € monatlich.

2. Ehegattentrennungsunterhalt

   a) *20 € Unterhaltsrückstände für den Zeitraum von *21 bis *22 zuzüglich 5 % Zinsen über dem jeweiligen Basiszinssatz daraus seit *23.

   b) Ab *23 bis zur Rechtskraft des Scheidungsausspruches monatlich *24 € zuzüglich 5 % Zinsen über dem jeweiligen Basiszinssatz daraus ab jeweiliger Fälligkeit.

Begründung

I. Klagegegenstand/Übersicht

Klagegegenstand ist Unterhalt der gemeinsamen minderjährigen Kinder und Trennungsunterhalt für die Klägerin.

Der Ehe der Parteien entstammen die im Klageantrag aufgeführten Kinder, die seit der Trennung im Monat *25 bei der Klägerin leben. Die Klägerin erfüllt ihren Teil der Unterhaltspflicht durch Betreuung und Erziehung der Kinder, so dass der Beklagte alleine barunterhaltspflichtig ist.

II. Eheliche Verhältnisse

Beide Parteien sind erwerbstätig. Das beiderseitige Erwerbseinkommen ist für die ehelichen Verhältnisse prägend, so dass Ehegattenunterhalt im Wege der Halbteilung des gemeinsamen bereinigten Einkommens zu leisten ist. Hierzu hat die übliche Bereinigung zunächst um berufsbedingte Aufwendungen, alsdann beim barunterhaltspflichtigen Elternteil um den Tabellenbedarf der Kinder und letztlich um eine angemessene Erwerbsanreizquote zu erfolgen.

---

[119] Wenn exakte Zinsen verfolgt werden sollen, gehört der Antrag hier gestaffelt oder es gehören die Zinsen berechnet und beziffert. Wo das entbehrlich ist, können zur Vereinfachung Zinsen ab Fälligkeit des letzten rückständigen Monatsbetrages verlangt werden

Möglicher Zusatz Nur im Moment ist wegen vorübergehender Arbeitslosigkeit/Ausbildung der Klägerin allein vom Beklagteneinkommen auszugehen.

Alternativ Die Klägerin war wegen der Kinderbetreuung zuletzt nicht erwerbstätig, so dass die Unterhaltsfragen derzeit nur unter Zugrundelegung des Beklagteneinkommens zu beantworten sind. Der Klägerin gebührt die Hälfte des bereinigten Einkommens, von dem zunächst der Kindesbedarf (Tabellenwert) und danach der angemessene Erwerbsanreiz in Form einer Quote abzuziehen ist.

1. Einkommen des Beklagten

1.1. Erwerbseinkommen

Der Beklagte ist als *26 erwerbstätig und verfügt über ein durchschnittliches bereinigtes Nettoeinkommen von monatlich *27 € in der Lohnsteuerklasse *28.

Zur Erläuterung:

Der Beklagte erzielte *29 ein steuerpflichtiges Jahresbruttoeinkommen von *30 €, aus dem sich unter Abzug aktueller Abzugsbeträge für Steuern und Sozialabgaben (Arbeitnehmeranteile) das erwähnte Nettoeinkommen ergibt.

Hierzu werden folgende Einkommensbelege übergeben: *31.

Der Beklagte bezahlt Lohnsteuer noch nach der Steuerklasse III. Das ist zulässig, weil die Parteien im laufenden Kalenderjahr nicht endgültig und lückenlos getrennt gelebt haben.

Alternativ Aufgrund des Trennungszeitpunktes vor dem zurückliegenden ersten Januar greift für das laufende Kalenderjahr zweifelsfrei die Steuerklasse I. Das ist bei der Einkommensbestimmung berücksichtigt.

Wenn einschlägig Der Beklagte beruft sich in der Korrespondenz auf ein Nettoeinkommen von nur *32 €, das insbesondere im Jahresdurchschnitt zu niedrig und damit unzutreffend ist.

1.2. Kapitaleinkommen

Auch Kapitalertrag des Beklagten mit durchschnittlich *33 € im Monat ist eheprägend.

Ausreichenden Nachweis hierzu liefert das beigefügte Belegmaterial, bzw der beigefügte Einkommensteuerbescheid.

1.3. Wohnwert

Der Beklagte bewohnt eine eigene Immobilie, deren Nutzungswert eheprägend ist und monatlich bereinigt um eigentumsbezogenen Aufwand *34 € beträgt.

Dieser Wert ist in der Trennungszeit auch unter Berücksichtigung der BGH-Rechtsprechung (FamRZ 98, 899) angemessen. Vergleichbaren Kaltmietaufwand hätte der Beklagte bei Anmietung den Verhältnissen der Parteien entsprechenden eigenen Wohnraumes auch.

1.4. Zusammenfassung

Betreff	Jahr *35	Jahr *36
Nettoerwerbseinkommen		
./. 5 % berufsbedingte Aufwendungen		
Kapitalertrag		
Wohnwert		
Bereinigtes Gesamteinkommen		

Das vorstehende Beklagteneinkommen stellen wir vorsorglich durch Sachverständigengutachten unter **Beweis**.

2. Einkommen der Klägerin

Die Klägerin ist als *37 erwerbstätig und verfügt demgegenüber über ein durchschnittliches bereinigtes Nettoeinkommen von monatlich nur *38 € in der Lohnsteuerklasse *39.

Dieses Einkommen ist unstreitig, weshalb vorerst keine Belege vorgelegt werden.

Alternativ Das Einkommen wird durch folgende Belege belegt: *40.

Bei Bedarf:

Zu berücksichtigen ist weiteres prägendes Einkommen der Klägerin aus *41.

III. Bedürftigkeit

Die gemeinsamen minderjährigen Kinder sind ohne Einkommen und maßgebliches Vermögen und daher von Haus aus bedürftig.

Nach der folgenden tabellarischen Darstellung ergibt sich für die Klägerin ein ungedeckter Bedarf, der den ehelichen Lebensverhältnissen und den Erwerbs- und Vermögensverhältnissen der Eheleute entspringt (§ 1361 I BGB).

Zahlenbeispiel im Kapitel G

	Betreff	Bemerkung	Ehemann	Ehefrau
1.	Erwerbseinkommen	(netto bereinigt)		
2.	Wohnwert			
3.	Einkommen ohne Erwerb			
4.	Berücksichtigungsfähige Schuldraten ua			
5.	Vorsorgeaufwendungen fremd			
6.	Saldo			
7.	./. Bedarf minderjährige Kinder	(ggf Quote)		
8.	./. Bedarf Schüler 18–21	(ggf Quote)		
9.	./. Bedarf volljährige Kinder	(ggf Quote)		
10.	Rest für Ehegattenbedarf			
11.	./. Erwerbsanreizquote	1/7	1/10	
12.	Rest bereinigt um Erwerbsanreiz			
13.	Davon prägend (Halbteilungsmasse)			

	Betreff	Bemerkung	Ehemann	Ehefrau
14.	Halbteilung = eheangemessener Bedarf ohne Erwerbsanreiz			
15.	./. Eigenes Einkommen bereinigt	= Zeile 12		
16.	Ungedeckter Bedarf			

IV. Leistungsfähigkeit des Beklagten

Für die Leistungskontrolle ist vom Beklagteneinkommen lediglich der geschuldete Zahlbetrag (Bedarf minus anrechenbares Kindergeld) für Kindesunterhalt sowie der ungedeckte Ehegattenbedarf (Tabelle oben Zeile 16) abzuziehen. Es verbleibt dem Beklagten ein Betrag von *42 €, mit dem er auch unter Wahrung seines vollen eigenen eheangemessenen Bedarfs (Tabelle oben Zeile 14 plus Zeile 11) uneingeschränkt leistungsfähig ist.

V. Rückstandsberechnung

Erstes Kind (Reihenfolge laut Klageantrag)

Zeitraum	Von	Bis	Anzahl Monate	Je Monatlich	Summe
1.					
2.					
3. ./. Zahlung					
4. Gesamt					

Zweites Kind

Zeitraum	Von	Bis	Anzahl Monate	Je Monatlich	Summe
1.					
2.					
3. ./. Zahlung					
4. Gesamt					

Klägerin

Zeitraum	Von	Bis	Anzahl Monate	Je Monatlich	Summe
1.					
2.					
3. ./. Zahlung					
4. Gesamt					

VI. Gesetzliche Forderungsübergänge

Die Klägerin hat notgedrungen Sozialhilfe beantragt. Es ist rückabgetreten, so dass die Klägerin an der Verfolgung der Rückstände nicht gehindert ist.

UVG-Leistungen sind nicht beantragt, so dass insoweit ein Forderungsübergang ausscheidet.

Alternativ: WG-Leistungen sind erfolgt, gemäß Anlage ist jedoch Rückabgetreten.

Weitere öffentlichrechtliche Leistungen, die zu einem gesetzlichen Forderungsübergang führen könnten, sind nicht betroffen.

VII. Verzug

Der Beklagte ist mit der beigefügten Korrespondenz in Verzug gesetzt worden. Er gibt durch völlig unzureichende Zahlungen Anlass, den Unterhalt insgesamt zu titulieren. Vollstreckbare Urkunden liegen bisher nicht vor.

VIII. Streitwert

Der Streitwert der Klage errechnet sich wie folgt:

Beispielswerte

Unterhaltsrückstände gesamt		3.000
Laufender Ehegattenunterhalt	800 × 12	9.600
Kindesunterhalt aktuell	2 × (334 ./. 77) × 12	6.168
Summe		18.768

5. Ansprüche der »nichtehelichen« Mutter gemäß § 1615 l I u. II BGB

a) Unterhaltsklage der Mutter

Wir bestellen uns als Prozessbevollmächtigte der Klägerin und beantragen:

166

Der Beklagte wird verurteilt, an die Klägerin zu zahlen:

a) Schwangerschafts- und Entbindungskosten in Höhe von *1 € sowie Zinsen hieraus in Höhe von 5 Prozentpunkten über dem jeweiligen Basiszins seit dem *2.
b) Rückständigen Unterhalt[120] für die Zeit vom *3 bis zum *4 in Höhe von *5 € sowie Zinsen in Höhe von 5 Prozentpunkten über dem jeweiligen Basiszins daraus seit *6.[121]
c) Beginnend mit dem Monat *7 monatlich vorauszahlbaren Unterhalt in Höhe von *8 € bis zum Monat *9.[122]

BEGRÜNDUNG

I. Anspruch

Die Klägerin ist bedürftig im Sinne es § 1602 I BGB: *10

---

[120] Für die Vergangenheit kann Unterhalt und Sonderbedarf nach Feststellung der Vaterschaft gemäß §§ 1615l Abs. 3 S. 4, 1613 Abs. 2 Nr. 2 a BGB geltend gemacht werden. Verzug ist insoweit nicht erforderlich, als die Voraussetzung des § 1613 Abs. 2 Nr. 2 a BGB dadurch erfüllt ist, dass die Vaterschaft weder anerkannt noch rechtskräftig festgestellt war
[121] gestaffelt nach den einzelnen Monaten, in denen Unterhaltsrückstand aufgelaufen ist
[122] Anzugeben Ablauf des Monats, in der den dritte Geburtstag des Kindes fällt

Wir machen für sie Unterhalt gemäß § 1615 l I und II BGB geltend.

1. Der Klägerin sind folgende Schwangerschafts- und Entbindungskosten entstanden, die gemäß § 1615 l I S. 2 BGB zu erstatten sind:[123]

Kosten für

a) ärztliche Behandlung vor, bei und nach der Geburt *11
b) Arzneimittel *12
c) Klinikaufenthalt *13
d) Hebamme *14
e) Schwangerschaftsgymnastik *15
f) Kosten für Umstandskleidung *16
g) im Falle einer Problemschwangerschaft die Kosten einer Haushaltshilfe *17

Die erforderlichen Nachweise dieser Kosten sind dieser Klage als Anlage beigefügt.

2. (Bei Anspruch gemäß § 1615 l II 1 1. HS)

Die Klägerin kann aus folgenden Gründen[124] keiner (*Alternativ* nur teilweise einer) Erwerbstätigkeit nachgehen:[125]

*18

(Bei Anspruch gemäß § 1615 l II 2 BGB)

Die Klägerin kann infolge[126] der Pflege/Erziehung des Kindes keiner Erwerbstätigkeit (Alternativ: einer Erwerbstätigkeit nur teilweise) nachgehen:[127]

---

123 Dagegen fällt der Anspruch auf Erstattung der Kosten für die Säuglingserstausstattung nicht unter diese Bestimmung. Dieser ist gegebenenfalls ein Anspruch des Kindes auf Sonderbedarf, was allerdings strittig ist. Sonderbedarf bejaht: BVerfG-Ka NJW 1999, 3112; OLG Oldenburg FuR 1999, 477 = FamRZ 1999, 1685 = NJW-RR 1999, 1163; OLG Nürnberg FamRZ 1993, 995; Sonderbedarf verneint: z.B. LG Hanau DAVorm 1995, 1080; LG Bochum FamRZ 1991, 1477

124 Gründe müssen sein: Schwangerschaft oder durch Schwangerschaft/Entbindung verursachte Krankheit – § 1615l II S. 1 BGB

125 Wurde eine Erwerbstätigkeit aus anderen Gründen aufgegeben, fehlt es an dieser Anspruchsvoraussetzung. Dies gilt auch im Falle der Aufgabe einer Erwerbstätigkeit infolge einer Erkrankung, die nicht auf die Schwangerschaft oder Entbindung zurückzuführen ist – Palandt/Diederichsen, BGB 60. Aufl § 1615l Rn 9. Ebenso fehlt diese Anspruchsvoraussetzung, wenn die Mutter schon vor Eintritt der Schwangerschaft keiner Erwerbstätigkeit nachging und die Aufnahme einer Erwerbstätigkeit deshalb unterlassen hat. Jedoch genügt es, dass die Schwangerschaft, die Entbindung oder eine daraus resultierende Krankheit zumindest mitursächlich für die Nichtaufnahme einer Erwerbstätigkeit ist – Palandt/Diederichsen, BGB 60. Aufl 1615 l Rn 9

126 Die Betreuung des Kindes muss nicht die alleinige Ursache für die Nichtaufnahme einer Erwerbstätigkeit der Mutter sein. Mitursächlichkeit genügt. Dies ist insbesondere von Bedeutung für den Fall, dass die Mutter bereits wegen der Betreuung eines ehelichen Kindes an der Aufnahme einer Erwerbstätigkeit verhindert ist. In diesem Falle haften der Vater des nichtehelichen Kindes und der Ehemann für den Betreuungsunterhalt analog § 1606 III BGB anteilig, – BGH NJW 1998, 1309 – wobei die Haftungsanteile sich nach der Anzahl, dem Alter und der Betreuungsbedürftigkeit der Kinder richten

127 Der Gesetzeswortlaut macht bereits deutlich, dass die Mutter nicht völlig frei ist in ihrer Entscheidung, ob sie das Kind ausschließlich selbst betreut und keiner Erwerbstätigkeit nachgeht oder das Kind zumindest teilweise von dritten Personen betreuen lässt und einer (Teilzeit-) Erwerbstätigkeit nachgeht – Palandt/Diederichsen, BGB 60. Aufl § 1615 l Rn 10

a) zur persönlichen Situation der Klägerin: *19
b) wirtschaftliche Lage *20
c) Alter *21
d) Gesundheitszustand *22
e) Berufsausbildung *23
f) Marktchancen *24
g) Drittbetreuung des Kindes (auch teilweise) ist aus folgenden Gründen unangemessen (*Alternativ* nicht möglich): *25
h) *Bei Bedarf* Betreuung des Kindes durch den Vater kommt aus folgenden Gründen nicht in Frage bzw. ist für die Klägerin unzumutbar: *26

Die Höhe des Unterhaltsanspruchs der Klägerin richtet sich gemäß § 1610 I BGB nach deren Lebensstellung vor der Geburt des Kindes.[128]

Erste Alternative

Die Klägerin ging vor der Geburt des Kindes keiner Erwerbstätigkeit nach, so dass ihr Bedarf mit monatlich *27 angesetzt wird, was der überwiegenden Praxis der Oberlandesgerichte entspricht.

Zweite Alternative

Grundsätzlich ist der Verdienstausfall der Mutter der Maßstab für die Ermittlung des Bedarfs. Die Klägerin ging vor der Geburt des Kindes einer Erwerbstätigkeit als *28 nach. Sie erzielte während der letzten zusammenhängenden zwölf Monate ein monatliches Durchschnittsnettoeinkommen von *29 €.

Beweis: Verdienstnachweise der Klägerin über die oben genannten Monate in Fotokopie als Anlage

Die ihr in diesem Zeitraum zugegangenen Einkommens- und Kirchensteuerbescheide

Die Klägerin erhält weder gemäß § 11 MuSchG Arbeitsentgelt von ihrem früheren Arbeitgeber, noch bezieht sie Mutterschaftsgeld nach § 200 I RVO.[129] Vermögen hat die Klägerin nicht.[130] Ihr Unterhaltsanspruch beträgt somit *30 €.

Bei Bedarf Die Klägerin lebt von ihrem Ehemann getrennt. Er hat ein durchschnittliches monatliches Nettoeinkommen von *31. Der Unterhaltsanspruch unserer Mandantin gegen den Ehemann beträgt *32 monatlich.[131] Der restliche Bedarf von *33 ist

---

128 § 1578 BGB findet keine Anwendung!
129 Es fehlt an der Bedürftigkeit, soweit der Mutter gemäß 11 MuSchG Arbeitsentgelt von ihrem früheren Arbeitgeber weiter gewährt wird oder sie Mutterschaftsgeld nach 200 Abs. 1 RVO bezieht Palandt/Diederichsen, BGB 60. Aufl 1615 l Rn 2. Die Anrechnung von Erziehungsgeld gemäß § 9 BErzGG ist strittig. Keine Anrechnung: OLG Düsseldorf FamRZ 1989, 1226; OLG München FamRZ 1999, 1166 = NJW RR 1999, 1677; Anrechnung: Staudinger-Eichenhofer, BGB 13. Aufl 1615 l Rn 13
130 Die Mutter muss Erträge aus vorhandenem Vermögen zur Bestreitung ihres Bedarfs einsetzen und das Vermögen verwerten, es sei denn, die Verwertung wäre unmöglich oder gänzlich unwirtschaftlich – OLG Düsseldorf FamRZ 1990, 1137
131 Besteht einUnterhaltsanspruch gegen den getrenntlebenden Ehemann und gegen den Erzeuger des Kindes, so haften beide anteilig gemäß 1606 III S. 1 BGB. In diesem Fall ist die Mutter verpflichtet, dem Ehemann das Einkommen des Vaters des nichtehelichen Kindes bekannt zu geben – BGH FamRZ 1998, 541= DAVorm 1998, 390. Besteht trotz Betreuung eines ehelichen Kindes für die Mutter eine Erwerbsverpflichtung, so muss sie sich gegenüber dem Ehemann das hieraus erzielbare Einkommen als fiktives Einkommen anrechnen lassen und gegenüber dem Vater des nichtehelichen Kindes ist dieses fiktive Einkommen

der Unterhalt, den der Beklagte der Klägerin monatlich schuldet und zwar rückwirkend ab *34 und künftig jeweils monatlich im voraus.

II. Verzug

Der Beklagte wurde mit Schreiben vom *35 aufgefordert, die mit dieser Klage geltend gemachten Forderungen bis zum *36 auszugleichen und den künftigen Unterhalt innerhalb dieser Frist anzuerkennen.

Beweis: Schreiben / Zustellungsnachweis als Anlage

Der Beklagte hat dies abgelehnt (*Alternativ* hat auf dieses Schreiben nicht reagiert), so dass Klageerhebung geboten ist.

Bei Bedarf Verzug besteht:

Bezüglich Ziffer I. 1. der Klage: *37

Bezüglich Ziffer I. 2. der Klage: *38

b) Einstweilige Verfügung gemäß § 1615 o II BGB vor der Geburt des Kindes

167 Wir bestellen uns als Prozessbevollmächtigte der Antragstellerin und beantragen

I. wegen Dringlichkeit ohne mündliche Verhandlung dem Antragsgegner durch einstweilige Verfügung gemäß § 1615 o II BGB aufzugeben, an die Antragstellerin von[132] *1 bis einschließlich *2[133] monatlichen, jeweils monatlich vorauszahlbaren Unterhalt in Höhe von *3 € zu zahlen,

II. die infolge der Schwangerschaft entstandenen (*Alternativ* und weiteren voraussichtlichen) Kosten in Höhe von *4 € an die Antragstellerin zu zahlen,

III. dem Antragsgegner die Kosten des Verfahrens aufzuerlegen.

BEGRÜNDUNG

1.

Die Antragstellerin ist schwanger. Der voraussichtliche Geburtstermin des Kindes ist *5.

Zur Glaubhaftmachung: Anliegendes ärztliches Attest, ausgestellt von *6 am *7.

Der Antragsgegner ist der Erzeuger des von der Antragstellerin erwarteten Kindes. Hierzu ist folgendes auszuführen:[134] *8

Zur Glaubhaftmachung: Anliegende eidesstattliche Erklärung der Antragstellerin vom *9.

---

der zu deckende Unterhaltsbedarf – der gegebenenfalls bis zum Mindestbedarf aufzufüllen ist – Handbuch Fachanwalt Familienrecht/Gerhardt Kap 6 Rn 210 a

132 Die Gefährdungsvermutung des 1615 o BGB erstreckt sich nur auf den im Monat der Antragstellung fällig gewordenen Betrag und die künftig fällig werdenden Beträge, was streitig ist – siehe hierzu Wendl/Staudigl, das Unterhaltsrecht in der familienrichterlichen Praxis, 5. Aufl 6 Rn. 776 mwN

133 Gemäß 1615 l I 1 BGB, auf den 1615 o II BGB Bezug nimmt, ist der Zeitraum begrenzt auf die Dauer von sechs Wochen vor der Geburt bis einschließlich der achten Woche nach der Geburt des Kindes

134 Darlegung der Umstände, dass der Antragsgegner nach 1600 d II u. III BGB als Erzeuger des Kindes vermutet wird

Kindesunterhalt | C. Mandat für gerichtliche Tätigkeit | 197

Begründung

Die Klagepartei ist ein volljähriges Kind ohne relevantes eigenes Vermögen in Berufsausbildung. Art der Ausbildung: *7.

Eigenes Einkommen wird nicht erzielt.

Alternativ Eigenes Einkommen fällt in Höhe von monatlich *8 an. Es ist um ausbildungsbedingte Kosten von *9 zu vermindern.

Beide Eltern haften zwar im Grundsatz quotenmäßig nach Maßgabe Ihrer wirtschaftlichen Verhältnisse, § 1606 III 1 BGB. Ein Haftungsanteil des anderen Elternteils scheitert aber daran, dass er kein Einkommen erzielt, das den eigenen angemessenen Selbstbehalt erreicht. Eine gesteigerte Haftung gemäß § 1603 III BGB besteht gegenüber dem volljährigen Kind nicht.

Die Klagepartei hat ihre Wohnung *10.

Der Kindesunterhalt ist noch nicht tituliert. Die Beklagtenpartei leistet trotz Aufforderung keinerlei Kindesunterhalt.

Alternativ ... nur Kindesunterhalt in folgender Höhe: *11.

Das Kindergeld in Höhe von monatlich 154 € wird von *12 bezogen. Es ist voll bedarfsdeckend zu verwenden.

Die Beklagte Partei verfügt über ein bereinigtes monatliches Einkommen von mindestens *13.

Weitere Unterhaltspflichten bestehen nicht.

Alternativ .... bestehen gegenüber *14.

Da die Beklagtenpartei alleine haftet, richtet sich der Bedarf der Klagepartei allein nach ihrem Einkommen. Eine zutreffende Eingruppierung ist nach der Gruppe *15 der Düsseldorfer Tabelle vorzunehmen.

Alternativ Zugunsten der Klagepartei ist von einem pauschalen monatlichen Bedarf von *16 € auszugehen.

Unterhaltsanspruch:

- Tabellenbedarf wie vor   *16 €
- Minus volles Kindergeld   – 154 €
- Geschuldeter Unterhalt   *17 €

Die heute fälligen Unterhaltsrückstände errechnen sich wie folgt: *19.

I) Stiefvaterklage

Amtsgericht – Familiengericht

159

*1

vertreten wir den Kläger, für den wir Klage mit folgendem Antrag erheben:

Der Beklagte hat an den Kläger aus gesetzlich übergegangenem Recht Kindesunterhalt für das Kind *2 geboren am *3 für den Klagezeitraum vom *4 bis zum *5 in Höhe von *6 € nebst Zinsen in Höhe von 5 Prozentpunkten über dem jeweiligen Basiszinssatz seit *7 zu bezahlen.

Begründung

Der Kläger ist der Ehemann der Mutter des betroffenen Kindes, das vom unterhaltspflichtigen Beklagten abstammt. Der Beklagte hat trotz Verpflichtung für den Klagezeitraum keinerlei Kindesunterhalt bezahlt. Die Rechtsverfolgung gegen ihn war aus folgenden Gründen unmöglich oder wesentlich erschwert: *8.

Beweis: *Mutter* als Zeugin
Ggf Bericht der Rechtsanwälte *9 vom *10

Alternative Der Kindesunterhalt ist bisher nicht vollstreckbar tituliert.

Oder Der Kindesunterhalt ist zwar wie folgt *11 tituliert, die Zwangsvollstreckung gegen den Beklagten verlief aber erfolglos *oder* bot bisher keine Erfolgsaussichten.

Faktisch hat der Kläger das Kind im Klagezeitraum voll unterhalten. Hierzu ist anzumerken, dass die Mutter nicht über ausreichende Mittel verfügte, um das selbst abzudecken; *Gründe* *12.

Beweis: *Mutter* als Zeugin

Damit ist der Unterhaltsanspruch des Kindes gemäß § 1607 III S. 1, II S. 1 BGB auf den Kläger übergegangen und es ist insoweit sogar unerheblich, ob ein Vollstreckungstitel zugunsten des Kindes besteht. Selbstverständlich darf der Anspruch aber nicht doppelt realisiert werden, dafür steht der Kläger ein.

Bei Bedarf: Der Beklagte erklärte am *13 gegenüber dem nachbenannten Zeugen, er werde für das Kind keinen nie mehr Unterhalt bezahlen und deswegen auch nicht mehr arbeiten.[112]

Nach Geschmack Es liegt somit zu allem Überfluss eine strafbare Verletzung der Unterhaltspflicht vor. Wir beantragen, in jedem Fall das persönliche Erscheinen des Beklagten zur mündlichen Verhandlung anzuordnen.

3. Ehegattenunterhalt

a) Getrenntlebensunterhalt isoliert

160 vertreten wir die Klägerin. Wir erheben Klage mit dem Antrag, den Beklagten zu verurteilen, an die Klägerin mit gesetzlicher Kostenfolge folgenden Unterhalt zu bezahlen

1. *1 Unterhaltsrückstände für die Zeit von *2 bis *3 zuzüglich 5 % Zinsen über dem jeweiligen Basiszinssatz daraus seit *4

2. Ab *5 monatlich je bis zur Rechtskraft des Scheidungsausspruchs in Höhe von *6 €,

   2.1. davon *7 € für Altersvorsorgeunterhalt

   2.2. und *8 € für Elementarunterhalt

Mit einer anderweitigen Verteilung zwischen Vorsorgeunterhalt und Elementarunterhalt besteht Einverständnis.

---

112 Hier sind Hinweise über die strafrechtliche Verantwortlichkeit wohl nicht verboten, sondern eher sinnvoll, erst recht, wenn das Kind minderjährig oder gleichgestellt ist (Schülerkind bis 20)

Die Antragstellerin ist bedürftig. Sie verfügt derzeit über keinerlei Einkommen und Vermögen (*Alternativ* nur über Einkünfte von monatlich *10).

Zur Glaubhaftmachung: Anliegende eidesstattliche Erklärung der Antragstellerin vom *11 (*Alternativ* Anliegende Einkommensnachweise der Antragstellerin)

Bezüglich der Kosten gemäß § 1615 l I 2 BGB hat die Antragstellerin weder Anspruch auf Versicherungsleistungen noch Beihilfeansprüche.

Zur Glaubhaftmachung: Anliegende eidesstattliche Erklärung der Antragstellerin vom *12

Die Antragstellerin ist damit dringend auf Unterhalt und den Ersatz der ihr durch die Schwangerschaft bisher entstandenen Kosten (*Alternativ* und der voraussichtlichen weiteren Kosten) angewiesen. Der Antragsgegner lehnt jegliche Zahlung ab.

2.

Der Antragstellerin sind bisher folgende Kosten infolge der Schwangerschaft (§ 1615 l I 2 BGB) entstanden: *13

Zur Glaubhaftmachung: *14 Bezüglich dieser Kosten hat die Antragstellerin weder Anspruch auf Versicherungsleistungen noch Beihilfeansprüche.

Zur Glaubhaftmachung: Anliegende eidesstattliche Erklärung der Antragstellerin vom *15

Bei Bedarf Der Antragstellerin entstehen durch die Schwangerschaft und Geburt des Kindes folgende voraussichtliche weitere Kosten:

3.

Erste Alternative

Die Antragstellerin ging vor Eintritt der Schwangerschaft keiner Erwerbstätigkeit nach.

Zur Glaubhaftmachung: Anliegende eidesstattliche Erklärung der Antragstellerin

Ihr Bedarf wird mit monatlich *16 angesetzt, was der überwiegenden Praxis der Oberlandesgerichte entspricht. In dieser Höhe wir hiermit monatlicher Unterhalt geltend gemacht.

Zweite Alternative

Grundsätzlich ist der Verdienstausfall der Mutter der Maßstab für die Ermittlung des Bedarfs. Die Antragstellerin ging bis zum *17 einer Erwerbstätigkeit als *18 nach. Sie erzielte während der davor liegenden zusammenhängenden zwölf Monate ein monatliches Durchschnittsnettoeinkommen von *19 €.

Zur Glaubhaftmachung: Verdienstnachweise der Antragstellerin über die oben genannten Monate in Fotokopie als Anlage

Die ihr in diesem Zeitraum zugegangenen Einkommens- und Kirchensteuerbescheide

Die Klägerin erhält weder gemäß § 11 MuSchG Arbeitsentgelt von ihrem früheren Arbeitgeber, noch bezieht sie Mutterschaftsgeld nach § 200 I RVO.[135] Vermögen hat die Klägerin nicht.[136]

---

135 Es fehlt an der Bedürftigkeit, soweit der Mutter gemäß 11 MuSchG Arbeitsentgelt von ihrem früheren Arbeitgeber weiter gewährt wird oder sie Mutterschaftsgeld nach 200 Abs 1 RVO bezieht Palandt/Diederichsen, BGB 60. Aufl 1615 l Rn 2. Die Anrechnung von Erziehungsgeld gemäß 9 BErzGG ist strittig. Keine Anrechnung: OLG Düsseldorf FamRZ 1989, 1226; OLG München FamRZ 1999, 1166 = NJW RR 1999, 1677; Anrechnung: Staudinger-Eichenhofer, BGB 13. Aufl § 1615 l Rn 13

136 Die Mutter muss Erträge aus vorhandenem Vermögen zur Bestreitung ihres Bedarfs einsetzen und das Vermögen verwerten, es sei denn, die Verwertung wäre unmöglich oder gänzlich unwirtschaftlich – OLG Düsseldorf FamRZ 1990, 1137

Zur Glaubhaftmachung: Anliegende eidesstattliche Erklärung der Antragstellerin vom *20

Ihr voraussichtlicher Unterhaltsanspruch beträgt somit *21.

Bei Bedarf Die Antragstellerin lebt von ihrem Ehemann getrennt. Er hat ein durchschnittliches monatliches Nettoeinkommen von *22. Der Unterhaltsanspruch der Antragstellerin gegen den Ehemann beträgt *23 € monatlich.[137]

Zur Glaubhaftmachung: *24

Der restliche Bedarf von *25 ist der Unterhalt, den der Antragsgegner der Antragstellerin voraussichtlich monatlich schuldet und der hiermit geltend gemacht wird.

c) Einstweilige Verfügung gemäß § 1615 o II BGB nach der Geburt des Kindes

168 Wir bestellen uns als Prozessbevollmächtigte der Antragstellerin und beantragen

I. wegen Dringlichkeit ohne mündliche Verhandlung dem Antragsgegner durch einstweilige Verfügung gemäß § 1615 o II BGB aufzugeben, an die Antragstellerin von[138] *1 bis einschließlich *2[139] monatlichen, jeweils monatlich vorauszahlbaren Unterhalt in Höhe von *3 € zu zahlen,

II. die infolge der Schwangerschaft und Entbindung entstandenen Kosten in Höhe von *4 an die Antragstellerin zu zahlen,

III. dem Antragsgegner die Kosten des Verfahrens aufzuerlegen.

BEGRÜNDUNG

1.

Die Antragstellerin hat am *5 das Kind *6 geboren.

Zur Glaubhaftmachung: Anliegende Geburtsurkunde des Kindes

Der Antragsgegner ist der Erzeuger des Kindes. Hierzu ist folgendes auszuführen:[140] *7

Zur Glaubhaftmachung: Anliegende eidesstattliche Erklärung der Antragstellerin vom *8.

---

[137] Besteht ein Unterhaltsanspruch gegen den getrenntlebenden Ehemann und gegen den Erzeuger des Kindes, so haften beide anteilig gemäß § 1606 III S. 1 BGB. In diesem Fall ist die Mutter verpflichtet, dem Ehemann das Einkommen des Vaters des nichtehelichen Kindes bekannt zu geben – BGH FamRZ 1998, 541= DAVorm 1998, 390. Besteht trotz Betreuung eines ehelichen Kindes für die Mutter eine Erwerbsverpflichtung, so muss sie sich gegenüber dem Ehemann das hieraus erzielbare Einkommen als fiktives Einkommen anrechnen lassen und gegenüber dem Vater des nichtehelichen Kindes ist dieses fiktive Einkommen der zu deckende Unterhaltsbedarf – der gegebenenfalls bis zum Mindestbedarf aufzufüllen ist -Handbuch Fachanwalt Familienrecht/Gerhardt Kap 6 Rn 210 a

[138] Die Gefährdungsvermutung des 1615 o BGB erstreckt sich nur auf den im Monat der Antragstellung fällig gewordenen Betrag und die künftig fällig werdenden Beträge, was streitig ist – siehe hierzu Wendl/Staudigl, das Unterhaltsrecht in der familienrichterlichen Praxis, 5. Aufl § 6 Rn. 776 mwN

[139] Gemäß § 1615l I 1 BGB, auf den § 1615o II BGB Bezug nimmt, ist der Zeitraum begrenzt auf die Dauer von sechs Wochen vor der Geburt bis einschließlich der achten Woche nach der Geburt des Kindes

[140] Darlegung der Umstände, dass der Antragsgegner nach § 1600d II u. III BGB als Erzeuger des Kindes vermutet wird

Die Antragstellerin ist bedürftig. Sie verfügt derzeit über keinerlei Einkommen und Vermögen (Alternativ: nur über Einkünfte von monatlich *9 €).

Zur Glaubhaftmachung: Anliegende eidesstattliche Erklärung der Antragstellerin vom *10 (*Alternativ* Anliegende Einkommensnachweise der Antragstellerin)

Bezüglich der Kosten gemäß § 1615 l I 2 BGB hat die Antragstellerin weder Anspruch auf Versicherungsleistungen noch Beihilfeansprüche.

Zur Glaubhaftmachung: Anliegende eidesstattliche Erklärung der Antragstellerin vom *11

Die Antragstellerin ist damit dringend auf Unterhalt und den Ersatz der ihr durch die Schwangerschaft und Geburt des Kindes entstandenen Kosten angewiesen. Der Antragsgegner lehnt jegliche Zahlung ab.

2.

Der Antragstellerin sind bisher folgende Kosten infolge der Schwangerschaft und Entbindung (§ 1615 l I 2 BGB) entstanden: *12

Zur Glaubhaftmachung: *13

Bezüglich dieser Kosten hat die Antragstellerin weder Anspruch auf Versicherungsleistungen noch Beihilfeansprüche.

Zur Glaubhaftmachung: Anliegende eidesstattliche Erklärung der Antragstellerin vom *14

3.

Erste Alternative

Die Antragstellerin ging vor Eintritt der Schwangerschaft keiner Erwerbstätigkeit nach.

Zur Glaubhaftmachung: Anliegende eidesstattliche Erklärung der Antragstellerin

Ihr Bedarf wird mit monatlich *15 angesetzt, was der überwiegenden Praxis der Oberlandesgerichte entspricht. In dieser Höhe wird monatlicher Unterhalt geltend gemacht.

Zweite Alternative

Grundsätzlich ist der Verdienstausfall der Mutter der Maßstab für die Ermittlung des Bedarfs. Die Antragstellerin ging bis zum *16 einer Erwerbstätigkeit als *17 nach. Sie erzielte während der davor liegenden zusammenhängenden zwölf Monate ein monatliches Durchschnittsnettoeinkommen von *18 €.

Zur Glaubhaftmachung: Verdienstnachweise der Antragstellerin über die oben genannten Monate in Fotokopie als Anlage

Die ihr in diesem Zeitraum zugegangenen Einkommens- und Kirchensteuerbescheide

Die Klägerin erhält weder gemäß § 11 MuSchG Arbeitsentgelt von ihrem früheren Arbeitgeber, noch bezieht sie Mutterschaftsgeld nach § 200 I RVO.[141] Vermögen hat die Klägerin nicht.[142]

---

141 Es fehlt an der Bedürftigkeit, soweit der Mutter gemäß § 11 MuSchG Arbeitsentgelt von ihrem früheren Arbeitgeber weiter gewährt wird oder sie Mutterschaftsgeld nach § 200 Abs. 1 RVO bezieht Palandt/Diederichsen, BGB 60. Aufl § 1615 l Rn 2. Die Anrechnung von Erziehungsgeld gemäß 9 BErzGG ist strittig. Keine Anrechnung: OLG Düsseldorf FamRZ 1989, 1226; OLG München FamRZ 1999, 1166 = NJW RR 1999, 1677; Anrechnung: Staudinger-Eichenhofer, BGB 13. Aufl 1615 l Rn 13

Zur Glaubhaftmachung: Anliegende eidesstattliche Erklärung der Antragstellerin vom *19

Ihr voraussichtlicher Unterhaltsanspruch beträgt somit *20, der hiermit geltend gemacht wird.

Bei Bedarf Die Antragstellerin lebt von ihrem Ehemann getrennt. Er hat ein durchschnittliches monatliches Nettoeinkommen von *21 €. Der Unterhaltsanspruch der Antragstellerin gegen den Ehemann beträgt *22 € monatlich.[143]

Zur Glaubhaftmachung: *23

Der restliche Bedarf von *24 € ist der Unterhalt, den der Antragsgegner der Antragstellerin voraussichtlich monatlich schuldet und der hiermit geltend gemacht wird.

d) Einstweilige Anordnung gemäß § 641 d ZPO

169

Wir nehmen Bezug auf die im Verfahren wegen Feststellung der Vaterschaft vorgelegte Vollmacht und beantragen den Antragsgegner im Anordnungsverfahren gemäß § 641 d ZPO zu verurteilen, an die Antragstellerin ab *1 monatlichen, jeweils monatlich vorauszahlbaren Unterhalt in Höhe von *2 € zu zahlen.[144]

BEGRÜNDUNG

1.

Die Antragstellerin hat am *3 das Kind *4 geboren.

Zur Glaubhaftmachung: Anliegende Geburtsurkunde des Kindes

Eine Vaterschaftsfeststellungsklage gegen den Antragsgegner nach § 1600 d BGB ist unter dem Aktenzeichen *5 bereits anhängig.

(*Alternativ* Das Verfahren gemäß § 1600 d BGB wegen Feststellung der Vaterschaft des Antragsgegners wird mit gleicher Post anhängig gemacht.)

(*Alternativ* Es ist ein Prozesskostenhilfegesuch für eine gegen den Antragsgegner beabsichtigte Vaterschaftsfeststellungsklage bei Gericht am *6 eingereicht worden.)

Der Antragsgegner ist der Erzeuger des Kindes. Hierzu ist folgendes auszuführen:[145]
*7

Zur Glaubhaftmachung: Anliegende eidesstattliche Erklärung der Antragstellerin vom *8

---

142 Die Mutter muss Erträge aus vorhandenem Vermögen zur Bestreitung ihres Bedarfs einsetzen und das Vermögen verwerten, es sei denn, die Verwertung wäre unmöglich oder gänzlich unwirtschaftlich – OLG Düsseldorf FamRZ 1990, 1137

143 Besteht ein Unterhaltsanspruch gegen den getrenntlebenden Ehemann und gegen den Erzeuger des Kindes, so haften beide anteilig gemäß 1606 III S. 1 BGB. In diesem Fall ist die Mutter verpflichtet, dem Ehemann das Einkommen des Vaters des nichtehelichen Kindes bekannt zu geben – BGH FamRZ 1998, 541= DAVorm 1998, 390. Besteht trotz Betreuung eines ehelichen Kindes für die Mutter eine Erwerbsverpflichtung, so muss sie sich gegenüber dem Ehemann das hieraus erzielbare Einkommen als fiktives Einkommen anrechnen lassen und gegenüber dem Vater des nichtehelichen Kindes ist dieses fiktive Einkommen der zu deckende Unterhaltsbedarf – der gegebenenfalls bis zum Mindestbedarf aufzufüllen ist – Handbuch Fachanwalt Familienrecht/Gerhardt Kap 6 Rn 210 a

144 Unterhalt kann erst für die Zeit nach der Geburt des Kindes und ab Antragseingang verlangt werden – Zöller, ZPO 22. Aufl § 641d Rn 6

145 Darlegung der Umstände, dass der Antragsgegner nach § 1600d II u. III BGB als Erzeuger des Kindes vermutet wird

Die Antragstellerin ist bedürftig. Sie verfügt derzeit über keinerlei Einkommen und Vermögen (*Alternativ* nur über Einkünfte von monatlich *9).

Zur Glaubhaftmachung: Anliegende eidesstattliche Erklärung der Antragstellerin vom *10 (*Alternativ* Anliegende Einkommensnachweise der Antragstellerin)

Zur Glaubhaftmachung: Anliegende eidesstattliche Erklärung der Antragstellerin vom *11

Die Antragstellerin wäre ohne Unterhaltszahlungen auf Sozialhilfe angewiesen.[146]

Der Antragsgegner lehnt jegliche Zahlung ab.

2.

Erste Alternative

Die Antragstellerin ging vor Eintritt der Schwangerschaft keiner Erwerbstätigkeit nach.

Zur Glaubhaftmachung: Anliegende eidesstattliche Erklärung der Antragstellerin

Ihr Bedarf wird mit monatlich *12 € angesetzt, was der überwiegenden Praxis der Oberlandesgerichte entspricht. In dieser Höhe wird monatlicher Unterhalt geltend gemacht.[147]

Zweite Alternative

Grundsätzlich ist der Verdienstausfall der Mutter der Maßstab für die Ermittlung des Bedarfs. Die Antragstellerin ging bis zum *13 einer Erwerbstätigkeit als *14 nach. Sie erzielte während der davor liegenden zusammenhängenden zwölf Monate ein monatliches Durchschnittsnettoeinkommen von *15 €.

Zur Glaubhaftmachung: Verdienstnachweise der Antragstellerin über die oben genannten Monate in Fotokopie als Anlage

Die ihr in diesem Zeitraum zugegangenen Einkommens- und Kirchensteuerbescheide

Die Antragstellerin erhält weder gemäß § 11 MuSchG Arbeitsentgelt von ihrem früheren Arbeitgeber, noch bezieht sie Mutterschaftsgeld nach § 200 I RVO.[148] Vermögen hat die Antragstellerin nicht.[149]

---

146 Dieser Hinweis ist erforderlich, weil bei beantragter Zahlung die Voraussetzungen hierfür glaubhaft zu machen sind – Zöller Zivilprozessordnung 22. Aufl § 641 d Rn 11
147 Der Unterhalt der Mutter kann durch eine einstweilige Anordnung insgesamt geltend gemacht werden, der Anspruch dürfte sich aber auf den Mindestunterhalt beschränken – so Büttner FamRZ 2000, 781 – mit der überzeugenden Begründung, dass nach § 653 ZPO im Vaterschaftsfeststellungsverfahren das Kind nicht mehr als den Regelbetrag verlangen kann und höhere Beträge nur im Verfahren nach § 654 ZPO verlangt werden können, so dass für die Mutter im einstweiligen Anordnungsverfahren auch nicht mehr als der Mindestbedarf zuzuerkennen sein dürfte
148 Es fehlt an der Bedürftigkeit, soweit der Mutter gemäß 11 MuSchG Arbeitsentgelt von ihrem früheren Arbeitgeber weiter gewährt wird oder sie Mutterschaftsgeld nach 200 I RVO bezieht Palandt/Diederichsen, BGB 60. Aufl § 1615 l Rn 2. Die Anrechnung von Erziehungsgeld gemäß § 9 BErzGG ist strittig. Keine Anrechnung: OLG Düsseldorf FamRZ 1989, 1226; OLG München FamRZ 1999, 1166 = NJW RR 1999, 1677; Anrechnung: Staudinger-Eichenhofer, BGB 13. Aufl § 1615l Rn 13
149 Die Mutter muss Erträge aus vorhandenem Vermögen zur Bestreitung ihres Bedarfs einsetzen und das Vermögen verwerten, es sei denn, die Verwertung wäre unmöglich oder gänzlich unwirtschaftlich – OLG Düsseldorf FamRZ 1990, 1137

Zur Glaubhaftmachung: Anliegende eidesstattliche Erklärung der Antragstellerin vom *16

Ihr voraussichtlicher Unterhaltsanspruch beträgt somit *17 €, der hiermit geltend gemacht wird.

Bei Bedarf Die Antragstellerin lebt von ihrem Ehemann getrennt. Er hat ein durchschnittliches monatliches Nettoeinkommen von *18 €. Der Unterhaltsanspruch der Antragstellerin gegen den Ehemann beträgt *19 € monatlich.[150]

Zur Glaubhaftmachung: *20

Der restliche Bedarf von *21 ist der Unterhalt, den der Antragsgegner der Antragstellerin voraussichtlich monatlich schuldet und der hiermit geltend gemacht wird.

e) Einstweilige Anordnung gemäß § 644 ZPO

170 Wir nehmen Bezug auf die im Verfahren wegen Feststellung der Vaterschaft vorgelegte Vollmacht und beantragen den Antragsgegner im Anordnungsverfahren gemäß § 641 d ZPO zu verurteilen, an die Antragstellerin ab *1 monatlichen, jeweils monatlich vorauszahlbaren Unterhalt in Höhe von *2 € zu zahlen.[151]

BEGRÜNDUNG

1.

Die Antragstellerin hat am *3 das Kind *4 geboren.

Zur Glaubhaftmachung: Anliegende Geburtsurkunde des Kindes

Der Antragsgegner ist der Erzeuger des Kindes. Die Vaterschaft ist von ihm gemäß § 1592 Nr. 2 BGB anerkannt (*Alternativ* gemäß § 1600 d I u. II BGB rechtskräftig festgestellt).[152]

Zur Glaubhaftmachung: *5

Gegen den Antragsgegner ist das Hauptsacheverfahren wegen des Unterhaltsanspruchs der Antragstellerin gemäß § 1615 l BGB bei diesem Gericht anhängig.

(*Alternativ* Das Verfahren gemäß § 1615 l BGB wegen Unterhalts der Antragstellerin wird mit gleicher Post anhängig gemacht.)

---

150 Besteht ein Unterhaltsanspruch gegen den getrenntlebenden Ehemann und gegen den Erzeuger des Kindes, so haften beide anteilig gemäß § 1606 III S. 1 BGB. In diesem Fall ist die Mutter verpflichtet, dem Ehemann das Einkommen des Vaters des nichtehelichen Kindes bekannt zu geben – BGH FamRZ 1998, 541= DAVorm 1998, 390. Besteht trotz Betreuung eines ehelichen Kindes für die Mutter eine Erwerbsverpflichtung, so muss sie sich gegenüber dem Ehemann das hieraus erzielbare Einkommen als fiktives Einkommen anrechnen lassen und gegenüber dem Vater des nichtehelichen Kindes ist dieses fiktive Einkommen der zu deckende Unterhaltsbedarf – der gegebenenfalls bis zum Mindestbedarf aufzufüllen ist – Handbuch Fachanwalt Familienrecht/Gerhardt Kap 6 Rn 210 a

151 Unterhalt kann erst für die Zeit nach der Geburt des Kindes und ab Antragseingang verlangt werden – Zöller, ZPO 22. Aufl § 641d Rn 6

152 Ob es genügt, dass die als Vater in Betracht kommende Person die Vaterschaft nicht bestreitet, ist streitig: Bejahend OLG Zweibrücken FuR 1998, 30 = EzFamR aktuell 1997, 380 = FamRZ 1998, 554 = NJW 1998, 318; OLG Düsseldorf FamRZ 1995, 690; aA OLG Hamm FamRZ 1989, 619, Handbuch Fachanwalt Familienrecht/Gerhardt 3. Aufl Kap 6 Rn 209 a

(*Alternativ* Es ist ein Prozesskostenhilfe-Gesuch für eine gegen den Antragsgegner beabsichtigte Unterhaltsklage gemäß § 1615 l BGB bei Gericht am *6 eingereicht worden.)

Die Antragstellerin ist bedürftig. Sie verfügt derzeit über keinerlei Einkommen und Vermögen (*Alternativ* nur über Einkünfte von monatlich *7 €).

Zur Glaubhaftmachung:

Anliegende eidesstattliche Erklärung der Antragstellerin vom *8 (*Alternativ* Anliegende Einkommensnachweise der Antragstellerin)

Zur Glaubhaftmachung:

Anliegende eidesstattliche Erklärung der Antragstellerin vom *9

Die Antragstellerin wäre ohne Unterhaltszahlungen auf Sozialhilfe angewiesen.[153] Der Antragsgegner lehnt jegliche Zahlung ab.

2.

Erste Alternative

Die Antragstellerin ging vor Eintritt der Schwangerschaft keiner Erwerbstätigkeit nach.

Zur Glaubhaftmachung:

Anliegende eidesstattliche Erklärung der Antragstellerin

Ihr Bedarf mit monatlich *10 € angesetzt wird, was der überwiegenden Praxis der Oberlandesgerichte entspricht. In dieser Höhe wird monatlicher Unterhalt geltend gemacht.

Zweite Alternative

Grundsätzlich ist der Verdienstausfall der Mutter der Maßstab für die Ermittlung des Bedarfs. Die Antragstellerin ging bis zum *11 einer Erwerbstätigkeit als *12 nach. Sie erzielte während der davor liegenden zusammenhängenden zwölf Monate ein monatliches Durchschnittsnettoeinkommen von *13 €.

Zur Glaubhaftmachung:

Verdienstnachweise der Antragstellerin über die oben genannten Monate in Fotokopie als Anlage

Die ihr in diesem Zeitraum zugegangenen Einkommens- und Kirchensteuerbescheide

Die Klägerin erhält weder gemäß § 11 MuSchG Arbeitsentgelt von ihrem früheren Arbeitgeber, noch bezieht sie Mutterschaftsgeld nach § 200 I RVO.[154] Vermögen hat die Klägerin nicht.[155]

---

[153] Dieser Hinweis ist erforderlich, weil bei beantragter Zahlung die Voraussetzungen hierfür glaubhaft zu machen sind – Zöller Zivilprozessordnung 22. Aufl § 641d Rn 11

[154] Es fehlt an der Bedürftigkeit, soweit der Mutter gemäß § 11 MuSchG Arbeitsentgelt von ihrem früheren Arbeitgeber weiter gewährt wird oder sie Mutterschaftsgeld nach § 200 Abs 1 RVO bezieht Palandt/Diederichsen, BGB 60. Aufl § 1615 l Rn 2. Die Anrechnung von Erziehungsgeld gemäß § 9 BErzGG ist strittig. Keine Anrechnung: OLG Düsseldorf FamRZ 1989, 1226; OLG München FamRZ 1999, 1166 = NJW RR 1999, 1677; Anrechnung: Staudinger-Eichenhofer, BGB 13. Aufl § 1615l Rn 13

[155] Die Mutter muss Erträge aus vorhandenem Vermögen zur Bestreitung ihres Bedarfs einsetzen und das Vermögen verwerten, es sei denn, die Verwertung wäre unmöglich oder gänzlich unwirtschaftlich – OLG Düsseldorf FamRZ 1990, 1137

Zur Glaubhaftmachung:

Anliegende eidesstattliche Erklärung der Antragstellerin vom *14

Ihr voraussichtlicher Unterhaltsanspruch beträgt somit *15 €, der hiermit geltend gemacht wird.

Bei Bedarf Die Antragstellerin lebt von ihrem Ehemann getrennt. Er hat ein durchschnittliches monatliches Nettoeinkommen von *16 €. Der Unterhaltsanspruch der Antragstellerin gegen den Ehemann beträgt *17 € monatlich.[156]

Zur Glaubhaftmachung: *18

Der restliche Bedarf von *19 € ist der Unterhalt, den der Antragsgegner der Antragstellerin voraussichtlich monatlich schuldet und der hiermit geltend gemacht wird.

6. Besondere Klagen

a) Abänderungsklage UE[157]

171 vertreten wir den Kläger, für den wir im Wege der Abänderungsklage beantragen:

Das Urteil des Familiengerichts *1 vom *2 Aktenzeichen *3 wird in Ziffer *4 dahingehend abgeändert, dass der Kläger an die Beklagte keinen Ehegattenunterhalt mehr zu leisten hat.

Alternativ

Nur noch monatlichen Ehegattenunterhalt in Höhe von *5 € zu leisten hat.

Bei Bedarf

Der Kläger ist auf Prozesskostenhilfe angewiesen. Die Klagezustellung kann sich deshalb verzögern. Mit der Klage wird Herabsetzung von Ehegattenunterhalt verfolgt. Der Unterhalt ist durch Urteil tituliert, das nach der BGH-Rechtsprechung erst für die Zeit ab Zustellung der Abänderungsklage unterhaltsmindernd abgeändert werden darf. Wir beantragen mit Rücksicht auf den dadurch drohenden Schaden, gemäß § 14 Nr. 3 b GKG vorab und vor der Entscheidung zum PKH – Gesuch die Zustellung der Klage zu bewilligen und durchzuführen. Die notwendige Glaubhaftmachung ergibt sich aus vorstehenden Hinweisen und somit der anwaltlichen Erklärung.

Begründung

Der Kläger wurde mit der abzuändernden gerichtlichen Entscheidung verurteilt, der Beklagten Ehegattenunterhalt zu bezahlen.

---

156 Besteht ein Unterhaltsanspruch gegen den getrenntlebenden Ehemann und gegen den Erzeuger des Kindes, so haften beide anteilig gemäß § 1606 III S. 1 BGB. In diesem Fall ist die Mutter verpflichtet, dem Ehemann das Einkommen des Vaters des nichtehelichen Kindes bekannt zu geben – BGH FamRZ 1998, 541= DAVorm 1998, 390. Besteht trotz Betreuung eines ehelichen Kindes für die Mutter eine Erwerbsverpflichtung, so muss sie sich gegenüber dem Ehemann das hieraus erzielbare Einkommen als fiktives Einkommen anrechnen lassen und gegenüber dem Vater des nichtehelichen Kindes ist dieses fiktive Einkommen der zu deckende Unterhaltsbedarf – der gegebenenfalls bis zum Mindestbedarf aufzufüllen ist – Handbuch Fachanwalt Familienrecht/Gerhardt Kap 6 Rn 210 a

157 Gesetzliche Vorschriften sind weitgehend nicht erwähnt um den Text universell für Trennungsunterhalt und nachehelichen Unterhalt zu gestalten. Das lässt sich vom Anwender beliebig am Gesetz orientiert ausschmücken.

Grundlage des Urteils waren die folgenden wirtschaftlichen und persönlichen Verhältnisse: *6.

Die Unterhaltspflicht ist zumindest für die Zeit ab *7 aus folgenden Gründen (teilweise) entfallen:

Passendes verwenden

Der Kläger ist unverschuldet und nachhaltig nicht mehr in der Lage Unterhalt zu leisten. Dazu wird im Detail ausgeführt *8.

Der Kläger ist für den festgelegten Unterhalt nicht mehr voll leistungsfähig, weil folgende gleichrangig unterhaltsberechtigte Kinder im Sinne des § 1603 II BGB hinzugekommen sind *9.

Die Beklagte ist unter Berücksichtigung der ehelichen Verhältnisse nicht mehr (voll) unterhaltsbedürftig weil *10.

Die Beklagte ist gegenüber den Verhältnissen, die dem abzuändernden Urteil zugrundeliegen, mit höherer Erwerbsobliegenheit belastet, nämlich im Umfang von *11.

Die Beklagte erzielt inzwischen ein durchschnittliches Nettoeinkommen von mindestens *12 € im Monat, zu dem auszuführen ist *13.

Die Beklagte hat nicht dargelegt, sich ausreichend um eine Erwerbstätigkeit zu bemühen, die ihren Lebensbedarf deckt. Aufgrund ihrer beruflichen Lage muss sie sich daher mindestens ein fiktives monatliches Einkommen – bereinigt um eine Erwerbsanreizquote – in Höhe von *14 € anrechnen lassen, das bedarfsdeckend ist, so dass ein Unterhaltsbedürfnis entfallen ist.

Eine weitergehende Inanspruchnahme des Klägers würde unter Abwägung aller Interessen zu unbilligen Ergebnissen führen.

Die Beklagte lebt seit *15 ständig in verfestigter eheähnlicher Gemeinschaft mit ihrem Lebensgefährten zusammen.

Die Beklagte ist von ihrem Freund (*wenn »passend«* einem ihrer wechselnden Liebhaber) schwanger und deshalb nicht ausreichend erwerbstätig.

Die Beklagte betreut ein am *16 geborenes Kind, das zweifelsfrei nicht vom Kläger stammt und auch nicht den Status eines ehelichen Kindes hat. Sie erzielt nur deshalb kein bedarfsdeckendes eigenes Einkommen.

Die Beklagte hat aus folgenden schwerwiegenden Gründen Unterhaltsansprüche im Sinne der Systematik[158] des § 1579 BGB verwirkt *17.

Die Beklagte hat Anlass zur Klage gegeben weil sie dem außergerichtlichen Verlangen nach Herabsetzung des Unterhaltes gemäß der beigefügten Korrespondenz nicht gefolgt ist.

b) Abänderungsklage Erhöhung UK

vertreten wir das klagende Kind,[159] für das wir im Wege der Abänderungsklage beantragen:

---

[158] Die Formulierung ist so gewählt um auch Fälle des Trennungsunterhaltes abzudecken
[159] Das Geburtsdatum muss im Rubrum oder im Klageantrag stehen

Der Vergleich des Familiengerichts *1 vom *2 Aktenzeichen *3 wird in Ziffer *4 mit Wirkung ab[160] *5 dahingehend abgeändert, dass der Beklagte an den Kläger Unterhalt in Höhe von *6 % des Regelbetrages nach § 1 der Regelbetrag-Verordnung für die jeweilige Altersstufe[161] des Klägers, je abzüglich des nach § 1612 b V BGB anrechenbaren Kindergeldes für ein erstes Kind, derzeit *7 €, zu bezahlen hat.

Begründung

Der Kläger ist ein minderjähriges unverheiratetes Kind aus geschiedener Ehe des Beklagten. Mit dem im Klageantrag erwähnten gerichtlichen Vergleich ist der Barunterhalt wie folgt tituliert worden: *8.

Die tatsächlichen Verhältnisse haben sich dergestalt geändert, dass eine Unterhaltserhöhung im Sinne des Klageantrages festzusetzen ist.

Passendes verwenden

1. Der Unterhalt des klagenden Kindes ist im abzuändernden Titel nicht dynamisch sondern als Zahlbetrag festgelegt. Er trägt den Verhältnissen nicht mehr Rechnung weil *9.
2. Vergleichsgrundlage war ein durchschnittliches Nettoeinkommen des Beklagten von monatlich *10 €, das sich nachhaltig auf *11 € erhöht hat.
3. Bei der Bedarfsbemessung für das klagende Kind ist die Unterhaltspflicht des Beklagten für insgesamt *12 Unterhaltsberechtigte zugrundegelegt worden. Ein Teil der Unterhaltspflichten ist weggefallen, nämlich seit *13 für *14.
4. Der Bedarf ist (jetzt) nach der Gruppe *15 der Düsseldorfer Tabelle *16 zutreffend zu bemessen.
5. Der abzuändernde Titel ist ein einseitiges vollstreckbares Schuldanerkenntnis[162] des Beklagten, das nicht zweiseitig bindet und keinen ausreichenden Kindesunterhalt sichert weil *17.

Außergerichtliche Maßnahmen fruchteten nicht. Der Beklagte hat Anlass zur Klage gegeben weil er dem Erhöhungsverlangen nicht zugestimmt und auch den höheren Unterhalt nicht bezahlt hat. Der Schriftwechsel ist beigefügt.

c) Vollstreckungsgegenklage (Nichtidentität Trennungsunterhalt / nachehelicher Unterhalt)

173 erheben wir namens der Klagepartei Klage gemäß § 767 ZPO zum allein zuständigen Gericht des ersten Rechtszuges:

Die Zwangsvollstreckung aus dem Urteil (*Alternativ* Vergleich) des Familiengerichts *1 vom *2 Aktenzeichen *3 wird in Ziffer[163] *4 für die Zeit ab[164] *5 für unzulässig erklärt.

---

160 Neu seit 1.7.1998: Auch wenn der abzuändernde Titel ein Urteil ist und deshalb § 323 ZPO gilt, kann für die Zeit vor Klagezustellung eine Unterhaltserhöhung in Betracht kommen; §§ 323 III S. 2 ZPO, 1613 I BGB. Das gilt nur zugunsten des Berechtigten, also nicht für die Klage auf Herabsetzung des Unterhalts!
161 Oder wenn der Kläger schon 12 ist »für die dritte Altersstufe«
162 Das kann sowohl ein notarielles Schuldanerkenntnis, als auch eine nach dem SGB VIII errichtete Jugendamtsurkunde sein.
163 Vorsicht, wenn der Titel auch Kindesunterhalt regelt, dann ist genaue Bezeichnung nötig
164 Tag der Rechtskraft des Scheidungsausspruchs

Begründung

Der im Klageantrag erwähnte Vollstreckungstitel des Prozessgerichtes regelt den Ehegattentrennungsunterhalt.

Nach bekannter BGH-Rechtsprechung fehlt es an der Identität zum nachehelichen Unterhalt. Die Ehe der Parteien wurde zum *6 rechtskräftig geschieden.

Beweis: Kopie des Scheidungsurteils mit Rechtskraftvermerk

Beiziehung der Scheidungsakte *7

Für möglichen nachehelichen Ehegattenunterhalt ist die Zwangsvollstreckung aus dem Titel unzulässig.

Wie in der Anlage belegt, betreibt die beklagte Partei trotzdem ohne Einschränkung die Zwangsvollstreckung, die vollstreckungsrechtlich möglich ist, weil sich die Rechtskraft der Ehescheidung ja nicht aus dem vollstreckbaren Titel ergibt. Damit wird Anlass zu dieser Klage gegeben.

Wir beantragen, mit Rücksicht auf die beigefügte lückenlose Glaubhaftmachung[165] die Zwangsvollstreckung im Umfang der Klage **vorläufig ohne Sicherheitsleistung einzustellen,** hilfsweise gegen Sicherheit durch *8.

d) Negative Feststellungsklage[166] gegen fortwirkende EA – UE

Wir bestellen uns als Prozessbevollmächtigte des Klägers, für den wir Klage zum örtlich und sachlich zuständigen Familiengericht[167] mitfolgendem Antrag[168] erheben:

II. Es wird festgestellt, dass der Kläger aus der einstweiligen Anordnung des Familiengerichts *1, Aktenzeichen *2, vom *3 nicht mehr verpflichtet ist, an die Beklagte ab *4 Unterhalt zu bezahlen (*Alternativ* nur noch zur Bezahlung von Unterhalt in Höhe von monatlich *5 € verpflichtet ist).

II. Die Zwangsvollstreckung aus der vom Amtsgericht – Familiengericht – *6, Aktenzeichen *7 erlassenen einstweiligen Anordnung vom *8 wird – erforderlichenfalls gegen Sicherheitsleistung, die auch in Form einer selbstschuldnerischen Bürgschaft einer Bank oder Sparkasse mit dem Sitz in der BRD erbracht werden kann – einstweilen eingestellt.

Begründung

Das Familiengericht hatte den Ehegattenunterhalt durch einstweilige Anordnung gemäß § 620 Nr 6 ZPO geregelt. Dieser Titel gilt fort, weil kein Hauptsacheprozess geführt wurde und auch sonst keine Hauptsacheregelung getroffen ist; § 620 f I ZPO.

Eine Hauptsacheregelung kann der Kläger, der sich nach Maßgabe des Klageantrages gegen die Verpflichtung zum Ehegattenunterhalt wendet, nur im Wege der negativen Feststellungsklage herbeiführen.

---

165 Sinnvollerweise Titel, Vollstreckungsnachweis, Glaubhaftmachung Tag der Rechtskraft der Ehescheidung
166 Zulässigkeit: BGH FamRZ 1983, 355
167 Ist das Scheidungsverfahren nochrechtshängig, ist das damit befasste Gericht zuständig, andernfalls das für den Wohnsitz des Unterhaltsgläubigers zuständige Gericht
168 Über die Prozesskosten muss das Gericht von Amts wegen entscheiden

Das Amtsgericht – Familiengericht – *9 ging bei Erlass der oben näher bezeichneten einstweiligen Anordnung von folgenden Verhältnissen aus: *10

Inzwischen haben sich diese Verhältnisse wie folgt verändert: *11

Somit ist der Kläger nicht mehr verpflichtet, für die Beklagte Unterhalt zu zahlen (*Alternativ* Somit ist der Kläger nicht mehr verpflichtet, der Beklagten mehr als monatlichen Unterhalt von *12 € zu zahlen).

Die einstweilige Einstellung der Zwangsvollstreckung ist erforderlich, da der Kläger der Beklagten aus dargelegten Gründen ab *13 keinen Unterhalt mehr (*Alternativ* nur noch monatlichen Unterhalt von *14 €) schuldet. Anbetrachts der insoweit eindeutigen Rechtslage wäre es unangemessen und unzumutbar, den Kläger darauf zu verweisen, überzahlten Unterhalt später von der Beklagten zurückfordern zu müssen, zumal die Durchsetzbarkeit eines solchen Anspruchs äußerst fragwürdig erscheint.

V. Steuer

1. Klage auf Nachteilsausgleich beim begrenzten Realsplitting

175 *zuständig ist das Familiengericht*

Vorläufiger Streitwert[169] *1

Bestellen wir uns als Prozessbevollmächtigte der Klägerin, für die wir Klage zum örtlich und sachlich zuständigen Familiengericht mit folgendem Antrag[170] erheben:

Der Beklagte wird verurteilt, an die Klägerin *2 zuzüglich 5 % Zinsen über dem jeweiligen Basiszinssatz seit *3 zu bezahlen.

Begründung

Die Klägerin bezieht oder bezog vom Beklagten Ehegattenunterhalt, und zwar im Kalenderjahr *4, in dem die Parteien nicht mehr die Voraussetzungen für eine Ehegattenveranlagung nach § 26 I EStG erfüllten, in Höhe von insgesamt *5 €.

Auf Verlangen des Beklagten, der sich schriftlich zum Nachteilsausgleich verpflichtet hat, hat die Klägerin für das betroffene Kalenderjahr dem einkommensteuerlichen Sonderausgabenabzug des Ehegattenunterhalts (*ggf* in Höhe von *6 jährlich) zugestimmt. Die Leistung ist der Höhe nach unstreitig und ergibt sich aus der Korrespondenz.

Der Beklagte erfuhr dadurch die Segnung steuerlicher Entlastung gemäß § 10 I 1 EStG.

Die Klägerin hingegen erlitt finanzielle Nachteile, zu deren Ausgleich der Beklagte selbst dann verpflichtet wäre, wenn er sich nicht vorab zur Freistellung verpflichtet hätte.

Aus dem Unterhalt wurden bei der Klägerin ausweislich des in Kopie beigefügten Einkommensteuerbescheides Einkünfte, die zu einer steuerlichen Belastung oder

---

[169] Der Streitwert ergibt sich aus der bezifferten Geldforderung = Nachteil bei ESt / SolZ / KiSt ua
[170] Über die Prozesskosten muss das Gericht von Amts wegen entscheiden

Mehrbelastung im Umfang des Klageantrages führten. Diese ist aus dem Einkommensteuerbescheid und der beigefügten Korrespondenz heraus ersichtlich. Für die Richtigkeit des abgerechneten und auszugleichenden Nachteils der Höhe nach wird vorsorglich Beweis angeboten.

Beweis: Anliegender Einkommensteuerbescheid

        Sachverständigengutachten

Bei Bedarf Die Berechnung des Nachteilsausgleichs ergibt sich im Detail aus dem beigefügten Berechnungsbogen.

Der vorgerichtliche Schriftwechsel belegt, dass der Beklagte ergebnislos zum Nachteilsausgleich aufgefordert wurde.

2. Klage auf Zustimmung zum begrenzten Realsplitting

zuständig ist das Familiengericht

Vorläufiger Streitwert[171] *1 *Anmerkung: Steuerersparnis des Klägers*

bestellen wir uns als Prozessbevollmächtigte des Klägers, für den wir Klage mit folgendem Antrag erheben:

Die Beklagte wird verurteilt, gegenüber dem Finanzamt *2 zur Steuernummer *3 des Klägers dem einkommensteuerlichen Sonderausgabenabzug des Ehegattenunterhaltes (in Höhe von *4) für den Veranlagungszeitraum (= Kalenderjahr) *5 zuzustimmen.

Begründung

Der Kläger bezahlte der Beklagten in dem im Klageantrag angegebenen Veranlagungszeitraum Ehegattenunterhalt in Höhe von monatlich *6 € (im Jahr insgesamt *7 €), den er zulässigerweise dem steuerlichen Sonderausgabenabzug gemäß § 10 I 1 EStG unterziehen möchte. Das ist bis zum gesetzlichen Jahreshöchstbetrag von 13.805 € möglich.

Auf der steuerrechtlichen Ebene bedarf es aber zwingend der Zustimmung der Beklagten, die zur Zustimmung verpflichtet ist weil sich der Kläger bindend und in Schriftform entsprechend der eindeutigen und allseits anerkannten BGH-Rechtsprechung verpflichtet hat, sie von den dadurch entstehenden finanziellen Nachteilen gegen Nachweis freizustellen. Das geschah mit Schreiben vom *8. Der Kläger hat eindeutige Pflichten stets zuverlässig erfüllt.

Die Beklagte hat trotz Mahnung nicht zugestimmt, so dass ihre Willenserklärung durch Urteil ersetzt werden muss. Für die Erklärung gegenüber dem Finanzamt besteht kein Formularzwang, wenngleich es der Beklagten freisteht, das Formular »Anlage U« der Finanzverwaltung zu verwenden. Da der Beklagten somit nicht vorgeschrieben werden darf,[172] wie sie die Zustimmung erklärt, ist der Klageantrag in der vorstehenden allgemeinen Form richtig. Das im Klageantrag bezeichnete Finanzamt ist für die einkommensteuerliche Veranlagung des Klägers zuständig.

---

171 Der Streitwert richtet sich nach der angestrebten Steuerersparnis des Unterhaltspflichtigen; FA-FamR/Schöppe-Fredenburg 13. Kap Rn 179
172 BGH FamRZ 1998, 953

Die Beklagte kam mit der Erklärung der Zustimmung in Verzug.

Das Familiengericht ist zuständig, denn die Zustimmungspflicht ist unmittelbarer Ausfluss des an die Ehe geknüpften gesetzlichen Unterhaltsverhältnisses der Parteien.

Der Streitwert richtet sich nach der Steuerersparnis des Klägers aus dem bezahlten Unterhalt, vgl OLG München vom 25. 11. 1994, OLG-Rp München 1995, 72.

3. Klage[173] auf Zustimmung zur Zusammenveranlagung

177 *Zuständig ist das Zivilgericht*

Vorläufiger Streitwert *1 *Vorschlag: Steuerdifferenz beim Kläger*

bestellen wir uns als Prozessbevollmächtigte des Klägers, für den wir Klage mit folgendem Antrag erheben:

Die Beklagte wird verurteilt, gegenüber dem Finanzamt *2 zur Steuernummer *3 der Zusammenveranlagung der Parteien zur Einkommensteuer für den Veranlagungszeitraum *4 zuzustimmen.

Begründung

In dem streitgegenständlichen Kalenderjahr (steuerlich = Veranlagungszeitraum) erfüllten die Parteien noch die Voraussetzungen des § 26 I EStG für eine Ehegattenveranlagung. Sie lebten nicht das ganze Jahr über getrennt. Steuerrechtlich haben die Parteien zwar die Wahl zwischen der Zusammenveranlagung und der getrennten Veranlagung. Das Finanzamt darf in diese Wahl nicht eingreifen. Die Beklagte verweigert Zustimmung zur Zusammenveranlagung. Es liegt kein Sonderfall vor, in dem das Finanzamt die Wahl der Beklagten als unbeachtlich einordnen dürfte, zB wegen eindeutigen Fehlens jeglicher Einkünfte.[174]

Die Beklagte ist im Innenverhältnis verpflichtet, der zulässigen Zusammenveranlagung zuzustimmen, da bei dieser Veranlagungsform für die Parteien zusammen die geringere Einkommensteuerbelastung (samt Zuschlagsteuern) anfällt.

Beweis: Sachverständigengutachten

Die Beklagte erleidet durch die Zusammenveranlagung auch keine Nachteile, da sich der Kläger schriftlich verpflichtet hat, sie im Innenverhältnis so zu stellen, wie sie bei einer getrennten Veranlagung stehen würde.

Beweis: Schreiben vom *5

Mangels eigener Nachteile muss die Beklagte aus dem familienrechtlichen Verhältnis der Parteien heraus zur Erlangung zulässiger steuerlicher Entlastung des Klägers zustimmen; vgl. OLG Köln in FamRZ 1993, 191 und FA-FamR/Schöppe-Fredenburg 5. Auflage 13. Kap Rn 182 ff. Da diese Zustimmung mit steuerrechtlicher Wirkung auch noch möglich ist, kann der Kläger nicht etwa auf die spätere Durchsetzung von Schadenersatzansprüchen wegen versagter Zustimmung verwiesen werden. Die Schadensminderungspflicht gebietet gerade die hier erhobene Klage.

---

173 Zuständig ist das Zivilgericht, also der Amtsrichter uU auch die Zivilkammer des Landgerichts; siehe FA-FamR/Schöppe-Fredenburg 13. Kap Rn 185
174 Vgl. FA-FamR/Schöppe-Fredenburg 13. Kap Rn 177

Soweit erwünscht und zutreffend

Nach überschlägiger Berechnung führt die von der Beklagten versagte Zusammenveranlagung zu einer Steuererstattung in der Größenordnung von *6 €.

Der Kläger hat verbindlich angeboten, dass die Parteien diese Erstattung je hälftig[175] erhalten. Das ist für die Beklagte günstig.

Der Kläger hat sich vorsorglich für den Fall einer anfallenden Steuernachzahlung verpflichtet, diese alleine zu tragen.

Diese Lösung ist angemessen und für die Beklagte tragbar, da die Parteien in dem betroffenen Kalenderjahr noch bis *7 zusammen gelebt und gewirtschaftet haben. Es würde zu einem unbilligen Ergebnis führen, wenn die Beklagte nun durch eine getrennte Veranlagung aufgrund der Einkommensstruktur der Parteien wesentliche Teile der vorausbezahlten Steuern zurückerhielte, während der Kläger erheblich in einer Größenordnung von *8 € nachzahlen müsste. Die Richtigkeit dieser steuerlichen Werte wird durch Sachverständigengutachten unter **Beweis** gestellt. Für die Auffassung, die dieser Klage zugrunde liegt, sprechen die Entscheidungen des OLG Köln (FamRZ 1993, 806) und OLG Hamm (FamRZ 1998, 241), siehe auch FA–FamR/Schöppe-Fredenburg 13. Kap Rn 189ff).

Mögliche Zusatzbegründung Die Parteien haben vom Trennungszeitpunkt bis zum Ende des streitbefangenen Veranlagungszeitraumes ihre tatsächlichen Nettoeinkommen, die auch durch die Steuervorauszahlungen bestimmt wurden, für die Unterhaltsregelungen zugrunde gelegt. Die wesentliche Korrespondenz hierzu ist als Anlage beigefügt. Hierdurch ist auch für die Frage der Veranlagung zur Einkommensteuer Bindung im Sinne der Klage eingetreten.

Das Zivilgericht ist zuständig. Die überwiegende Rechtsprechung verneint das Vorliegen einer Familiensache, vgl. OLG Stuttgart in FamRZ 1992, 1447.

Der oben vorläufig bezeichnete Streitwert orientiert sich am wirtschaftlichen Interesse des Klägers an der Zusammenveranlagung, das zunächst grob geschätzt ist.

VI. Güterrecht

1. Stufenklage Verbund

Gerichtliches Aktenzeichen *des Verbundverfahrens* *1 (GÜ)   **178**

Folgesachenantrag – Stufenklage zum güterrechtlichen Ausgleich im Verbund

haben unsere außergerichtlichen Bemühungen leider nicht zu einer Bereinigung der güterrechtlichen Ausgleichsfragen geführt, weshalb hiermit eine Regelung im Verbund beantragt wird. Wir stellen insoweit gestuft **Folgesachenantrag** wie folgt:

1.

Der Antragsgegner wird verurteilt, der Antragstellerin spezifizierte Auskunft über sein Vermögen am *2 *Alternativ* Tag der Zustellung des Scheidungsantrages durch Vorlage eines detaillierten und geordneten Verzeichnisses über alle Vermögenswerte, gegliedert nach Aktiva und Passiva zu erteilen und die Auskunft zum Stichtag zu belegen.

---

175 Je nach den wirtschaftlichen Gegebenheiten, dem Zeitpunkt der Trennung und der Überlagerung durch Unterhaltszahlungen kann auch eine andere Quote angemessen sein. Berechnungsbeispiele FA-FamR/Schöppe-Fredenburg 13. Kap Rn 190

2.

Der Antragsgegner wird verurteilt, der Antragstellerin zum Ausgleich des Zugewinns einen Geldbetrag zuzüglich 5 % Zinsen über dem jeweiligen Basiszinssatz ab Rechtskraft des Scheidungsausspruchs zu bezahlen, der nach Auskunft beziffert wird.

Begründung

Die Parteien sind lückenlos Deutsche. Sie schlossen wie im Ehescheidungsantrag angegeben ihre Ehe, die mangels notariellen Ehevertrages stets im gesetzlichen Güterstand der Zugewinngemeinschaft geführt wurde.

Dieser Folgesachenantrag ist eine Stufenklage, über deren zweite Stufe erst zu befinden ist, wenn die Auskunft erteilt ist und anschließende Bezifferung erfolgt.

Es bleibt vorbehalten, nach Auskunftserteilung die Klage in dann zweiter Stufe auf einen Antrag auf Ableistung der Eidesstattlichen Versicherung zu erweitern, falls die Auskunft nicht vollständig und sorgfältig erteilt wird, § 260 II BGB.

Der Antragsgegner wurde mit Schreiben vom *3 erfolglos aufgefordert, spezifiziert Auskunft über sein Endvermögen zum gesetzlichen Bewertungsstichtag (§ 1384 BGB) der Zustellung des Ehescheidungsantrages zu erteilen. Dieser Stichtag geht aus der Gerichtsakte hervor.

Er hat damit Anlass zur Klage gegeben. Die Auskunftspflicht folgt aus § 1379 II BGB. Das Aufforderungsschreiben wird zum Nachweis in Kopie beigefügt.

Die zu erwartende Zugewinnausgleichsforderung unserer Partei kann erst nach Auskunft beziffert werden.

2. Auskunftsklage nach Scheidung

179 *Kann zu einer Stufenklage abgewandelt werden*

vertreten wir die Klägerin, in deren Namen wir zum Familiengericht güterrechtliche Auskunftsklage mit folgenden Anträgen erheben:

Der Beklagte wird verurteilt, der Klägerin spezifizierte Auskunft über sein Vermögen am *1 durch Vorlage eines detaillierten und geordneten Verzeichnisses über alle Vermögenswerte, gegliedert nach Aktiva und Passiva zu erteilen und die Auskunft zum Stichtag zu belegen.

Bei Stufenklage zusätzlich Der Beklagte wird verurteilt, der Klägerin zum Ausgleich des Zugewinns einen Betrag zu bezahlen, der nach Erfüllung des Auskunftsanspruchs beziffert wird.

Begründung

Die Parteien waren Eheleute mit deutscher Staatsangehörigkeit. Sie schlossen am *2 ihre Ehe, die im Ehescheidungsverfahren des Familiengerichts *3 Aktenzeichen *4 rechtskräftig geschieden wurde. Mangels notariellen Ehevertrages gilt der gesetzliche Güterstand der Zugewinngemeinschaft.

Der Ehescheidungsantrag wurde am *5 förmlich zugestellt, dies ist gemäß § 1384 BGB bei Beendigung des Güterstandes durch Ehescheidung der maßgebliche Stichtag für die Bewertung des Endvermögens der Parteien.

Der güterrechtliche Ausgleich der Parteien ist noch nicht durch Vereinbarung oder Ehevertrag geregelt.

Der Beklagte wurde mit Schreiben vom *6 erfolglos aufgefordert, spezifiziert Auskunft über sein Endvermögen zum gesetzlichen Bewertungsstichtag zu erteilen. Er ist verpflichtet, ein systematisches Verzeichnis über all seine aktiven und passiven Vermögenswerte am Stichtag vorzulegen und die Auskunft zu belegen weil ihm dies unschwer durch Saldenbestätigungen, Bankunterlagen und die sonst maßgeblichen üblichen Belege möglich ist.

Der Beklagte hat damit Anlass zur Klage gegeben. Die Auskunftspflicht folgt aus § 1379 I/II BGB. Das Aufforderungsschreiben wird zum Nachweis in Kopie beigefügt.

Je nach Bedarf

Es wird die Durchführung eines schriftlichen Vorverfahrens beantragt, in dem der Beklagte entsprechend eventueller Säumnis oder Anerkenntnis ohne vorherige mündliche Verhandlung verurteilt werden möge.

Der wesentliche vorgerichtliche Schriftwechsel wird zur Veranschaulichung in Kopie beigefügt.

3. Klage Eidesstattliche Versicherung

Die Klage ist auch durch Klageerweiterung in einer Stufenklage nach der Auskunft möglich

vertreten wir die Klägerin, in deren Namen wir zum Familiengericht Klage mit folgenden Anträgen erheben:

Der Beklagte wird verurteilt, bei Gericht die Eidesstattliche Erklärung darüber zu leisten, dass er Auskunft über sein Endvermögen am Stichtag *1 mit Schreiben vom *2 so vollständig und richtig erteilt hat, als er dazu in der Lage war.

Begründung

Die Parteien sind Eheleute mit deutscher Staatsangehörigkeit. Sie schlossen am *3 ihre Ehe. In Ermangelung eines notariellen Ehevertrages gilt der gesetzliche Güterstand der Zugewinngemeinschaft. Der Ehescheidungsantrag wurde am *4 förmlich zugestellt, dies ist gemäß § 1384 BGB bei Beendigung des Güterstandes durch Ehescheidung der maßgebliche Stichtag für die Bewertung des Endvermögens der Parteien.

Wenn zutreffend Die Ehe ist im Ehescheidungsverfahren des Familiengerichts *5 Aktenzeichen *6 rechtskräftig geschieden worden.

Der güterrechtliche Ausgleich der Parteien ist noch nicht durch Vereinbarung oder Ehevertrag geregelt.

Der Beklagte war aufgefordert worden, Auskunft über sein Endvermögen zum gesetzlichen Bewertungsstichtag der Zustellung des Scheidungsantrages zu erteilen. Er war verpflichtet, ein systematisches Verzeichnis über all seine aktiven und passiven Vermögenswerte am Stichtag vorzulegen, § 1379 I/II BGB.

Der Beklagte hat die Auskunft auch erteilt, nämlich mit Schreiben seiner Prozessbevollmächtigten vom *7, das zum Nachweis in Kopie beigefügt wird.

Der Beklagte hat Anlass zu dieser Klage gegeben weil er die Auskunft nicht mit der vom Gesetz in § 260 II BGB geforderten Sorgfalt erteilt hat. Das ergibt sich aus folgendem Sachverhalt:

Zutreffendes verwerten

Die Auskunft ist teils zu einem falschen Stichtag erteilt, zu dem die zutreffende Stichtagsbewertung abweichen kann. Im Einzelnen: *8

Der folgende Bestandteil des geldwerten Aktivvermögens ist vom Beklagten nicht angegeben worden: *9

Bei Bedarf

Es wird die Durchführung eines schriftlichen Vorverfahrens beantragt, in dem der Beklagte entsprechend eventueller Säumnis oder Anerkenntnis ohne vorherige mündliche Verhandlung verurteilt werden möge.

Der wesentliche vorgerichtliche Schriftwechsel wird zur Veranschaulichung in Kopie beigefügt.

4. Klage[176] – Zugewinnausgleich

181 wegen Zugewinnausgleich

Streitwert *1

vertreten wir die Klägerin, in deren Namen wir Klage mit folgenden Anträgen erheben:

Der Beklagte wird verurteilt, der Klägerin zum Ausgleich des Zugewinns *2 € zuzüglich 5 % Zinsen über dem Basiszinssatz daraus seit *3 zu bezahlen.

Begründung

A. Grundlagen / Stichtage / Indexwerte

Die Parteien schlossen *4 ihre Ehe, die lückenlos im gesetzlichen Güterstand der Zugewinngemeinschaft geführt wurde. Der Scheidungsantrag wurde am *5 förmlich zugestellt. Dieses Datum bestimmt im Scheidungsfall den Stichtag für die Bewertung des Endvermögens, §§ 1376 II, 1384 BGB. Es gibt keine Auslandsberührung.

Gegebenenfalls streichen

Die Ehe der Parteien ist bereits geschieden. Das Scheidungsurteil vom *6 wurde am *7 rechtskräftig, damit entstand die güterrechtliche Ausgleichsforderung der Klägerin, § 1378 I, III BGB.

---

176 Diese Klage ist als isolierte Klage konzipiert, die nach Ehescheidung erhoben wird. Sie kann im Ehescheidungsverbund auch als Folgesachenantrag verwandt werden

Maßgeblich sind folgende Bewertungsstichtage:

Stichtag für	Stichtag	Lebenshaltungskostenindex*
Anfangsvermögen (Eheschließung)	*8	*9
Endvermögen (Zustellung Scheidungsantrag)	*10	*11

* Angewandt wird hier der vom Statistischen Bundesamt ermittelte Verbraucherpreisindex 2000 = 100. Die Berechnung mit Jahresindizes ist hinreichend genau.

Die gesetzlich aufgestellte güterrechtliche Bilanz der Parteien ergibt zugunsten der Klägerin einen Ausgleichsanspruch gemäß § 1378 I BGB, der fällig, aber unbezahlt ist.

Bei Teilklage Gegenstand der Klage ist eine Teilforderung, mit deren Geltendmachung ein kostensparender Einstieg in die Auseinandersetzung ermöglicht werden soll. Die weitergehende Ausgleichsforderung bleibt ausdrücklich vorbehalten.

B. Vermögen des Beklagten

I. Anfangsvermögen

1. Vermögen bei Eheschließung, § 1374 I BGB

Betreff	Bemerkung	€
1.		
2.		
3.		
4.		
5. Summe		

2. Privilegierter Erwerb gemäß § 1374 II BGB

Betreff	Jahr der Zuwendung	€
1.		
2.		
3.		
4.		
5. Summe		

II. Endvermögen

1. Aktiva

Betreff	Bemerkung	€
1.		
2.		
3.		
4.		
5. Summe		

2. Passiva

Betreff	Bemerkung	€
1.		
2.		
3.		
4.		
5. Summe		

3. Übersicht Endvermögen

1.	Aktivposten	
2.	./. Passivposten	
3.	Saldo Endvermögen	

III. Zugewinn

1.	Endvermögen	
2.	./. Anfangsvermögen (inflationsbereinigt)	
3.	Zugewinn (wenn > 0)	

C. Vermögen der Klägerin
I. Anfangsvermögen
1. Vermögen bei Eheschließung, § 1374 I BGB

Betreff	Bemerkung	€
1.		
2.		
3.		
4.		
5. Summe		

2. Privilegierter Erwerb gemäß § 1374 II BGB

Betreff	Jahr der Zuwendung	€
1.		
2.		
3.		
4.		
5. Summe		

II. Endvermögen
1. Aktiva

Betreff	Bemerkung	€
1.		
2.		
3.		
4.		
5. Summe		

2. Passiva

Betreff	Bemerkung	€
1.		
2.		
3.		
4.		
5. Summe		

3. Übersicht Endvermögen

1.	Aktivposten	
2.	./. Passivposten	
3.	Saldo Endvermögen	

III. Zugewinn

1.	Endvermögen	
2.	./. Anfangsvermögen (inflationsbereinigt)	
3.	Zugewinn (wenn > 0)	

D. Auseinandersetzungsbilanz

Ziffer	Vermögen Beklagter	unbereinigt	Inflationsbereinigt	
B II 3.	Endvermögen			
B I 1.	Anfangsvermögen am Hochzeitstag			
B I 2.	Privilegiert § 1374 II			
B III.	Zugewinn			

Ziffer	Vermögen Klägerin	unbereinigt	Inflationsbereinigt	
C II 3.	Endvermögen			
C I 1.	Anfangsvermögen am Hochzeitstag			
C I 2.	Privilegiert § 1374 II			
C III.	Zugewinn			

Güterrechtliche Ausgleichsforderung

1.	Zugewinndifferenz	
2.	Ausgleichsanspruch 1/2 davon	
3.	./. eventuelle Zahlung	
4.	Restlicher Ausgleichsanspruch	

E. Verzug

Der Beklagte ist gemäß der beigefügten Korrespondenz in Übereinstimmung mit dem Klageantrag zu den Zinsen in Verzug gesetzt worden, hat aber trotzdem nicht bezahlt.

5. Klageerwiderung Zugewinnausgleich

Kann im Scheidungsverbund und im isolierten nachehelichen Verfahren verwandt werden

vertreten wir den Beklagten, für den wir beantragen: *1

Begründung

Die Klage ist ganz/teilweise unbegründet.

Passendes verwenden, es gibt hier eine Vielzahl von Möglichkeiten, auch nebeneinander

Die güterrechtliche Ausgleichsbilanz der Klage ist (teils) unrichtig/unvollständig.

Folgende Positionen sind nicht stichtagsgerecht bewertet. Es gilt nun einmal das Stichtagsprinzip, dh, dass für die einzelnen Posten des Anfangsvermögens der Tag der standesamtlichen Eheschließung maßgeblich ist und für das Endvermögen der Tag der förmlichen Zustellung des Scheidungsantrags durch das Gericht: *2

Folgende Vermögenspositionen sind nicht mit ihrem wahren wirtschaftlichen Wert angegeben: *3

Zum Anfangsvermögen des Beklagten fehlen folgende nachweisbaren aktiven Vermögensbestandteile: *4

Zum Anfangsvermögen der Klägerin sind folgende nicht nachgewiesene Posten zu bestreiten: *5.

Zu ihrem Endvermögen hat die Klägerin ihre folgenden Vermögensbestandteile[177] gar nicht angegeben: *6. *Bei Bedarf* Es mag sein, dass ihr diese am Endstichtag nicht mehr gehörten, dann aber hat sie sie zur Vereitelung der güterrechtlichen Ansprüche »verräumt«. Hierzu führen wir im Einzelnen aus: *7.

Im Endvermögen des Beklagten gab es am Endstichtag die folgenden Posten aus der Klage nicht: *8.

Bei Bedarf Das ist so zu erläutern, dass folgende Vermögensumschichtungen erfolgten: *9.

Es sind Vermögenswerte falsch zugeordnet. Zunächst hat eine zivilrechtliche Zuordnung zu erfolgen, alsdann erst ist zu bewerten und der Vermögenszuwachs beider Parteien isoliert zu errechnen. Die falsche Zuordnung betrifft folgende Posten: *10.

Die Klage vernachlässigt, dass die Klägerin folgende Vorableistungen erhalten hat, die güterrechtlich zu berücksichtigen sind:

- Bei Leistungen vor dem Endvermögensstichtag durch fiktive Erhöhung des Beklagtenvermögens und Ermäßigung des Klägervermögens. Ein etwaiger Ausgleichsanspruch ist um den Betrag voll zu vermindern.
- Bei Leistungen nach dem Stichtag durch volle Anrechnung auf eine mögliche Ausgleichsforderung.

---

[177] ZB nach Trennung erworbener Hausrat, Sammlungen, Schmuck ua. Zum Endvermögen gehören auch Positionen, die sich im Anfangsvermögen oder beim privilegierten Erwerb finden

Hierzu wurde folgendes geleistet: *11.

Die Klage übersieht, dass die Parteien in einem notariellen Ehevertrag folgende Regelungen getroffen haben: *12.

6. Stufenklage – vorzeitiger Zugewinnausgleich

183
1. Der gesetzliche Güterstand bezüglich der Ehe der Parteien wird zum Tag der Zustellung der Klage beendet.
2. Der Beklagte wird verurteilt, der Klägerin Auskunft über sein Vermögen am Tag der Zustellung der Klage durch Vorlage eines detaillierten und geordneten Verzeichnisses, gegliedert nach Aktiva und Passiva zu erteilen und folgende Belege[178] vorzulegen *1.
3. Der Beklagte wird verurteilt, der Klägerin einen güterrechtlichen Ausgleichsbetrag zuzüglich 5 % Zinsen über dem jeweiligen Basiszinssatz seit Rechtskraft der Entscheidung zu Ziffer 1. zu bezahlen, der nach Erteilung der Auskunft gemäß Ziffer 2. beziffert wird.

Begründung

Die Parteien sind lückenlos Deutsche. Sie schlossen am *2 ihre Ehe, die mangels notariellen Ehevertrages im gesetzlichen Güterstand der Zugewinngemeinschaft geführt wird. Die Parteien leben seit *3 ständig getrennt. Ein Gerichtsverfahren über die Beendigung der Ehe ist nicht rechtshängig.

Diese Klage ist eine Stufenklage, über deren zweite und dritte Stufe erst zu entscheiden ist, wenn durch rechtskräftiges Gestaltungsurteil gemäß Ziffer 1. der gesetzliche Güterstand der Parteien beendet ist. Es ist anzumerken, dass die Ausgleichsforderung auch beim vorzeitigen Zugewinnausgleich gemäß § 1378 III BGB mit der Beendigung des Güterstandes entsteht. Über die dritte Stufe – Leistungsstufe – ist erst zu entscheiden, wenn die Auskunft gemäß Ziffer 2. erteilt ist und damit entsprechende Bezifferung der Ausgleichsforderung möglich wird. Die Verbindung der Klageanträge in einem Rechtsstreit ist aus Gründen der Prozessökonomie zulässig. Es bleibt vorbehalten, nach Auskunftserteilung die Klage auf einen Antrag auf Ableistung der Eidesstattlichen Versicherung (im weiteren Stufenverhältnis vor dem jetzigen Klageantrag zu 3.) zu erweitern, falls die Auskunft nicht vollständig und sorgfältig erteilt wird. Mit dem Zeitpunkt der Fälligkeit der Ausgleichsforderung darf der Bewertungszeitpunkt nicht verwechselt werden. Letzterer richtet sich gemäß § 1387 BGB nach der Rechtshängigkeit der Gestaltungsklage (Ziffer 1. der Klageanträge).

Grund für die vorzeitige Beendigung des gesetzlichen Güterstandes durch Gestaltungsurteil besteht, weil

Erste Variante die Parteien im Sinne des § 1385 BGB seit mindestens drei Jahren, nämlich wie oben angegeben, getrennt leben.

Zweite Variante der Beklagte gemäß § 1386 I BGB über längere Zeit die wirtschaftlichen Verpflichtungen, die sich aus der Ehe ergeben, schuldhaft verletzt hat und anzunehmen ist, dass er seine Pflichten auch künftig nicht erfüllt.

---

178 Der Anspruch auf Belegvorlage zum Endvermögen ist problematisch, Belege sind aber dann vorzulegen, wenn und soweit ohne sie eine Bewertung nicht möglich ist

Dritte Variante der Beklagte ein Rechtsgeschäft der in § 1365 BGB bezeichneten Art ohne die erforderliche Zustimmung der Klägerin vorgenommen hat; § 1386 II Nr 1 BGB und eine erhebliche Gefährdung der künftigen Ausgleichsforderung zu besorgen ist.

Vierte Variante der Beklagte sein Vermögen durch eine der in § 1375 BGB bezeichneten Handlungen vermindert hat und eine erhebliche Gefährdung der künftigen Ausgleichsforderung zu besorgen ist.

Fünfte Variante sich der Beklagte beharrlich und ohne ausreichenden Grund weigert, über den Bestand seines Vermögens Auskunft zu geben.

Hierzu im Einzelnen[179] *4

7. Dinglicher Arrest – Sicherung des Anspruchs gemäß § 1389 BGB

Wir bestellen uns als Prozessbevollmächtigte der Antragstellerin und beantragen

1. wegen eines Anspruchs der Antragstellerin auf Sicherheitsleistung nach § 1389 BGB in Höhe von *1 den dinglichen Arrest in das gesamte bewegliche und unbewegliche Vermögen des Antragsgegner anzuordnen.

Hilfsweise:

2. dem Antragsgegner – wegen Dringlichkeit ohne mündliche Verhandlung – durch einstweilige Verfügung aufzugeben, bezüglich des voraussichtlichen Anspruchs der Antragstellerin auf Zugewinnausgleich Sicherheit gemäß § 1389 BGB in Höhe von *2 zu leisten.

Begründung

Die Parteien haben am *3 miteinander die Ehe geschlossen und leben seit *4 voneinander getrennt. Die Antragstellerin ist nicht mehr bereit, die Ehe mit dem Antragsgegner fortzusetzen. Sie wird zum frühestmöglichen Zeitpunkt Scheidung der Ehe beantragen.

Beim Amtsgericht – Familiengericht – *5 ist unter dem Aktenzeichen *6 das von der Antragstellerin eingeleitete Verfahren über vorzeitigen Zugewinnausgleich rechtshängig.

Zur Glaubhaftmachung: *7

Der voraussichtliche Zugewinnausgleich der Antragstellerin errechnet sich aus heutiger Sicht wie folgt: *8

Zur Glaubhaftmachung: *9

Die Durchsetzbarkeit dieses Anspruchs ist aus folgenden Gründen, die im Verhalten des Antragsgegners liegen, gefährdet: *10

Zur Glaubhaftmachung: *11

Nach Rechtshängigkeit eines Verfahrens über vorzeitigen Zugewinnausgleich besteht ein im ordentlichen Klageverfahren durchzusetzender Anspruch auf Sicherheitsleistung nach § 1389 BGB und dessen vorläufige Sicherung, wenn wegen des Verhaltens des anderen Ehegatten zu befürchten ist, dass die Rechte auf zukünftigen Zugewinn-

---

179 Detaillierter Sachverhalt, Belege, Beweisangebote, vorausgegangene Korrespondenz

ausgleich erheblich gefährdet werden.[180] Nach neuerer Rechtsprechung kann die künftige Ausgleichsforderung nach Rechtshängigkeit eines Verfahrens auf vorzeitigen Zugewinnausgleich (oder auf Eheauflösung) unmittelbar durch Arrest gesichert werden (OLG Düsseldorf FamRZ 1994, 114; OLG Karlsruhe FamRZ 1995, 822; 1997, 662; OLG Celle FamRZ 1996, 1439; OLG Hamm FamRZ 1997, 181).

Falls das Gericht die Auffassung vertreten sollte, dass zur Sicherung des Anspruchs der Antragstellerin aus § 1389 BGB die Anordnung des dinglichen Arrestes nicht zulässig ist, wird hilfsweise Antrag auf Erlass einer einstweiligen Verfügung auf Sicherheitsleistung gemäß dem Antrag unter Ziffer 2. gestellt.

8. Stundungsantrag

185 Antrag auf Stundung der Ausgleichsforderung gemäß § 1382 BGB

wird namens unserer Partei beantragt, die an die Gegenpartei zu leistende Zugewinnausgleichsforderung durch gerichtliche Entscheidung bis zum **1***, hilfsweise in anderer Weise unter Anordnung tragbarer Zinsen zu stunden.

Begründung

Die Ehe der Parteien wurde im gesetzlichen Güterstand geführt. Unsere Partei schuldet unbestritten Zugewinnausgleich gemäß § 1378 I BGB in Höhe von **2*** €.

Fälligkeit tritt gemäß § 1378 III S. 1 BGB mit Rechtskraft des Scheidungsausspruchs ein. Voraussichtlicher Fälligkeitstermin: **3***

Die Fälligkeit tritt zur Unzeit im Sinne des § 1382 I S. 1 ein. Das gilt auch unter Berücksichtigung der Interessen der Gegenpartei. Die Forderung ist in keiner Weise gefährdet, wie sich schon aus dem zur Illustration vorgelegten außergerichtlichen Schriftwechsel samt Vermögensverzeichnis ergibt.

Folgende Tatsachen machen eine Bezahlung zum Fälligkeitszeitpunkt unmöglich oder unter Abwägung beiderseitiger Interessen unzumutbar:

Zutreffendes verwenden

- Die Zugewinnausgleichspflicht resultiert wesentlich aus Gegenständen des Endvermögens, die einen Aktivwert haben, jedoch nicht verwertet werden können oder sollen.
- Das gilt für die von unserer Partei mit den Kindern **4*** bewohnte Immobilie **5***. Es gilt für den in den Zugewinnausgleich einbezogenen Praxis- oder Unternehmenswert, der Lebensgrundlage ist und deshalb nicht versilbert werden kann.
- Aus den einbezogenen Vermögenswerten fließen Erträgnisse, die Grundlage der Bemessung und Zahlung laufenden Unterhaltes sind.
- Unsere Partei wurde durch das Scheitern der Ehe und das Scheidungsverfahren überrascht, die Lebensplanung ist solide, war aber völlig anders gelagert. Sie vertraute auf den Fortbestand der Ehe.

Nachteile der Gegenpartei werden dadurch kompensiert, dass die Ausgleichsforderung grundsätzlich gemäß § 1382 II BGB verzinslich ist. Um einen angemessenen Ausgleich zu schaffen, wird ein Jahreszinssatz von **6*** % vorgeschlagen, über den das Gericht gemäß § 1382 IV BGB nach billigem Ermessen zu entscheiden hat.

---

[180] FA-FamR 1. Kap Rn 243

Eine gerichtliche Regelung ist notwendig, da die Gegenseite auf sofortiger Zahlung bei Fälligkeit beharrt.

In formeller Hinsicht ist auszuführen, dass das Familiengericht ausschließlich zuständig ist, § 621 I Nr 9 ZPO, zu beachten sind grundsätzlich ferner §§ 621 a II ZPO, 1382 V BGB.

9. Auseinandersetzungsklage Gütergemeinschaft[181]

Alternativ Folgesachenantrag – Auseinandersetzungsklage 186

Bestellen wir uns für die Klägerin (*Alternativ* Antragstellerin), für die wir Auseinandersetzungsklage erheben:

Der Beklagte (*Alternativ*: Antragsgegner) wird verurteilt, zur Auseinandersetzung des Gesamtgutes der Parteien dem folgenden Auseinandersetzungsplan zuzustimmen:

I. Die Parteien *genaue Angabe*[182] *von Namen und Geburtsdaten* sowie Geburtsnamen sind als Miteigentümer in Gütergemeinschaft des folgenden Grundstücks im Grundbuch des Amtsgerichts .... Band ... Blatt ... für die Gemarkung .... eingetragen:

Flurstück ....., Beschreibung ...., zu .... Hektar.

Belastet in Abteilung zwei des Grundbuchs mit ....

und in Abteilung drei mit ....

- Der Beklagte überträgt sein Miteigentum in Gütergemeinschaft an dem oben bezeichneten Vertragsgrundbesitz an die Klägerin, die folglich Alleineigentümerin des Grundbesitzes wird.
- Die Parteien sind über den Eigentumsübergang einig. Die Auflassung wird ohne Bedingung erklärt. Der Beklagte bewilligt und die Klägerin beantragt die Eintragung der Rechtsänderung im Grundbuch.
- Die Klägerin übernimmt zur dinglichen und persönlichen Haftung alle im Grundbuch eingetragenen Belastungen.
- Rein schuldrechtlich wird vereinbart, dass die Übernahme unter Ausschluss jeglicher Sachmängelhaftung und mit allen den Grundbesitz betreffenden Rechten und Pflichten, auch Rückständen an Abgaben und Steuern, erfolgt. Die Klägerin trägt die Gerichtskosten des grundbuchamtlichen Vollzuges.

I. Die Klägerin übernimmt schuldbefreiend die Verbindlichkeiten aus dem Kredit Nr .... bei der ....-Bank, in Höhe von .... zum .... samt etwa weiter aufgelaufener Schuldbeträge. Das Außenverhältnis ist bereits geregelt.

---

[181] Abweichend vom übrigen Aufbau des Kapitels wird diese Klage im Interesse der klareren Darstellung der Struktur als Beispielsfall ohne nummerierte Einfügestellen dargestellt. Praktische Fälle dieser Art, die gerichtlich geregelt werden müssen, zeichnen sich durch enormes Aggressionspotential und komplexe wirtschaftliche Gegebenheiten aus, oft verkompliziert durch vorausgehenden gesetzlichen Güterstand, Verwandtenzuwendungen mit Nießbrauchsvorbehalt und andere Details

[182] Wegen des Grundbuchvollzugs

III. Die Klägerin verpflichtet sich, an den Beklagten eine sofort fällige Abfindung von Höhe von 78.698 €[183] zu bezahlen.

IV. Dem Beklagten werden alle Rechte aus dem..........-Konto bei der ....-Bank in .... übertragen, die Abtretung wird angenommen.

V. Der PKW der Parteien .... Erstzulassung.........., amtliches Kennzeichen .... wird der Klägerin alleine übereignet.

VI. Damit ist das Gesamtgut der Parteien abschließend auseinandergesetzt. Jede Partei wird im übrigen Alleineigentümer der Gegenstände, die sie bereits im Besitz hat. Gleiches gilt für Guthaben und Bankkonten.

Begründung

1. Statustatsachen

Vor (nach) Eheschließung im Jahr 1980 vereinbarten die Parteien mit beigefügter Urkunde des Notars .... vom .... Urk.Nr. .... für Ihre Ehe den vertraglichen Güterstand der Gütergemeinschaft, die gemeinsam (alleine durch ...) zu verwalten war. Vorbehaltsgut ist nicht ausbedungen.

Die Ehe wurde mit Urteil des Amtsgerichts .... vom .... Aktenzeichen ...., rechtskräftig seit xx.xx.2003 geschieden. Die Gütergemeinschaft ist somit beendet, aber noch nicht auseinandergesetzt. Sie ist in eine Liquidationsgemeinschaft übergegangen.

2. Feststellung des Gesamtguts am Stichtag der Rechtskraft des Scheidungsausspruchs

a) Aktiva

Verkehrswert des Anwesens .... am Ende der Ehe	820.000 €
Verkehrswert des PKW	6.000 €

Beweis: Sachverständigengutachten

Sparguthaben	360.000 €

Dieses Sparguthaben ist der Klägerin nicht ohne rechtliche Maßnahmen zugänglich, da das dortige Konto nur auf den Namen des Beklagten lautet.

Summe der Aktiva	1.186.000 €

b) Passiva

Die Schulden valutieren mit	100.000 €

Beweis: Bestätigung der ....-Bank vom ....

---

[183] Um die Berechnung der Ansprüche nachvollziehen zu können, wurden – soweit hierfür erforderlich – Beispielsbeträge eingesetzt

	Aktiva		
1.	Immobilie		820.000
2.	PKW		6.000
3.	Ersparnisse		360.000
	Passiva		
4.	Schulden		– 100.000
5.	Gesamtgut		1.086.000

3. Auseinandersetzung des Gesamtgutes

1. Stufe (Versilberungsstufe § 1475 I BGB)

Die Klägerin übernimmt die Gesamtgutsverbindlichkeiten bei der ....-Bank. Haftungsfreistellungserklärung der Gläubigerbank wurde dem Beklagten bereits vorgelegt.

Die Klägerin übernimmt ferner den PKW .... im Wert von 6.000 € zu Alleineigentum. Darüber sind die Parteien einig.

2. Stufe (Bereinigung der Vorzugsrechte §§ 1477 II, 1478 BGB)

a) Übernahmerecht der Klägerin

Die Klägerin hat in der Anwaltskorrespondenz in Ausübung ihrer Vorzugsrechte das eingebrachte Vermögen der Substanz und dem Wert nach herausverlangt. Die Substanz darf sie gemäß § 1477 II S. 2 BGB gegen Wertersatz wieder entnehmen. Dagegen darf sie den eingebrachten indexbereinigten Wert verrechnen, § 1478 BGB.

Die Klägerin übernimmt auf Grund ihrer nicht formgebundenen Übernahmeerklärung vom .... das von ihr in die Gütergemeinschaft eingebrachte Anwesen .... und zwar zum Wert am Ende der Ehe von 820.000 €.

Diesen Wert muss die Klägerin in Vollzug ihrer Übernahmeerklärung dem Gesamtgut leisten; diese Position bleibt jedoch zunächst eine reine Rechenposition (in dieser Stufe findet nur der Austausch Immobilienwert gegen Bargeld als Rechnungsposten statt).

b) Werterstattungsanspruch der Klägerin

Als Werterstattungsanspruch gemäß § 1478 I BGB steht der Klägerin der Wert des eingebrachten Vermögens zu.

Die Klägerin hat das im Klageantrag bezeichnete Anwesen aus ihrem Alleineigentum in die Ehe und das Gesamtgut bei Eheschließung im Jahr 1980 eingebracht. Es hatte bei Einbringung einen Verkehrswert von 140.000 € und war mit Schulden von 20.000 € belastet; Saldo 120.000 €.

Beweis: Sachverständigengutachten

Auskunft der ....-Bank zur Schuldenvaluta sowie beigefügter

Jahresauszug .... des Kredits

Das war das gesamte Vermögen der Parteien bei Begründung des Güterstandes der Gütergemeinschaft bzw. Eheschließung. Sonstiger zu Vorzugsrechten führender Erwerb hat nicht stattgefunden, auch nicht während der Ehe.

Der Werterstattungsanspruch der Klägerin besteht aus dem Saldo von Grundstückswert von 140.000 € abzüglich Schulden von 20.000 € = 120.000 €. Dieser Saldo ist mit dem Verbraucherpreisindex des Statistischen Bundesamtes auf der Basis 2000 = 100 wie folgt inflationszubereinigen:

Aufgerundet 120.000 € x 108,3 (Index 2003) : 62,3 (Index Eheschließung 1980) = 208.604.

c) Verrechnung

Die Klägerin kann die Verpflichtung zum Wertersatz nach § 1477 II BGB mit dem Werterstattungsanspruch nach § 1478 I BGB verrechnen: 820.000 – 208.604 = 611.396 €. Diesen Betrag schuldet die Klägerin dem Gesamtgut zur Verrechnung.

3. Stufe (Überschussverteilung)

1.	Gesamtgut (Saldo Aktiva/Passiva)		1.086.000
2.	Werterstattungsanspruch Klägerin § 1478 IBGB (Vorzugsrechte)	Inflationsbereinigt	– 208.604
3.	Restliches Gesamtgut zur Halbteilung, § 1476 I BGB		877.396
4.	Halbteilung		438.698

Erläuterung: Von dem um Vorzugsrechte bereinigten Gesamtgut, steht jeder Partei die Hälfte zu, im Ergebnis also der Betrag von 438.698 €. Im Zuge der Auseinandersetzung von einer Partei zu übernehmende Werte oder Schulden sind hierauf im Gesamtergebnis zu verrechnen, §§ 1476 II, 1477 II BGB.

4. Zuweisung der Massen

Die folgende Verprobung bestätigt die Richtigkeit des Teilungsplans im Klageantrag.

Z	Betreff	Klägerin	Beklagter
1.	Übernahme Anwesen, um Vorzugsrechte bereinigt (820.000 – 208.604)	611.396	
2.	Übernahme PKW	6.000	
3.	Übernahme Ersparnisse		360.000
4.	Übernahme Gesamtgutsverbindlichkeiten	– 100.000	
5.	Saldo	517.396	360.000
6.	Damit jede Partei gleich viel erhält, bedarf es des Geldausgleichs in Höhe der halben Wertdifferenz (157.396 : 2)	– 78.698	78.698
7.	Verprobung (Beide Parteien müssen gleich viel erhalten)	438.698	438.698

Als Ergebnis ergibt sich der von der Klägerin an den Beklagten zu zahlende Ausgleichsbetrag von 78.698 € gemäß Ziffer 3 des Klagantrages, so dass jede Partei aus dem Gesamtgut (berichtigt um Einbringung/Vorzugsrechte) gleich viel, nämlich je 438.698 € erhält. Der Beklagte behält das (auf seiner Seite in diesem Betrag enthaltene) von ihm eigenmächtig auf ausschließlich seinen Namen angelegte Geld. Er darf die Klägerin nicht darauf verweisen, das Guthaben zuerst zu versilbern. Zu den Bankschulden bedarf es keiner Vorwegberichtigung gemäß § 1475 I BGB, weil die Klägerin die Haftungsentlassung des Beklagten bindend sichergestellt hat.

Teilungsreife im Sinne der BGH-Rechtsprechung liegt vor. Über den Gerichtsvollzieher haben wir dem Beklagten je im Original eine Bürgschaftserklärung der ....-Bank über den Abfindungsbetrag in Ziffer 3 (selbstschuldnerisch und unbefristet) sowie[184] eine Verpflichtungserklärung zugestellt. Diese bindende Erklärung sagt dem Beklagten die Entlassung aus jeglichen gemeinsamen Schulden der Parteien für den Zeitpunkt der Eintragung der Klägerin im Grundbuch als Alleineigentümerin des Anwesens zu Ziffer 1 der Klageanträge zu, vorausgesetzt, der Grundbesitz wird nicht einseitig – zB im Wege der Zwangsvollstreckung – durch den Beklagten belastet.

Beweis: Beglaubigte Kopien der Bankurkunden samt Begleitschreiben und Zustellungsurkunde

Der klagegegenständliche Auseinandersetzungsplan für das Gesamtgut der Parteien ist berechtigt und angemessen. Ihm hat der Beklagte nicht zugestimmt. Eine einvernehmliche Lösung konnte trotz entsprechender Bemühungen nicht gefunden werden.

VII. Bank

1. Freigabeklage gemeinsames Bankguthaben

Landgericht[185]

187

– Zivilkammer –

Zustimmungsklage gemäß § 894 I ZPO

vertreten wir die Klagepartei, für die wir Zustimmungsklage mit folgendem Antrag erheben:

Die beklagte Partei wird verurteilt, gegenüber der *1-Bank in *2 zu Kontonummer *3 der Auszahlung eines Guthabenteilbetrages in Höhe von *4 an die Klagepartei zuzustimmen.

Begründung

Die Parteien sind oder waren durch eine nach deutschem Recht geschlossene Ehe miteinander verbunden. Das ist schiefgegangen. Die eheliche Lebensgemeinschaft besteht dauerhaft nicht mehr.

Die Parteien sind im Verhältnis zur betroffenen Bank Mitinhaber des im Klageantrag bezeichneten Bankkontos. Sie wirtschaften damit nicht mehr gemeinsam. Das Guthaben ist deshalb auf berechtigtes Verlangen der Klagepartei auseinander zu setzen.

Die Parteien vermochten sich über das Bankguthaben in Höhe von *5 am Stichtag *6 aber nicht zu einigen. Das Guthaben ist aktuell blockiert. Die Bank befindet sich in Unsicherheit, an wen sie wie viel ausbezahlen darf. Von einer Hinterlegung bei Gericht wegen Gläubigerunsicherheit hat sie zulässigerweise bisher abgesehen.

---

184 Diese Handhabung vermeidet sonst nötige komplexe Zug- um Zuganträge, die insbesondere im Hinblick auf die Auflassung des Grundbesitzes Probleme bereiten. Eine bedingte Auflassung ist nicht möglich. Die Verurteilung zur Erklärung der Auflassung Zug um Zug gegen beispielsweise Zahlung oder/und Haftungsfreistellung ersetzt die Willenserklärung der Auflassung noch nicht, es wird womöglich ein weiterer Rechtsstreit nötig. Eine Teilungsversteigerung des Grundbesitzes soll bei Ausübung der Vorzugsrechte ja meist vermieden werden

185 Streitwertabhängig kann auch die Zuständigkeit der Zivilabteilung des Amtsgerichts in Frage kommen

Das Bankguthaben steht den Parteien im Ergebnis hälftig zu.

Unsere Partei hat den Hälfteanteil der beklagten Partei ohne wenn und aber bereits schriftlich freigegeben.[186] Daraufhin bedarf es keiner Zug um Zug Verurteilung. Die Freigabeerklärung wird in Kopie übergeben.

Die beklagte Partei ist aus der Auseinandersetzung der Gemeinschaft am Konto bzw Guthaben heraus verpflichtet, die andere Hälfte im Sinne der Klage freizugeben.

Diese Freigabe erfolgte trotz eindeutiger und schriftlicher Aufforderung mit Klageandrohung nicht.

Alternativ Die Aufforderung wurde mit nicht tragfähiger Begründung unberechtigt verweigert. Das belegen wir in der Anlage.

Die Gegenseite hat damit Anlass zur Klage gegeben, die keine Familiensache betrifft, so dass das je nach Streitwert betroffene Zivilgericht zuständig ist.

2. Klage Entlassung aus Gesamtschuldnerhaftung

188 Landgericht[187]

– Zivilkammer –

Feststellungsklage gegen Kreditinstitut

vertreten wir die Klägerin, für die wir Klage mit folgendem Antrag erheben:

Es wird festgestellt, dass die Beklagte gegen die Klägerin aus dem gemeinsamen Darlehensvertrag mit den Eheleuten *1 vom *2 (Vertragsnummer *3) keine Forderungen mehr geltend machen darf.

Begründung

Die Klägerin unterzeichnete gemeinsam mit ihrem geschiedenen Ehemann, Herrn *4 bei dem beklagten Kreditinstitut den im Klageantrag bezeichneten Darlehensvertrag, der der Klage in Kopie beigefügt wird.

Die Klägerin übernahm darin als Gesamtschuldnerin neben ihrem Ehemann die Haftung für den Bankkredit.

Die Kreditmittel wurden an den Ehemann für dessen alleinige Zwecke ausbezahlt, nämlich

zutreffendes verwenden

  Zur Finanzierung beruflicher Existenzgründung *5

  Zur Umfinanzierung schon bestehender Geschäftsschulden *6

  Zur Umfinanzierung privater Konsumschulden, für die alleine der Ehemann haftete

  Zur Umfinanzierung gemeinsamer Konsumschulden

  Im Einzelnen ist hierzu auszuführen *7

Die Ehe der Klägerin ist durch das Familiengericht *8 Aktenzeichen *9 mit Urteil vom *10 rechtskräftig geschieden worden.

---

186 Es empfiehlt sich, die Teilfreigabe nachweisbar gegenüber der Bank zu erklären und der Gegenpartei Abschrift zuzustellen

187 Streitwertabhängig kann auch die Zuständigkeit der Zivilabteilung des Amtsgerichts in Frage kommen

Damit ist die Grundlage für eine Aufrechterhaltung der Mithaftung der Klägerin entfallen.

Die Klägerin ist durch die Mitaufnahme in die Haftung, auf die Banken häufig drängen, wirtschaftlich völlig überfordert worden.

Die Klägerin erfüllte in der im Jahr *11 geschlossenen Ehe ausschließlich eine Hausfrauenrolle.

Alternativ Die Klägerin hat in der Ehe überwiegend den Haushalt geführt. Sie verfügte nur über völlig untergeordnetes eigenes Einkommen wie folgt[188]: *12

Bei Bedarf

    Die Klägerin erzieht und betreut das Kind *13 geboren am *14

    Die Klägerin erzieht und betreut die Kinder *15 geboren am *16

Die Vermögenssituation der Klägerin und ihres geschiedenen Ehemannes stellt sich von der Mitunterzeichnung der klagegegenständlichen Kreditverbindlichkeit bis heute wie folgt dar: *17

Aufgrund der Gesamtumstände, die der Beklagten als Hausbank sehr genau bekannt waren, war schon bei Kreditunterzeichnung durch die Klägerin klar vorhersehbar, dass die Klägerin weder damals noch in Zukunft in der Lage sein würde, aus eigenem Einkommen oder Vermögen die Kreditverbindlichkeiten zu tilgen. Die Begründung der Mithaftung der Klägerin kann also einen zulässigen Zweck nur insoweit gehabt haben, dass als Vorsorgemaßnahme für die Beklagte schädliche Vermögensverlagerungen vom Ehemann auf die Klägerin verhindert werden sollten.

Solche Verlagerungen von Vermögen zugunsten der Klägerin haben aber unstreitig nie stattgefunden. Damit ist spätestens mit der Ehescheidung ein anerkennenswerter Grund für die Mithaftung der Klägerin entfallen.

Die Beklagte weigert sich, die Klägerin aus der Mithaft zu entlassen. Den vorgerichtlichen Schriftwechsel fügen wir zur Illustration bei.

Die Beklagte berühmt sich eines nicht mehr bestehenden Anspruchs, dessen Nichtbestehen mit der Klage verbindlich geklärt werden soll. Zulässig und notwendig ist insoweit die erhobene Feststellungsklage.

3.   Klage Entlassung aus Bürgschaft

Landgericht[189]

– Zivilkammer –

Feststellungsklage gegen Kreditinstitut

vertreten wir die Klägerin, für die wir Klage mit folgendem Antrag erheben:

Es wird festgestellt, dass die Beklagte gegen die Klägerin aus der Bürgschaftserklärung vom *1 für Verbindlichkeiten des *2 keine Rechte mehr geltend machen darf.

---

188 Schnelle Erkenntnisse lassen sich zB durch den beim Versorgungsausgleich erholten Versicherungsverlauf in der Rentenauskunft vermitteln, nicht sozialversicherungspflichtiges Geringverdienereinkommen ist dort allerdings nicht erfasst

189 Streitwertabhängig kann auch die Zuständigkeit der Zivilabteilung des Amtsgerichts in Frage kommen

Begründung

Die Klägerin unterzeichnete zugunsten der Beklagten die beigefügte Bürgschaftserklärung für Verbindlichkeiten ihres damaligen Ehemannes, Herrn *3.

Die Kreditmittel wurden an den Ehemann für dessen alleinige Zwecke ausbezahlt. Für die Verbindlichkeiten selbst haftete die Klägerin nicht mit.

Die Ehe der Klägerin ist durch das Familiengericht *4 Aktenzeichen *5 mit Urteil vom *6 rechtskräftig geschieden worden.

Damit ist die Grundlage für eine Aufrechterhaltung der Bürgschaftshaftung der Klägerin entfallen.

Die Klägerin ist durch die Bürgschaft wirtschaftlich völlig überfordert worden.

Die Klägerin erfüllte in der im Jahr *7 geschlossenen Ehe ausschließlich eine Hausfrauenrolle.

Alternativ Die Klägerin hat in der Ehe überwiegend den Haushalt geführt. Sie verfügte nur über völlig untergeordnetes eigenes Einkommen wie folgt:[190] *8

Bei Bedarf

   Die Klägerin erzieht und betreut hat das Kind *9 geboren am *10

   Die Klägerin erzieht und betreut die Kinder *11 geboren am *12

Die Vermögenssituation der Klägerin und ihres geschiedenen Ehemannes stellt sich von der Mitunterzeichnung der klagegegenständlichen Bürgschaft bis heute wie folgt dar: *13

Aufgrund der Gesamtumstände, die der Beklagten als Hausbank sehr genau bekannt waren, war schon bei Bürgschaftsunterzeichnung durch die Klägerin klar vorhersehbar, dass die Klägerin weder damals noch in Zukunft in der Lage sein würde, aus eigenem Einkommen oder Vermögen die Kreditverbindlichkeiten ersatzweise zu tilgen. Die Begründung der Haftung der Klägerin kann also einen zulässigen Zweck nur insoweit gehabt haben, dass als Vorsorgemaßnahme für die Beklagte schädliche Vermögensverlagerungen vom Ehemann auf die Klägerin verhindert werden sollten.

Solche Verlagerungen von Vermögen zugunsten der Klägerin haben aber unstreitig nie stattgefunden. Damit ist spätestens mit der Ehescheidung ein anerkennenswerter Grund für die Bürgenhaftung der Klägerin entfallen.

Die Beklagte weigert sich, die Klägerin aus der Bürgschaft zu entlassen. Den vorgerichtlichen Schriftwechsel fügen wir zur Illustration bei.

Auch sonst sind derartige Bürgschaften unabhängig vom Gesichtspunkt der wirtschaftlichen Überforderung bei wesentlicher Veränderung oder Wegfall der Grundlagen kündbar. Der Beklagten ist es nach den Gesamtumständen verwehrt, sich weiter auf die Bürgschaft zu berufen.

Die Klägerin hat ein schützenswertes Interesse an einer Klärung ihrer Haftungsverhältnisse, so dass es der Feststellungsklage bedarf.

---

190 Schnelle Erkenntnisse lassen sich zB durch den beim Versorgungsausgleich erholten Versicherungsverlauf in der Rentenauskunft vermitteln, nicht sozialversicherungspflichtiges Geringverdienereinkommen ist dort allerdings nicht erfasst

4. Klage Freistellung von Mithaftung

Landgericht[191]

190

– Zivilkammer –

Freistellungsklage

vertreten wir die Klägerin, für die wir Klage mit folgendem Antrag erheben:

Der Beklagte wird verurteilt, die Haftungsentlassung der Klägerin seitens der *1-Bank in *2 bezüglich der gemeinsamen Kreditverbindlichkeiten der Parteien aus dem Darlehensvertrag Nr. *3 vom *4 in Höhe von ursprünglich *5 mit aktueller Valuta in Höhe von *6 zum *7 zu bewirken.

Hilfsweise:

Der Beklagte wird verurteilt, an die Bank zur Herbeiführung der Haftungsbefreiung einen Geldbetrag in Höhe von *8 zu bezahlen.

Alternativ Der Beklagte wird verurteilt, die Haftungsentlassung der Klägerin seitens der *9-Bank in *10 aus der Bürgschaft vom *11 für Kreditverbindlichkeiten des Beklagten gemäß Kreditvertrag Nr. *12 vom *13 zu bewirken.

Begründung

Die Parteien haben am *14 die Ehe geschlossen, die mit Urteil des Familiengerichts *15 Aktenzeichen *16 vom *17 rechtskräftig geschieden wurde.

Die Klägerin ist auf Bitten des Beklagten und der betroffenen Bank eine Haftung für Verbindlichkeiten des Beklagten eingegangen. Es handelt sich wirtschaftlich und sachlich nicht etwa um gemeinsame Verbindlichkeiten der Parteien. Die Kreditmittel hat der Beklagte für folgende eigenen Zwecke verwandt: *18

Mit dem Scheitern und der Scheidung der Ehe ist der Grund für die Haftung der Klägerin im ehelichen Innenverhältnis ersatzlos entfallen. Der Beklagte muss hierauf seine eigenen finanziellen Lasten alleine tragen und die Klägerin von jeder Inanspruchnahme der Bank freistellen. Der Beklagte wurde hierzu auch mit dem als Anlage übergebenen Schreiben vom *19 erfolglos aufgefordert. Es ist anzumerken, dass der Beklagte bei richtiger Verwaltung und richtigem Einsatz seiner Mittel die Haftungsentlassung der Klägerin auch durchaus bewirken könnte. Dazu wird im einzelnen ausgeführt: *20

Es ist dem Beklagten auch keinesfalls unmöglich, Vermögen zu veräußern, umzufinanzieren oder andere Sicherheiten zu stellen.

Beweis: Sachverständigengutachten

Als Beleg werden folgende Anlagen übergeben: *21

Da dem Beklagten nicht vorgeschrieben werden darf, wie er die Haftungsentlassung der Klägerin herbeiführt – die Rückzahlung des Kredites ist dafür keinesfalls zwingend der einzige Weg – richtet sich der Hauptantrag der besonderen Leistungsklage auf die Bewirkung der Haftungsentlassung zugunsten der Klägerin.

---

191 Streitwertabhängig kann auch die Zuständigkeit der Zivilabteilung des Amtsgerichts in Frage kommen

Gegebenenfalls wird eine Fristbestimmung im Urteil gemäß § 255 I ZPO in Frage kommen, wir behalten uns hierzu auch je nach Verlauf des Rechtsstreits vor, die Klage zur Vermeidung eines eventuellen weiteren Rechtsstreits dahingehend zu erweitern, dass der Beklagte nach fruchtlosem Ablauf der im Urteil zu bestimmenden Frist einen festen Geldbetrag an das im Klageantrag bezeichnete Kreditinstitut zu bezahlen hat. Insoweit wäre dann unmittelbar die Zwangsvollstreckung wegen eines Geldbetrages – mit Leistung an den betroffenen Dritten – eröffnet.

VIII. Versorgungsausgleich

1. An Mandant – Fragebögen zum VA

191 In der Anlage erhalten Sie die amtlichen Fragebögen zum Versorgungsausgleich. Wir empfehlen, sich damit zu der für Sie zuständigen Beratungsstelle zu bemühen, soweit Rentenanwartschaften bei der Deutschen Rente (früher Bundesversicherungsanstalt für Angestellte oder Landesversicherungsanstalt für Arbeiter) erworben wurden. Sie finden deren Anschriften im Telefonbuch.

Sie erhalten bei diesen Beratungsstellen auch weitere Formulare wie den Antrag auf Anrechnung von Kindererziehungszeiten oder den Kontenklärungsantrag. Man füllt alle erforderlichen Fragebögen und sonstigen Formulare zusammen mit Ihnen aus und Sie erfahren, welche weiteren Unterlagen noch beigebracht werden müssen. Die Tätigkeit der Beratungsstellen ist für Sie nicht mit Kosten verbunden.

Sind Sie nicht bei den eben genannten Versicherungsanstalten rentenversichert, weil Sie Beamter, Richter auf Lebenszeit, Arzt, Rechtsanwalt, Architekt, Berufs- oder Zeitsoldat sind, stehen solche Beratungsstellen nicht zur Verfügung. Sie können sich in diesem Falle gerne an uns wenden, wenn Ihnen die Beantwortung der einzelnen Fragen Schwierigkeiten bereitet.

Beachten Sie bitte, dass alle Fragen beantwortet werden müssen. Andernfalls erhalten Sie die Fragebögen zur Ergänzung zurück und das hat eine Verzögerung Ihres Scheidungsverfahrens von einigen Wochen zur Folge.

Übermitteln Sie bitte sämtliche Fragebögen und sonstigen Dokumente an unsere Kanzlei, damit wir deren Vollständigkeit noch einmal überprüfen können, bevor wir sie an das Gericht weiterleiten.

Stellen Sie uns diese Unterlagen spätestens innerhalb von drei Wochen zur Verfügung, damit gerichtliche Anmahnung unter Androhung von Zwangsgeld oder gar Verhängung eines solchen vermieden werden kann.

Grundsätzlich ist es zwar möglich, das Verfahren über den Versorgungsausgleich vom Scheidungsverfahren abzutrennen, um vorab über den Scheidungsantrag zu entscheiden. Hierfür ist aber erforderlich, dass die Verfahrensdauer für die Partei, die geschieden werden will, unzumutbar ist und das ist nach der Rechtsprechung des Bundesgerichtshofes frühestens ab einer Verfahrensdauer von zwei Jahren der Fall. Bemühen Sie sich deshalb im Falle von Rückfragen Ihres Versicherungsträgers um schnellstmögliche Aufklärung offener Versicherungszeiten und halten Sie nach Möglichkeit auch Ihren Ehegatten hierzu an.

Sich abzeichnende Verzögerungen bitten wir uns möglichst frühzeitig mitzuteilen, damit wir das Gericht entsprechend informieren können.

2. An Mandant – Anforderung Rentenformulare

Das Familiengericht muss die von beiden Ehegatten in der Ehezeit erworbenen Renten- und Versorgungsansprüche umfassend klären. Es erholt dazu amtliche Auskünfte der beteiligten Rententräger, die dabei auch die voreheliche Rentenzeit klären müssen. Dazu benötigen wir **umgehend** die unten angekreuzten Unterlagen. Geben Sie diese bitte **ausschließlich an uns**, damit wir sie nach Durchsicht an das Gericht weiterleiten können. Das Gericht informiert uns über die Ergebnisse, die aber Monate auf sich warten lassen können.

Fragebogen V1, bitte in **jedem** Punkt genau ausfüllen und unterschrieben zurückgeben.

Kontenklärungsantrag Ihrer Rentenversicherungsanstalt.

Dort erhalten Sie das Formular, das nach Terminsvereinbarung an Ort und Stelle ausgefüllt werden sollte. Selbst sollten Sie das nicht versuchen. Bitte alle für Ihre Rente maßgeblichen Unterlagen und einen Ausweis mitnehmen. Ausgefülltes und unterschriebenes Formular und eventuelle Anlagen bitte zur Vorlage bei Gericht **unbedingt an uns geben und nicht beim Rentenversicherer lassen, auch wenn das dort verlangt wird**. Das Gericht will und muss die Unterlagen selbst sehen und prüfen und erst danach bei der Zentrale des Rentenversicherungsträgers die Rentenauskunft erholen.

Antrag auf Berücksichtigung von Kindererziehungszeiten.

Das Formular erhalten Sie beim Rentenversicherer. Bitte Geburtsurkunden aller Kinder im **Original** mitnehmen, Kopien reichen nicht. Auch dieses Formular bitte **zu uns**.

Entgeltsbescheinigung Ihres Arbeitgebers auf einem **Formular** Ihres Rententrägers. Das Formular gibt es beim Rentenversicherer, größere Lohnbüros haben es meist auch. Darauf muss Ihr Arbeitgeber Ihr sozialversicherungspflichtiges Bruttoentgelt genau für den nachstehenden Zeitraum in **einer Summe** eintragen und bescheinigen. Das ist nötig, weil Ihre jüngsten Rentendaten womöglich noch nicht beim Rentenversicherer gespeichert sind.

Zeitraum: von *1 bis *2

Für die Klärung Ihres Rentenkontos werden insbesondere folgende Unterlagen benötigt: Schulabschlusszeugnisse, Unterlagen über Abschluss einer Berufsausbildung, Durchschriften aus dem Versicherungsnachweisheft; schlichtweg alles, was die gesetzliche Rente beeinflussen kann, auch aus der Zeit vor der Ehe, die zwar in den VA nicht einbezogen wird, aber für die Klärung der Rentenansprüche grundlegend ist.

3. Für RA – Kontrollblatt/VA

193

Mandant Ehevertrag ○ nein ○ ja		
Ehezeit nur volle Monate	Anfang	Ende
	Monatserster vor Eheschließung	Monatsletzter vor Zustellung Scheidungsantrag

Erledigung »Hausaufgaben«	Vom Mandanten angefordert	Erhalten/ Geprüft	An Familien- gericht
1. Fragebogen (V1)			
2. Kontenklärungsantrag			
3. Antrag Kindererziehungszeiten			
4. Entgeltsbescheinigung von …….. bis ……..			
5. Sonstiges …			

Einzubeziehende Anrechte – monatlich –	EHEFRAU	EHEMANN	DIFFERENZ
1. Gesetzliche Rente			
2. Anwartschaften Beamte uä			
Zwischensumme			
3. Andere Anwartschaften, zB betriebliche			
Übersicht an Mandant gegeben			
Richtige Ehezeit geprüft			
Ausgleichsbetrag gesamt			
Davon höchstens begründbar			
Abschließende Prüfung Vorsicht wenn Vorbehalt Schuldrechtlicher VA	Urteil geprüft	Fristüber- wachung	Abschluss- schreiben an Mandant

4. Antrag familiengerichtliche Genehmigung/VA-Verzicht

194 Die Parteien wollen im nächsten Termin eine Vereinbarung[192] zu Protokoll geben, mit der sie wechselseitig auf die Durchführung des Versorgungsausgleichs verzichten.

Wir beantragen diese Vereinbarung gemäß § 1587 o BGB familiengerichtlich zu genehmigen.

---

[192] Dieser Text kann sinngemäß auch für den Fall verwendet werden, dass eine notarielle Vereinbarung vorliegt, in der die Parteien ua auf die Durchführung des Versorgungsausgleichs verzichtet haben, der Ausschluß aber gemäß 1408 II 2 BGB unwirksam ist

Die Parteien haben ihr Vermögen wie folgt auseinandergesetzt:

*1

Sie haben folgende Unterhaltsregelung getroffen:

*2

Schließlich haben sie als Gegenleistung für den Verzicht auf die Durchführung des Versorgungsausgleichs folgendes vereinbart:

*3

Die familiengerichtliche Genehmigung einer Vereinbarung über den Versorgungsausgleich soll gemäß § 1587 o II BGB nur dann verweigert werden, wenn die vereinbarte Leistung unter Einbeziehung der Unterhaltsregelung und der Vermögensauseinandersetzung **nicht** zur Sicherung des Berechtigten für den Fall der Erwerbsunfähigkeit und des Alters geeignet ist. Auf Grund der oben dargestellten Vereinbarungen der Parteien ist die Antragsgegnerin (*Alternativ* der Antragsteller ...) sowohl für den Fall der Erwerbsunfähigkeit als auch des Alters abgesichert, so dass die beantragte Genehmigung zu erteilen ist.

5. Antrag VA wegen grober Unbilligkeit auszuschließen

Wir beantragen festzustellen, dass zwischen den Parteien ein Versorgungsausgleich nicht stattfindet.

195

Ausgleichspflichtig in Höhe eines Betrags von *1 wäre nach den vorliegenden Auskünften der Versorgungsträger die Antragstellerin. Ihre Inanspruchnahme wäre jedoch aus folgenden Gründen grob unbillig im Sinne des § 1587 c Ziffer 1 BGB:

*2

Alternativ

Die Gegenpartei hat in Erwartung der Scheidung[193] dafür gesorgt, dass eine nach § 1587 I BGB auszugleichende Altersversorgung nicht entstanden[194] ist, indem *3.

Alternativ

Die Gegenpartei hat während der Ehe längere Zeit hindurch ihre Pflicht, zum Familienunterhalt beizutragen, im Sinne des § 1587 c Ziffer 3 BGB gröblich verletzt, indem *4.

Damit hat gemäß § 1587 c Ziffer 3 BGB zwischen den Parteien ein Versorgungsausgleich nicht stattzufinden.

Zur Beurteilung ist auch auf die gesamte persönliche Lage[195] und die berufliche Situation der Parteien einschließlich der Zukunftsprognose folgendes auszuführen: *5

---

193 Oder nach der Scheidung
194 Oder entfallen ist
195 Alter, Gesundheit, Vermögen ...

IX. Kosten

1. Antrag EA – Prozesskostenvorschuss gemäß § 127 a ZPO im isolierten Hauptsacheverfahren und vorsorglicher Antrag auf Bewilligung von Prozesskostenhilfe

196 wird beantragt, dem Beklagten im Wege der Einstweiligen Anordnung gemäß § 127 a der Zivilprozessordnung die Bezahlung eines Prozesskostenvorschusses für das Hauptverfahren und das Anordnungsverfahren in Höhe von *1 zu Händen der Prozessbevollmächtigten der Klagepartei aufzuerlegen und vollstreckbare Ausfertigung der Einstweiligen Anordnung zu erteilen.

Begründung

Die Klagepartei ist wirtschaftlich nicht in der Lage, die anstehenden Prozesskosten aus eigenem Einkommen oder Vermögen zu decken. Das wird durch die Anlagen glaubhaft gemacht.

Eventuell zur Straffung

Der Verwertung der Erklärung über die persönlichen und wirtschaftlichen Verhältnisse der Klagepartei wird zugestimmt, sie darf auch dem Beklagten zugänglich gemacht werden, wozu eine Kopie beigefügt wird.

Demgegenüber ist der Beklagte auch unter Billigkeitsgesichtspunkten für die Kosten leistungsfähig. Das ergibt sich aus den Anlagen zur Klage, speziell aus den Einkommensbelegen, auf die zur Glaubhaftmachung Bezug genommen wird.

Wir regen an, über den Antrag erst nach Anhörung des Beklagten und aufgrund mündlicher Verhandlung zu entscheiden.

Die Anspruchsgrundlage für den Kostenvorschuss ergibt sich ua aus den Vorschriften der §§ 1605 ff, 1360 a IV BGB. Dieser Anspruch muss nach Aktenlage aufgrund der wirtschaftlichen Gegebenheiten geklärt werden, bevor[196] etwa Prozesskostenhilfe bewilligt werden kann. Zur Vermeidung von Rechtsverlusten wird der Antrag auf

- Bewilligung von Prozesskostenhilfe
- Beiordnung des Unterfertigten

aber jetzt schon gestellt, verbunden mit der Anregung, die Entscheidung zurückzustellen, zumal zum PKH – Gesuch noch Unterlagen nachgereicht werden müssen.

Der Prozess ist unvermeidbar. Das ergibt sich aus dem in der Anlage vorgelegten wesentlichen außergerichtlichen Schriftwechsel, auf den wir auch zur Glaubhaftmachung Bezug nehmen und aus dem Vortrag im Hauptverfahren.

---

196 Bei manchen Konstellationen ist es sinnvoll, im Hauptantrag PKH und im Hilfsantrag eine Einstweilige Anordnung wegen Prozesskostenvorschusses zu beantragen. Über den Kostenvorschuss wird zwar im summarischen Verfahren entschieden, der Beklagte kann dagegen aber negative Feststellungsklage erheben um zur Kostenvorschusspflicht eine Hauptsacheentscheidung, ggf durch zwei Instanzen, herbeizuführen. Es kann sich also bei rückwirkender Betrachtung später als haftungsträchtiger Fehler herausstellen, primär den Kostenvorschuss zu verfolgen.

Die für den Prozess anfallenden Kosten errechnen sich wie folgt

1. Streitwert
Er beträgt laut Spezifizierung in der Klage *2 €. Vorsorglich wird beantragt, den Streitwert vorab festzusetzen.

2. Kosten des Hauptsacheverfahrens

Kosten	Wert €	Gebühr €
1,3 Verfahrensgebühr, § 13 RVG, 2300 VV	*3	*4
1,2 Terminsgebühr, § 13 RVG, 3100 VV	*3	*5
Telekommunikation/Porto usw, § 13 RVG, 7002 VV		*6
16 % Umsatzsteuer, § 13 RVG, 7008 VV		*7
Zwischensumme		*8
3 Gerichtsgebühren, §§ 12, 34 GKG		*9
Gesamt		*10

3. Kosten des Anordnungsverfahrens

Kosten	Wert[197] €	Gebühr €
1,3 Verfahrensgebühr, § 13 RVG, 2300 VV	*11	*12
1,2 Terminsgebühr, § 13 RVG, 3100 VV	*11	*13
Telekommunikation/Porto usw, § 13 RVG, 7002 VV		*14
16 % Umsatzsteuer, § 13 RVG, 7008 VV		*15
Zwischensumme		*16
3 Gerichtsgebühren, §§ 12, 34 GKG		*17
Gesamt		*18
4. Gesamtkosten zu 2. und 3.		*19

2. Negative Feststellungsklage EA-Prozesskostenvorschuss

vertreten wir den Kläger, für den wir mit folgendem Antrag Klage erheben

1.

Es wird festgestellt, dass die Beklagte gegen den Kläger aus dem Beschluss des Familiengerichts *1 vom *2 keine Rechte herleiten darf.

2.

Die Beklagte trägt die Verfahrenskosten.

3.

Vorsorglich: Dem Kläger wird nachgelassen, etwa erforderliche Sicherheitsleistung durch selbstschuldnerische Bürgschaft einer deutschen Sparkasse oder Bank zu erbringen.

---

197 Vorstehender Wert aus dem Gesamtbetrag der Kosten des Hauptverfahrens

Zugleich beantragen wir, mit Rücksicht auf den nachstehenden Sachvortrag und die Anlagen die Zwangsvollstreckung aus dem Beschluss vorläufig ohne Sicherheitsleistung (hilfsweise gegen Sicherheitsleistung) einzustellen.

Begründung

Die Parteien sind getrenntlebende Eheleute, es schwebt das Unterhaltsverfahren *3.

Nach mündlicher Verhandlung hat das Prozessgericht dem Kläger die Bezahlung eines Prozesskostenvorschusses von *4 auferlegt.

Diese Entscheidung erging gemäß §§ 127 a ZPO oder 620 Nr 9, 621 f ZPO. Sie ist als solche nicht anfechtbar, da sie im summarischen Verfahren ergangen ist und das Gesetz keinen Rechtsbehelf vorsieht. Dem Kläger muss es jedoch freistehen, den behaupteten materiellrechtlichen Anspruch der Beklagten auf Kostenvorschuss in einem Hauptsacheverfahren mit vollem Beweisspektrum und Instanzenzug überprüfen zu lassen. Insoweit ist nur die negative Feststellungsklage zulässig.

Ein Anspruch auf Kostenvorschuss steht der Beklagten nicht zu. Er entspricht nicht der Billigkeit und den wirtschaftlichen Verhältnissen der Parteien.

Die Beklagte ist aus eigenen Mitteln in der Lage, die Prozesskosten zu bevorschussen. Um mehr geht es hier nicht. Die abschließende Kostenentscheidung wird im Unterhaltsverfahren selbst getroffen.

Leistungsunfähigkeit des Klägers wird nicht eingewandt. Die Beklagte ist jedoch selbst leistungsfähig. Hierzu ist im Detail auszuführen *5.

Bei Bedarf

Der Kläger hat der Beklagten angeboten, zinslosen Vorschuss auf die mögliche güterrechtliche Ausgleichsforderung zu leisten.

Alternativ

Der Kläger hat der Beklagten angeboten, im Hinblick auf das nicht flüssige Vermögen der Klägerin, dieser ein ausreichendes zinsloses Darlehen zu gewähren.

Alternativ

Eine Inanspruchnahme des Klägers mit dem Prozesskostenvorschuss ist mangels voller Leistungsfähigkeit unbillig. Die summarische Entscheidung übersieht, dass der Kläger nach dem Scheitern der Ehe der Parteien und Eintritt des endgültigen Getrenntlebens mit erheblichen eigenen Rechtskosten und anderem Mehraufwand belastet ist, ferner mit einer steigenden einkommensteuerlichen Belastung, so ist seit *6 die Steuerklasse I maßgeblich.

Inhalt

Rn.

D. Vertragsbausteine
1. Vertretung Kind 198
2. Umgangsrecht 199
3. Kindesunterhalt 200
4. Hausrat 201
5. PKW 202
6. Ehemietwohnung 203
7. Ehewohnung im Eigentum 204
8. Ehegattenunterhalt 205
9. Bankkonten 206
10. Güterrecht und Vermögen 207
11. Immobilienübertragung im Gerichtsprotokoll 208

D. Vertragsbausteine

1. Vertragsbausteine – Vertretung Kind

Die Parteien sind darüber einig, dass das Sorgerecht weiter gemeinsam ausgeübt wird.

Es besteht Einigkeit, dass das gemeinsame Kind/die gemeinsamen Kinder bei der Mutter leben.

Bei Bedarf Gerichtliche Regelungen sollen ohne zwingende Notwendigkeit nicht getroffen werden.

Der Ehemann erteilt der Ehefrau hiermit Vollmacht, das gemeinsame Kind/die gemeinsamen Kinder in folgenden Angelegenheiten alleine zu vertreten:

1) Gesundheitsvorsorge und Heilbehandlung
2) Melderecht
3) Schulbesuch (Anmeldungen/Abmeldungen) und Berufsausbildung
4) Verwaltung von kindlichen Ersparnissen
5) Sonstige Behördenangelegenheiten samt steuerlicher Vertretung
6) Vereinsangelegenheiten

Im Innenverhältnis wird vereinbart, dass sich die Parteien so rechtzeitig und umfassend wie möglich abzustimmen haben.

Bei Bedarf

Vorstehende Regelungen gelten auch nach einer möglichen Ehescheidung.

2. Vertragsbausteine – Umgangsrecht

Die Parteien treffen folgende Regelung zum Umgangsrecht des Vaters mit dem gemeinsamen Kind/den gemeinsamen Kindern *1

Dem Vater steht ein Umgangsrecht wie folgt zu, das er regelmäßig auszuüben hat:

1) Laufende Regelung

a) wöchentlich/zweiwöchentlich von Freitag/Samstag *2 Uhr bis Sonntag *3 Uhr

b) Zusätzlich an den Montagen ... nach dem umgangsfreien Wochenende in der Zeitspanne *4

c) Zusätzlich am Ostermontag, Pfingstmontag und zweiten Weihnachtsfeiertag von *5 bis *6

Fällt das Umgangsrecht an den Wochenenden aus beliebigen Gründen aus, ist es am folgenden Wochenende nachzuholen. Der Turnus verschiebt sich dadurch nicht.

2) Ferienregelungen *Setzt natürlich ein Kind im Schulalter voraus*

Dem Vater steht in den folgenden Schulferien je ein Umgangsrecht zu:

a) Je die erste/zweite Hälfte der kurzen Schulferien, wie Osterferien usw.

b) Zwei/drei zusammenhängende Wochen in den großen Schulferien. Treffen die Parteien keine andere Absprache, gilt die Zeit ab Beginn der Schulferien. Bei der Ferienregelung haben die Parteien auf die berufliche Lage gegenseitig Rücksicht zu nehmen und sich rechtzeitig mindestens 2 Monate vor dem jeweiligen Ferien-Umgang abzustimmen.

3) Allgemeines

Der Vater hat die Kinder zum Umgangsrecht pünktlich abzuholen und zurückzubringen.

Bei schwierigen Fällen Die Mutter wird die Kinder mit sauberer Kleidung ausstatten, die zu den Witterungsverhältnissen passt.

Verhinderungen sind beiderseits frühestmöglich mitzuteilen per *5 Anruf/SMS/ E-Mail/Brief …

Weitere Regelungen[1]: *6

Den Parteien ist klar, dass sich die Bedürfnisse mit zunehmendem Kindesalter ändern. Sie werden versuchen, notwendige Anpassungen im Kindesinteresse friedlich abzusprechen und auf die gegenseitigen Interessen Rücksicht zu nehmen.

3. Vertragsbausteine – Kindesunterhalt

200 *Minderjährige*

Der Ehemann verpflichtet sich, dem gemeinsamen Kind *1 geboren am *2 ab *3 zu Händen der Mutter monatlich vorauszahlbaren Kindesunterhalt für die jeweilige Altersgruppe gemäß § 1612 a BGB in Höhe von

Bis 31. 03. 2007 monatlich *4 % des jeweiligen Regelbetrages nach §[2] *5 der Regelbetrag-Verordnung zu bezahlen. Das auf das Kind entfallende Kindergeld ist hälftig anzurechnen, soweit der Tabellenunterhalt nicht 135 % des jeweiligen Regelbetrages unterschreitet.

Ab 01. 04. 2007 in Höhe von monatlich *6 % des jeweiligen Mindestunterhalts gemäß § 1612 a BGB nF zu bezahlen. Das auf das Kind entfallende Kindergeld ist hälftig anzurechnen.

Bei Bedarf Er verpflichtet sich, daneben die Krankenversicherungsbeiträge für das Kind unmittelbar an den Krankenversicherer/zu Händen der Mutter zu bezahlen. Maßgeblich ist der derzeitige Versicherungsumfang.

Bei Bedarf Die Unterhaltszahlungen erhöhen sich um erhöhten Bedarf[3] für *7 in angemessener Höhe, derzeit monatlich *8 €.

Volljährige

Der Ehemann verpflichtet sich, dem gemeinsamen volljährigen Kind *9 geboren am *10 ab *11 monatlich vorauszahlbaren Unterhalt Höhe von *12 € zu bezahlen. Das

---

1 Hier kann man bei »bestimmten Fällen« Regelungen über die Ernährung des Kindes beim Umgangsrecht, die Unterlassung von Gaststättenbesuchen, gewaschene Kinder, geschnittene Fingernägel, gewaschene Haare und anderes an leidvollen Erfahrungen des Praktikers einbauen

2 § 1 in den alten Bundesländern, § 2 im Beitrittsgebiet. Die Unterscheidung soll ab 1. 4. 2007 mitsamt der RBVO entfallen

3 Häufig sind auch Regelungen, dass die Eltern den Mehrbedarf zB zu je 1/2 tragen

auf das Kind entfallende Kindergeld soll *13 zustehen; es ist auf den Unterhalt *entweder* nicht *oder* mit einer Quote von *14 % anrechenbar.

Grundlagen
Grundlage ist ein durchschnittliches bereinigtes monatliches Nettoeinkommen des barunterhaltspflichtigen Vaters in Höhe von *15 €. Dieses Einkommen ist wie folgt ermittelt: *16.

Für Quotenhaftung bei Volljährigen Kindern Beide Elternteile sind nach ihren wirtschaftlichen Verhältnissen anteilig unterhaltspflichtig. Die monatlichen kindergeldbereinigten Unterhaltsanteile betragen beim Vater *17 € und bei der Mutter *18 €. Ihnen liegen bereinigte durchschnittliche Nettoeinkommen wie folgt zugrunde:

Vater: *19 €
Mutter: *20 €

Bei Bedarf Wegen der Berechnungsgrundlagen beziehen sich die Parteien auf die beigefügte Quotenberechnung einschließlich der dort vereinbarungsgemäß angesetzten Sockelbeträge.

Interne Freistellungspflicht
Mit Rücksicht auf den heute vereinbarten gegenseitigen Verzicht auf nachehelichen Ehegattenunterhalt/andere Gegenleistungen[4] verpflichtet sich der Ehemann, die Ehefrau im Innenverhältnis von Unterhaltsansprüchen des Kindes *21 geboren am *22 bis zum Ende des Monats der Vollendung des 18. Lebensjahres vollständig freizustellen.

Wahlweise; Gefährlich! Diese Verpflichtung umfasst auch Ausbildungsunterhalt nach Eintritt der Volljährigkeit, jedoch nur solchen und nicht Unterhalt wegen Behinderung oder Krankheit.

Das Kindergeld soll dem Ehemann zustehen.[5]

Steuerliche Freibeträge stehen, soweit steuerrechtlich zulässig, *entweder* den Eltern hälftig zu. Das gilt speziell für den Kinderfreibetrag, denn die Ehefrau leistet im Rahmen der Gesamtvereinbarung letztlich doch Kindesunterhalt *oder* dem Ehemann zu

Speziell beim volljährigen Kind, das nicht Vertragspartei wird Eigene Unterhaltsansprüche des Kindes sind damit nicht beschnitten.

4. Vertragsbausteine – Hausrat

Entweder Es ist unsicher, ob die Parteien auf Dauer getrennt leben werden, der eheliche Hausrat soll deshalb aufrechterhalten werden. Die gegenwärtigen Besitzverhältnisse besagen nichts über das Eigentum und eine eventuelle spätere Hausratsteilung.

Oder Die Parteien leben innerhalb der früheren Ehewohnung getrennt und haben den Hausrat noch nicht (vollständig) auseinander gesetzt. Jedem Ehegatten sollen endgültig die Gegenstände zustehen, die er vor Eheschließung schon besessen hat. In der Ehe erworbener Hausrat, gleich wer ihn bezahlt hat, soll gerecht verteilt werden.

---

[4] ZB Hausüberlassung usw
[5] Grundsätzlich kann man das vereinbaren, denn beide Eltern sind kindergeldberechtigt. Auszahlung ist aber nur an einen möglich. Den Vorrang der Haushaltszugehörigkeit kann man hier im Innenverhältnis abwandeln

Keine der Parteien wird insoweit durch Weggabe von Gegenständen vollendete Tatsachen schaffen.

Oder die einfache Lösung Die Parteien leben auf Dauer räumlich getrennt, der eheliche Hausrat ist insgesamt aufgeteilt, es wird vereinbart, auch für die Zeit nach Ehescheidung, dass jeder Ehegatte Alleineigentümer der Hausratsgegenstände sein soll, die jetzt in seinem Besitz sind. Auf Errichtung eines Inventars wird verzichtet.

Bei Bedarf Der wesentliche eheliche Hausrat ist in anliegendem Verzeichnis gemeinsam und übereinstimmend erfasst. Zur endgültigen Hausratsteilung, auch im Scheidungsfall, erhalten:

Die Ehefrau die im Verzeichnis mit »F« gekennzeichneten Gegenstände.
Der Ehemann die im Verzeichnis mit »M« gekennzeichneten Gegenstände.

Bei Bedarf Zu Abholung/Transport wird vereinbart *1.

Bei Bedarf Zur bestehenden Hausratversicherung Nr *2 beim Versicherer *3 wird vereinbart, dass diese Versicherung von *4 auf eigene Kosten übernommen bzw fortgeführt wird. Bezahlte Beiträge sind nicht zu erstatten.

Bei Bedarf Kein Ehegatte darf ohne schriftliche Zustimmung des anderen Hausratsgegenstände weggeben oder veräußern.

5. Vertragsbausteine – PKW

202 Der PKW *1 (Marke, Typ) mit dem amtlichen Kennzeichen *2 soll (weiter) im Eigentum des Ehemannes stehen, worüber die Parteien einig sind. Fahrzeugpapiere aller Art sind entsprechend dieser Regelung auszuhändigen, soweit noch nicht geschehen.

Das Fahrzeug ist auf den Ehemann/die Ehefrau zugelassen.

Entweder Dabei bleibt es. *Oder* Es muss umgehend (innerhalb von drei Werktagen auf den anderen Ehegatten umgemeldet werden, der das selbst zu bewirken hat.

Die Fahrzeugversicherung wird soweit versicherungsrechtlich möglich, auf *3 übertragen

Alternativ nicht übertragen.

Eine Kfz-Steuererstattung gebührt *4.

Rückständige Kfz-Steuer und Prämien für die Fahrzeugversicherung bezahlt *5.

Offene Werkstattrechnungen bestehen nicht/bezahlt *6.

Noch unbezahlte Unfallentschädigungen stehen *7 zu.

Bei Bedarf Damit sind jegliche gegenseitige Ansprüche bezüglich des Vertragsfahrzeuges abgegolten. *Für Perfektionisten* Der gegenseitige Erlass wird angenommen.

6. Vertragsbausteine – Ehemietwohnung

203 Die Ehewohnung der Parteien befindet sich unter der folgenden Adresse *1.

Mietwohnung
Sie ist *entweder* gemeinsam *oder* von *2 angemietet.

Entweder *3 ist am *4 aus der Ehewohnung ausgezogen. Dieser Auszug enthält eine Besitzaufgabe und soll endgültig sein.

Oder *5 verpflichtet sich, bis zum *6 aus der Ehewohnung unter Mitnahme eigener persönlicher Gegenstände auszuziehen.

Zu den laufenden Kosten der Wohnung wird vereinbart:

Rückständige Kosten (Miete und Nebenkosten) bis zum Auszugstermin werden im Innenverhältnis *entweder* hälftig getragen *oder* von *7 getragen.

Alle laufenden Kosten samt Miete werden im Innenverhältnis ausschließlich von *8 getragen.

Das Mietverhältnis soll mit allen Rechten und Pflichten, auch rückständigen, auf *9 übergehen, wozu es einer vertraglichen Regelung mit dem Vermieter bedarf. Wird diese nicht erreicht, gilt die Regelung im Innenverhältnis.

Entweder Eine Mietkaution wurde nicht geleistet *oder* Es wurde eine Mietkaution in Höhe von *10 € geleistet. Die Parteien sind einig, dass diese beiden Eheleuten gehört, so dass mit der Umschreibung des Mietverhältnisses das hälftige Kautionsguthaben an *11 auszuzahlen ist, wozu der Vermieter hiermit angewiesen wird. *Wahlweise* Das Mietkautionsguthaben soll *12 alleine zustehen.

Bei Bedarf Keine der Parteien will die Ehewohnung auf Dauer behalten, weshalb vereinbart wird, dass das Mietverhältnis nach Beschaffung individuellen getrennten Wohnraums baldmöglichst gemeinsam gekündigt werden soll. Für Gutschriften und Lasten aus dem Mietverhältnis wird vereinbart, dass *13.

Zieht ein Ehegatte vor dem anderen aus der Wohnung aus, gilt für die laufenden Wohnungskosten folgendes *14.

7. Vertragsbausteine – Ehewohnung Eigentum

Die Ehewohnung der Parteien befindet sich unter der folgenden Adresse *1.

Entweder Sie steht im hälftigen im Grundbuch eingetragenen Miteigentum der Parteien.

Oder Sie steht im Alleineigentum des/der *2.

Entweder Regelungen zum Eigentum sollen derzeit nicht getroffen werden.

Oder Die Immobilie soll bei passender Gelegenheit veräußert werden. Dabei besteht eine Preisvorstellung von *3 €.

Oder Bei den Eigentumsverhältnissen soll es derzeit bleiben.

Entweder *4 ist am *5 aus der Ehewohnung ausgezogen. Dieser Auszug enthält eine Besitzaufgabe und soll endgültig sein, an den Eigentumsverhältnissen ändert er nichts.

Oder *6 verpflichtet sich, bis zum *7 aus der Ehewohnung unter Mitnahme seiner persönlichen Gegenstände auszuziehen.

Zu rückständigen und laufenden Kosten wird vereinbart, dass *8.

Bei Bedarf Die Immobilie ist finanziert. Es fallen monatliche Aufwendungen für Zins und Tilgung in Höhe von insgesamt *9 € an, die künftig wie folgt bezahlt werden sollen: *10.

8. Vertragsbausteine – Ehegattenunterhalt

205 Trennungsunterhalt der Ehegatten

Etwa rückständige gegenseitige Ansprüche auf Ehegattenunterhalt während des Getrenntlebens werden ausgeschlossen, ein darin liegender Verzicht wird angenommen.

Ein Verzicht auf weiteren Getrenntlebensunterhalt ist gesetzlich ausgeschlossen. Es wird nur als Absichtserklärung und Vergleichsgrundlage festgehalten, dass die Parteien nicht beabsichtigen, für die weitere Dauer des Getrenntlebens Ansprüche auf Ehegattenunterhalt geltend zu machen. Dieses Ergebnis ist angemessen, weil *1.

Sollte es trotzdem in die eine oder andere Richtung zu einem Anspruch auf Getrenntlebensunterhalt kommen, ist

Entweder die Vereinbarung insgesamt einschließlich der Vermögensregelungen nach billigem Ermessen anzupassen.

Oder die Vermögensleistung in Ziffer *2 der Vereinbarung anzupassen, und zwar, soweit es sich um eine Geldleistung handelt, durch deren Kürzung in Höhe des nicht vorgesehenen Getrenntlebensunterhalts. Grundlage der gekürzten Geldleistung ist die Tatsache, dass gegenseitig Getrenntlebensunterhalt nicht verlangt werden soll.

Oder ist der in Anspruch genommene Ehegatte berechtigt, innerhalb von drei Monaten ab erstmaliger schriftlicher Geltendmachung in Schriftform von dieser Vereinbarung insgesamt zurückzutreten. Bis dahin erbrachte Leistungen aus der Vereinbarung sind dann rückabzuwickeln.

Nachehelicher Ehegattenunterhalt

Die Parteien verzichten gegenseitig auf jeglichen nachehelichen Ehegattenunterhalt in allen Lebenslagen und nehmen den Verzicht gegenseitig an. Die Parteien halten diesen gegenseitigen Verzicht unter Berücksichtigung der Gesamtvereinbarung für gerecht, weil

Entweder der Ehemann/besser verdienende Ehegatte in Ziffer *3 der Vereinbarung Leistungen erbringt, die unter Berücksichtigung des Unterhaltsverzichts bewertet und ausgehandelt worden sind.

Oder beide Parteien in gesicherter Position erwerbstätig sind und es auch bleiben wollen.

Oder/und auch unter Einbeziehung des Versorgungsausgleichs ein angemessener Ausgleich stattfindet.

Oder/und die Ehefrau bereits jetzt in gefestigter nichtehelicher Lebensgemeinschaft lebt.

Oder/und die Ehefrau/der Ehemann beabsichtigt, baldmöglichst eine neue Ehe einzugehen, deren wirtschaftliche Rahmenbedingungen den Lebensunterhalt angemessen sichern.

Der Ehemann verpflichtet sich, der Ehefrau als Gegenleistung für das bewertete Risiko eines Unterhaltsverzichts einen Abfindungsbetrag in Höhe von *4 € zu bezahlen, der wie folgt fällig ist: *5

Der Ehemann verpflichtet sich, der Ehefrau für folgende Zeiträume wie folgt monatlich vorauszahlbaren Ehegattenunterhalt zu bezahlen:

Im Zeitraum von *6 bis *7 monatlich je *8 €

Im anschließenden Zeitraum von *9 bis *10 monatlich je *11 €.

Für die anschließende Zeit ab *12 verzichten die Parteien gegenseitig auf jeglichen nachehelichen Unterhalt in allen Lebenslagen und nehmen den Verzicht wechselseitig an.

Der solchermaßen pauschal mit Abfindungscharakter vereinbarte nacheheliche Ehegattenunterhalt ist unabänderlich und von den Einkommens- und Vermögensverhältnissen der Parteien und deren Änderung unabhängig. Ebenso wirken sich Änderungen in Gesetz und Rechtsprechung nicht aus.

Sollte die Ehefrau während der Laufzeit vorstehender Leistungen eine neue Ehe eingehen, gilt für den laufenden Unterhalt ab dem Monatsersten nach Eheschließung folgendes:

entweder Der Unterhalt ist von da an für die Restlaufzeit der Vereinbarung zu halbieren[125]/sonstige Regelung. Von da ab entfällt allerdings eine Pflicht zum Nachteilsausgleich aus dem Sonderausgabenabzug des Ehegattenunterhalts. Bei der Zustimmungspflicht zum Sonderausgabenabzug hingegen bleibt es.

Oder Der Unterhalt endet endgültig, es greift ab da ein umfassender gegenseitiger Unterhaltsverzicht, der angenommen wird.

Achtung! Ab 01.04.2007 bedürften Vereinbarungen zum nachehelichen Ehegattenunterhalt, die vor Rechtskraft der Scheidung getroffen werden, der gerichtlichen oder notariellen Beurkundung; Schriftform und Anwaltsvergleich genügen nicht.

9. Vertragsbausteine – Bankkonten

Entweder Die Parteien besitzen keine gemeinsamen Bankkonten, es sind auch keine Vollmachten erteilt. Deswegen bedarf es keiner Regelung.

Oder Die Parteien besitzen folgende gemeinsame Bankkonten *1.

Selten empfehlenswert Diese Konten sollen zunächst unter gemeinsamer Inhaberschaft aufrechterhalten werden. Sie sollen vernünftig verwaltet werden. Insoweit ist gegenseitig auf Verlangen Auskunft zu erteilen und zu belegen. Jeder Ehegatte kann diese Regelung sofort aufkündigen, worauf dann die betroffenen Konten auseinander zu dividieren sind.

Bei Bedarf Die Konten sollen so umgestellt werden, dass die Parteien je nur gemeinsam verfügen können.

Auseinandersetzung Es soll wie folgt auseinandergesetzt werden:

Konto Nr *2 bei der *3 Bank, wird von *4 übernommen. Dies geschieht mit einem aktuellen Kontostand von *5 €. Sollte der Übernahmesaldo hiervon abweichen, ist das intern auszugleichen. Die Parteien verpflichten sich, alsbald die erforderlichen Bankformulare zu unterzeichnen.

Objektkonto Die Parteien besitzen ein gemeinsames objektbezogenes Konto Nr *6 bei *7 für *8, auf dem Einnahmen und Ausgaben verwaltet werden. Dieses Konto soll

---

[125] Heiratsanreiz

jedenfalls zunächst für das Objekt aufrechterhalten und ordnungsgemäß verwaltet werden, wozu umfassende beiderseitige Auskunftspflichten mit Belegvorlage eingeräumt werden.

Bei Bedarf Es wird vereinbart, dass dieses Konto künftig als so genanntes »Und-Konto« geführt wird, und zwar dergestalt, dass alle Verfügungen über das Konto nur übereinstimmend gemeinsam möglich sind. Die Parteien bevollmächtigen sich gegenseitig, dem Kreditinstitut diese Vereinbarung bindend mitzuteilen.

Kurzform Alle Rechte aus der Bankverbindung werden hiermit an *9 abgetreten. Die Abtretung wird angenommen. Verbindlichkeiten bestehen insoweit nicht.

Kredit Die Parteien haften gemeinsam für eine Kreditverbindlichkeit Kontonummer *10 bei der *11 Bank (Sparkasse). Der Kredit valutiert aktuell mit etwa *12 €. Mit diesem Kredit wurde folgendes finanziert *13 (PKW/Hausrat/Altschulden …/Kontoüberziehung).

Entweder Die Verbindlichkeit wird von *14 übernommen, mit der Verpflichtung, den anderen Ehegatten im Innenverhältnis von jeder Inanspruchnahme durch das Kreditinstitut freizustellen. (Es muss auch im Außenverhältnis eine vollständige Haftungsbefreiung bis spätestens *15 herbeigeführt und nachgewiesen werden.)

Oder Die Parteien teilen die Verbindlichkeit unter sich auf, der Ehemann übernimmt eine Quote von *16 %, die Ehefrau den Rest. Die Teilung soll so erfolgen, dass (möglichst) eine wechselseitige Haftungsentlassung durch die Bank für den nicht übernommenen Teil herbeigeführt wird. Die Parteien haben vorhandene eigene Sicherheiten hierfür zu verwenden, zB in Form einer Gehaltsabtretung an das Kreditinstitut.

10. Vertragsbausteine – Güterrecht und Vermögen

207 *Vorbehalt* Zum Güterrechtlichen Ausgleich und zu Vermögensfragen wird heute nichts vereinbart.

Zugewinnausgleich; bedarf vor Rechtskraft der Scheidung zwingend notarieller oder gerichtlicher Beurkundung im Scheidungsverbund

Der Ehemann verpflichtet sich, der Ehefrau zum Ausgleich jeglicher gegenseitiger güterrechtlicher Ansprüche bis zum *1 durch Überweisung auf das Bankkonto *2 einen Geldbetrag in Höhe von *3 € zu bezahlen.

Jegliche Zugewinnausgleichsansprüche sind damit gegenseitig abgegolten. Soweit darin ein Verzicht liegt, wird er je angenommen.

Weiteres Vermögen Abgegolten sind ferner alle sonstigen möglichen gegenseitigen Ansprüche vermögensrechtlicher Art, gleich, ob auf familienrechtlicher oder sonstiger Basis. Ehebedingte Zuwendungen sind nicht rückabzuwickeln, gegenseitige Darlehensforderungen bestehen nicht, auch besondere familienrechtliche Ausgleichsansprüche bestehen nicht. All diese Ansprüche werden vorsorglich ausgeschlossen. Der Verzicht wird gegenseitig angenommen.

Bei Bedarf Kurzform Die Parteien haben ihre Vermögenswerte angemessen auseinandergesetzt; sie verzichten insoweit auf Erfassung und Bewertung der Vermögensposten. Sie vereinbaren, dass güterrechtliche Ansprüche gegenseitig ausgeschlossen sind, auch alle sonstigen Vermögensansprüche. Der darin liegende Verzicht wird wechselseitig angenommen.

Reine Stichtagsvereinbarung[126] Der güterrechtliche Ausgleich ist noch nicht spruchreif. Es wird abweichend vom Gesetz vereinbart, dass der *4 maßgeblicher Stichtag für die Bewertung des beiderseitigen Endvermögens sein soll.

Bewertungsteilvereinbarung Für den späteren güterrechtlichen Ausgleich wird vereinbart, dass die folgenden Vermögensgegenstände mit folgenden Werten (in €) in das Endvermögen eingestellt werden sollen:

*5 *Eigentümerangabe ist sinnvoll*

Zum AV Das Anfangsvermögen der Parteien samt privilegiertem Zuerwerb in der Ehe wir übereinstimmend mit folgendem Inventar festgestellt: *6

11. Vertragsbausteine Grundstücksübertragung zu gerichtlichem Protokoll

Die Parteien schließen unabhängig davon, wann ihre Ehe geschieden wird, folgenden unbedingten

Und unwiderruflichen

VERGLEICH

I. Regelungen für den grundbuchamtlichen Vollzug

1. Sach- und Grundbuchstand

Im Grundbuch des Amtsgerichts *1, Grundbuch von *2, Band *3, Blatt *4, sind die Parteien als Miteigentümer zu *5 des Grundbesitzes Flurstück *6 eingetragen.

Dieser Grundbesitz ist in der zweiten Abteilung unbelastet (*Alternativ* belastet mit ...), in der dritten Abteilung unbelastet (*Alternativ*: belastet mit ...). Ein Grundbuchauszug ist dieser Vereinbarung beigefügt, auf ihn wird unter Verzicht auf das Verlesen Bezug genommen. Er ist Bestandteil dieser Vereinbarung.

2. Überlassung

Zur Auseinandersetzung des oben genannten Grundbesitzes vereinbaren die Parteien folgendes:

Die Antragstellerin ... (Name, Geburtsdatum, Geburtsname) überlässt dem Antragsgegner ... (Name, Geburtsdatum, Geburtsname) ihren Miteigentumsanteil zu *7 an dem oben bezeichneten Grundbesitz Flurstück *8 zu Alleineigentum mit allen Rechten und Pflichten, Bestandteilen und dem gesetzlichen Zubehör. Der Antragsgegner wird dadurch Alleineigentümer des gesamten oben genannten Grundbesitzes.

3. Dingliche Belastungen

Falls erforderlich Die in Abteilung *9 des Grundbuchs des zu übertragenden Grundbesitzes eingetragenen dinglichen Belastungen werden vom Antragsgegner zur dinglichen Haftung übernommen.

Entstandene oder noch entstehende Eigentümerrechte oder Rückgewähransprüche werden vollständig auf den Antragsgegner übertragen, insbesondere Löschungsan-

---

[126] Eine starke Meinung spricht dafür, dass diese Teilvereinbarung nicht dem Formerfordernis der notariellen oder gerichtlichen (im Eheverfahren) Beurkundung bedarf. Wer ganz sicher gehen will, sollte, vor allem bei höheren Werten, beurkunden.

sprüche, Ansprüche auf Abtretung oder Änderung von Grundpfandrechten und dergleichen. Der Antragsgegner nimmt die Abtretung an. Die Umschreibung im Grundbuch wird bewilligt.

4. Auflassung

Die Parteien sind über den vereinbarten Eigentumsübergang einig. Die Auflassung wird ohne Bedingung erklärt. Die Parteien beantragen und bewilligen die Eintragung der Rechtsänderung im Grundbuch.

II. Schuldrechtliche Vereinbarungen

1. Besitz/Nutzen/Lasten

Besitz, Nutzen, öffentliche Lasten, Abgaben und Steuern sowie alle Gefahren gehen mit dem *10 auf den Antragsgegner über.

Alle Erschließungskosten, auch für abgeschlossene oder begonnene Erschließungsmaßnahmen trägt der Antragsgegner. Von der Antragstellerin bezahlte Erschließungskosten hat der Antragsgegner nicht zu erstatten. Insoweit stehen Ansprüche auf Erstattung zuviel bezahlter Erschließungskosten alleine dem Antragsgegner zu, dem hiermit solche Ansprüche von der Antragstellerin abgetreten werden. Der Antragsgegner nimmt die Abtretung an.

2. Gewährleistung

Die Antragstellerin leistet Gewähr dafür, dass der zu übertragende Grundbesitz frei von Rechten Dritter und frei von eigenen Rechten auf den Antragsgegner übergeht, soweit Verpflichtungen nicht ausdrücklich in dieser Urkunde von ihm übernommen werden. Dem Antragsgegner ist der Zustand des zu übertragenden Grundbesitzes genau bekannt. Im Übrigen haftet die Antragstellerin in keiner Weise, der Grundbesitz wird unter Ausschluss jeglicher Gewährleistungsansprüche vom Antragsgegner übernommen.

3. Verschiedenes

Die Vertragsparteien bevollmächtigen ihre derzeitigen Prozessbevollmächtigten und deren Rechtsnachfolger

- alle zum Vollzug dieser Urkunde erforderlichen Erklärungen abzugeben und alle Maßnahmen zu ergreifen, einschließlich der Stellung, Änderung und Rücknahme von Anträgen und Rechtsbehelfen, ebenso alle diesbezüglichen Zustellungen entgegenzunehmen, auch Eintragungsmitteilungen und Zwischenverfügungen
- alle erforderlichen Genehmigungen, Erklärungen, Unbedenklichkeitsbescheinigungen und Freigaben zu beantragen und entgegenzunehmen
- die Urkunde erforderlichenfalls zunächst teilweise zu vollziehen
- bei Auftreten von Lücken oder Eintragungshindernissen in einem gerichtlichen oder notariell beurkundeten Nachtrag zu dieser Urkunde die erforderlichen oder zweckdienlichen Änderungen oder Ergänzungen zu diesem Vergleich namens der jeweils vertretenen Partei zu beurkunden.

4. Zahlung und Haftungsfreistellung

a) Der Antragsgegner zahlt an die Antragstellerin *11. Dieser Betrag ist fällig am *12.

b) Der Antragsgegner stellt die Antragsstellerin mit sofortiger Wirkung im Innenverhältnis von jeglicher Inanspruchnahme aus *13 frei und er verpflichtet sich zugleich dafür zu sorgen, dass die Antragstellerin von *14 durch schriftliche Erklärung aus jeglicher Haftung aus *15 entlassen wird.

Der Antragsgegner ist erst dann berechtigt, den grundbuchamtlichen Vollzug dieser Urkunde zu beantragen, wenn der Antragstellerin die schriftliche Haftungsentlassung der *16 vorliegt, wobei es genügt, das die Haftungsentlassung für den Fall erklärt wird, dass der Antragsgegner als Alleineigentümer im Grundbuch eingetragen ist. *Falls gewünscht* und der zuvor vereinbarte Betrag zur Verfügung steht. Die Antragstellerin ist verpflichtet, den Eingang der Haftungsfreistellung der *17 *Falls gewünscht* und den Eingang des zuvor vereinbarten Betrages unverzüglich den Prozessbevollmächtigten des Antragsgegners in Schriftform mitzuteilen.

Bei Bedarf Das Gericht wird gebeten, Ausfertigungen dieser Urkunde ausschließlich an die jetzigen Prozessbevollmächtigten der Parteien zu erteilen. Diese übernehmen Treuhandauftrag dahingehend, dass die Urkunde erst zum Vollzug beim Grundbuchamt vorgelegt werden darf, wenn die zuvor vereinbarte Zahlung und die Haftungsfreistellung schriftlich bestätigt sind.

5. Sonstige Vereinbarungen

Falls gewünscht *18

6. Kosten

Die Kosten dieses Vergleiches werden gegeneinander aufgehoben, insbesondere die Rechtsanwaltskosten hierfür trägt jede Partei selbst.

Die Kosten des grundbuchamtlichen Vollzuges trägt der Übernehmer.

Eventuelle Lastenfreistellungskosten trägt der jeweilige Übernehmer der betroffenen Verbindlichkeit.

Grunderwerbsteuer fällt nach Auffassung der Parteien nicht an. Sollte sich das nicht bestätigen, trägt sie der Übernehmer.

Inhalt

Rn.

E. Abschluss des Mandats
 1. An Mandant – Abschlusshinweise VA 209
 2. An Mandant – Gesetzeswortlaut § 10a VAHRG 210
 3. An Mandant – Merkblatt zum Abschluss des Scheidungs-
    verfahren 211

E. Abschluss des Mandats

1. An Mandant – Abschlusshinweise VA

Mit der Empfehlung, dieses Schreiben mit Ihren Rentenunterlagen und dem Scheidungsurteil auf Dauer gut aufzubewahren, geben wir Ihnen abschließende Hinweise zum Versorgungsausgleich (VA). Es gelten je die angekreuzten Textpassagen.

Die Entscheidung und mögliche Rechtsmittel

Das Familiengericht hat neben dem Scheidungsausspruch pflichtgemäß den Versorgungsausgleich (VA) durchgeführt. Die zugrunde gelegte Ehezeit ist nach Aktenlage zutreffend. Grundlage der Entscheidung sind die vom Familiengericht erholten Auskünfte über die in der Ehezeit erworbenen und in den VA einzubeziehenden Anrechte, die in der Urteilsbegründung im Einzelnen aufgeführt sind. Diese Auskünfte blieben allseits unbeanstandet. Weitere Anrechte sind nicht ersichtlich. Die Richtigkeit und Vollständigkeit der Auskünfte, insbesondere die von Rentenberechnungen, kann hier nicht überprüft werden. Wenn Sie insoweit Zweifel haben oder letzte Sicherheit gewinnen wollen, müssten Sie alles schnellstens innerhalb der einmonatigen Beschwerdefrist (siehe nächster Absatz) durch einen Rentensachverständigen nachrechnen und überprüfen lassen, wofür Ihnen allerdings gesonderte Kosten entstünden.

Die Entscheidung zum Versorgungsausgleich kann als solche isoliert mit dem **Rechtsmittel der Beschwerde** angefochten werden. Die Beschwerdefrist endet einen Monat nach Zustellung des Urteils an uns laut Eingangsstempel der Kanzlei. Die Beschwerde ist beim zuständigen übergeordneten Oberlandesgericht einzulegen. Das kann wirksam nur durch einen bei einem Oberlandesgericht zugelassenen Rechtsanwalt und nicht durch Sie persönlich geschehen. Eine Beschwerde, die Sie selbst einlegen würden, wäre unzulässig und völlig wirkungslos, da im Ehescheidungsverfahren auch in der zweiten Instanz für alle Teilbereiche des Scheidungsverbundverfahrens Anwaltszwang besteht. Wir überwachen die Beschwerdefrist nicht, da keine hier zu prüfenden Anhaltspunkte ersichtlich sind, die gegen die Richtigkeit der Entscheidung des Familiengerichts sprechen.

Nichtdynamische Anrechte

In den VA wurden Anrechte einbezogen, die nicht wie gesetzliche Rentenanwartschaften dynamisch sind und deswegen nach der Barwertverordnung auf einen deutlich niedrigeren dynamischen Wert umgerechnet werden mussten. Die tatsächliche Rente aus diesen Anrechten wird später voraussichtlich sehr viel höher ausfallen. Der Ehegatte, der durch die momentane Umrechnung benachteiligt ist, kann unter bestimmten Voraussetzungen später in einem neuen familiengerichtlichen Verfahren Abänderung der jetzigen Entscheidung zum VA verlangen. Diese Abänderungsmöglichkeit betrifft nur den VA und berührt den Scheidungsausspruch oder andere Folgesachen natürlich nicht. Von voreiligen Abänderungsanträgen ohne genaue fachkundige Prüfung ist abzuraten, da im Abänderungsverfahren eine Verschlechterung auch zulasten des Antragstellers des neuen Verfahrens eintreten kann.

Verfallbare Anrechte

Die folgenden Anrechte konnten vom Familiengericht noch nicht in den VA einbezogen werden weil sie nach der vom Familiengericht erholten Auskunft noch nicht unverfallbar sind, also noch keinen bindenden rechtlichen Bestand haben:

- Bei Ihnen
- Bei Ihrem Ehegatten

Diese Situation kann sich künftig durch Zeitablauf, weitere Betriebszugehörigkeit und andere Umstände dergestalt ändern, dass die noch nicht einbezogenen verfallbaren Anrechte unverfallbar (also rechtlich beständig) werden. Das kann sich beispielsweise durch den tatsächlichen Bezug einer Rente oder Zusatzrente auswirken. Insoweit kommt eine künftige Korrektur des VA in Betracht, und zwar entweder

- durch Abänderungsverfahren nach § 10 a VAHRG, hierzu erfolgen unten nähere Hinweise, oder
- in Form des schuldrechtlichen VA, der auf Antrag zu einer Ausgleichsrente unmittelbar zwischen den geschiedenen Ehegatten führt. Diese Rente kann erst dann verlangt werden, wenn entweder beide Ehegatten eine Versorgung erlangt haben, oder wenn der ausgleichspflichtige Ehegatte eine Versorgung erlangt hat und der andere Ehegatte wegen Krankheit oder anderer Gebrechen oder Schwäche seiner körperlichen oder geistigen Kräfte auf nicht absehbare Zeit eine ihm nach Ausbildung und Fähigkeiten zumutbare Erwerbstätigkeit nicht ausüben kann oder das 65. Lebensjahr vollendet hat.

Abänderungsverfahren/Rechtsverluste

Voraussetzungen, Zeitpunkte und Folgen des **Abänderungsverfahrens** sind in § 10 a VAHRG geregelt. Die umfangreiche und schwer verständliche Gesetzesvorschrift können Sie sich jederzeit von unserer Kanzlei ausdrucken lassen, soweit sie nicht beigefügt ist. Ein zu später Abänderungsantrag kann Nachteile bringen. Zum frühestmöglichen Antragszeitpunkt gilt Absatz 5 der Vorschrift. Es muss mindestens ein Ehegatte das 55. Lebensjahr vollendet haben oder der Versorgungsausgleich muss sich bei mindestens einem Ehegatten oder seinen Hinterbliebenen bereits beim Rentenbezug auswirken. Ein Abänderungsantrag kann per Saldo auch einmal nachteilig sein, weshalb zu gegebener Zeit eine genaue fachkundige Prüfung nötig ist.

Sofern der **schuldrechtliche Versorgungsausgleich** in Betracht kommt, muss er zu gegebener Zeit **verlangt** werden.

Wichtige Schlussbemerkung

Die Voraussetzungen und Zeitpunkte für ein Abänderungsverfahren oder die Durchführung des schuldrechtlichen VA werden hier nach Abschluss Ihres Scheidungsverfahrens naturgemäß nicht überwacht. Bitte behalten Sie das selbst im Auge. Hier muss die Akte nur für die gesetzliche Aufbewahrungsfrist von fünf Jahren nach Beendigung des Auftrages – also ab jetzt – aufbewahrt werden. Sie sollten das Urteil und alle Unterlagen aufbewahren und die Versorgungssituation ebenso wie mögliche Gesetzesänderungen überwachen und sich bei Änderungen sofort rechtlich beraten lassen, bevor Sie etwas tun oder unterlassen. Beides könnte nachteilig sein.

2. An Mandant – Gesetzeswortlaut § 10 a VAHRG

§ 10 a VAHRG (Gesetz zur Regelung von Härten im Versorgungsausgleich – vom 21. 2. 1983, BGBl I S. 105)

(1) Das Familiengericht ändert auf Antrag seine Entscheidung entsprechend ab, wenn

1. ein im Zeitpunkt des Erlasses der Abänderungsentscheidung ermittelter Wertunterschied von dem in der abzuändernden Entscheidung zugrunde gelegten Wertunterschied abweicht, oder

2. ein in der abzuändernden Entscheidung als verfallbar behandeltes Anrecht durch Begründung von Anrechten ausgeglichen werden kann, weil es unverfallbar war oder nachträglich unverfallbar geworden ist, oder

3. ein von der abzuändernden Entscheidung dem schuldrechtlichen Versorgungsausgleich überlassenes Anrecht durch Begründung von Anrechten ausgeglichen werden kann, weil die für das Anrecht maßgebliche Regelung eine solche Begründung bereits vorsah oder nunmehr vorsieht.

(2) ¹Die Abänderung findet nur statt wenn

1. sie zur Übertragung oder Begründung von Anrechten führt, deren Wert insgesamt vom Wert der durch die abzuändernde Entscheidung insgesamt übertragenen oder begründeten Anrechte wesentlich abweicht, oder

2. durch sie eine für die Versorgung des Berechtigten maßgebende Wartezeit erfüllt wird, und

3. sie sich voraussichtlich zugunsten eines Ehegatten oder seiner Hinterbliebenen auswirkt.

²Eine Abweichung ist wesentlich, wenn sie 10 vom Hundert des Wertes der durch die abzuändernde Entscheidung insgesamt übertragenen oder begründeten Anrechte, mindestens jedoch 0,5 vom Hundert des auf einen Monat entfallenden Teils der am Ende der Ehezeit maßgebenden Bezugsgröße (§ 18 des Vierten Buches Sozialgesetzbuch) übersteigt.

(3) Eine Abänderung findet nicht statt, wenn soweit sie unter Berücksichtigung der beiderseitigen wirtschaftlichen Verhältnisse, insbesondere des Versorgungserwerbs nach der Ehe, grob unbillig wäre.

(4) Antragsberechtigt sind die Ehegatten, ihre Hinterbliebenen und die betroffenen Versorgungsträger.

(5) Der Antrag kann frühestens in dem Zeitpunkt gestellt werden, in dem einer der Ehegatten das 55. Lebensjahr vollendet hat oder der Verpflichtete oder seine Hinterbliebenen aus einer aufgrund des Versorgungsausgleichs gekürzten Versorgung oder der Berechtigte oder seine Hinterbliebenen aufgrund des Versorgungsausgleichs Versorgungsleistungen erhalten.

(6) Durch die Abänderungsentscheidung entfällt eine für die Versorgung des Berechtigten bereits erfüllte Wartezeit nicht.

(7) ¹Die Abänderung wirkt auf den Zeitpunkt des der Antragstellung folgenden Monatsersten zurück. ²Die Ehegatten und ihre Hinterbliebenen müssen Leistungen des Versorgungsträgers gegen sich gelten lassen, die dieser auf Grund der früheren Entscheidung bis zum Ablauf des Monats erbringt, der dem Monat folgt, in dem er von dem Eintritt der Rechtskraft der Abänderungsentscheidung Kenntnis erlangt hat. ³Werden durch die Abänderung einem Ehegatten zum Ausgleich eines Anrechts Anrechte übertragen, oder für ihn begründet, so müssen sich der Ehegatte oder seine Hinterbliebenen Leistungen, die der Ehegatte wegen dieses Anrechts gemäß § 3 a erhalten hat, anrechnen lassen.

(8) ¹Hat der Verpflichtete aufgrund einer Entscheidung des Familiengerichts Zahlungen erbracht, gelten die Absätze 1 bis 7 entsprechend. ²Das Familiengericht bestimmt, dass der Berechtigte oder der Versorgungsträger den zuviel gezahlten Betrag zurückzuzahlen hat, der Versorgungsträger unter Anrechnung der dem Berechtigten oder

seinen Hinterbliebenen zuviel gewährten Leistungen. ³§ 1587 d des Bürgerlichen Gesetzbuches gilt zugunsten des Berechtigten entsprechend.

(9) Die vorstehenden Vorschriften sind auf Vereinbarungen über den Versorgungsausgleich entsprechend anzuwenden, wenn die Ehegatten die Abänderung nicht ausgeschlossen haben.

(10) ¹Das Verfahren endet mit dem Tod des antragstellenden Ehegatten, wenn nicht ein Antragsberechtigter binnen drei Monaten gegenüber dem Familiengericht erklärt, das Verfahren fortsetzen zu wollen. ²Nach dem Tod des Antragsgegners wird das Verfahren gegen dessen Erben fortgesetzt.

(11) ¹Die Ehegatten oder ihre Hinterbliebenen sind verpflichtet, einander die Auskünfte zu erteilen, die zur Wahrnehmung ihrer rechte nach den vorstehenden Vorschriften erforderlich sind. ²Sofern ein Ehegatte oder seine Hinterbliebenen die erforderlichen Auskünfte von dem anderen Ehegatten oder dessen Hinterbliebenen nicht erhalten können, haben sie einen entsprechenden Auskunftsanspruch gegen die betroffenen Versorgungsträger. ³Die Ehegatten und ihre Hinterbliebenen haben den betroffenen Versorgungsträgern die erforderlichen Auskünfte zu erteilen.

(12) Hat der Verpflichtete Zahlungen zur Abwendung der Kürzung seines Versorgungsanrechts geleistet, sind die unter Berücksichtigung der Abänderung der Entscheidung zuviel geleisteten Beträge zurückzuzahlen.

3. Merkblatt für Mandanten zum Abschluss des Scheidungsverfahrens

211 Wichtige Hinweise zum Abschluss des Scheidungsverfahrens

– Unbedingt durchlesen und zusammen mit dem Urteil aufbewahren –

Anbei erhalten Sie Ihr **Scheidungsurteil mit Rechtskraftvermerk**. Dieses Urteil ist sorgfältig aufzubewahren, da es im Bedarfsfalle benötigt wird, um die Rechtskraft der Scheidung nachweisen zu können, zB bei künftigen Personenstandsänderungen.

Im Urteil enthaltene Regelungen zur **elterlichen Sorge** und/oder zum **Umgangsrecht** können auch nach Rechtskraft des Urteils einer erneuten gerichtlichen Entscheidung zugeführt werden.

Mit Rechtskraft der Scheidung entfällt für den geschiedenen Ehegatten eines Beamten, Richters oder Soldaten die **Beihilfeberechtigung** bzw **freie Heilfürsorge** ersatzlos. In solchen Fällen hilft nur die rechtzeitige Beschaffung eigenen Versicherungsschutzes.

Geschiedene Ehegatten eines gesetzlich Krankenversicherten fallen mit Rechtskraft der Scheidung aus dem Versicherungsschutz der Familienversicherung automatisch heraus. Sie können innerhalb einer Frist von drei Monaten ab Eintritt der Rechtskraft des Scheidungsurteils bei der bisherigen **gesetzlichen Krankenversicherung** des anderen Ehegatten oder einer anderen gesetzlichen Krankenversicherung beantragen, dort freiwillig beitragspflichtig versichert zu werden. Nach Fristablauf sind die gesetzlichen Krankenversicherer nicht mehr verpflichtet und nach dem Gesetz auch gar nicht mehr berechtigt, den Antragsteller als Mitglied in die gesetzliche Krankenkasse aufzunehmen! Es wird deshalb dringend empfohlen, gegebenenfalls so früh wie möglich einen entsprechenden Aufnahmeantrag bei einer gesetzlichen Krankenkasse zu stellen und sich den Eingang dieses Antrags schriftlich bestätigen zu lassen.

Urteile, gerichtliche Vergleiche oder vollstreckbare Urkunden, mit denen **Unterhaltsansprüche** tituliert wurden, können bei wesentlicher Veränderung der Verhältnisse sowohl auf Betreiben des Unterhaltsberechtigten als auch des Unterhaltsverpflichteten abgeändert werden. Die **Erhöhung des titulierten Unterhalts des geschiedenen Ehegatten** kann ab dem Zeitpunkt durchgesetzt werden, zu dem der Unterhaltsschuldner in Verzug gesetzt oder der Unterhaltsanspruch rechtshängig (= Zustellung der Unterhaltsabänderungsklage an den Unterhaltsverpflichteten) wurde. Falls **nachehelicher Unterhalt** (zu unterscheiden vom Trennungsunterhalt, der mit Rechtskraft des Scheidungsurteils endet) nicht geltend gemacht ist aber beansprucht wird, bitten wir zu beachten, dass solcher von Ihrem geschiedenen Ehegatten erst ab dem Zeitpunkt geschuldet ist, zu dem er entweder mit einer so genannten Stufenmahnung (Aufforderung, Auskunft über Einkommen zu erteilen und Unterhalt in der Höhe zu bezahlen, die sich aus der Einkommensauskunft ergibt) oder durch eine konkret bezifferte Zahlungsaufforderung in Verzug gesetzt wurde.

Erhöhung des titulierten Kinderunterhalts kann ab dem Zeitpunkt durchgesetzt werden, zu dem der Unterhaltsschuldner zum Zwecke der Geltendmachung des (höheren) Unterhaltsanspruchs aufgefordert wurde, Auskunft über seine Einkünfte und sein Vermögen zu erteilen oder zu dem er aufgefordert wurde, einen in Zahlen konkret angegebenen (höheren) monatlichen Unterhalt zu bezahlen.

Über das Einkommen des Unterhaltsverpflichteten kann grundsätzlich im zweijährigen Turnus Auskunft verlangt werden.

Für minderjährige Kinder kann höherer Unterhalt sowohl dann gefordert werden, wenn das Einkommen des Verpflichteten gestiegen ist, als auch wenn das Kind die nächsthöhere Altersstufe erreicht hat. Die Altersstufen sind nach geltender Rechtsprechung eingeteilt in das Alter von unter einem Jahr bis zur Vollendung des sechsten Lebensjahres und von Vollendung des sechsten Lebensjahres bis zur Vollendung des zwölften Lebensjahres. Die dritte und letzte Altersstufe (nicht dagegen die Unterhaltsberechtigung) endet mit der Volljährigkeit des Kindes.

Zugewinnausgleichsansprüche verjähren innerhalb von drei Jahren. Verjährungsbeginn ist regelmäßig der Eintritt der Rechtskraft des Scheidungsurteils. Innerhalb dieser Frist muss zur Unterbrechung der Verjährung Klage erhoben sein. Die Geltendmachung allein oder eine Mahnung unterbrechen die Verjährung nicht.

In den folgenden Fällen können Sie bei dem Träger Ihrer Alterssicherung Antrag stellen, dass Ihre Rente/Pension trotz Durchführung des **Versorgungsausgleiches** im Scheidungsurteil nicht gekürzt wird:

a) wenn Ihr geschiedener Ehegatte verstorben ist ohne dass er oder seine Hinterbliebenen Leistungen aus den ihm mit Durchführung des Versorgungsausgleichs übertragenen Anwartschaften bezogen hat

b) wenn Ihr geschiedener Ehegatte verstorben ist und ihm aus dem Versorgungsausgleich nur Leistungen gewährt wurden, die insgesamt zwei Jahresbeträge aus dem erworbenen Anrecht oder der begründeten Rente nicht übersteigen

c) wenn Ihr geschiedener Ehegatte aus dem mit Durchführung des Versorgungsausgleichs an ihn übertragenen Anrecht (noch) keine Rente/Pension erhalten kann *und* er gegen Sie einen Anspruch auf Unterhalt hat oder nur deshalb nicht hat, weil Sie zu Unterhaltsleistungen wegen der auf dem Versorgungsausgleich beruhenden Kürzung Ihrer Versorgung außerstande sind.

Es würde den Rahmen dieses Merkblattes sprengen, auf die angesprochenen rechtlichen Probleme näher einzugehen.

Ausdrücklich wird darauf hingewiesen, dass ohne konkrete Beauftragung insoweit laufende Fristen von uns weder überwacht noch Anträge gestellt noch gerichtliche Schritte eingeleitet werden.

Trifft einer der genannten Fälle auf Sie zu, sollten Sie möglichst frühzeitig handeln bzw. fachkundigen Rat einholen, um Rechtsnachteile zu vermeiden.

Inhalt

Rn.

F. Tabellen
1. Düsseldorfer Tabelle ab 1.7.2005 212
2. Kindergeldverrechnung West ab 1.7.2005 213
3. Kindergeldverrechnung Ost ab 1.7.2005 214
4. Düsseldorfer Tabelle ab 1.7.2003 215
5. Kindergeld 216
6. Monatliche Bezugsgröße nach § 18 SGB IV 217
7. Beitragsbemessungsgrenzen SozVers 218
8. Verbraucherpreisindex 219

F. Tabellen

1. Düsseldorfer Tabelle 1. 7. 2005

Grundlage: Regelbeträge (RB) nach § 1 Regelbetrag-VO (West) – Stand 01. 07. 2005
Beträge in Euro

Gruppe	Netto-EK von	bis	Alter 0–5	Alter 6–11	Alter 12–17	Alter über 18	% vom RB	Bedarfs Kontrollbetrag
1.	0	1.300	204	247	291	335	100	770/890
2.	1.300	1.500	219	265	312	359	107	950
3.	1.500	1.700	233	282	332	382	114	1.000
4.	1.700	1.900	247	299	353	406	121	1.050
5.	1.900	2.100	262	317	373	429	128	1.100
6.	2.100	2.300	276	334	393	453	135	1.150
7.	2.300	2.500	290	351	414	476	142	1.200
8.	2.500	2.800	306	371	437	503	150	1.250
9.	2.800	3.200	327	396	466	536	160	1.350
10.	3.200	3.600	347	420	495	570	170	1.450
11.	3.600	4.000	368	445	524	603	180	1.550
12.	4.000	4.400	388	470	553	637	190	1.650
13.	4.400	4.800	408	494	582	670	200	1.750

über 4.800 € nach den Umständen des Einzelfalles

Berliner Tabelle (Vortabelle)

Gr.	EK von	bis	unter 6 Jahre	unter 12	unter 18
a)	0	1.000	188	228	269
b)	1.000	1.150	196	238	280

2. Tabelle zur Kindergeldverrechnung ab 1. 7. 2005 – West – in Euro

Stufe/Alter Gruppe/%/BMG	Stufe 1 (0–5)		Stufe 2 (6–11)		Stufe 3 (12–17)	
Kindergeld	1. bis 3. Kind	4. u weitere	1. bis 3. Kind	4. u weitere	1. bis 3. Kind	4. u weitere
Kindergeld €	154	179	154	179	154	179
Gruppe 1 100% bis 1.300	204		247		291	
Anrechenbar	– 5	– 17,50	0	– 2,50	0	0
Zahlbetrag	199	186,50	247	244,50	291	291

Stufe/Alter Gruppe/%/BMG	Stufe 1 (0–5)		Stufe 2 (6–11)		Stufe 3 (12–17)	
Gruppe 2 **107%** 1.300–1.500	**219**		**265**		**312**	
Anrechenbar	– 20	– 32,50	– 8	– 20,50	0	– 8,50
Zahlbetrag	199	186,50	257	244,50	312	303,50
Gruppe 3 **114%** 1.500–1.700	**233**		**282**		**332**	
Anrechenbar	– 34	– 46,50	– 25	– 37,50	– 16	– 28,50
Zahlbetrag	199	186,50	257	244,50	316	303,50
Gruppe 4 **121%** 1.700–1.900	**247**		**299**		**353**	
Anrechenbar	– 48	– 60,50	– 42	– 54,50	– 37	– 49,50
Zahlbetrag	199	186,50	257	244,50	316	303,50
Gruppe 5 **128%** 1.900–2.100	**262**		**317**		**373**	
Anrechenbar	– 63	– 75,50	– 60	– 72,50	– 57	– 69,50
Zahlbetrag	199	186,50	257	244,50	316	303,50
Gruppe 6 **135%** 2.100–2.300	**276**		**334**		**393**	
Anrechenbar	– 77	– 89,50	– 77	– 89,50	– 77	– 89,50
Zahlbetrag	199	186,50	257	244,50	316	303,50

3. Tabelle zur Kindergeldverrechnung ab 1. 7. 2005 – Beitrittsgebiet – in Euro

Stufe/Alter Gruppe	Stufe 1 (0–5)		Stufe 2 (6–11)		Stufe 3 (12–17)	
Kindergeld	1. bis 3. Kind	4. und weitere	1. bis 3. Kind	4. und weitere	1. bis 3. Kind	4. und weitere
Kindergeld €	154	179	154	179	154	179
Gruppe a 100%	**188**		**228**		**269**	
Anrechenbar	– 11	– 23,50	0	9,50	0	0
Zahlbetrag	177	164,50	228	218,50	269	269
Gruppe b	**196**		**238**		**280**	
Anrechenbar	– 19	– 31,50	– 7	– 19,50	0	– 5,50
Zahlbetrag	177	164,50	231	218,50	280	274,50

Gruppe 1 DT	204		247		291	
Anrechenbar	– 27	– 39,50	– 16	– 28,50	– 4	– 16,50
Zahlbetrag	177	164,50	231	218,50	287	274,50
Gruppe 2 DT	219		265		312	
Anrechenbar	– 42	– 54,50	– 34	– 46,50	– 25	– 37,50
Zahlbetrag	177	164,50	231	218,50	287	274,50
Gruppe 3 DT	233		282		332	
Anrechenbar	– 56	– 68,50	– 51	– 63,50	– 45	– 57,50
Zahlbetrag	177	164,50	231	218,50	287	274,50
Gruppe 4 DT	247		299		353	
Anrechenbar	– 70	– 82,50	– 68	– 80,50	– 66	– 78,50
Zahlbetrag	177	164,50	231	218,50	287	274,50
Grenzwert 135 % Ost	254		308		364	

4. Düsseldorfer Tabelle ab 1. 7. 2003

Grundlage: Regelbeträge (RB) nach § 1 Regelbetrag-VO (West) – Stand 01. 07. 2003

Beträge in Euro

Gruppe	Netto-EK von	bis	Alter 0–5	Alter 6–11	Alter 12–17	Alter über 18	% vom RB	Bedarfs Kontrollbetrag
1.	0	1.300	199	241	284	327	100	730/840
2.	1.300	1.500	213	258	304	350	107	900
3.	1.500	1.700	227	275	324	373	114	950
4.	1.700	1.900	241	292	344	396	121	1.000
5.	1.900	2.100	255	309	364	419	128	1.050
6.	2.100	2.300	269	326	384	442	135	1.100
7.	2.300	2.500	283	343	404	465	142	1.150
8.	2.500	2.800	299	362	426	491	150	1.200
9.	2.800	3.200	319	386	455	524	160	1.300
10.	3.200	3.600	339	410	483	556	170	1.400
11.	3.600	4.000	359	434	512	589	180	1.500
12.	4.000	4.400	379	458	540	622	190	1.600
13.	4.400	4.800	398	482	568	654	200	1.700

über 4.800 € nach den Umständen des Einzelfalles

Berliner Tabelle (Vortabelle)

Gr.	EK von	bis	unter 6 Jahre	unter 12	unter 18
a)	0	1.000	183	222	262
b)	1.000	1.150	191	232	273

5. Kindergeld

Kindergeldhöhe seit 1.1.1996

Kind (das ältere je zuerst)	1996 DM	1997 & 1998 DM	1999 DM	2000 & 2001 DM	Ab 2002 €
1.	200	220	250	270	154
2.	200	220	250	270	154
3.	300	300	300	300	154
4. und weitere	350	350	350	350	179

Das Kindergeld ist seit 1.1.1996 im Abschnitt X des EStG geregelt (§§ 62 ff).

Für Sonderfälle gibt es aber noch eine sozialrechtliche Regelung im BKGG.

Die alte Anrechnungsregelung gilt seit 1.7.1998, mit einer Änderung (135 % Grenzwert) ab 1.1.2001.

Gesetzesentwurf zur Anrechnung des Kindergeldes (UÄndG zum 1.4.2007)

§ 1612 b Deckung des Barbedarfs durch Kindergeld.

(1) Das auf das Kind entfallende Kindergeld ist zur Deckung seines Barbedarfs zu verwenden:

1. zur Hälfte, wenn ein Elternteil seine Unterhaltspflicht durch Betreuung des Kindes erfüllt (§ 1606 III 2);
2. in allen anderen Fällen in voller Höhe.

In diesem Umfang mindert es den Barbedarf des Kindes.

(2) Ist das Kindergeld wegen der Berücksichtigung eines nicht gemeinschaftlichen Kindes erhöht, ist es im Umfang der Erhöhung nicht bedarfsmindernd zu berücksichtigen.

Diese Neuregelung steht im Einklang mit der **BGH**-Entscheidung vom 26.10.2005 (XII ZR 34/03) über die vollen Anrechnung des Kindergeldes auf den Bedarf der (aller) volljährigen Kinder.

6. Monatliche Bezugsgröße nach § 18 SGB IV

Diese Größe hat für § 3 b Abs 1 Nr 1 und § 10 a Abs 2 S. 2 VAHRG Bedeutung. Ferner für die Familienversicherung, für die das Gesamteinkommen 1/7 der Bezugsgröße nicht überschreiten darf; § 10 Abs 1 Ziffer 5 SGB V.

Alte Bundesländer

Jahr	Monatliche Bezugsgröße § 18 SGB IV	1/7	Geringfügigkeitsgrenze[1] § 8 SGB IV
1990	3.290	470	470
1991	3.360	480	480
1992	3.500	500	500
1993	3.710	530	530
1994	3.920	560	560
1995	4.060	580	580
1996	4.130	590	590
1997	4.270	610	610
1998	4.340	620	620
1999	4.410	630	630 (1. 4. 99)
2000	4.480	640	630
2001	4.480	640	630
2002 €	2.345	335	325
2003 €	2.380	340	325 ab 1. 4. 2003: 400
2004 €	2.415	345	400
2005 €	2.415	345	400
2006 €	2.450	350	400

Beitrittsgebiet

Jahr	Monatliche Bezugsgröße § 18 SGB IV	1/7	Geringfügigkeitsgrenze[1] § 8 SGB IV
1990	1.540 (1.750 ab 1. Juli)	200 ab 1. Juli	200
1991	1.750	220 ab 1. Juli	220
1992	2.100	300	300
1993	2.730	390	390
1994	3.080	440	440
1995	3.290	470	470
1996	3.500	500	500
1997	3.640	520	520
1998	3.640	520	520
1999	3.710	530	630 (1. 4. 99)
2000	3.640	520	630

---

[1] Betrifft geringfügige Beschäftigungen

Jahr	Monatliche Bezugsgröße § 18 SGB IV	1/7	Geringfügigkeitsgrenze[1] § 8 SGB IV
2001	3.780 (*KV/PV 4.480)	540 (*KV/PV 640)	630
2002 €	1.960 (*KV/PV 2.345)	280 (*KV/PV 335)	325
2003 €	1.995 (*KV/PV 2.380)		325 ab 1.4.2003 400
2004 €	2.030 (*KV/PV 2.415)	290 (*KV/PV 345)	400
2005 €	2.030 (*KV/PV 2.415)	290 (*KV/PV 345)	400
2006 €	2.065 (*KV/PV 2.450)	295 (*KV/PV 350)	400

* In der Kranken- und Pflegeversicherung greift ab 1.1.2001 im Beitrittsgebiet die Bezugsgröße West

7. Beitragsbemessungsgrenzen und Pflichtgrenzen in der Sozialversicherung ab 1997

– Bis 2001 in DM/ab 2002 in € –

Zeit	Alte Bundesländer		Neue Bundesländer	
Jahr / Monat	BBG[2] KrV/PflegeV (GKV/PV)	BBG RV[3]/ALV	BBG KrV/PflegeV (GKV/PV)	BBG RV/ALV
1997	73.800	98.400	63.900	85.200
Monat	6.150	8.200	5.325	7.100
1998	75.600	100.800	63.000	84.000
Monat	6.300	8.400	5.250	7.000
1999	76.500	102.000	64.800	86.400
Monat	6.375	8.500	5.400	7.200
2000	77.400	103.200	63.900	85.200
Monat	6.450	8.600	5.325	7.100
2001	78.300	104.400	78.300	87.600
Monat	6.525	8.700	6.525	7.300

---

2 BBG = Beitragsbemessungsgrenze
3 Ohne Knappschaft

Ab 1.1.2002 Werte in EUR

2002 €	40.500	54.000	40.500	45.000
Monat Umrechnung	3.375 (6.601 DM)	4.500 (8.801 DM)	3.375 (6.601 DM)	3.750 (7.334 DM)
2003 €	41.400	61.200	41.400	51.000
Monat	3.450	5.100	3.450	4.250
2004 €	41.850	61.800	41.850	52.200
Monat	3.487,50	5.150	3.487,50	4.350
2005 €	42.300	62.400	42.300	52.800
Monat	3.525	5.200	3.525	4.400
2006 €	42.750	63.000	42.750	52.800
Monat	3.562,50	5.250	3.562,50	4.400

Hinweis: Seit 1.1.2003 ist die BBG in der GKV/PV nicht mehr identisch mit der Pflichtgrenze, letztere beträgt (bundeseinheitliche Jahreswerte in €)

2003 = 45.900 / 2004 = 46.350 / 2005 = 46.800 / 2006 = 47.250 (Jahresarbeitsentgeltgrenze)

8. Verbraucherpreisindex 2000 = 100

Jahresdurchschnittswerte[4]

1958	28,7
1959	29,0
1960	29,4
1961	30,2
1962	30,9
1963	31,9
1964	32,6
1965	33,6
1966	34,8
1967	35,5
1968	36,0
1969	36,7
1970	38,0
1971	39,9
1972	42,1

---

4 Für 1958 Durchschnittswert aus der zweiten Jahreshälfte (Zum 1.7.1958 wurde der gesetzliche Güterstand der Zugewinngemeinschaft eingeführt)

1973	45,1
1974	48,2
1975	51,1
1976	53,3
1977	55,3
1978	56,8
1979	59,1
1980	62,3
1981	66,2
1982	69,7
1983	72,0
1984	73,7
1985	75,2
1986	75,1
1987	75,3
1988	76,3
1989	78,4
1990	80,533
1991	83,481
1992	86,796
1993	89,923
1994	92,308
1995	93,87
1996	95,3
1997	97,1
1998	98,0
1999	98,6
2000	100,0
2001	102,0
2002	103,4
2003	104,5
2004	106,2
2005	108,3
2006	
2007	

Inhalt

Rn.

G. Berechnungsbeispiele
  1. Minderjähriges Kind 220
  2. Minderjähriger Auszubildender 221
  3. Privilegierter Schüler von 18 bis 20 ... 222
  4. Volljähriges Kind ohne Einkommen 223
  5. Volljähriges Kind mit Ausbildungseinkommen 224
  6. Ehegattenunterhalt einfach 225
  7. Ehegattenunterhalt bei gemischtem Einkommen 226
  8. Ehegattenunterhalt mit Altersvorsorgeunterhalt (AVU) 227
  9. Kapitalabfindung Ehegattenunterhalt 228
  10. Mangelfallberechnung 229
  11. Einkommensberechnung Arbeitnehmer 230
  12. Einkommensberechnung Beamter 231
  13. Einkommen Selbständiger 232
  14. Nachteilsausgleich beim Realsplitting (§ 10 I Nr. 1 EStG) 233

G. Berechnungsbeispiel

1. Minderjähriges Kind

Beispiel 1

Kein Mangelfall; Marina ist Schülerin; durchschnittliches bereinigtes Nettoeinkommen des alleine barunterhaltspflichtigen Vaters € 2.080 monatlich; **keine Umgruppierung**. Berechnungszeitpunkt August 2006. Die Mutter bezieht das auf das Kind entfallende Kindergeld von monatlich 154 €.

220

– Düsseldorfer Tabelle (DT) ab 1. 7. 2005 –

Kindesunterhalt für	Geburts-Datum	Gruppe der DT	Regel-betrag	% Regel-betrag	Alters-stufe	Tabel-lenwert
1) Marina	10.12.1990	5	291	128	3	373
2) – Anrechnung anteiliges Kindergeld, § 1612 b BGB (beschränkt nach Abs. V)						– 57
3) Ergibt Unterhaltsanspruch						316

Hinweis: Das Kindergeld ist wie folgt nur beschränkt anrechenbar weil der Tabellenwert 135 % des Regelbetrags unterschreitet.

1) Regelbetrag Altersstufe 3 (12–17 Jahre)	291
2) Maßstab sind aufgerundet 135 % des Regelbetrags	393
3) Konkret zu leisten sind nur 128 % des Regelbetrages	373
4) Dieser Betrag bleibt hinter 135 % zurück mit	20
5) Das halbe Kindergeld beträgt	77
6) Davon nicht anrechenbar (Betrag Zeile 4)	– 20
7) Anrechenbarer Rest der Kindergeldhälfte wie oben 2)	57

Beispiel 2 Abwandlung

Sachverhalt wie Beispiel 1, jedoch **Umstufung** durch Höhergruppierung um zwei Tabellengruppen weil der Vater alleine Marina gegenüber unterhaltspflichtig ist.

– Düsseldorfer Tabelle (DT) ab 1. 7. 2005 –

Kindesunterhalt für	Geburts-Datum	Gruppe der DT	Regel-betrag	% Regel-betrag	Alters-stufe	Tabel-lenwert
1) Marina	10.12.1990	7	291	142	3	414
2) Anrechnung anteiliges Kindergeld, § 1612 b BGB (jetzt unbeschränkt)						– 77
3) Ergibt Unterhaltsanspruch						337

Hinweis: Das Kindergeld ist voll anrechenbar weil der Tabellenwert 135 % des Regelbetrags erreicht bzw. überschreitet.

2. Minderjähriger Auszubildender

221 Beispiel 1

Auszubildendes 16-jähriges Kind mit Nettoausbildungseinkommen von 420 € monatlich (Bruttovergütung 520 € minus Arbeitnehmeranteile Sozialversicherung 100 €; Steuerabzugsbeträge fallen nicht an).

Bereinigtes Bemessungseinkommen des alleine barunterhaltspflichtigen Vaters 2.310 € (Gruppe 7 Düsseldorfer Tabelle Stand 1.7.2005) keine Umgruppierung, da ein Regelfall nach der Düsseldorfer Tabelle vorliegt. Es sind nämlich drei Unterhaltsberechtigte vorhanden und zu unterhalten. Ein Mangelfall liegt nicht vor, das heißt, der Vater ist voll leistungsfähig.

– Anwendung der Düsseldorfer Tabelle 2005 in den alten Bundesländern (DT) –

Zeile	Betreff	€	€
1.	Tabellenbedarf Gruppe 7 DT Stand 1.7.2005		414
2.	Eigenes Ausbildungseinkommen des Kindes netto	420	
3.	– Freibetrag (oder ausbildungsbedingte Kosten konkret)	– 90	
4.	Resteinkommen/Anrechnung zu ein Halb da minderjährig	330	– 165
5.	Restlicher Bedarf des Kindes		249
6.	– Anrechnung 1/2 Kindergeld, § 1612 b I BGB unbeschränkt		– 77
7.	Ergibt Unterhaltsanspruch		172

Beispiel 2 (Abwandlung)

Sachverhalt wie Beispiel 1, wegen umfangreicherer Unterhaltspflichten des Vaters ist jedoch auf die Gruppe 4 der DT herunter zu gruppieren.

Zeile	Betreff	€	€
1.	Tabellenbedarf Gruppe 4 DT Stand 1.7.2005		353
2.	Eigenes Ausbildungseinkommen des Kindes netto	420	
3.	– Freibetrag oder ausbildungsbedingte Kosten konkret	– 90	
4.	Resteinkommen/Anrechnung zu ein Halb, da minderjährig	330	– 165
5.	Restlicher Bedarf des Kindes		188
6.	– Anrechnung 1/2 Kindergeld, § 1612 b I BGB beschränkt		– 37
7.	Ergibt Unterhaltsanspruch		151

3. Privilegierter Schüler von 18 bis 20

222 Beispiel

Der 20-jährige unverheiratete Schüler besucht eine allgemeinbildende Schule. Er lebt bei der geschiedenen Mutter, die kraft Haushaltszugehörigkeit für ihn vorrangig das Kindergeld bezieht; 154 € monatlich. Der Vater verdient bereinigt netto 3.136 €/Monat, die Mutter 2.214 €/Monat. Berechnet wird der Unterhalt für August 2006 in den alten Bundesländern. Es greift die Düsseldorfer Tabelle 2005 (DT).

Z	Betreff	Vater	Mutter	Summe
1.	Bereinigtes Gesamteinkommen	3.136	2.214	5.350
2.	– Vorrangige Unterhaltspflichten gegenüber Minderjährigen	Nein, § 1603 III 2	Nein, 1603 III 2	–
3.	– Sockelbetrag in Höhe des angemessenen Selbstbehalts (Praxis uneinheitlich; alternativ notw SB von je 890 €)	– 1.100	– 1.100	– 2.200
4.	Ergibt Einsatzbeträge	2.036	1.114	3.150
5.	in %	64,6 %	35,4 %	100 %
6.	Tabellenbedarf aus Einkommen beider Eltern; Gr. 13 DT	433	237	670
7.	Tabellengruppe der DT aus Einzeleinkommen	9	6	–
8.	Tabellenbedarf aus Einzeleinkommen (Kontrolle/Korrektur)	536	453	–
9.	Es gilt der niedrigere Betrag aus Zeilen 6/8	433	237	670
10.	Anrechenbares Einkommen[1] des Kindes (aufgeteilt nach dem Zahlenverhältnis in Zeile 9.	0	0	0
11.	Ungedeckter Unterhaltsbedarf	433	237	670
12.	Verrechnung Kindergeld (BGH 26. 10. 2005) Anteile Z. 9[2]	– 99	– 55	– 154
13.	Unterhaltsanspruch	334	182	516
14.	Plus Einsatz Kindergeld	0	154	154
15.	Verfügbar fürs Kind	334	336	670

4. Volljähriges Kind ohne Einkommen

Beispiel

Der 22-jährige Sohn absolviert ein Studium. Er lebt bei der geschiedenen Mutter, die kraft Haushaltszugehörigkeit für ihn vorrangig das Kindergeld bezieht; 154 € monatlich. Der Vater verdient bereinigt netto 2.427 €/Monat und ist für ein weiteres Kind im Alter von 10 Jahren alleine barunterhaltspflichtig. Die Mutter verdient 2.318 €/Monat. Berechnet wird der Unterhalt für August 2006 in den alten Bundesländern. Es greift die Düsseldorfer Tabelle 2005 (DT).

Z	Betreff	Vater	Mutter	Summe
1.	Bereinigtes Gesamteinkommen	2.427	2.318	4.745
2.	– Vorrangiger Tabellenunterhalt gegenüber Minderjährigen (Stufe 2, Erhöhung um eine Tabellengruppe auf Gr. 8)	– 371	0	– 371
3.	– Sockelbetrag in Höhe des angemessenen Selbstbehalts	– 1.100	– 1.100	– 2.200

---

1 Vorstellbar zB in Form von Kapitalerträgnissen oder Job (insoweit Anrechnung/Vollanrechnung fraglich)

2 Mit gleichem Endergebnis könnte auch so gerechnet werden, dass das volle Kindergeld vom Bedarf von 670 € in Zeile 9. abgezogen und der kindergeldbereinigte Unterhalt alsdann nach dem Zahlenverhältnis in Zeile 9 berechnet wird

Z	Betreff	Vater	Mutter	Summe
4.	Ergibt Einsatzbeträge	956	1.218	2.174
5.	in %	44%	56%	100%
6.	Tabellenbedarf aus Einkommen beider Eltern; Gr. 13 DT	295	375	670
7.	Tabellengruppe der DT aus Einzeleinkommen	7	7	–
8.	Tabellenbedarf aus Einzeleinkommen (Kontrolle/Korrektur)	476	476	–
9.	Es gilt der niedrigere Betrag aus Zeilen 6/8	295	375	670
10.	Anrechenbares Einkommen des Kindes (aufgeteilt nach dem Zahlenverhältnis in Zeile 9.)	0	0	0
11.	Ungedeckter Unterhaltsbedarf	295	375	670
12.	Verrechnung Kindergeld (BGH 26.10.2005) Anteile Z. 9[3]	– 68	– 86	– 154
13.	Unterhaltsanspruch	227	289	516
14.	Plus Einsatz Kindergeld	0	154	154
15.	Verfügbar fürs Kind	227	443	670

5. Volljähriges Kind mit Ausbildungseinkommen

224 Beispiel

Der 19-jährige Sohn absolviert eine betriebliche Ausbildung, er verdient monatlich netto unbereinigt 432 €. Er lebt bei der geschiedenen Mutter, die für ihn 154 € Kindergeld bezieht. Der Vater verdient bereinigt netto 1.842 €/Monat, die Mutter 1.320 €/Monat. Sonstige Unterhaltspflichten bestehen nicht. Berechnet wird der Unterhalt für August 2006 in den alten Bundesländern.

Z	Betreff	Vater	Mutter	Summe
1.	Bereinigtes Gesamteinkommen	1.842	1.320	3.162
2.	– Vorrangiger Tabellenunterhalt gegenüber Minderjährigen (Stufe 2, Erhöhung um eine Tabellengruppe auf Gr. 8)	0	0	0
3.	– Sockelbetrag in Höhe des angemessenen Selbstbehalts	– 1.100	– 1.100	– 2.200
4.	Ergibt Einsatzbeträge	742	220	962
5.	in %	77,1%	22,9%	100%
6.	Tabellenbedarf aus Einkommen beider Eltern; Gr. 9 DT	414	122	536
7.	Tabellengruppe der DT aus Einzeleinkommen	4	2	–
8.	Tabellenbedarf aus Einzeleinkommen (Kontrolle/Korrektur)	406	359	–
9.	Es gilt der niedrigere Betrag aus Zeilen 6/8	406	122	528

---

[3] Mit gleichem Endergebnis könnte auch so gerechnet werden, dass das volle Kindergeld vom Bedarf von 670 € in Zeile 9. abgezogen und der kindergeldbereinigte Unterhalt alsdann nach dem Zahlenverhältnis in Zeile 9 berechnet wird

10.	Anrechenbares Einkommen des Kindes (aufgeteilt nach dem Zahlenverhältnis in Z. 9 (432 – Freibetrag 90 = 342 €)		– 263	– 79	– 342
11.	Ungedeckter Unterhaltsbedarf		143	43	186
12.	Verrechnung Kindergeld (BGH 26.10.2005) Anteile Z. 9		– 118	– 36	– 154
13.	Unterhaltsanspruch		25	7	32
14.	Plus Einsatz Kindergeld		0	154	154
15.	Verfügbar fürs Kind (neben dem Ausbildungs- einkommen)		25	161	186

6. Ehegattenunterhalt einfach

Beispiel 225

Der Ehemann ist seiner teilzeitbeschäftigten Ehefrau und zwei Kindern (Alter 9 und 12) unterhaltspflichtig, Berechnung für August 2006, sonst keine Besonderheiten, auch kein Mangelfall. Kindergeldbezug durch die Mutter 2 × 154 €.

Z	Betreff	Bemerkung	Ehemann	Ehefrau
1.	Erwerbseinkommen	netto bereinigt	2.104	380
2.	./. Bedarf minderjährige Kinder (Gr. 6 DT 334 + 393)		– 727	0
3.	Rest für Ehegattenbedarf		1.377	380
4.	./. Erwerbsanreizquote	1/7[4]	– 196	– 54
5.	Rest bereinigt um Erwerbsanreiz		1.181	326
6.	Davon prägend (Halbteilungsmasse)		1.181	326
7.	Halbteilung = eheangemessener Bedarf ohne Erwerbsanreiz			753
8.	./. Eigenes Einkommen bereinigt	= Zeile 6		– 326
9.	Ungedeckter Bedarf (möglicher Unterhaltsanspruch)			427

Leistungskontrolle:

Die Unterhaltslast des Ehemannes beträgt für die Kinder (334 – 77) + (393 – 77) = 573 €. Mitsamt Ehegattenunterhalt sind zu bezahlen 573 + 427 = 1.000 €. Dem Ehemann verbleiben 1.104 €.

7. Ehegattenunterhalt bei gemischtem Einkommen

Beispiel: Beide Eheleute haben Erwerbseinkommen sowie auch anderes Einkommen, alles eheprägend. Zu unterhalten sind ein 16-jähriger und ein 18-jähriger Schüler. Beide leben bei der Mutter, die das Kindergeld bekommt (monatlich 2 × 154 €). Umgruppierung nach der DT soll nicht erfolgen. 226

---

4 Süddeutschland 1/10

Z	Betreff	Bemerkung	Ehemann	Ehefrau
1.	Erwerbseinkommen	netto bereinigt	3.480	2.227
2.	Wohnwert		700	500
3.	Einkommen ohne Erwerb (Kapitalertrag, nach Steuern)		385	222
4.	Berücksichtigungsfähige Schuldraten ua	LV's	– 260	– 120
5.	Vorsorgeaufwendungen fremd	Keine	0	0
6.	Saldo		4.305	2.829
7.	./. Bedarf minderjährige Kinder (Stufe 3 Gruppe 12)		– 553	
8.	./. Bedarf Schüler 18–20 (Stufe 4 Gruppe 13 aus zusammengerechnetem Elterneinkommen) 65%:35%	Quote, Sockel 1.100 €	– 436	– 234
9.	./. Bedarf volljährige Kinder	Quote	0	0
10.	Rest für Ehegattenbedarf		3.316	2.595
11.	./. Erwerbsanreizquote (Mischberechnung)	1/7[5]	– 382[6]	– 291[7]
12.	Rest bereinigt um Erwerbsanreiz		2.934	2.304
13.	Davon prägend (Halbteilungsmasse)		2.934	2.304
14.	Halbteilung = eheangemessener Bedarf ohne Erwerbsanreiz			2.619
15.	./. Eigenes Einkommen bereinigt	= Zeile 12		– 2.304
16.	Ungedeckter ehelicher Bedarf (möglicher Unterhalt)			315

8. Ehegattenunterhalt mit Altersvorsorgeunterhalt (AVU)

227 Beispiel

Der geschiedene Ehemann erzielt bereinigtes Erwerbseinkommen von monatlich 3.418 €. Seine Exfrau ist dauernd erwerbsunfähig und bekommt deswegen eine gesetzliche Monatsrente von 398 € netto. Sie betreut das gemeinsame 14-jährige Kind, für das sie 154 € Kindergeld bekommt. Es ist nicht innerhalb der DT 2005 höher zu stufen. Der Ehemann bezahlt den Krankenkassenbeitrag der Ehefrau in Höhe von monatlich 231[8] €. Alle leben in Süddeutschland.

---

5 Süddeutschland
6 Die Bedarfssätze (bei Volljährigen ggf die Quoten daran) sind hier aus Erwerbs- und Nichterwerbseinkommen bemessen. Erwerbseinkommen Ehemann bereinigt 3.480 €. Einkommen ohne Erwerb 700 + 385 – 260 = 825 €. Prozentsätze 80,84 % / 19,16 %. Da aus beiden Komponenten Kindesunterhalt (Tabellenunterhalt) bemessen wird, ist dieser für die Bestimmung der Erwerbsanreizquote prozentual zuzuordnen. Bedarf bzw Anteil aus Erwerbsweinkommen 989 € (Zeilen 7 plus 8) × 80,84 % = rund 800 €. Erwerbseinkommen 3.480 € minus diesen 800 € ergibt 2.680 €. Erwerbsbonus daraus 1/7 = abgerundet 383 €.
7 Berechnung analog zum Ehemann; die Mutter ist für das volljährige Schülerkind anteilig nach Sockelberechnung aus allen Einkommensbestandteilen unterhaltpflichtig
8 Vorsicht! Der Krankenkassenbeitrag kann auch von der Unterhaltshöhe abhängen; besondere Probleme bereiten Frauen im fortgeschrittenen Alter, die nicht mehr gesetzlich krankenversichert werden können

I. Erste Stufe der Berechnung (Elementarunterhalt 1)

Z	Berechnung	Bemerkung	Ehemann	Ehefrau
1.	Erwerbseinkommen	netto bereinigt	3.418	0
2.	Anderes Einkommen		0	398
3.	− Krankenvorsorgeunterhalt Exehefrau		− 231	0
4.	− Kindesbedarf Stufe 3; Gruppe 10		− 495	0
5.	= Rest für Ehegattenbedarf		2.692	398
6.	− Erwerbsanreizquote	1/10 SüdL	− 269	0
7.	= Rest bereinigt um Erwerbsanreiz		2.423	398
8.	Halbteilung = eheangemessener Bedarf rd.[9]	0,5 × (2.423 + 398)		1.410
9.	− Eigeneinkommen Z. 7			− 398
10.	= Ungedeckter Bedarf (Unterhaltsanspruch)			1.012

II. Zweite Stufe der Berechnung (mit AVU)

Z	Berechnung	Bemerkung	Ehemann	Ehefrau
1.	Elementarunterhalt erster Stufe	I. 10.		1.012
2.	+ Daraus Zuschlag Bremer Tabelle 2006	21 %		rd. 212
3.	= Bemessungsgrundlage für AVU	Abgerundet		1.224
4.	= Daraus AVU mit gesetzl. Beitragssatz GRV[10]	19,5 % rd.		239
5.	Resteinkommen Ehemann	I.5.	2.692	
6.	− AVU	II.4.	− 239	
7.	= Resteinkommen nach AVU		2.453	
8.	− Erwerbsanreiz	1/10 SüdL	− 245	
9.	= (Rest)Einkommen für die Halbteilung		2.208	398
10.	Halbteilung für Elementarunterhalt	0,5 × (2.208 + 398)		1.303
11.	− Eigenes Einkommen			− 398
12.	= Elementarunterhalt			905
13.	+ AVU			239
14.	= Gesamte Unterhaltslast			1.144

9. Kapitalabfindung Ehegattenunterhalt

I. Beispiele

Beispiel 1 – Einphasenmodell, beruhend auf der Annahme einer 10-jährigen Unterhaltspflicht mit gleich bleibend monatlich 800 € und anschließendem endgültigem Unterhaltsende. Jahreswert 9.600 €.

---

9 Vertritt man die Exfrau, sollte man aufrunden
10 Aktueller Beitragssatz in der Gesetzlichen Rentenversicherung 19,5 %, seit Jahren unverändert

Auf die Gegenwart abgezinste Bewertung[11] nach Anlage 9 a[12] zu § 13 Bewertungsgesetz:

Jahresleistung 9.600 € × gesetzlicher Faktor 7,745 = Barwert 74.352 €.

Zu Wertzuschlägen und Wertabschlägen siehe Checkliste in Abschnitt II.

Beispiel 2 – Zweiphasenmodell,

beruhend auf der Annahme einer 5-jährigen Unterhaltspflicht mit gleich bleibend monatlich 1.200 € und anschließend 6 Jahre lang 600 €. Im Beispielsfall mag zB der unterhaltsberechtigte Ehegatte derzeit das gemeinsame 4-jährige Kind betreuen, kein Einkommen haben und auch keines erzielen müssen. Anschließend mag eine 6-jährige Phase bis zur vollen Erwerbsobliegenheit anzusetzen sein. Unterstellt wird, dass danach nie mehr Ehegattenunterhalt geschuldet ist.

Bewertung erste Phase:

Bewertungsmethodik wie Beispiel 1 mit anderen Werten; Jahresleistung 14.400 € × Faktor (F) 4,388 = rd. 63.187 € (heutiger Barwert).

Bewertung zweite Phase:

Abzinsung auf den Zeitpunkt des Zahlungsbeginns in 5 Jahren: 12 × 600 € × F 5,133 = 36.957,60 €. Der heutige Barwert ist niedriger weil diese zweite Phase erst in 5 Jahren beginnt. Insoweit erfolgt die Abzinsung mit einer anderen Tabelle, nämlich der finanzmathematischen Tabelle für die Abzinsung für den Gegenstandswert einer künftigen Einmalforderung. Mit gleichem Zinssatz von 5,5 % ergibt sich ein Gegenstandswert von 36.957,60 € (abgezinster Kapitalwert in 5 Jahren) × F 0,76513 = rd. 28.277 €.

Gesamtwert 63.187 € + 28.277 € = 91.464 €.

Je weiter der zu bewertende Unterhalt in die Zukunft reicht, umso geringer wird der Gegenstandswert. Umso mehr schlagen in der Praxis auch Entwertungsfaktoren, siehe unten II., durch. Ab Rentenbezug des Unterhaltsberechtigen kommen mindernde Effekte aus dem Versorgungsausgleich dazu, ab Rentenbezug des Pflichtigen auch dessen Einkommensreduzierung im Rentenalter. In der Praxis erfolgen oft deutliche Risikoabschläge, die ohne hellseherische Fähigkeiten nicht mathematisch berechenbar sind.

II. Bewertungskriterien nach Wahrscheinlichkeit – Checkliste

Faktoren beim Unterhaltsberechtigten Zugunsten des Unterhalts	Gegen den Unterhalt
Höheres Alter	Niedrigeres Alter
Hohe Lebenserwartung	Geringere Lebenserwartung (Krankheit, Tod)
Schlechte Gesundheit (Erwerbsunfähigkeit)	Arbeitsfähigkeit

---

11 Tabellen FA-FamR/Schöppe-Fredenburg Kap 13 Anhang 13 bis 15

12 Das Steuergesetz rechnet finanzmathematisch mit dem Kapitalwert in der Gegenwart einer künftigen zeitlich beschränkten Leistung mit einem Jahreswert von hier 800 × 12 = 9.600 €. Zinsen und Zwischenzinsen sind mit 5,5 % kalkuliert. Es gilt der Mittelwert zwischen dem Kapitalwert bei jährlich vorschüssiger und jährlich nachschüssiger Zahlung. Unterhalt wird zwar monatlich bezahlt. Die Bewertungsmethode ist aber wegen der Imponderabilien zur Gesamtbewertung genau genug. Genauere Tabellen mit anderen Zinssätzen gibt es, zB Knief, Steuerberater und Wirtschaftsprüfer-Handbuch, erhältlich über die Sparkassenorganisationen

Ungünstige Arbeitsaussichten (Beruf)	Bessere Erwerbsaussichten
Noch längere Kinderbetreuung	Keine oder kürzere Betreuung
Einkommensgefälle auch bei Vollerwerb	Vergleichbare Einkommen
Arbeitsunwilligkeit	Arbeitsfreudigkeit
Höhere Heiratsaussichten	Geringere Heiratsaussichten
Verfestigte Lebensgemeinschaft	Solche nicht zu erwarten
Keine Unbilligkeit § 1579 BGB	Risiken/Chancen nach § 1579 BGB
Schwer nachweisbares Eigeneinkommen	Nachweisbares Eigeneinkommen
Selbständigkeit (Kleinbetrieb)	Nicht manipulierbares Eigeneinkommen

Faktoren beim Unterhaltspflichtigen Zugunsten des Unterhalts	Gegen den Unterhalt
Niedrigeres Alter	Höheres Alter (Rentenbeginn)
Hohe Lebenserwartung, Gesundheit	Geringere Lebenserwartung (Krankheit, Tod)
Gesichertes Einkommen	Unsicheres Einkommen, zB Arbeitslosigkeit, Insolvenz
Arbeitswille	Unterhaltsbedingter Arbeitsunwille
Fehlende Gestaltungsmöglichkeiten	Selbständige ua, Verlagerungen von Einkommen und Vermögen ins Ausland und/oder auf Dritte/ Kapitalgesellschaften
Wegfall von Kindesunterhalt (zB durch Ausbildungsende)	Neue Kinder und neue Unterhaltspflichten[13]

10. Mangelfallberechnung

Berechnungsweg nach BGH – Urteil vom 22. 1. 2003 XII ZR 2/00, FuR 2003, 75

Dieses demnächst »historisches« Berechnungsbeispiel berücksichtigt nicht das anstehende Unterhaltsänderungsgesetz, das ja neue Rangverhältnisse[14] bringen soll und auch nicht das BGH-Urteil vom 15. 3. 2006 XII ZR 30/04, FuR 2006, 266, das gegenüber dem Ehegatten einen höheren Selbstbehalt ermöglicht, der zwischen dem angemessenen und dem notwendigen Selbstbehalt liegt.

1. Stufe   **Bedarfsbestimmung (Einsatzbeträge)**

1.	Nettoeinkommen Ehemann, bereinigt	1.882
2.	Tabellenbedarf prägender Kinder; je **135%** vom Regelbetrag als Existenzminimum	
2.1.	Kind 1 (Alter 13; Stufe 3)	393
2.2.	Kind 2 (Alter 6; Stufe 2)	334

---

[13] Hierzu sollten die Rangverhältnisse der Unterhaltsgläubiger nach der anstehenden Unterhaltsreform bedacht werden. Der Unterhalt für neue Ehefrauen, nichteheliche Elternteile und gleichgeschlechtliche registrierte Partner kann in der Leistungsstufe je nach »Ehedauer« und Kindern gleichrangig werden, hier kann uU auch nicht sanktionierbar manipuliert werden

[14] Erstrang der minderjährigen und ihnen gleich gestellten Kindern (privilegierte Schüler von 18–20)

G. Berechnungsbeispiel

2.3.	Kind 3 (Alter 3; Stufe 1)	276	
2.4.	Summe Kinderbedarf	1.003	– 1.003
3.	Resteinkommen Ehemann – nur zur Kontrolle -		879
4.	**Existenzminimum** der getrennt lebenden Ehefrau	Ohne Erwerb	770

2. Stufe   **Verteilungsfähiges Einkommen**

5.	Einkommen = Zeile 1	1.882
6.	Notwendiger Selbstbehalt (Ermessenssache, Vorsicht BGH neu vom 15. 3. 2006)	– 890
7.	Verteilungsmasse (Leistungsfähigkeit)	992

3. Stufe   **Kürzungsberechnung**

		Bedarf	Kürzung	Gekürzt je rd.
8.	Ehefrau	770	992	430
9.	Kind 1	393	1.773	220
10.	Kind 2	334	Faktor	187
11.	Kind 3	276	55,9 %	155
12.	Summen	1.773		992

4. Stufe   **Prüfung auf Angemessenheit und Billigkeit**

Es besteht eine ausgeprägte Mangellage; eine Kindergeldverrechnung scheitert insgesamt bereits an § 1612 b V BGB. Der aufgrund des Gleichrangs nach der aktuellen Rechtslage gekürzte Kindesunterhalt beträgt für alle drei Kinder zusammen nur 562 €. Bei einer Unterhaltsbestimmung nur aus dem Einkommen des Vaters (DT 2005 Gruppe 4) erhielten die Kinder mehr, nämlich nach anteiliger Kindergeldverrechnung zusammen 772 € (353 – 37 + 299 – 42 + 247 – 48).

11. Einkommensberechnung Arbeitnehmer

Einkommensberechnung Arbeitnehmer		2006 €
Abrechnungszeitraum	Monat (Durchschnitt)	
Währung	Euro	
Bundesland	Bayern	
Steuerklasse	I / 0,0	
Kirchensteuersatz %	8	
Steuertarif	Allgemeiner	

1.	**Bruttoeinkommen steuerlich**		3.250,00
2.	**Steuerabzugsbeträge**		
a)	– Lohnsteuer		– 639,50
b)	– Solidaritätszuschlag	5,5 %	– 35,17
c)	– Kirchensteuer	8 %	– 51,16
d)	= Steuern gesamt		– 725,83
3.	**Sozialaufwand Arbeitnehmeranteile**	BBG beachten[15]	
a)	– Krankenversicherung (KV)	7,2 %	– 234,00

---

15 Beitragsbemessungsgrenzen Monatswerte **2006** West / Beitrittsgebiet:
Rentenversicherung & Arbeitslosenversicherung € 5.250 / € 4.400;
Krankenversicherung und Pflegeversicherung € 3.562,50 / € 3.562,50
Zu den Werten der vorherigen Jahre siehe Kapitel F Randnummer 218

b)	– Pflegeversicherung (PV)	Kinderlos[16] 1,1 %		– 35,75
c)	– KV mit PV			
d)	– Rentenversicherung (RV)		19,5 %	– 316,88
e)	– Arbeitslosenversicherung (BA)		6,5 %	– 105,63
f)	– RV mit BA			0,00
g)	– Arbeitnehmeranteile gesamt			– 692,26
h)	– Andere Sozialbeiträge	Zusatz KV		– 28,30
4.	– Vermögenswirksame Leistungen			– 40,00
5.	Nettobetrag			1.763,61
6.	Umrechnung/Rundung			1.764
7.	– Berufsbedingte Aufwendungen	Pauschal rd 5 %[17]		– 88
8.	= Bereinigtes Nettoerwerbseinkommen			1.676

12. Einkommensberechnung Beamter[18]

Einkommensberechnung Beamter	2006 €
Abrechnungszeitraum	Monat
Währung	Euro
Bundesland	Bayern
Steuerklasse	II / 0,5 allein erziehend, ein Kind; kein Freibetrag
Kirchensteuersatz %	8
Steuertarif	Besonderer

1.	**Bruttoeinkommen steuerlich**			3.920,65
2.	**Steuerabzugsbeträge**			
a)	– Lohnsteuer	B		– 870,33
b)	– Solidaritätszuschlag		5,5 %	– 42,90
c)	– Kirchensteuer		8 %	– 62,41
d)	= Steuern gesamt			– 975,64
3.	**Zwischenbetrag** (ist nicht gleich dem Nettoeinkommen)			2.945,01
4.	**Ggf. Umrechnung** wegen Sonderleistungen[19]	z. B. 12,65/12		3.104,53
5.	**Sozialaufwand**			
a)	– Krankenversicherung (KV)			– 234,00
b)	– Pflegeversicherung (PV)			– 30,28
c)	– KV mit PV			
d)	– Andere Sozialaufwendungen			0,00
e)	**Zwischensumme Sozialaufwand**			264,28
6.	– Vermögenswirksame Leistungen			– 40,00
7.	**Nettobetrag** Zeilen 3 oder 4 und 5 e)	gerundet		**2.800**
8.	– **Berufsbedingte Aufwendungen**	Pauschal rd 5 %[20]		– 140
9.	= **Bereinigtes Nettoerwerbseinkommen**	gerundet		**2.660**

---

16 Es kommt darauf an, ob jemals im Leben ein Kind zu berücksichtigern war, dann Beitragssatz ArbN für 2006 nur 0,85 %
17 Nach den SüdL ohne Unter- und Obergrenze
18 Das Berechnungsschema passt auch für die Besoldung von Richtern und Soldaten
19 Das ist wegen der Steuerprogression eine etwas ungenaue Berechnungsmethode, besser ist die Berechnung aus Jahreswerten oder aus dem steuerpflichtigen Monatsbruttoeinkommen im Jahresdurchschnitt
20 Nach den SüdL ohne Unter- und Obergrenze

13. Einkommen Selbständiger

232

I. Übersicht über verfügbares Einkommen Selbständiger (jährlich)		2006 €
1.	**Bruttoeinkommen** gemäß Übersicht II.	57.718
2.	**Privater Steueraufwand** ohne Betriebssteuern[21]	
a)	– Einkommensteuer	– 14.800
b)	– Solidaritätszuschlag	– 800
c)	– Kirchensteuer	– 1.200
d)	+ Vergütung Privatsteuern[22]	12
e)	= Zwischensumme Steuern	– 16.788
3.	**Sozialaufwand**	
a)	– Krankenversicherung (KV)	– 5.200
b)	– Pflegeversicherung (PV)	– 360
c)	– Altersvorsorge/anderes	– 9.000
d)	= Zwischensumme Sozialaufwand	– 14.560
4.	**Berücksichtigungsfähige Bankraten**[23]	0
5.	**Korrekturposten/Anderes**	0
6.	**Nettojahresbetrag**	26.370
7.	**Monatlich 1/12 rd.**	2.198

II. Übersicht über die einzelnen Bruttoeinkünfte		2006 €
1.	**Steuerliche Einkünfte**	
a)	Nichtselbständige Arbeit	12.888
b)	Selbständige Arbeit	0
c)	Gewerbe	36.800
d)	Land- und Forstwirtschaft	0
e)	Vermietung und Verpachtung	0
f)	Kapital	1.230
g)	Sonstige Einkünfte	0
h)	Summe	50.918
2.	**Anderes unterhaltsrechtliches Einkommen**	
a)	Wohnwert	4.800
b)	Lohnersatzleistungen	0
c)	Anderes, zB Geringverdienertätigkeit, Übungsleiter …	2.000
d)	Summe	6.800
3.	**Summe zu 1. und 2.**	57.718

---

21 Wie zB Gewerbesteuer, die eine reine Betriebsausgabe ist, auf (zweiter) Privatebene allerdings zu einer Einkommensteuergutschrift führen kann, die unterhaltsrechtlich maßgeblich ist

22 ZB Einkommensteuer, Zuschläge dazu, Kapitalertragsteuer

23 Zahlungen dürfen nicht doppelt berücksichtigt werden, zB betrieblich veranlasste Zinsen, die in die Gewinnermittlung eingeflossen sind

14. Nachteilsausgleich beim Realsplitting (§ 10 I Nr 1 EStG)

I. Beispiel – Vorausberechnung anhand der Monatslohnsteuer 2006

233

Beide Ehegatten sind kinderlose Beamte in Bayern.[24] Es wird zunächst eine Unterhaltspflicht des Ehemannes von monatlich 435 € überschlägig taxiert. Durch mehrstufige Berechnungen kann das verfeinert werden.

Der Sonderausgabenabzug des Unterhalts bringt dem Ehemann eine Verminderung seines zu versteuernden Jahreseinkommens von 12 × 435 € = 5.220 € (Tabelle 1).

Bei der Ehefrau sind als sonstige Einkünfte 5.220 € – Pauschbetrag 102[25] € = 5.118 € (monatlich 1/12 rund 427 €) zusätzlich zu versteuern (Tabelle 2).

Z	Tabelle 1 Einkommen des Unterhaltspflichtigen	Ohne Unterhalt	Mit Unterhalt	Differenz/ Steuerersparnis	
1.	Monatsbrutto (Durchschnitt)	5.692,00	5.257,00	Unterhalt	435,00
2.	Lohnsteuer (B / I/0)	1.645,16	1.462,41		182,75
3.	Solidaritätszuschlag 5,5 %	90,48	80,43		10,05
4.	Kirchensteuer 8 %	131,61	116,99		14,62
5.	Summe Steuern	1.867,25	1.659,83	Ersparnis	207,42

Z	Tabelle 2 Einkommen des Unterhaltsberechtigten	Ohne Unterhalt	Mit Unterhalt	Differenz/ Nachteilsausgleich	
1.	Monatsbrutto (Durchschnitt)	3.949,00	4.376,00	Unterhalt steuerlich	427,00
2.	Lohnsteuer (B/I/0)	923,00	1.093,25		170,25
3.	Solidaritätszuschlag 5,5	50,76	60,12		9,36
4.	Kirchensteuer 8 %	73,84	87,46		13,62
5.	Summe Steuern	1.047,60	1.240,83	Nachteil	193,23

Ergebnis: Aus seiner monatlichen Lohnsteuerersparnis[26] von 207,42 € muss der Ehemann Nachteilsausgleich von 193,23 € leisten, so dass saldiert ein Vorteil von nur 14,19 € verbleibt. Er macht das legale »Steuermodell« im Beispielsfall uninteressant, vor allem wenn Steuerberater bezahlt werden müssen.

II. Beispiel – Nachteilsausgleich mit Jahresberechnung anhand des Einkommensteuerbescheides der unterhaltsberechtigten Ehefrau. Veranlagungszeitraum 2006. Unterhaltspflicht des Mannes monatlich 600 €.

Das Beispiel zeigt nur den Nachteilsausgleich beim Unterhaltsberechtigten und nicht den Vorteil beim Pflichtigen. Es handelt sich um einen einfachen Fall ohne Auswirkungen auf den Mechanismus Kindergeld/Kinderfreibetrag. Auch außergewöhnliche Belastungen werden nicht berührt. Zu komplexeren Fällen gibt es ein Berechnungsmo-

---

24 Das Bundesland hat für die Höhe des Kirchensteuersatzes Bedeutung
25 Für Werbungskosten. Höhere konkrete Kosten können maßgeblich sein, auch Prozesskosten
26 Es kann beim Finanzamt ein Freibetrag in die Lohnsteuerkarte eingetragen werden, bei der Ehefrau fallen aber auf Dauer Einkommensteuervorauszahlungen an, die der Ehemann erstatten muss

dell mit Beispiel.[27] *Nach Abzug eines Pauschbetrags von 102 € sind durch die Ehefrau zusätzlich Einkünfte von 5.898 € zu versteuern.*

Z	Tabelle Einkommensteuertarif 2006	Ohne Unterhalt	Mit Unterhalt	Differenz/Nachteilsausgleich	
1.	Zu versteuerndes Einkommen (Jahreswert)	12.666	18.564		5.898
2.	Tarifliche Einkommensteuer, Grundtarif	971,00	2.462,00		1.491,00
3.	Solidaritätszuschlag 5,5 %	0,00	135,40		135,40
4.	Kirchensteuer 8 % Bayern	77,68	196,96		119,28
5.	Summe Steuern	1.048,68	2.794,36	Nachteil	1.745,68

---

27 ZB FA– FamR/Schöppe– Fredenburg Kap 13 Anhang 7 Tabelle 6

Stichwortverzeichnis

Die fetten Zahlen verweisen auf Randnummern

Abänderung von Unterhaltstiteln
Hinweise **12**
Gerichtlich
– Abänderungsantrag im vereinfachten Verfahren **153**
– Abänderungsklage des Pflichtigen zu UE **171**
– Abänderungsklage Erhöhung UK **172**
Abschluss des Mandats
– Abschlusshinweise zum VA **209**
– Gesetzeswortlaut § 10 VAHRG **210**
– Merkblatt für Mdt zum Abschluss des Scheidungsverfahrens **211**
Altersvorsorgeunterhalt
Hinweise **Beispiel 227**
Folgesachenantrag **161**
Auskunft für Unterhalt
Außergerichtlich
– Auskunftsverlangen kurz **53**
– Auskunftsverlangen umfassend **52**
– Versagung Auskunft wegen Bezahlung von Höchstunterhalt (UK) **54**
– Tabelle Auskunftserteilung Arbeitnehmer/ Beamte **55**
Auskunftsklagen
– Umfassende Stufenklage **144**
– Stufenklage kurz gegen ArbN **145**
– Stufenklage Trennungsunterhalt **146**
– Stufenklage Kindesunterhalt **147**
Auslandsberührung (IPR)
Merkblatt **28**
Auszubildender
– Minderjähriger **13, 154, Beispiel 221**
– Volljähriger **Beispiel 224**

Bankverhältnisse
Außergerichtlich
– Vollmacht **38**
– Anfrage Bankverhältnisse (Konten und Haftung) **83**
– Saldenanfrage für Güterrecht **95**
– Banksperre **84**
– Banksperre Gütergemeinschaft **85**
– Vertragsbaustein **206**
Klagen
– Freigabeklage gemeinsames Bankguthaben **187**
– Klage Entlassung aus Gesamtschuldnerhaftung **188**
– Klage Entlassung aus Bürgschaft **189**
– Klage Freistellung von Mithaftung **190**

Bruchteilsgemeinschaft
Hinweise an Mandant **48**
Verlangen Nutzungsentschädigung **49**

Checklisten
Checkliste und Schnellübersicht für den Rechtsanwalt **1**
Sicherheitsliste für den Rechtsanwalt **2**

Ehescheidung
Ehescheidungsantrag
– einverständliche Scheidung, einjähriges Getrenntleben, kein Kind **110**
– einverständliche Scheidung – ein Kind, kein Sorgerechtsantrag **113**
– einverständliche Scheidung – ein Kind, Sorgerechtsantrag **114**
– dreijähriges Getrenntleben – kein Kind **112**
– streitige Scheidung – kein Kind **111**
– Härtefallscheidung **115**
– Erwiderung auf Scheidungsantrag **116**
– Antrag Alleiniges Sorgerecht **117**
– Abweisungsantrag zum alleinigen Sorgerecht **118**
– Sorgerechtsantrag Vater **119**
Eheverträge
Hinweise **23**
Ehewohnung
Hinweise
– Mietverhältnis **47**
– Bruchteilsgemeinschaft **48**
Außergerichtlich
– Verlangen Nutzungsentschädigung **49**
Gerichtlich
– Mitbenutzung der Ehewohnung – § 1361 b I 1 BGB **127**
– Zuweisung der Ehewohnung zur Vermeidung einer unbilligen Härte – § 1361 b I 1 BGB **128**
– Endgültige Wohnungszuweisung – §§ 1, 3 ff. HausrVO **129**
– Klage auf Nutzungsentschädigung **130**

Getrenntleben
Begriff **3**
Trennungsnachricht ua
– Softline **39**
– Hardline **40**
– Anrufverbot **41**
Gewaltschutz
Gerichtlich

- Gewaltschutzanträge 134
- Erwiderung darauf 135
- Unterlassungsklage gegen Anrufe 136

Güterrecht siehe Zugewinnausgleich

Hausrat
Ermahnung an Gegner 51
Hausratsliste 143
Gerichtlich
- Herausgabeklage Alleineigentum 137
- Herausgabe weggeschaffter Gegenstände 138
- Gebrauchsüberlassung Eigentum Gegner 139
- Herausgabe weggeschaffter Gegenstände mit EA 140
- Vorläufige Verteilung bei Getrenntleben 141
- Endgültige Hausratsteilung 142

Immobilien
Außergerichtlich
- Verlangen Nutzungsentschädigung 49
- Verlangen gemeinsamer Verwaltung 50
Gerichtlich
- Klage Nutzungsentschädigung 130
- Teilungsversteigerungsantrag 131
- Freigabeklage Versteigerungserlös 132
- Erwiderung auf Freigabeklage 133

Kindergeld
Kindergeldverrechnung ab 01.01.2001 11
Schreiben an Mandant (Vater) – er soll der Mutter das Kindergeld lassen 60
Schreiben an Mandantin (Mutter) – sie soll Kindergeld richtig organisieren 61

Kosten
Hinweise
- Allgemeine Hinweise 29, 105
- Beratungshilfe 30
- Prozesskostenhilfe 31, 106
- Prozesskostenvorschuss 32
Vergütungsvereinbarungen
- Beratung 34
- Außergerichtliche Vertretung 35
- Prozess 36
Außergerichtlich
- Verlangen Prozesskostenvorschuss 107
Gerichtlich
- Antrag EA-PV 196
- Negative Feststellungsklage EA-PV 197

Krankenversicherung
Hinweise
- Allgemein 15
- Nach Ehescheidung 211

Nicht verheiratete Mutter (Elternteil)
Außergerichtliche Bezifferung
- Mutter 72
- Mutter und Kind 73
Gerichtlich
- Unterhaltsklage der Mutter 166
- EV Unterhalt vor Geburt 167
- EV Unterhalt ua nach Geburt 168
- EA Unterhalt § 641d ZPO 169
- EA Unterhalt § 644 ZPO 170

Sorgerecht/Aufenthaltsbestimmung
Hinweise 42
Außergerichtlich
- Vorschlag gemeinsames SO 43
- Wunsch nach Aufenthaltsbestimmung 44
- Mandantin will alleinige Sorge 45
- Mandant will Umgangsrecht 46
Gerichtlich
- Übertragung SO mit Hilfsantrag Aufenthaltsbestimmung 117
- Abweisungsantrag 118
- Abweisungsantrag mit SO-Antrag, auch EA 119
- Umgangsrechtsantrag Vater 120

Sozialleistungen
Hinweise
- Antragsmöglichkeiten 81
- Forderungsübergänge 74
- Risiken durch Trennung und Scheidung 82
Protest gegen Abzweigung 75

Steuer
Hinweise Steuerklassen 21
Begrenztes Realsplitting
- Hinweise an Mandanten 22, 76
- Risiken durch Trennung und Scheidung 82
Außergerichtlich
- Aufforderung zur Zustimmungserklärung (Schreiben an Gegner) 77
- Risikohinweise an Gegner 78
- Verlangen Zusammenveranlagung an Gegner 79
- Verweigerung wegen Nachteils 80
Gerichtlich
- Klage Nachteilsausgleich Realsplitting 175
- Klage Zustimmung Realsplitting 176
- Klage Zustimmung Zusammenveranlagung 177

Tabellen
- Düsseldorfer Tabelle 1.7.2005 212
- Kindergeldverrechnung West ab 1.7.2005 213
- Kindergeldverrechnung Beitrittsgebiet ab 1.7.2005 214
- Düsseldorfer Tabelle 1.7.2003 215

- Kindergeld 216
- Monatliche Bezugsgröße § 18 SGB IV 217
- Beitragsbemessungsgrenzen SozV 218
- Verbraucherpreisindex 219

Umgangsrecht
Hinweise 42
An Gegnerin 46
Gerichtlich
- Regelungsantrag Vater 120
- Regelungsantrag Mutter 121
- Vermittlungsantrag § 52 a FGG 122
- EA – Antrag im Verbund 123

Unterhalt allgemein
Hinweise
- Allgemeine Hinweise 5
- Unterhaltsreform 2007 6
- Abänderung von Titeln 12
Außergerichtlich
Teilablehnung und Anerkenntnis PV 56

Unterhalt Kinder
Hinweise
- Unterhaltserhöhungen 62
- Änderung der Regelbeträge 63
- Minderjähriger Auszubildender 13
- Volljährige Kinder 14
- Mandant soll Titel errichten 59
Außergerichtlich
- Bezifferung Unterhalt 57
- Verlangen Titulierung 58
- Ablehnung der Anpassung wegen Mangelfall 65
Gerichtlich
- Leistungsklage Trennung ein mdj Kind 148
- Leistungsklage Trennung zwei mdj Kinder 149
- Verbundklage ein mdj Kind 150
- Verbundklage zwei mdj Kinder 151
- Nacheheliche Klage ein mdj Kind 152
- Abänderungsantrag im vereinf Verfahren 153
- Mdj Azubi – isoliert/Verbund 154
- Privilegierter Schüler Quotenhaftung 155
- Privilegierter Schüler Alleinhaftung 156
- Volljähriges Kind Quotenhaftung 157
- Volljähriges Kind Alleinhaftung 158
- Stiefvaterklage 159
- Abänderungsklage Erhöhung UK 172

Unterhalt Ehegatte
Hinweise
- Allgemeine Hinweise 7
- Risikohinweise für den Berechtigten 8
- Hinweise – BGH zum Ende der Anrechnungsmethode 9
- Erläuterung zum Trennungsunterhalt 66
- Erwerbsobliegenheit bei Kinderbetreuung 67
- Harte Erwerbsobliegenheit 68
Bezifferung
- Trennungsunterhalt ohne Kind 69
Gerichtlich
- Trennungsunterhalt isoliert 160
- Folgesachenantrag mit Altersvorsorge 161
- Abweisungsantrag 162
- Abänderungsklage des Pflichtigen zu UE 171
- Vollstreckungsgegenklage wegen Nichtidentität 173
- Negative Feststellungsklage gegen fortwirkende EA 174

Unterhalt Kinder und Ehegatte
Bezifferung
- Trennungsunterhalt und ein Kind 70
- Trennungsunterhalt und zwei Kinder 71
Gerichtlich
- Antrag EA-UK-UE im Verbund 163
- Klage UK-UE Trennung 164
- Antrag auf EA § 644 ZPO 165

Vaterschaftsanfechtung
Gerichtlich
- Anfechtungsklage 124
- Antrag auf Pflegerbestellung 125
- Erzeugeranfechtungsklage 126

Vereinbarungen
Auftragsschreiben an Notar 103
Vertragsbausteine
- Vertretung Kind 198
- Umgangsrecht 199
- Kindesunterhalt 200
- Hausrat 201
- PKW 202
- Ehemietwohnung 203
- Ehewohnung im Eigentum 204
- Ehegattenunterhalt 205
- Bankkonten 206
- Güterrecht und Vermögen 207
- Immobilienübertragung bei Gericht 208

Verfahrensfragen
Vollmacht 37
Bankvollmacht 38
Der gemeinsame Anwalt 24
Spielregeln der Justiz 25
Das Gerichtsverfahren in Familiensachen 26
Gerichtstermine 27, 108
Entscheidungsverkündungstermin 109

Versorgungsausgleich
Hinweise
- Begriff 16
- Rentner- und Pensionistenprivileg 17
- Ausschlussmöglichkeiten 104

Gerichtlich
- Fragebögen an Mandant 191
- Anforderung Rentenformulare 192
- Kontrollblatt für RA 193
- Antrag familiengerichtliche Genehmigung Verzicht 194
- Antrag VA wegen grober Unbilligkeit auszuschließen 195

Zugewinnausgleich
Hinweise
- Merkblatt 18
- Taktische Hinweise 19
- Zur Auskunftspflicht Endvermögen 87
- Zum Anfangsvermögen 88

Außergerichtlich
- Auskunftsverlangen Endvermögen 86
- Erfassungsbögen 89
- Saldenanfrage bei Bank 95
- Wertanfrage Kapitallebensversicherung 96
- Formular an auskunftspflichtigen Mandanten 90
- Formular an auskunftsberechtigten Mandanten 91
- Formular an auskunftspflichtigen Gegner 93
- Formular an auskunftsberechtigten Gegner 92
- Verlangen Eidesstattlicher Versicherung 94
- Bezifferung Ausgleichsforderung 97
- Zurückweisung Ausgleichsforderung 98
- Aufforderung Rechnungslegung Gütergemeinschaft 100
- Verfügungsverbot § 1365 BGB 101
- Intervention beim Käufer § 1365 BGB 102

Gerichtlich
- Verbund oder nicht? 99
- Stufenklage im Verbund 178
- Auskunftsklage nach Scheidung 179
- Klage auf eidesstattliche Versicherung 180
- Klage auf Zugewinnausgleich 181
- Klageerwiderung Zugewinnausgleich 182
- Stufenklage vorzeitiger Zugewinnausgleich 183
- Dinglicher Arrest 184
- Stundungsantrag 185
- Auseinandersetzungsklage Gütergemeinschaft 186

Zwangsversteigerung
Hinweise 20
Teilungsversteigerungsantrag 131